Rechtsordnung und Wirtschaftsgeschichte

Herausgegeben von
Albrecht Ritschl, Mathias Schmoeckel und Günther Schulz

24

Marek Jansen

Der Nachrichtenmarkt in der Industriellen Revolution

Zur Entwicklung und rechtlichen Gestaltung des Nachrichtenmarktes im Kontext von Wolff's Telegraphischem Bureau (1849–1914)

Mohr Siebeck

Marek Jansen, geboren 1984; Studium der Rechtswissenschaft an der Universität Bonn; Mitarbeiter am Institut für Deutsche und Rheinische Rechtsgeschichte der Universität Bonn; Erstes Juristisches Staatsexamen am OLG Köln; Wissenschaftlicher Mitarbeiter im Deutschen Bundestag; Zweites Juristisches Staatsexamen am KG Berlin; Co-Gründer und Geschäftsführer der Digitalberatungsagentur Perdoctum; Rechtsanwalt in Berlin und Syndikusrechtsanwalt beim Bundesverband der Deutschen Industrie Berlin; derzeit Data Governance Manager, Public Policy and Government Relations bei Google.

ISBN 978-3-16-159353-6 / eISBN 978-3-16-159354-3
DOI 10.1628/978-3-16-159354-3

ISSN 2191-0014 / eISSN 2569-4251 (Rechtsordnung und Wirtschaftsgeschichte)

Die Deutsche Nationalbibliothek verzeichnet diese Publikation in der Deutschen Nationalbibliographie; detaillierte bibliographische Daten sind im Internet über *http://dnb.dnb.de* abrufbar.

Das Buch wurde von Gulde Druck in Tübingen auf alterungsbeständiges Werkdruckpapier gedruckt und von der Buchbinderei Spinner in Ottersweier gebunden.

Printed in Germany.

Vorwort

Die vorliegende Arbeit wurde im Wintersemester 2019/2020 von der Rechts- und Staatswissenschaftlichen Fakultät der Rheinischen Friedrich-Wilhelms-Universität Bonn als Dissertation angenommen.

Die Idee zu einer Arbeit über die Entstehung und rechtliche Gestaltung des sich in der Industrialisierung Mitte des 19. Jahrhunderts wandelnden Nachrichtenmarktes entwickelte sich im Kontext von zwei Forschungsprojekten meines Doktorvaters Professor *Mathias Schmoeckel* zur „Regulierung von Wirtschaft zwischen historischer Prägung und Normierung" sowie dem „Recht der Industriellen Revolution".

Ich hatte das große Glück als Mitarbeiter am Institut für Deutsche und Rheinische Rechtsgeschichte vom zweiten Semester bis zum Abschuss des Referendarsexamens mit Professor *Schmoeckel* einen akademischen Lehrer gefunden zu haben, dem die wissenschaftliche Ausbildung und Förderung der Studierenden eine Herzensangelegenheit ist. Die Empfehlung meiner Aufnahme in die Studienstiftung des deutschen Volkes oder die Unterstützung der ersten Idee eines „Bonner Rechtsjournals" sind nur zwei Beispiele für seinen bemerkenswerten Einsatz. Ihm gilt mein besonderer Dank, nicht zuletzt für die vorbildliche Betreuung des gesamten Dissertationsprozesses.

Frau Professorin *Louisa Specht-Riemenschneider* danke ich sehr für die zügige Erstellung des Zweitgutachtens. Als Inhaberin eines Lehrstuhls für Bürgerliches Recht, Informations- und Datenrecht hat sie sich erstmals einer rechtshistorischen Dissertationsschrift angenommen. Daraus ist ein für mich wertvoller, weiterführender wissenschaftlicher Diskurs zu meiner Arbeit entstanden, für den ich Frau Professorin *Specht-Riemenschneider* sehr danke.

Insgesamt haben mich auf dem langen Weg bis zum erfolgreichen Abschluss des Dissertationsprojekts viele Menschen unterstützt und begleitet, denen ich allen zu großem Dank verpflichtet bin.

Ganz besonders danke ich PD Dr. *Matthias Maetschke*, für die vielen kritisch-konstruktiven Gespräche, seine Anregungen und stete Hilfsbereitschaft. Für das Korrekturlesen meiner Arbeit danke ich *Anja Mundt* ganz herzlich.

Die Mitarbeiterinnen und Mitarbeiter der Bibliotheken und Archive, vor allem im Geheimen Staatsarchiv Preußischer Kulturbesitz in Berlin-Dahlem, dem Politischen Archiv des Auswärtigen Amtes in Berlin-Mitte, des Thomson Reuters Archive in London und der Austria Presse Agentur, haben durch ihre außergewöhnliche Hilfsbereitschaft das Auffinden der für meine Arbeit wichtigen Dokumente erleichtert.

Großer Dank gilt auch meiner Mutter *Karin*, die mich immer unterstützt hat und einen großen Teil der Kosten für die Publikation dieser Arbeit finanziert. Meine Frau *Alina* hat das Dissertationsprojekt von Beginn an vollständig unterstützt, obwohl es mit zeitlichen und finanziellen Einschränkungen verbunden war. Durch anregende Diskussionen, motivierende Gespräche, stetiges Korrekturlesen und die Lösung aller technischen Herausforderungen hat sie den größten Anteil am Gelingen dieser Arbeit. Ihr gilt mein größter Dank und ihr widme ich diese Arbeit.

Berlin, im Mai 2020

Inhaltsverzeichnis

Abkürzungsverzeichnis

a. A.	anderer Ansicht
a. E.	am Ende
a. M.	am Main
a. S.	an der Saale
AA	Auswärtiges Amt
Abb.	Abbildung
Abs.	Absatz
Abt.	Abteilung
AcP	Archiv für die civilistische Praxis
ADB	Allgemeine Deutsche Biographie
ADHGB	Allgemeines Deutsches Handelsgesetzbuch
ADN	Allgemeiner Deutscher Nachrichtendienst
AEUV	Vertrag über die Arbeitsweise der Europäischen Union
AFP	Agence France Presse
AG	Aktiengesellschaft/Amtsgericht
AGB	Allgemeine Geschäftsbedingung(en)
AktG	Aktiengesetz
allg.	allgemein
ALR	Allgemeines Landrecht für die Preußischen Staaten
Amtl.	Amtlich
Amtsbl.	Amtsblatt
Anl.	Anlage
Anm.	Anmerkung
AöR	Archiv für öffentliches Recht
AP	Associated Press
Art.	Artikel
at. alt.	et altera (und andere)
Aufl.	Auflage
Bad.	Badisch
BAG	Bundesarbeitsgericht
BAGE	Entscheidungen des Bundesarbeitsgerichts
Bd.	Band
Bearb.	Bearbeiter/Bearbeiterin
BGB	Bürgerliches Gesetzbuch
BGBl. NdB.	Bundesgesetzblatt des Norddeutschen Bundes
BGH	Bundesgerichtshof
BGHZ	Entscheidungen des Bundesgerichtshofs in Zivilsachen
BH	Beiheft
BKAmt	Bundeskanzleramt
BKartA	Bundeskartellamt
Bl.	Blatt

BMVBS	Bundesministerium für Verkehr, Bau und Stadtentwicklung
BMWi	Bundesministerium für Wirtschaft und Energie
Bsp.	Beispiel
BWL	Betriebswirtschaftslehre
bzw.	beziehungsweise
ca.	circa
cic	culpa in contrahendo
COM	Commission
D. C.	District of Columbia
d. h.	das heißt
d. J.	des Jahres
DBA	Deutsche Bundesakte
Ders.	Derselbe
Diff.	Differenz/Differenzierung
DPA	Deutsche Presse-Agentur
Dr.	Doktor
dt.	deutsch
e. V.	eingetragener Verein
EGRC	Europäische Grundrechtecharta
endg.	endgültig
et. al.	et alia
etc.	et cetera
EU	Europäische Union
EuGH	Europäischer Gerichtshof
EU-KOM	Europäische Kommission
EuZW	Europäische Zeitschrift für Wirtschaftsrecht
EWR	Europäischer Wirtschaftsraum
exkl.	exklusive
f.	folgende
ff.	fortfolgende
Fn.	Fußnote
franz.	französisch
FS	Festschrift
GA	Germanistische Abteilung
geb.	geboren
gegr.	gegründet
gem.	gemäß
GesetzE	Gesetzentwurf
gest.	gestorben
GewO	Gewerbeordnung
grds.	grundsätzlich
Großherzogl.	Großherzoglich
GS	Gesetzblatt
GuG	Geschichte und Gesellschaft. Zeitschrift für Historische Sozialwissenschaft
GWB	Gesetz gegen Wettbewerbsbeschränkungen
H.	Heft
h. M.	herrschende Meinung
HA	Hauptabteilung
Hg.	Herausgeber

HGB	Handelsgesetzbuch
HR	Handelsregister
HStR	Handbuch des Staatsrechts
i. B.	im Breisgau
i. d. F.	in der Fassung
i. d. R.	in der Regel
i. E.	im Ergebnis
i. H. v.	in Höhe von
i. R.	im Rahmen
i. S.	in Sachen
i. S. d.	im Sinne des
i. S. v.	im Sinne von
i. V. m.	in Verbindung mit
IHK	Industrie- und Handelskammer
inkl.	inklusive
insg.	insgesamt
Int.	International
IRRS	International Review for Social Sciences
ITV	Internationaler Telegraphenverein
Jg.	Jahrgang
JGVV	Jahrbuch für Gesetzgebung, Verwaltung und Volkswirtschaft im Deutschen Reich
Jh.	Jahrhundert
JNS	Jahrbücher für die Nationalökonomie und Statistik
jr.	Junior
jur.	juristisch
K&R	Kommunikation und Recht
k.k.	kaiserlich und königlich
KA	Kanonistische Abteilung
KG	Kommanditgesellschaft/Kammergericht
KGaA	Kommanditgesellschaft auf Aktien
Kgl.	Königlich
km	Kilometer
krit.	kritisch
KritV	Kritische Vierteljahresschrift für Gesetzgebung und Rechtswissenschaft
Lit.	Literatur
LLP	Limited Liability Partnership
lt.	laut
Ltd.	Limited Company
M&A	Mergers and Acquisitions
m. w. N.	mit weiteren Nachweisen
MdA	Ministerium der auswärtigen Angelegenheiten
med.	medicinae
Min.	Minister
Mio.	Million
MPI	Max-Planck-Institut
n. F.	neue Fassung
NDB	Neue Deutsche Biographie
NIÖ	Neue Institutionenökonomik

NJW	Neue Juristische Wochenschrift
Nr.	Nummer
NZBau	Neue Zeitschrift für Baurecht und Vergaberecht
obj.	objektiv
OECD	Organisation for Economic Co-operation and Development
OHG	Offene Handelsgesellschaft
ÖPP	Öffentlich-Private-Partnerschaft
OVG	Oberverwaltungsgericht
PA AA	Politisches Archiv des Auswärtigen Amtes
PPP	Public Private Partnership
pr.	preußisch
Pr. GS	Gesetz-Sammlung für die Königlich-Preußischen Staaten
Pr. MBl.	Ministerialblatt für die gesammte innere Verwaltung in den Königlich Preußischen Staaten
pStGB	Preußisches Strafgesetzbuch
resp.	respektive
RG	Reichsgericht
RGBl.	Deutsches Reichsgesetzblatt
RGSt	Entscheidungen des Reichsgerichts in Strafsachen
RGZ	Entscheidungen des Reichsgerichts in Zivilsachen
Rn.	Randnummer
RPG	Reichspressegesetz (Pressegesetz des Deutschen Kaiserreiches)
Rspr.	Rechtsprechung
RT	Reichstag
Rthlr.	Reichsthaler
RZBl.	Reichszentralblatt
S.	Seite
s.	siehe
Sächs. GBl.	Gesetz- und Verordnungsblatt für das Königreich Sachsen
SH	Sonderheft
Sig.	Signatur
Slg.	Sammlung
sog.	sogenannt
st.	ständige
Std.	Stunde
str.	strittig
subj.	subjektiv
SV	Sachverhalt
tab.	tabellarisch
Tab.	Tabelle
TB	Tatbestand
TOP	Tagesordnungspunkt
TU	Telegraphen-Union
u. a.	unter anderem
UK	United Kingdom
UNESCO	United Nations Educational, Scientific and Cultural Organization
UrhG	Urheberrechtsgesetz
urspr.	ursprünglich
USA	United States of America
UStG	Umsatzsteuergesetz

usw.	und so weiter
v.	von
v. a.	vor allem
VBlBW	Verwaltungsblätter für Baden-Württemberg
Verf.	Verfasser
Vgl.	Vergleiche
Vic.	Victoria
VN	Vereinte Nationen
VO	Verordnung
VVDStRL	Veröffentlichungen der Vereinigung der Deutschen Staatsrechtslehrer
VWL	Volkswirtschaftslehre
wiss.	wissenschaftlich
WTB	Wolff's Telegraphisches Bureau
z. B.	zum Beispiel
z. T.	zum Teil
ZFU	Zeitschrift für Firmengeschichte und Unternehmerbiographie
ZgS	Zeitschrift für die gesamte Staatswissenschaft
ZHR	Zeitschrift für das gesamte Handelsrecht und Wirtschaftsrecht
zit.	zitiert
ZNR	Zeitschrift für Neuere Rechtsgeschichte
ZRG	Zeitschrift der Savigny-Stiftung für Rechtsgeschichte
ZUG	Zeitschrift für Unternehmens- und Gesellschaftsrecht/Zeitschrift für Unternehmensgeschichte
zw.	zwischen

A. Einleitung

I. Hinführung

Am Mittwoch, den 28. November 1849 publizierte die Berliner *National-Zeitung* in ihrer Abendausgabe Nr. 434 auf der Titelseite folgende Mitteilung in eigener Sache:

„Wie wir stets nach Kräften bemüht waren, das Interesse unserer geehrten Abonnenten in jeder Beziehung wahrzunehmen, so haben wir jetzt geglaubt, im Interesse unserer Leser das neue Kommunikations-Mittel der Telegraphie nicht unbeachtet lassen zu dürfen. Wir sind durch ausgedehnte Verträge in den Stand gesetzt, einstweilen täglich telegraphische Depeschen aus Paris, London, Amsterdam und Frankfurt geben zu können. Dieselben werden nicht nur das kaufmännische Interesse nach allen Richtungen hin berücksichtigen, sondern auch die wichtigsten politischen Tatsachen auf das Schnellste zur Kenntnis des Publikums bringen. [...] Wir eröffnen zu gleicher Zeit von heute bis Ende Dezember d.J. ein neues Abonnement zum Preise von 1 Thlr".[1]

Damit kündigte die *National-Zeitung* eine neue Dienstleistung an, die es in dieser Form zuvor noch nicht gegeben hatte. Neben der regulären Zeitungsausgabe wurde nun ein kostenpflichtiges Abonnement für den wiederkehrenden individuellen Bezug von telegraphisch übermittelten Nachrichten[2] aus der europäischen Wirtschaft und Politik angeboten.

---

[1] Ein Faksimile der zitierten Ausgabe findet sich bei *Wilke*, Publizistik 2004, S. 125 Abb. 1.

[2] Die Begriffe „Nachricht" und „Information" werden in dieser Arbeit synonym verwendet; eine entsprechende Abgrenzung wäre für die vorliegende Untersuchung nicht zielführend, da sie die hier untersuchten Sachverhalte unnatürlich aufspalten würde; im historischen Kontext wurde ebenfalls keine Differenzierung vorgenommen, da dort die in den Vertragsverhältnissen vereinbarten Leistungen als konkrete Art der Dienstleistung (z. B. „Abonnement"), als Art der Manifestation der einzelnen Nachricht bzw. Information (z. B. „Depesche" oder „Telegramm") oder aber konkret bezogen auf spezifische Themenkategorien (z. B. „Börsenkurse" oder „politische Nachrichten") erfasst wurden; vgl. unterschiedliche Definitionsansätze bei *Augsberg*, Informationsverwaltungsrecht, S. 28 ff.; *He*, Nachrichtenagenturen, S. 31 ff.; *Hoffmann-Riem*, Innovation und Recht, S. 304; *Schmidt/Beneken*, Grundkurs Informatik, S. 37 ff.; *Schwiesau/Ohler*, Nachrichten, S. 2; *Westerbarkey*, Communications 17 (1992), S. 287; zur modernen Abgrenzung von Daten und Information im Kontext des Datenhandels m. w. N. *Specht-Riemenschneider*, Zivilrechtliche Erfassung des Datenhandels, S. 17 ff.

Für dieses neue Angebot gründete die *National-Zeitung* am 29. November 1849 mit ihrem Vertriebsleiter Dr. *Bernhard Wolff* (1811–1879)[3] in Berlin ein eigenes Unternehmen: *Wolff's Telegraphisches Bureau*. Gegenstand dieses neuen Unternehmens war einerseits die systematische Sammlung und Aufbereitung von Nachrichten sowie andererseits deren Übermittlung und Vertrieb. Dieses grundsätzliche Geschäftsmodell wurde prägend für Unternehmen, die heute als „Nachrichtenagenturen" bezeichnet werden.

Zugleich fällt das Gründungsjahr von *Wolff's Telegraphischem Bureau* in die Anfangszeit der Industrialisierung der deutschen Länder Mitte des 19. Jahrhunderts. Es ist zu beobachten, dass sich in dieser Zeit die Nachrichten zu einer volkswirtschaftlichen Ressource und einem handelbaren Gut im Sinne einer marktfähigen Ware verdichteten und sich der Nachrichtenmarkt dadurch grundlegend wandelte.[4] Diese industrielle Revolution des Nachrichtenmarktes fand auch außerhalb der deutschen Länder statt, wie es exemplarisch an der Gründung und Expansion der Nachrichtenagenturen *Agence Havas* (Frankreich), *Reuter's Telegram Company* (England) oder der *Associated Press* (USA) sichtbar wird.

Dabei nutzten die Nachrichtenagenturen für die Informationsübermittlung gleichermaßen die damals neuartige Übertragungstechnik der elektrischen Telegraphie. Informationen konnten damit mit einer signifikant höheren Geschwindigkeit bzw. Übertragungsrate übermittelt werden als es mit den bis dahin verbreiteten Übertragungssystemen, wie Postkutsche, Kurier oder Brieftaube, möglich war. Dies führte auch zu einer neuen Aktualität und Exklusivität von Informationen. Der Staat betrieb die Telegraphie als öffentlich-rechtliche Infrastruktureinrichtung, wobei er mit privaten Unternehmen wie *Wolff's Telegraphischem Bureau* kooperierte.

Wolff's Telegraphisches Bureau war insofern die erste in den deutschen Ländern gegründete Nachrichtenagentur, die sich im Laufe der zweiten Hälfte des 19. Jahrhunderts und des beginnenden 20. Jahrhunderts zu einem zentralen und dominanten Akteur, zunächst auf dem deutschen, später aber auch auf dem europäischen und internationalen Nachrichtenmarkt, entwickelte. So können auch einige Aspekte der heutigen Marktsituation letztlich auf die Geschichte des Nachrichtenmarktes in Europa und den USA des 19. Jahrhunderts zurückgeführt werden. Die global agierenden Nachrichtenagenturen dpa, Reuters und AFP haben ihre Wurzeln in den im 19. Jahrhundert gegründeten ersten Nachrichtenagenturen (sog. „Gründeragenturen"), wobei ein Zusammenhang zwischen der heutigen Marktmacht und den im 19. Jahrhundert geschaffenen Strukturen gesehen werden kann.[5]

---

[3] Zur Person s. *Feldhaus*, Art. Wolff, S. 661 f.

[4] Dazu vgl. bereits *Schmoeckel*, Industrielle Revolution, S. 14; *Schadrowski*, Information als Wirtschaftsgut, S. 247 ff.

[5] Vgl. *Schadrowski*, Information als Wirtschaftsgut, S. 247 ff.

In diesem Kontext ist *Wolff's Telegraphisches Bureau* als Unternehmen prädestiniert für eine Untersuchung der Frage, in welchem Verhältnis die tiefgreifenden politischen, wirtschaftlichen und technischen Veränderungen ab Mitte des 19. Jahrhunderts in Deutschland zur ökonomischen Entwicklung des Nachrichtenmarkts und seinen Akteuren standen.

Dabei stellt sich insbesondere auch die Frage der Entstehung, rechtlichen Erfassung, Abgrenzung und Gestaltung des sich radikal wandelnden Nachrichtenmarktes durch die Politik und den Staat mit seinem Rechtssystem und den ihm zur Verfügung stehenden Regulierungsinstrumenten.[6] Die Betrachtung der rechtlichen Rahmenbedingungen in Verbindung mit den individualvertraglichen Beziehungen des Unternehmens zu staatlichen und privatwirtschaftlichen Akteuren sowie dessen innere, rechtliche Struktur kann einen weiteren wichtigen Beitrag zum Verständnis des „Rechts der Industriellen Revolution"[7] leisten.

Umso erstaunlicher ist, dass die Genese des Nachrichtenmarkts im 19. Jahrhundert im Kontext von *Wolff's Telegraphischem Bureau* bisher nicht Gegenstand einer detaillierten rechtshistorischen Untersuchung war. Insbesondere um das einzelne Unternehmen als Normadressat bildeten sich neue Rechtsnormen und Rechtsinstitute, deren Anwendung und Wirkung sowohl die Binnenstruktur des Unternehmens als auch die äußeren Rechtsbeziehungen beeinflussten.[8] Im Fall des Nachrichtenmarktes ist es also zielführend, beobachtete (rechtliche) Phänomene in der Unternehmensgeschichte von *Wolff's Telegraphischem Bureau* in Zusammenschau mit der industriellen Ordnung und der Rolle des Staates zu analysieren.

Dabei steht nicht die detaillierte chronologische Entwicklung von *Wolff's Telegraphischem Bureau* im Fokus, sondern es wird eine Gesamtschau der die Entwicklung des Unternehmens flankierenden Entwicklungen und zu beobachtenden Phänomenen vorgenommen. Innerhalb dieses Ansatzes liegt der

---

[6] Parallelen zu der hier formulierten Interdependenz zwischen der Entstehung eines Marktes und der politischen Ordnung i. w. S. finden sich auch in den Thesen von *Karl Polanyi* (1886–1964), der am Beispiel der Industrialisierung Englands ab dem Jahr 1834 die Transformation in eine liberale Marktgesellschaft als Konsequenz staatlichen Handelns sowie der damit verbundenen Herausbildung von staatlichen Institutionen auf der einen Seite und einer Verselbstständigung der Ökonomie auf der anderen Seite wertete, s. *Polanyi*, The Great Transformation, S. 35 ff.

[7] Vgl. insb. zur Frage, ob und inwieweit die industrielle Ordnung ab Mitte des 19. Jahrhunderts in Deutschland auf juristischen Voraussetzungen basierte *Schmoeckel*, Industrielle Revolution, S. 4; zur Vielschichtigkeit der diesbezüglichen Forschung vgl. *Maetschke*, Rechtliche Rahmenbedingungen der Industrialisierung, S. 43, mit einem Forschungsüberblick auf S. 44 Fn. 121; vgl. auch die Publikation von *Coing* (Hg.), Studien zur Entwicklung der Industrialisierung auf das Recht.

[8] Zu den neuen Produktions- und Organisationsformen der Wirtschaft vgl. *Strauch*, Unternehmensrecht, S. 250.

Schwerpunkt auf der Interaktion des Unternehmens mit der Rechtsordnung sowie auf den Veränderungen der Rechtsordnung in ihrer Wirkung auf das Unternehmen.[9] Die Frage nach der Genese des Nachrichtenmarktes in der Industriellen Revolution und dessen rechtliche Gestaltung unter besonderer Berücksichtigung der Unternehmensgeschichte von *Wolff's Telegraphischem Bureau* als erster deutscher Nachrichtenagentur von 1849 bis 1914 ist Gegenstand dieser Arbeit und soll die beschriebene wissenschaftliche Lücke schließen.

II. Methodischer Ansatz

In der vorliegenden Arbeit wird ein interdisziplinärer Ansatz gewählt, indem im Sinne der Wirtschaftsrechtsgeschichte wissenschaftliche Ansätze aus Rechtsgeschichte und Ökonomie verbunden werden.[10] In diesem Kontext werden auch technische Innovationen und Entwicklungen einbezogen und ihre rechtliche Erfassung durch die Rechtsordnung berücksichtigt.[11] Die ab Mitte des 19. Jahrhunderts aufkommenden ökonomischen Fragen und ihre juristischen Implikationen in Bezug auf den Nachrichtenmarkt werden unter Berücksichtigung der rechtlichen und institutionellen Voraussetzungen für die Entstehung und Entwicklung eines neuen Marktes wechselseitig betrachtet.[12] Dabei kommt dem Verhältnis und Rollenverständnis zwischen den verschiedenen Akteuren in Staat und Wirtschaft eine besondere Rolle zu.[13]

---

[9] *Dilcher/Lauda*, Unternehmen 1860–1920, S. 536.

[10] Vgl. zur Kombination von Ökonomie, Recht und Geschichte sowie zu den Begriffen der „Wirtschaftsgeschichte" und der „Wirtschaftsrechtsgeschichte" mit den jeweiligen damit verbundenen methodischen Ansätzen m. w. N. *Ambrosius/Plumpe/Tilly*, Wirtschaftsgeschichte, S. 10 ff.; *Collin*, Regulierungsrationaliäten, S. 9; *Duve*, KritV 2014, S. 126; *Rittner*, ZNR 13 (1991), S. 173 ff.; *Schlosser*, Neuere Privatrechtsgeschichte, S. 294 f.; *Schmoeckel/Maetschke*, Rechtsgeschichte der Wirtschaft, S. 3 ff.; vgl. zu einer modernen Rechtswissenschaft, die kontextoffen Interdependenzen berücksichtigt *Hoffmann-Riem*, Innovation und Recht, S. 4; *Voßkuhle*, Offene Rechtswissenschaft, S. 167, 173 f.

[11] Von einer „Entwicklungsverschränkung" spricht *Kloepfer*, Technik und Recht, S. 17; zum Verhältnis von Innovation und Recht im 19. Jahrhundert am Bsp. der Telegraphie s. *Scherner*, ZNR 1994, S. 39 ff.

[12] Zu diesem Ansatz vgl. *Schmoeckel*, ZRG KA 132 (2015), S. 271, 321; jedes jur. Problem weise einen ökonomischen Bezug auf, s. *Gschwend*, Wechselwirkung von Recht und Wirtschaft, S. 6 ff.; vgl. auch *Hentsch*, Bergische Stahlgesetze (1847/54), S. 8 ff.; *Maetschke*, Scheitern der Bergwerksstrafe, S. 17; zum institutionellen Ansatz i. S. e. Strukturgeschichte s. *North*, Theorie des institutionellen Wandels, S. 3.

[13] Vgl. m. w. N. *Collin*, Technikverwaltungs(rechts)geschichte, S. 317 ff.; *Schmoeckel*, ZRG KA 132 (2015), S. 268 f.

Für ein vertieftes und systematisches Verständnis der rechtlichen Voraussetzungen, Rahmenbedingungen und Herausforderungen eines speziellen Wirtschaftszweiges wird mit *Wolff's Telegraphischem Bureau* ein einzelnes Unternehmen als Referenzpunkt der Untersuchung gewählt, indem seine Geschichte mit einem Fokus auf die rechtlichen und wirtschaftlichen Faktoren betrachtet und analysiert wird.[14] Dabei wird aber keine isolierte Betrachtung der Geschichte eines einzelnen Unternehmens im Sinne einer „Unternehmensgeschichte"[15], sondern eine breite Betrachtung der wirtschaftlichen und rechtlichen Rahmenbedingungen mit Bezug auf ein konkretes Unternehmen,[16] seine innere Verfasstheit und seine Außenbeziehungen vorgenommen.[17]

Im Fokus rechtshistorischer Untersuchungen stehen in der Regel einzelne Gesetze, einzelne Juristen, gerichtliche oder behördliche Einzelfallentscheidungen, die Rechtsprechungsentwicklung oder etwa einzelne Rechtsgebiete.[18] Die Interdependenz zwischen Rechtsordnung und Wirtschaft kann jedoch besonders bei Betrachtung eines einzelnen Unternehmens deutlich werden. So spiegeln Unternehmen auch die sie umgebenden und formenden wirtschaftlichen und rechtlichen Rahmenbedingungen wieder.[19] Dies gilt insbesondere für die Zeit der in Deutschland beginnenden Industriellen Revolution ab Mitte des 19. Jahrhunderts, als sich das Großunternehmen als „prägende Organisationsform der Wirtschaft"[20] entwickelte und durchsetzte.[21] Das Wachstum einzelner Industrieunternehmen führte sowohl zu einem eigenen „Industrierecht"[22] als auch zu einer Dominanz auf bestimmten Märk-

---

[14] Das Unternehmen als Ausgangspunkt rechtshistorischer Untersuchungen findet sich u. a. bei *Dilcher/Lauda*, Unternehmen 1860–1920, S. 536; *Nörr*, Unternehmen 1880–1930, S. 15 ff.; *Strauch*, Unternehmensrecht, S. 208 ff.

[15] Vgl. zur Historie der „Unternehmensgeschichte" *Pierenkemper*, ZUG 1 (1999), S. 13 ff.; zur str. Diskussion um die Methoden und Theorien der Unternehmensgeschichte vgl. *Pierenkemper*, ZUG 1 (1999), S. 15 ff.; dazu krit. *Pohl*, ZUG 2 (1999), S. 150 ff.; vermittelnd *Berghoff*, ZUG 2004, S. 140; in der BWL wird z. T. primär der Sinn und Zweck der Unternehmensgeschichte in historisch-empirischen Fallstudien gesehen, so *Schneider*, JNS 2002, S. 621 ff.; dagegen sieht einen Beitrag zur Dogmengeschichte *Pierenkemper*, JNS 2003, S. 497 ff.; krit. *Jaeger*, ZFU 17 (1972), S. 107 ff., 120; *Kocka*, Unternehmer, S. 6 ff.

[16] Vgl. *Berghoff*, ZUG 2004, S. 139; *Hommelhoff*, Geschichtliche Rechtswissenschaft, S. 230; *Lehmann*, Industrierecht, S. 24; *Pahlow*, ZNR 2014, S. 91.

[17] Zu dieser Diff. vgl. *Nörr*, Unternehmen 1880–1930, S. 17 f.; *Wischermann*, GuG 1993 (4), S. 453 ff.

[18] Vgl. m. w. N. *Pahlow*, ZNR 2014, S. 84.

[19] S. *Berghoff*, ZUG 2004, S. 136 f.; *Hesse*, Wirtschaftsgeschichte, S. 89.

[20] *Dilcher/Lauda*, Unternehmen 1860–1920, S. 536.

[21] Vgl. *Hesse*, Wirtschaftsgeschichte, S. 85; *Pahlow*, ZNR 2014, S. 85. auch in politischer Hinsicht nahm die Bedeutung der Unternehmen zu, s. *Berghoff*, ZUG 2004, S. 138; zur Fabrik als Symbol der Industrialisierung s. m. w. N. *Maetschke*, Rechtliche Rahmenbedingungen der Industrialisierung, S. 57.

[22] *Lehmann*, Industrierecht, S. 3; vgl. zu den Herausforderungen des Rechtssystems z. B.

ten.[23] Existierende Rechtsgrundsätze bedurften teilweise einer neuen juristischen Auslegung oder einer Anpassung an neue wirtschaftliche Bedingungen.

Bei der Analyse wird jeweils das folgende Vorgehen gewählt: Auf die empirische Beschreibung wirtschaftlicher und rechtlicher Beziehungen und Strukturen des Unternehmens *Wolff's Telegraphisches Bureau* sowie damit zusammenhängender Phänomene des Nachrichtenmarktes folgt jeweils eine Einordnung und Interpretation aus heutiger Perspektive. So lassen sich Besonderheiten und Strukturprinzipien bei der Genese des Nachrichtenmarktes sinnvoll und zweckmäßig herausarbeiten.

III. Quellenlage, Forschungsstand und -desiderat

Die Unternehmensgeschichte von *Wolff's Telegraphischem Bureau* ist im Wesentlichen gut erforscht. Hervorzuheben ist die im Jahr 1991 veröffentlichte publizistische Dissertation von *Dieter Basse*, die auf einer umfangreichen und sorgfältigen Auswertung von zahlreichen Archivalien basiert und die im Anhang mehrere transkribierte Originalquellen aufführt, die wertvoll für die weitere wissenschaftliche Auseinandersetzung sind.[24] Darüber hinaus war *Wolff's Telegraphisches Bureau* insbesondere Gegenstand von wissenschaftlichen Untersuchungen auf dem Gebiet der Geschichte, Publizistik sowie den Kommunikations- und Medienwissenschaften.[25] Dabei wird in der Regel die Rolle des Unternehmens als Nachrichtenagentur sowie seine Stellung und Funktion in der Presse- und Medienlandschaft untersucht.[26] Einen Schwerpunkt bildet die Eingliederung von *Wolff's Telegraphischem Bureau* in die Presse- und Außenpolitik von *Otto von Bismarck* (1815–1898).[27] Außerdem werden bilaterale und multilaterale Abkommen zwischen *Wolff's Telegraphischem Bureau* und anderen Nachrichtenagenturen thematisiert.[28]

---

die Selbstregulierung in Form von Fabrikordnungen der Arbeitgeber, vgl. *Brand*, Arbeitsrecht im 19. Jahrhundert, S. 231 ff.

[23] Vgl. *Schmoeckel*, ZRG KA 132 (2015), S. 292; zur damit verbundenen Kartellrechtsproblematik s. auch *Grossfeld*, Kartellrechtsdiskussion, S. 255; *Hesse*, Wirtschaftsgeschichte, S. 91.

[24] S. *Basse*, WTB, S. 1 ff.

[25] S. *Dussel*, Tagespresse im 19. und 20. Jh., S. 56, 68, 71; *Naujoks*, GWÜ 14 (1963), S. 605 ff.; *Stern*, Bismarck und Bleichröder, S. 374 ff.; *Wilke*, Publizistik 2004, S. 125 ff.

[26] S. *Fischer-Frauendienst*, Bismarcks Pressepolitik, S. 16 ff.; *Naujoks*, Bismarcks Pressepolitik, S. 209 ff.; *Sösemann*, Presse- und Informationspolitik der Bismarck-Ära, S. 287; *Wunderlich*, Telegraphenbüros und Nachrichtenagenturen, S. 23 ff.

[27] Vgl. *Geppert*, Öffentlichkeit und Diplomatie, S. 70 ff.

[28] S. *Basse*, WTB, S. 48 ff.; *Read*, History of Reuters, S. 57.

Eine rechtshistorische Auseinandersetzung mit *Wolff's Telegraphischem Bureau* existiert bislang nicht.[29] Zwar wird in vielen Beiträgen auf Verträge und rechtliche Rahmenbedingungen rekurriert, jedoch ohne eine originäre juristische Bewertung und Einordnung. So kann im Fall von *Wolff's Telegraphischem Bureau* die Rechtsgeschichte durch eine juristisch fundierte Perspektive auf die Genese und Auslegung von Verträgen und einer Beurteilung der vielfältigen rechtlichen Rahmenbedingungen als Bindeglied zwischen Geschichtswissenschaft und Rechtswissenschaft fungieren und für beide Disziplinen neue Aspekte erforschen.

Dafür werden im Rahmen der vorliegenden Arbeit veröffentlichte und nicht-veröffentlichte Quellen analysiert. Die meisten *Wolff's Telegraphisches Bureau* betreffenden, in Berlin archivierten Unterlagen wurden im Zweiten Weltkrieg zerstört. Allerdings finden sich einzelne Abschriften und Duplikate von Verträgen und anderen Quellen, die für die Analyse in dieser Arbeit herangezogen wurden. So konnte im *Geheimen Staatsarchiv Preußischer Kulturbesitz* in Berlin (Dahlem) in den Akten des *Ministeriums des Auswärtigen* insbesondere eine Abschrift des Vertrages zwischen dem preußischen Staatsministerium und *Wolff's Telegraphischem Bureau* aus dem Jahr 1869 aufgefunden werden. Im *politischen Archiv des Auswärtigen Amtes* in Berlin (Mitte) ist eine Abschrift des Kooperationsvertrages zwischen *Wolff's Telegraphischem Bureau*, der *Agence Havas* und *Reuter's Telegram Company* aus dem Jahr 1870 vorhanden. Eine Verlängerung dieses Vertrages mit einigen Ergänzungen aus dem Jahr 1909 wurde im *Thomson Reuters Archive* (London, England) aufgefunden, ebenso wie zwei weitere (französischsprachige) Verträge zwischen dem österreichischem *k.k. Telegraphen-Korrespondenz-Bureau* auf der einen Seite und der *Continental Telegraphen-Compagnie*, der *Agence Havas* und *Reuter's Telegram Company* auf der anderen Seite aus den Jahren 1900 und 1910, die in dieser Arbeit detailliert ausgewertet wurden.

IV. Begrenzungen und Terminologie

1. Regionale Begrenzung und Periodisierung der Untersuchung

In regionaler Hinsicht ergibt sich die Begrenzung der Untersuchung im Wesentlichen aus der Unternehmensgeschichte von *Wolff's Telegraphischem Bureau* selbst. Als Gründungsort und Firmensitz von *Wolff's Telegraphischem Bureau* kommt zunächst Berlin eine exzeptionelle Rolle zu. Dort wurden auch aufgrund des Status als Hauptstadt von Preußen und ab dem Jahr 1871

[29] Mit Ausnahme eines kurzen Beitrags des Verf., s. *Schadrowski*, Information als Wirtschaftsgut, S. 247 ff.

als Hauptstadt des Deutschen Kaiserreiches die für den Untersuchungsgegenstand wichtigen politischen, wirtschaftlichen und rechtlichen Entscheidungen getroffen.[30] Darüber hinaus sind die Ereignisse in Preußen wegen seiner in der Staatenwelt Europas des 19. Jahrhunderts dominierenden Rolle und wichtigen geopolitischen Stellung, etwa im Norddeutschen Bund, besonders wichtig.[31] Es werden aber auch Ereignisse und Besonderheiten in anderen Ländern und Kontinenten berücksichtigt, sofern diese für den Fortgang oder das Verständnis der Untersuchung notwendig oder förderlich sind. So werden auch Nachrichtenagenturen anderer Länder, insbesondere in Frankreich und England, bei der Untersuchung berücksichtigt. Bei der Analyse von bilateralen und multilateralen Abkommen auf dem internationalen Nachrichtenmarkt werden ebenso die Parteien anderer Länder berücksichtigt.

Die Untersuchung umfasst einen Zeitraum extremer politischer und staatsrechtlicher Veränderungen – vom staatlichen Wandel der Einzelterritorien des Deutschen Bundes von 1815, über den Norddeutschen Bund von 1866 und schließlich dem Deutschen Kaiserreich von 1871.[32] So wird zwar auf die jeweiligen wirtschaftlichen, politischen und rechtlichen Besonderheiten hingewiesen, jedoch soll im Übrigen die zum jeweiligen Zeitpunkt geltende staatsrechtliche Konstruktion gemeint sein, wenn in der vorliegenden Arbeit von „Deutschland“ oder den „deutschen Ländern“ gesprochen oder darauf Bezug genommen wird.

Die Periodisierung der Untersuchung vom Jahr 1849 bis zum Jahr 1914 ergibt sich primär aus Erwägungen betreffend die Geschichte von *Wolff's Telegraphischem Bureau*, das im Jahr 1849 gegründet wurde. Allerdings soll der Blick auf die Vorgeschichte mit den wirtschaftlichen und politischen Umständen ab Beginn des 19. Jahrhunderts nicht künstlich verkürzt werden, sodass an entsprechenden Stellen Bezüge zu früheren historischen Ereignissen hergestellt werden. Daher geht die Betrachtung bei der der Untersuchung des Nachrichtenmarkts bis zum Jahr 1789 zurück, um die Ereignisse der Französischen Revolution und die Ideen der Aufklärung zu berücksichtigen. Die Untersuchung endet im Jahr 1914 und damit mit Beginn des Ersten Weltkrieges und dem Ende des sog. „langen 19. Jahrhunderts“.[33] Als exoge-

---

[30] So waren die Entwicklungen in Preußen für die Entwicklung der dt. Börsenverfassungen maßgebend; Berlin wuchs ab Mitte des 19. Jahrhunderts zu einem der bedeutendsten deutschen Börsenplätze an, s. *Meier*, Börsengesetz 1896, S. 8, 18.

[31] Zur Vorreiterrolle Preußens in der Gesetzgebung vgl. *Michalczyk*, Regulierung, S. 21.

[32] Vom Verfassungskonflikt, Beginn und Durchbruch der Industriellen Revolution, bis zum Übergang vom Merkantilismus zum Liberalismus, vgl. *Michalczyk*, Regulierung, S. 21.

[33] Differenziert und m. w. N. *Stolleis*, der konstatiert „Zäsuren sind auf Plausibilität angelegte Merkzeichen der Historiographie“, s. *Stolleis*, Zäsur von 1914, S. 5, bzgl. der

nes und disruptives Ereignis stellt der Ausbruch des Ersten Weltkrieges eine historische Zäsur dar, die grundlegende Auswirkungen auf den Untersuchungsgegenstand und seine Einflussfaktoren hat, sodass eine weitergehende Untersuchung unter völlig neuen Vorzeichen erfolgen muss.[34] Beispielsweise wurde das Nachrichtenwesen in Deutschland nahezu vollständig unter staatliche Kontrolle der Reichsregierung gestellt und *Wolff's Telegraphisches Bureau* wurde durch das Monopol auf die Berichte des deutschen Heeres faktisch zur einzigen deutschen Nachrichtenquelle.[35]

2. Verwendung moderner Terminologie und Theorien aus Recht und Wirtschaft

In der vorliegenden Arbeit werden auch Begriffe und Theorien aus den Rechts- und Wirtschaftswissenschaften des 20. und 21. Jahrhunderts verwendet. Dort entwickelte, eingeführte und geprägte Begriffe und Theorien existierten in der Zeit der hier angelegten Untersuchungsperiode von der Mitte des 19. Jahrhunderts bis zum frühen 20. Jahrhundert entweder noch nicht, oder sie waren mit einem anderen Sinngehalt konnotiert. Daher erfolgt bei der vorliegenden Arbeit der Rekurs auf moderne Terminologien, Definitionen und Theorien aus Rechtswissenschaft und anderen wissenschaftlichen Disziplinen für die Darstellung und Analyse (rechts-)historischer Vorgänge, Verhältnisse und Strukturen nicht präjudizierend, sondern mit dem Ziel, die Begriffe in einer analytischen Funktion anzuwenden.[36]

Soweit also in dieser Arbeit moderne Begriffe und damit assoziierte Theorien genutzt werden, erfolgt dies nicht deskriptiv oder normativ, sondern analytisch zwecks Überprüfung und Einordnung der in dieser Arbeit beobachteten Phänomene und erzielten Ergebnisse. Insofern soll keine umfäng-

---

ökonomischen Entwicklung spricht z. B. *Tilly* von einem „exogenen Ereignis", *Tilly*, Entwicklung Deutschlands 1843 bis 1914, S. 154; zum wirtschaftsrechtlichen Umbruch vgl. *Gschwend*, Wechselwirkung von Recht und Wirtschaft, S. 6.

[34] Z. B. stellte der Kriegsausbruch 1914 durch die Kriegswirtschaft und ihren Einfluss auf die Marktwirtschaft auch einen Umbruch in der Geschichte der Kartellbewegungen dar, s. *Wegenroth*, Entwicklung der Kartellbewegung, S. 15; *Blaich*, Kartell- und Monopolpolitik im kaiserlichen Deutschland, S. 18, der darauf hinweist, dass die Kartelle in der deutschen Kriegswirtschaft zwar einen Aufschwung erlebten, es sich aber um keine privaten Machtgebilde innerhalb einer freien Marktwirtschaft mehr handelten, sondern vornämlich um Zwangskartelle.

[35] *Koszyk*, Pressepolitik im Ersten Weltkrieg, S. 219 ff.; *Neitemeier*, Telegraphen-Union, S. 95 f.; vgl. auch *Stöber*, M&K 2/2007, S. 206.

[36] *Schmoeckel*, Regulierung im 19. Jahrhundert, S. 89; *Schmoeckel*, ZRG KA 132 (2015), S. 271; *Gschwend*, Wechselwirkung von Recht und Wirtschaft, S. 4; z. B. hinsichtlich „Neuen Märkten" im 19. Jahrhundert vgl. *Rüberg*, „Neue Märkte" in der Telekommunikation, S. 56.

liche inhaltliche Gleichsetzung der geschichtlichen Ereignisse und Zusammenhänge mit den modernen Begriffen, sondern eine Illustration bestimmter rechtlicher und wirtschaftlicher Rahmenbedingungen und Strukturprinzipien erfolgen. Damit lässt sich in bestimmten Teilen ein besseres Verständnis historisch komplexer Situationen oder Prozesse erreichen, indem durch einen modernen Begriff ein Untersuchungsgegenstand eingegrenzt, präzisiert oder spezifiziert wird.

V. Gang der Untersuchung

Die Arbeit gliedert sich in zwei Hauptabschnitte. Im ersten Schritt werden Entwicklung und Struktur des Nachrichtenmarktes zwischen 1789 und 1914 untersucht (s. B. I.). Dazu wird zunächst die elektrische Telegraphie als Technik und Infrastruktur des neuen Marktes betrachtet (dazu unter B. I. 2.). Auf dieser Basis wird die Gründung und Entwicklung von Nachrichtenagenturen als Anbieter von Informationen auf dem Nachrichtenmarkt begutachtet (dazu unter B. I. 3.), gefolgt von einer Betrachtung der Finanzwirtschaft und der Presselandschaft als Nachfrager von Informationen (dazu unter B. I. 4.).

Auf Grundlage und unter Einbeziehung der dadurch gewonnenen Erkenntnisse werden im darauffolgenden zweiten Abschnitt die juristischen Entwicklungen und rechtlichen Rahmenbedingungen im Sinne einer Industriellen Ordnung im Kontext der Unternehmensgeschichte von *Wolff's Telegraphisches Bureau* dargestellt und analysiert (s. B. II.). In einem ersten Schritt werden hierfür die rechtliche Erfassung und Abgrenzung des neuen Nachrichtenmarktes dargestellt (dazu unter B. II. 2.). Dies umfasst eine Gesamtschau der staatlichen Gestaltung und Organisation der Telegraphie als neue Kommunikationsform durch das öffentliche Recht, des strafrechtlichen Schutzes der telegraphischen Kommunikation und ihrer Infrastruktur sowie der zivilrechtlichen Fragen und Regelungen im Kontext der Telegraphie. Die staatliche Beeinflussung des Wettbewerbs auf dem Nachrichtenmarkt wird im zweiten Schritt Gegenstand der Untersuchung (dazu unter B. II. 3.), indem die vertraglichen Beziehungen zwischen dem preußischen Staatsministerium und *Wolff's Telegraphischem Bureau* ab dem Jahr 1869 analysiert werden. Im dritten Schritt wird die Wahl der Rechtsformen von *Wolff's Telegraphischem Bureau* als Reflektion des sich im 19. Jahrhundert wandelnden Handels- und Gesellschaftsrechts (dazu unter B. II. 4.) untersucht. Schließlich werden vertragliche Beziehungen zwischen *Wolff's Telegraphisches Bureau* und anderen europäischen Nachrichtenagenturen analysiert (dazu unter B. II. 5.).

Im letzten Schritt werden die gesammelten Ergebnisse zusammengefasst und ein Fazit gezogen (s. C.).

B. Entwicklung und Struktur des Nachrichtenmarktes zwischen 1789 und 1914

I. Industrielle Revolution des Nachrichtenmarktes

1. Vorbemerkung

Mit der deutschen „Industriellen Revolution“[1] wird im Wesentlichen der in den deutschen Ländern zwischen den Jahren 1845 und 1850 einsetzende grundlegende Wandel der gewerblichen Produktionsweise mit ihren zahlreichen tiefgreifenden Implikationen für die gesamte Gesellschaft und dessen Wirtschafts- und Rechtssystem verstanden.[2]

Der Ursprung der Industriellen Revolution lag in England des beginnenden 19. Jahrhunderts mit der Erfindung und dem Einsatz neuartiger Maschinen.[3] Obschon die erste funktionstüchtige Dampfmaschine bereits im Jahr 1712 in England von *Thomas Newcomen* (1663–1729) auf Basis der Arbeiten von *Thomas Savery* (1650–1715) konstruiert wurde,[4] erfolgte der

---

[1] Zum Begriff der „Industriellen Revolution“ s. m. w. N. *Schmoeckel/Maetschke*, Rechtsgeschichte der Wirtschaft, S. 59 ff.

[2] Vgl. *Wehler*, Deutsche Gesellschaftsgeschichte, Bd. 2, S. 612 ff.; nach der deutschen Frühindustrialisierung in der Periode von 1815 bis 1840 wird der Durchbruch regelmäßig zw. 1845/50 bis 1873 gesehen, vgl. *Hahn*, Industrielle Revolution, S. 13 ff., 24 ff.; von einem „take off“ spricht z. B. *Kaufhold*, Handwerk und industrielle Revolution, S. 171; z. T. wird die Ansicht vertreten, dass sich das traditionelle Handwerk in Deutschland schon deutlich früher einer starken Konkurrenz mit Manufakturen, Verlagen und Kaufleuten ausgesetzt sah und die These einer Verdrängung des Handwerks durch die Industrie eine nicht zutreffende Simplifizierung der komplexen wirtschaftlichen Realität sei, vgl. *Berghoff*, Moderne Unternehmensgeschichte, S. 179, 185; *Kaufhold*, Handwerk und industrielle Revolution, S. 174.

[3] Hierzu und über den Einfluss des englischen Tarifwesens auf die Entwicklung des deutschen Tarifvertragsrechts *Rütten*, Tarifwesen, S. 129; vgl. auch *Tilly*, Finanzinstitutionen und Industrialisierung, S. 9; zur zunächst „rückständigen“ wirtschaftlichen Entwicklung von Preußen s. m. w. N. auch zur Begrifflichkeit der „Rückständigkeit“ *Maetschke*, Rechtliche Rahmenbedingungen der Industrialisierung, S. 17 f.

[4] In diesem Zusammenhang ist auch *James Watt* (1736–1819) zu erwähnen, dessen Erfindungen zu einer signifikanten Verbesserung des Wirkungsgrades der von *Newcomen* entwickelten Dampfmaschinen führte und damit erst eine industrielle Nutzung ermög-

professionalisierte Einsatz von Dampfmaschinen zur industriellen Warenproduktion erst durch die von *James Hargreaves* (1721–1778) im Jahr 1764 erfundene *Spinning Jenny*.[5] Diese Spinnmaschine symbolisiert den enormen Produktivitätsanstieg, den Unternehmen durch den Einsatz von Maschinen erzielen konnten und steht exemplarisch für das enorme ökonomische Wachstum, zunächst noch in den Industrien der Textil- und Eisenindustrie.[6]

Zur gleichen Zeit wandelte sich auch der Nachrichtenmarkt grundlegend.[7] Dabei ist nicht nur eine zeitliche Parallele zu konstatieren, sondern auch die strukturellen Merkmale der Industriellen Revolution spiegeln sich in der Entwicklung des Nachrichtenmarktes wider. Insofern wird in dieser Arbeit von einer „Industriellen Revolution des Nachrichtenmarktes" gesprochen.

Hierfür werden im Folgenden zunächst Erfindung und Entwicklung der elektrischen Telegraphie als für den sich wandelnden Nachrichtenmarkt essentielle Technik und Infrastruktur untersucht (dazu unter 2.). Diese Technik und Infrastruktur nutzten die Nachrichtenagenturen als Anbieter von Informationen. Die Gründung und Etablierung von Nachrichtenagenturen auf dem Nachrichtenmarkt werden im nächsten Schritt dargestellt, wobei ein Schwerpunkt auf das Unternehmen *Wolff's Telegraphisches Bureau* gelegt wird (dazu unter 3.). Die Nachfrage nach Informationen wurde in erster Linie von der Finanzwirtschaft mit Privatbankiers und Bankhäusern sowie von einer wachsenden Presselandschaft, bestehend aus Zeitungen und Zeitschriften, erzeugt, welche im dritten Schritt untersucht werden (dazu unter 4.). Schließlich werden die gewonnenen Beobachtungen zusammengefasst, eingeordnet und bewertet (dazu unter 5.).

2. Technik und Infrastruktur des Marktes: Telegraphie

In der Industriellen Revolution wurde die elektro-magnetische Telegraphie als vollständig neue Form der Informationsübermittlung erfunden und so weiterentwickelt und optimiert, dass es die herkömmlichen Systeme der In-

---

lichte, s. die historische Darstellung von *Matschoss*, Geschichte der Dampfmaschine, S. 57 ff.

[5] *Niedhart*, England im 19. und 20 Jh., S. 30; andere Autoren weisen *Thomas Highs* (1718–1803) als Erfinder der „Spinning Jenny" aus, s. Kenneth E. Hendrickson (Hg.), Encyclopedia of the Industrial Revolution, S. 428; zu weiteren Erklärungsfaktoren bzgl. des Piooniercharakters Englands vgl. m. w. N. *Eisenberg*, Marktgesellschaft, S. 119 ff.

[6] *Niedhart*, England im 19. und 20 Jh., S. 28; zur technischen Funktionsweise von Dampfmaschinen vgl. die historische Darstellung bei *Schmidt*, Theorie der Dampfmaschine, S. 1 ff.

[7] Für die Bestimmungen des „Nachrichtenmarktes" wird das ökonomische „Bedarfsmarktkonzept" zugrundegelegt, vgl. dazu *Schwalbe/Zimmer*, Kartellrecht und Ökonomie, S. 74 ff.

formationsübermittlung der optischen Telegraphie und des Brieftaubenverkehrs nahezu vollständig verdrängte. Für wirtschaftliche und politische Akteure stellte es seither einen entscheidenden Wettbewerbsvorteil dar, über aktuelle Informationen aus den für sie jeweils relevanten Bereichen und über die Möglichkeit eines schnellen Informationsaustauschs zu verfügen.[8] Aktuelle Informationen hatten fundamentale Bedeutung, etwa in diplomatischen Angelegenheiten, bei militärischen Konflikten, in Fragen der grenzüberschreitenden Handelspolitik oder aktuellen Börsennotierungen aus anderen Städten oder Ländern. So unterhielten Politik und Wirtschaft entsprechend den jeweils vorhandenen technischen und finanziellen Ressourcen zunächst eigene Informations- und Kommunikationsnetze, bestehend aus eigenen Quellen zur Informationsbeschaffung sowie dem anschließenden Transport dieser Informationen durch eigene Kuriere, Brieftauben und andere Infrastruktur resp. durch Nutzung externer, bereits existierender Infrastruktur und Netze, wie etwa dem der Post seit dem 15. Jahrhundert.[9]

Als neuartige und schnelle Form der Informationsübermittlung etablierte sich bis Mitte des 19. Jahrhunderts die zuerst von dem Franzosen *Claude Chappe* (1763–1805) entwickelte optische Telegraphie,[10] die mittels eines Flügeltelegraphen („Semaphor") einzelne Zeichen durch schwenkbare Signalarme übermittelte.[11] Überbrückte die erste optische Telegraphenstrecke in Frankreich 1794 noch die Verbindung zwischen Paris und Lille mit einer Distanz von ca. 225 km, folgte ein rasanter Auf- und Ausbau von optischen Telegraphennetzen in Frankreich und anderen europäischen Ländern, deren Nutzung allerdings i. d. R. staatlichen Stellen vorbehalten war.[12] In Preußen

[8] Vgl. m. w. N. *Bakker*, Trading Facts, S. 4.

[9] Zu der Geschwindigkeit der Nachrichtenübermittlung seit dem Mittelalter durch (reitende) Boten und der Post ab dem 15. Jahrhundert. s. *Beyrer*, Enzyklopädie der Neuzeit, S. 345; schon seit der Antike wurden Feuer- und Rauchzeichen zur Informationsübermittlung genutzt, vgl. die Beispiele bei *Aschoff*, Geschichte der Nachrichtentechnik Bd. 1, S. 21 ff.

[10] Der Begriff „Telegraphie" wurde geprägt durch den Franzosen *André-François Miot de Mélito* (1762–1841), ab dem Jahr 1794 wurde der Begriff auch im Deutschen als „Fernschreibe-Maschine" und als „Fernschreibekunst" bezeichnet, s. *Beyrer*, Enzyklopädie der Neuzeit, S. 345.

[11] Zunächst unter Mitwirkung seiner beiden Brüder *Abraham Chappe* (1773–1849) und *Ignace Chappe* (1762–1829) entwickelte er 1791 eine erste Version eines Schnellschreibers, die er zum „Chappe'schen Télégraf (Sémaphore)" weiterentwickelte, vgl. *Flichy*, Histoire de la communication, S. 19 ff. und *Pieper*, Geschichte der Nachrichtentechnik, S. 32 ff.; die optische Telegraphie wird auch als „Beginn der modernen Kommunikation" bewertet, s. *Barnekow*, Anfänge der elektrischen Telegrafie, S. 231 ff.; *Beyrer*, Optische Telegraphie, S. 19 ff.; zur militärischen Nutzung der optischen Telegraphie bis 1918 vgl. *Körbs/Voigt*, Optische Telegrafie und Signalisten, S. 9 ff.

[12] *Scherner*, ZNR 1994, S. 42.

reichte im Jahr 1830 die optische Telegraphenlinie bereits von Berlin bis in die Rheinprovinzen nach Köln und Koblenz.[13]

Als *Carl Friedrich Gauß* (1777–1855) und *Wilhelm Eduard Weber* (1804–1891) im Jahr 1833 erstmals mit dem „Gauß-Weber-Telegraph" Informationen durch Elektrizität übermittelten, kam dies einer „technischen Revolution" gleich, die den Beginn des Durchbruchs der weltweiten elektrischen Telegraphie einläutete. *Gauß* und *Weber* konnten auf zahlreichen naturwissenschaftlichen Entdeckungen und technischen Erfindungen in Elektrik und Magnetik aufbauen, die erst in ihrer Kombination die elektrische Telegraphie ermöglichten.[14]

Die bisherigen Formen der rein optisch-mechanischen Nachrichtenübermittlung wurden vollständig verdrängt und der Bau eines weltweiten Kommunikationsnetzes aus Telegraphen begann.[15] Mit der optischen Telegraphie benötigte man im Jahr 1805 für die Übertragung eines Zeichens auf der Strecke von Paris nach Straßburg noch sechs Minuten und für die Strecke zwischen Berlin und Koblenz fast acht Minuten, sodass für die Übermittlung einer Nachricht mit 30 Worten eine Übertragungszeit von ca. 1,5 Std. einkalkuliert werden musste, also durchschnittlich ein Wort in drei Minuten. Durch den „Gauß-Weber-Telegraph" im Jahr 1833 konnten bereits sieben Zeichen pro Minute versendet werden. Damit waren die elektronischen Telegraphen den optischen Telegraphen in entscheidenden Punkten signifikant überlegen: die Nachrichtenübermittlung war schneller, die Telegraphenstationen waren kostengünstiger im Aufbau und der Instandhaltung und beim Betrieb nicht von den jeweils aktuellen Wetter- und Sichtbedingungen abhängig.[16]

---

[13] Vgl. *Bräunlein*, Archiv 2012 (Heft 1), S. 6 ff.; zur Entwicklung der optischen Telegraphie in Preußen vgl. *Beyrer*, Optische Telegraphie, S. 14 ff.; *Herbarth*, Optische Telegraphie, S. 86 ff.; von der ersten optischen Telegraphenlinie in Preußen erst ab dem Jahr 1832 spricht *Kilger*, Telegraphenrecht im 19. Jahrhundert, S. 3.

[14] Darunter fallen etwa die Entdeckung des konstanten elektrischen Stroms durch *Alessandro Volta* (1745–1827) oder die elektromagnetische Induktion durch *Michael Faraday* (1791–1867); bereits im Jahr 1809 konstruierte *Samuel Thomas von Soemmering* (1755–1830) den ersten elektrochemischen Telegraphen, vgl. *Reindl*, Partikularstaatliche Politik und technische Dynamik, S. 27 ff. und *Kilger*, Telegraphenrecht im 19. Jahrhundert, S. 7.

[15] Beide Systeme existierten noch ca. 20 Jahre parallel, bevor etwa in Frankreich im Jahr 1853 der Betrieb der letzten optischen Telegrafenlinien eingestellt wurde, in Schweden hingegen wurden optische Telegrafen noch bis 1880 betrieben, s. *Eumann*, Nachrichtenagentur, S. 30 m. w. N.; vgl. auch *Wilke*, Telegraphenbureaus und Nachrichtenagenturen, S. 165; *Crowley/Heyer*, Communication in History, S. 101 ff.; *Barnekow*, Anfänge der elektrischen Telegrafie, S. 231 ff.

[16] Vgl. m. w. N. *Field*, Journal of Economic History Vol. 52 (1992), S. 401 ff.

Das enorme Potenzial der elektrischen Telegraphie für den wirtschaftlichen und politischen Nachrichtenverkehr erkennend, wurde der Telegraph optimiert und weiterentwickelt.[17] In den deutschen Ländern setzte sich ab 1837 der Schreibtelegraph in Kombination mit der Kodierung von Informationen durch *Samuel Morse* (1791–1872) durch.[18] In den Jahren 1846/47 folgten weitere Verbesserungen, z. B. durch den Zeigertelegraphen mit Selbstunterbrechung von *Johann Georg Halske* (1817–1890) und *Werner von Siemens* (1816–1892) oder den im Jahr 1855 entwickelten Typendruck-Telegraphen von *David Edward Hughes* (1831–1900).[19] Im Jahr 1915 übermittelte der weiterentwickelte Siemens-Halske-Telegraph 1.000 Zeichen pro Minute.[20]

Die technischen Innovationen gingen einher mit einem nationalen und weltweiten Ausbau der netzbasierten Infrastruktur, indem neue Telegraphenstationen und Telegraphenleitungen gebaut und miteinander verbunden wurden. Schon im Jahr 1850 verband das erste Telegraphen-Seekabel die europäischen Küstenstädte Dover und Calais, gefolgt von zahlreichen Versuchen, eine dauerhafte transatlantische Telegraphenverbindung zu legen, was nach über zehn Jahren Mitte der 1860er Jahre gelang und den Beginn eines globalisierten Nachrichtenverkehrs darstellte.[21]

In den USA selbst wurde die erste elektrische Telegraphenlinie im Jahr 1844 zwischen Baltimore und Washington D. C. eingerichtet.[22] 1870 verband die erste Telegraphenlinie England und Indien, weltweit existierten im Jahr 1875 schon 400.000 km Telegraphenleitungen, 1905 waren es bereits 1,2 Mio. km. Bereits ab dem Jahr 1888 konnte die erste drahtlose Telegraphie in Be-

---

[17] Etwa 1839 durch den Schreibtelegraphen von *Carl August von Steinheil* (1801–1870), den „Sechs-Nadel-Telegraphen" von *Pawel Schilling von Cannstatt* (1786–1837), den „Fünf-Nadel-Telegraph" von *William Fothergill Cooke* (1806–1879) und *Charles Wheatstone* (1802–1875), vgl. *Kilger*, Telegraphenrecht im 19. Jahrhundert, S. 19.

[18] Das „Morse-Alphabet" wurde hingegen erst seit 1865 zum Standard, vgl. m. w. N. *Kilger*, Telegraphenrecht im 19. Jahrhundert, S. 25 ff.

[19] Auf dieser Basis wurde auch am 1. Oktober 1847 das Unternehmen *Telegraphen Bau-Anstalt von Siemens & Halske in Berlin* gegründet; noch im Jahr 1860 wurde zur Entwicklung der Telegraphie geschrieben: „der Scharfsinn und Erfindungsgabe ausgezeichneter Physiker und Mechaniker schafft fast täglich neue Verbesserungen und Vereinfachungen", *Zeigermann*, Bd. 9 (1860), S. 269 Fn. 1.

[20] *Walter*, Weltwirtschaft, S. 188 Fn. 298.

[21] Nach den ersten gescheiterten Versuchen wurde die *Anglo-American Telegraph Company* gegründet, die das Unterseekabel i. E. erfolgreich verlegte und Valentia (Irland) mit Heart's Content (Neufundland) verband, vgl. *Wilson*, Impact on Civilization, S. 203 ff.; *Rüberg*, „Neue Märkte" in der Telekommunikation, S. 57.

[22] Zur Struktur des amerikanischen Marktes hinsichtlich der elektrischen Telegraphie vgl. *DuBoff*, Research in Economic History Vol. 8 (1983), S. 253 ff.

trieb genommen werden, die im Jahr 1899 erstmalig Informationen über den Ärmelkanal und im Jahr 1901 über den Atlantik übertrug.[23]

In den deutschen Ländern nutzten ab Anfang der 1840er Jahre zunächst die Eisenbahnverwaltungen die neue Technik als interne Betriebstelegraphen, und es entstanden auch erste private Telegraphenlinien.[24] Ein erstes, in Grundzügen leistungsfähiges Telegraphennetzwerk entwickelte sich ab 1845,[25] der eigentliche Netzausbau erfolgte mit der im Jahr 1847 eröffneten ersten elektrischen Telegraphenlinie zwischen Bremen und Bremerhaven, gefolgt von der Verbindung zwischen Berlin und Frankfurt a. M. ein Jahr später.[26] Die Strecke zwischen Aachen und Berlin wurde im Jahr 1849 fertiggestellt, ein Jahr später die Verbindung zwischen Paris, Brüssel und Berlin.[27] Zunächst nur für die Übermittlung behördlicher Nachrichten, öffnete sich in Preußen das staatliche Telegraphenregal am 1. Oktober 1849 für die öffentliche Nutzung. Im Jahr 1850 begann die preußische Post mit einem systematischen Aufbau eines staatlichen Telegraphennetzes.[28]

Die Entwicklung in Preußen lässt sich etwa anhand der Zahl und der Natur der versendeten Telegramme ablesen, die von der Verwaltung nach den drei Kategorien „Staatsdepeschen", „Eisenbahndienstdepeschen" und „Privatdepeschen" aufgezeichnet wurden. Im Jahr 1851 wurden 5.557 Staatsdepeschen, 5.537 Eisenbahndienstdepeschen und schon 28.878 Privatdepeschen telegraphisch versandt. Die Zahl stieg schon ein Jahr später auf 34.447

[23] Als weiterer Kanal zur Übermittlung von Informationen kam im Laufe der zweiten Hälfte des 19. Jahrhunderts die Telefonie durch *Alexander Graham Bell* (1847–1922) hinzu, der am 14. Februar 1876 hierauf das Patent erhielt, dieses jedoch hundertfach jur. angegriffen wurde, vgl. zu den Patentrechtsstreitigkeiten v. a. mit *Elisha Gray* (1835–1901) sowie mit *Antonio Meucci* (1808–1889) die Darstellung bei *Beauchamp*, Bell and the Patent, 3. Kap.; *Rüberg* weist darauf hin, dass das Patentmonopol in den USA eine entscheidende Rolle spielte, im deutschen Telekommunikationsmarkt hingegen (noch) nicht, *Rüberg*, Preisbestimmung in der Telekommunikation, S. 159, 242.

[24] Vgl. *Reyscher*, ZDR Bd. 19 (1859), S. 271 ff.; *Seidel*, Geschichte der Telegraphie im 19. Jahrhundert, S. 108 ff.; die ersten privaten Telegraphenlinien entstanden zw. den Hansestädten, z. B. zwischen Bremen und Bremerhaven im Jahr 1847 und zwischen Hamburg nach Cuxhaven im Jahr 1848, s. *Scherner*, ZNR 1994, S. 42; auf eine erste Teststrecke zw. Potsdam und Sanssouci im Jahr 1845 weist hin *Haferkampf*, Kölner Telegrafenfall, S. 256 Fn. 8.

[25] *Höhne*, Geschichte der Nachricht, S. 29 ff.

[26] S. *Löhr*, Elektrische Nachrichtentechnik, S. 301 ff.; außerdem folgte ein Ausbau der Strecke zwischen Berlin, Köln und Aachen, s. *Reindl*, Entwicklung des deutschen Telegraphenwesens 1850–1871, S. 30.

[27] *Wolff*, Revue économique Vol. 42, Nr. 3 (1991), S. 579.

[28] Trotzdem war das Telegraphennetz in Preußen Ende der 1860er Jahre noch nicht ausgebaut; es gab ca. 1.500 Postämter im Jahr 1867, im gesamten Gebiet des späteren Deutschen Reiches 1867 ca. 2.400 Stationen, vgl. *Hesse*, Reichs-Post- und Telegraphenverwaltung 1876–1914, S. 52.

Privatdepeschen an, bei 9.766 Staatsdepeschen und 4.536 Eisenbahndienstdepeschen. Während die Anzahl der Staatsdepeschen und Eisenbahndienstdepeschen von Jahr zu Jahr leicht schwankte und insgesamt moderat wuchs – so wurde bis zum Jahr 1857 nie die Grenze von 10.000 Telegrammen pro Jahr überschritten – stieg die Zahl der privat versandten telegraphischen Nachrichten rasant an. Im Jahr 1853 wurden 70.095 Privatdepeschen versandt, 1854 waren es 102.474. Ein Jahr später wuchs die Zahl weiter auf 134.638 Privatdepeschen, gefolgt von 202.039 Privatdepeschen im Jahr 1856 und 222.493 Privatdepeschen im Jahr 1857.[29]

Im Jahr der Gründung des Deutschen Reiches 1871 gab es nach Angaben der Statistik der Reichs-Post- und Telegraphen-Verwaltung 111.775 km Leitungen mit 3.531 Stationen, 1913 waren es bereits 2.121.700 km Leitungen mit 50.013 Stationen.[30] Immer mehr Orte und Städte wurden angeschlossen und erhielten so Zugang zu einem schnellen Nachrichtennetz, sodass die Telegraphie zu einem Mittel der Massenkommunikation wurde.

Im Jahr 1890 hatten von allen per Telegraph übermittelten Nachrichten 34 Prozent Informationen aus dem Börsenhandel und anderen Wirtschaftsnachrichten zum Inhalt, 10 Prozent entfielen auf Staats- und Zeitungstelegramme und schon 56 Prozent auf die Kommunikation zwischen kleinen Betrieben wie Handwerkern oder zwischen Familien.[31] Darüber hinaus bestand auch in dieser Zeit die Möglichkeit, eine eigene direkte Telegraphenleitung zu schalten oder einzelne Büros miteinander zu vernetzen, wovon neben *Wolff's Telegraphischem Bureau* auch einzelne Publikationsorgane wie die *Kölnische Zeitung* oder die *Hamburger Nachrichten* Gebrauch machten.[32]

Die hohe und wachsende Anzahl privater Telegramme nach Öffnung der Telegraphie für die Öffentlichkeit führte aufgrund der für den telegraphischen Versand zu zahlenden Gebühren bald zu einer positiven Bilanz und hohen Gewinnen.[33] Trotz der hohen Kosten für den Netzausbau rentierte sich der Versand privater Nachrichten für den Staat, wie man es exemplarisch an den Einnahmen der preußischen Telegraphenverwaltung sehen kann. Bereits im Jahr 1855 wurde ein Reinertrag von 2.467 Talern erwirtschaftet, im Jahr 1856 stieg die Summe auf 202.467 Taler an. Im preußischen Haushaltsetat für das Jahr 1859 wurden die Einnahmen aus der Telegraphenverwaltung mit

---

[29] Die Zahlen sind der Tab. im Aufsatz von *Zeigermann*, Bd. 9 (1860), S. 271 aus dem Jahr 1860 entnommen, wurden aber stichprobenartig vom Verf. verifiziert.

[30] Zahlen nach *Wessel*, Entwicklung des elektrischen Nachrichtenwesens in Deutschland, S. 248, 268, 285, 411.

[31] *Wessel*, Briefpost und das öffentliche Fernmeldewesen im Deutschen Kaiserreich, S. 306.

[32] S. m. w. N. *Wessel*, Briefpost und das öffentliche Fernmeldewesen im Deutschen Kaiserreich, S. 306 f.

[33] *Kilger*, Telegraphenrecht im 19. Jahrhundert, S. 48 ff. m. w. N.

788.600 Taler beziffert, denen geplante Ausgaben von 531.675 Taler gegenüberstanden. Damit ergab sich bereits ein Reingewinn von 256.925 Talern.[34]

Die staatlich festgesetzten Entgelte für die private Nutzung der Staatstelegraphen sanken kontinuierlich, sowohl durch den Einfluss privatwirtschaftlicher Interessengruppen sowie durch den weiteren Ausbau und die technischen Verbesserungen mit entsprechenden Skaleneffekten und Kostenreduzierungen bei Errichtung und Betrieb. Allein zwischen 1866 und 1882 fiel der durchschnittliche Preis einer telegraphischen Nachricht um 17,4 Prozent pro Jahr,[35] bei transatlantischen Telegrammen fiel der Preis von 217 US-Dollar pro Wort im Jahr 1858 auf 4,7 US-Dollar pro Wort im Jahr 1888, was einer Preisreduzierung von 12,3 Prozent pro Jahr entspricht.[36]

In diesem Kontext ist auch auf den wichtigen Einfluss von Standardisierungen in technischer aber auch administrativer und betrieblicher Art für die Ausweitung der Industrialisierung hinzuweisen. Durch Angleichung von Standards konnten Transaktionskosten gesenkt werden und funktionierende Netze, wie etwa Bahn, Post oder Telegraphie, konnten geschaffen und erweitert werden.[37] Ebenso ist die Entwicklung der Eisenbahn in Preußen und den anderen deutschen Ländern hervorzuheben, da durch den dort erfolgten Streckenausbau ein schnellerer Austausch zwischen Bahnstrecken möglich wurde und das vorhandene Netz eine zentrale Rolle bei der Etablierung der elektrischen Telegraphie einnahm.[38]

3. Neue Anbieter auf dem Nachrichtenmarkt: Nachrichtenagenturen

a) Begriff der Nachrichtenagentur

Ein zentraler Begriff der vorliegenden Untersuchung ist die „Nachrichtenagentur". Im Fokus dieser Arbeit steht *Wolff's Telegraphisches Bureau* als erste deutsche „Nachrichtenagentur" und einem der ersten und wichtigsten Akteure auf dem Nachrichtenmarkt. Darüber hinaus werden im zweiten Teil der Arbeit einzelne vertragliche Beziehungen zwischen „Nachrichtenagenturen" analysiert. Es ist daher essentiell zu klären, was im Rahmen dieser Arbeit unter einer „Nachrichtenagentur" verstanden wird.

Für die vorliegende Arbeit soll ein weites Verständnis des Begriffs „Nachrichtenagentur" gelten, um den Blick auf die Frühformen dieses Unternehmenstyps nicht zu versperren. Da gerade die ersten Erscheinungsformen der Unternehmen auf dem Nachrichtenmarkt untersucht werden, sollen als

---

[34] Zahlen nach *Zeigermann*, Bd. 9 (1860), S. 270, 271 Fn. 4.

[35] *Hugill*, Global Communications since 1844, S. 35.

[36] *Bakker*, Trading Facts, S. 13.

[37] *Schmoeckel*, ZRG KA 132 (2015), S. 300.

[38] *Gehlen*, Telekommunikationsmärkte im 19. Jahrhundert, S. 30.

„Nachrichtenagentur“ alle Arten und Formen von Unternehmen bezeichnet werden, welche die strukturellen Gemeinsamkeiten hinsichtlich des Geschäftsmodells aufweisen: die organisierte Sammlung von Informationen und ihre anschließende kostenpflichtige Distribution. Insofern entstanden in Deutschland und Europa die ersten Nachrichtenagenturen in diesem Sinne ab Mitte des 19. Jahrhunderts, obschon andere Formen der organisierten Sammlung und Verbreitung von Informationen und Nachrichten weitaus älter sind.[39]

Eine einheitliche moderne Definition von „Nachrichtenagentur“ existiert nicht.[40] Der Terminus entwickelte erst nach Ende des Zweiten Weltkrieges zum feststehenden Begriff.[41] Zuvor bezeichneten sich die seit Mitte des 19. Jahrhunderts gegründeten (deutschsprachigen) Unternehmungen im Bereich des Nachrichtenverkehrs regelmäßig als „Agentur“, „Depeschenbüro“, „Telegraphenbüro“ oder auch „Korrespondenzbüro“.[42]

Eine erste Definition aus dem 20. Jahrhundert stammt von einem der Begründer der deutschen Publizistikwissenschaft *Emil Dovifat* (1890–1969), der Nachrichtenagenturen als „Unternehmen, die mit schnellsten Beförderungsmitteln Nachrichten zentral sammeln, sichten und festen Beziehern weiterliefern“[43] definierte. Andere Publikationen auf dem Gebiet der Publizistik definierten die Nachrichtenagentur noch in den 1920er Jahren als

> „Unternehmungen, die planmäßig Nachrichten über Ereignisse auf schnellstem Weg sammeln und nach Sichtung und Bearbeitung wieder auf schnellstem Wege den Zeitungen und anderen Interessenten übermitteln“.[44]

Ebenfalls eine aus der Publizistik stammende Definition aus dem Jahr 1973 konstatierte, Nachrichtenagenturen seien „Großhandelsbetriebe, die ihre Ware nicht an Endverbraucher, sondern an weiterverarbeitende Industrien, die Zeitungen, Hörfunk- und Fernsehanstalten, liefern“.[45] In den Kommunikations- und Medienwissenschaften wird mit der mehrfach genutzten Kurzformel „Hilfsgewerbe der Presse“[46] oder auch „unentbehrliche Hilfs-

---

[39] Vgl. *Kolb*, Transport und Nachrichtentransfer im Römischen Reich, S. 15 ff.; *Wilke*, Telegraphenbureaus und Nachrichtenagenturen, S. 163.

[40] Vgl. *UNESCO*, News Agencies, S. 24.

[41] Vgl. *Wilke*, Telegraphenbureaus und Nachrichtenagenturen, S. 163.

[42] *Wilke* weist darauf hin, dass viele andere sich im 19. Jahrhundert gegründeten Nachrichtenagenturen in Europa die Bezeichnung „Agentur“ im Namen führten (französisch „Agence“ und englisch „Agency“) und führt als Grund hierfür den lateinischen Ursprung von „Agentur“ auf, s. *Wilke*, Telegraphenbureaus und Nachrichtenagenturen, S. 163; vgl. auch *Hesse*, Information und Wissen, S. 107.

[43] *Dovifat*, Zeitungslehre, S. 91.

[44] Diese Definition geht zurück auf eine Publikation aus dem Jahr 1928, vgl. m. w. N. *Höhne*, Publizistik 1973, S. 117.

[45] *Höhne*, Publizistik 1973, S. 117.

[46] *Wilke*, Publizistik 2004, S. 126; so auch *Voigt*, Korrespondenzbüros , S. 69.

mittel der publizistischen Medien“[47] der Versuch unternommen, die Nachrichtenagentur über ihre spezifische Rolle im Pressewesen zu erfassen.

Vom Geschäftsmodell der Unternehmen ausgehend wird teilweise auch das „Geschäft mit der Nachricht“ in den Fokus gestellt.[48] In der Medienwirtschaft wird die „Nachrichtenagentur“ als „Unternehmen, die Nachrichten sammeln, redaktionell bearbeiten und an eine große Zahl von Beziehern gegen Bezahlung liefern“ definiert.[49] Den Versuch einer globalen und umfassenden Definition unternahm die UNESCO im Jahr 1953, die in Nachrichtenagenturen

> „Unternehmungen, deren hauptsächliches Ziel es unabhängig von ihrer rechtlichen Form ist, Nachrichten und Nachrichtenmaterial zu sammeln, […] und diese an eine Gruppe von Nachrichtenunternehmen und in Ausnahmefällen an Privatpersonen zu verteilen, um ihnen einen möglichst vollständigen und unabhängigen Nachrichtendienst gegen Entgelt [anzubieten] […]“

sah.[50]

Eine interessante Binnenperspektive ergibt sich durch den im Gesellschaftsvertrag von modernen Nachrichtenagenturen genannten Unternehmenszweck, etwa im Fall der DPA: „Gegenstand des Unternehmens ist die Sammlung, Verarbeitung und Verbreitung von Nachrichten, Archiv- und Bildmaterial jeder Art. Zu diesem Zweck garantiert ein weltumspannendes Netz von Redakteuren und Reportern die eigene Nachrichtenbeschaffung, und zwar unparteiisch und unabhängig von jeglichen Weltanschauungsfragen, Wirtschafts- und Finanzgruppen oder Regierungen.“[51]

Trotz der unterschiedlichen Betonung spezieller Aspekte der Unternehmenskategorie „Nachrichtenagentur“ in den genannten Definitionen existieren unter ihnen strukturelle Gemeinsamkeiten, die auch die Basis für das hier zugrunde gelegte Begriffsverständnis bilden. Der Unternehmenszweck ist stets das Sammeln von Informationen und Nachrichten und deren anschließende kostenpflichtige Distribution an eine Vielzahl von Empfängern. Zentrale Elemente des Geschäftsmodells sind zudem die Schnelligkeit der Nachrichtenübermittlung und die Exklusivität der Nachricht.[52]

Aus heutiger rechtlicher Perspektive handelt es sich um Unternehmen, die mit anderen Parteien ein synallagmatisches Vertragsverhältnis, das in der Regel als urheberrechtliches Dauerschuldverhältnis ausgestaltet ist, eingehen, und dessen Inhalt zum einen aus der Einräumung von bestimmten urheberrechtlichen Nutzungsrechten an zur Verfügung gestellten definierten

---

[47] *Wilke*, Art. Nachrichtenagenturen, S. 240.

[48] *Eumann*, Nachrichtenagentur, S. 31.

[49] *Sjurts*, Medienwirtschaft, S. 423.

[50] *UNESCO*, News Agencies, S. 24.

[51] Vgl. Art. 5 Abs. 1 des Gesellschaftsvertrags der dpa Deutsche Presse-Agentur GmbH.

[52] *Eumann*, Nachrichtenagentur, S. 31.

Werken als Leistung der Nachrichtenagentur, und zum anderen aus der Zahlung von Geld als Gegenleistung der kontrahierenden Partei besteht.[53] Heutzutage sind diese verschiedenen Dienste und die Ausgestaltung der vertraglich geregelten und erlaubten urheberrechtlichen Nutzungshandlungen stark ausdifferenziert.[54] Ein Fokus liegt auf der genauen vertraglichen Ausgestaltung der urheberrechtlichen Nutzungsrechte i. S. d. §§ 31 ff. UrhG[55] als ein Bestandteil der essentialia negotii: in der Regel räumt die Nachrichtenagentur dem Nutzer ein einfaches und zeitlich begrenztes Nutzungsrecht an dem Material zur Veröffentlichung in einem explizit genannten Medium ein, z. B. der gedruckten Ausgabe einer Zeitung oder elektronisch auf einer Internetseite.[56]

b) Wolff's Telegraphisches Bureau

aa) Gründungsphase ab 1848

Wolff's Telegraphisches Bureau als erste deutsche Nachrichtenagentur war zugleich auch einer der ersten Anbieter von Informationen auf dem sich wandelnden Nachrichtenmarkt. Für das Verständnis des Marktes ist es daher unerlässlich, die Grundzüge der wichtigsten Etappen und Entwicklungen der Unternehmensgeschichte von *Wolff's Telegraphischem Bureau* in Grundzügen nachzuvollziehen.

Wolff's Telegraphisches Bureau ging aus der preußischen *National-Zeitung* hervor, die am 1. April 1848 in Berlin ihre erste Ausgabe publizierte und als Organ der liberalen Kräfte der Revolution galt.[57] Vertriebsleiter der *National-Zeitung* war der Mediziner Dr. med. *Bernhard Wolff*, der nach seinem Studium zunächst als Übersetzer für medizinische Literatur tätig war.[58] *Wolff* erkannte durch seine Funktion, in der er den Verkauf der Zeitung koordinierte, die Nachfrage vieler Kunden der Zeitung sowie anderer Privatban-

---

[53] Dem Verf. wurde von der DPA für diese Arbeit ein Vertragsmuster zur Verfügung gestellt, aus dem die exakte Ausgestaltung des Vertragsverhältnisses zwischen einer Nachrichtenagentur und ihren Vertragspartnern hervorgeht.

[54] Im Zuge der Medienkonvergenz bietet z. B. die DPA crossmediale Nachrichtenformate in Text, Bild, Grafik, Audio, Video und Multimedia für den individuellen Bedarf der unterschiedlichsten Zielgruppen an.

[55] BGBl. 1065, S. 1273–1293.

[56] Die Nachrichtenagentur selbst kann aufgrund der geltenden Rechtslage in Deutschland nicht selbst Urheberin des Materials sein, hat sich aber i. d. R. umfassende Nutzungsrechte an den Werken einräumen lassen.

[57] Vgl. *Friehe*, National-Zeitung 1848–1878, S. 15 ff.; *Wilke*, Publizistik 2004, S. 127.

[58] S. *Wilke*, Telegraphenbureaus und Nachrichtenagenturen, S. 165; z. T. wird vermutet, dass *Wolff* nicht über ausreichende finanzielle Mittel verfügte, um eine eigene Arztpraxis zu eröffnen und deswegen zunächst als Übersetzer tätig war, vgl. *Höhne*, Geschichte der Nachricht, S. 45.

kiers und Unternehmen nach aktuellen und verlässlichen Wirtschaftsinformationen und deren Bereitschaft, für den regelmäßigen Bezug eine Gebühr zu zahlen.

In Verbindung mit den neuen technischen Möglichkeiten der elektrischen Telegraphie ergab sich ein neues Geschäftsfeld. Daher begann die *National-Zeitung* unter Leitung von *Wolff* mit dem Aufbau eines Informationsnetzes und der Veröffentlichung von aktuellen Informationen, insbesondere Wirtschaftsinformationen in Form von Börsenkursen aus Amsterdam, Frankfurt a.M., London und Paris.[59]

Schließlich stellte die *National-Zeitung* 28. November 1849 durch eine Mitteilung auf der Titelseite in eigener Sache an die Leser die *National-Zeitung* ein neues Dienstleistungsangebot in Form einer weiteren Abonnementoption zum Preis von einem Taler pro Monat vor. Die regelmäßige Bereitstellung aktueller (Wirtschafts-) Nachrichten aus den wichtigen Handelsplätzen Amsterdam, Frankfurt a.M., Hamburg, London, Paris und Stettin wurde damit mit einem konkreten Gegenwert versehen. Dabei machte die *National-Zeitung* von den neuen technischen Möglichkeiten der elektrischen Telegraphie Gebrauch, die nach der Liberalisierung der Nutzung von Telegraphenlinien im Oktober 1849 durch die preußische Regierung auch für private Unternehmen grds. nutzbar waren. *Wolff* entwickelte auf dieser Basis ein eigenes Geschäftsmodell,[60] das er schon zuvor im Jahre 1848 kennengelernt hatte, als er zur Revolutionszeit für kurze Zeit in Paris beim *Bureau Havas* von *Charles-Louis Havas* (1783–1858) hospitierte, wo er auch *Paul Julius Reuter* (1816–1899) das erste Mal begegnete.[61]

Am 27. November 1849 gründete *Wolff* das *Telegraphische Correspondenzbureau (B. Wolff)* und eröffnete die erste Filiale seiner Nachrichtenagentur in der Berliner Leipziger Str. 58.[62] Die Anzahl der Abonnement-Kunden konnte und musste schnell ausgebaut werden, auch um die hohen laufenden Kosten des eigenen Korrespondentennetzes sowie die Übermittlungsgebühren durch die Telegraphen finanzieren zu können. Hierbei konzentrierte sich das Nachrichtenbüro zunächst auf Wirtschaftsinformationen, vor allem auf Aktienkurse.[63] Im Gründungsjahr 1849 stammten 20 Meldun-

---

[59] Vgl. *Wilke*, Publizistik 2004, S. 125 ff.; s. auch *Basse*, WTB, S. 19.

[60] Ungeklärt bleibt, ob *Wolff* intendierte, das neue Geschäft zum Ausbau der *National-Zeitung* zu nutzen oder ein gänzlich neues Geschäftsfeld aufzubauen, vgl. auch die Ausführungen hierzu bei *Dussel*, Tagespresse im 19. und 20. Jh., S. 71.

[61] Vgl. *Stern*, Bismarck und Bleichröder, S. 374; *Nalbach*, Business History Review 77/2003, S. 581.

[62] Vgl. *Wilke*, Publizistik 2004, S. 126; *Höhne*, Neue Medien, S. 435; *Stohl*, Drahtloser Nachrichtendienst, S. 51; den 1. Oktober 1849 als Gründungstag gibt an *Storey*, Reuter's Century, S. 9; zur weiteren Geschichte der National-Zeitung, vgl. *Wilke*, Publizistik 2004, S. 127 ff.

[63] *Basse*, WTB, S. 24.

gen aus London, 21 aus Paris, 5 aus Hamburg, 19 aus Frankfurt a.M. sowie 20 aus Amsterdam.[64] Auf diesem Weg konnte *Wolff* die schon bestehenden Telegraphenverbindungen nutzen und die von einem solventen Kundenkreis, hauptsächlich bestehend aus Banken, Handels,– und Industrieunternehmen, nachgefragten Informationen sammeln und verkaufen.[65]

In der Zeit zwischen Gründung des Unternehmens und dem Beginn der Weimarer Republik im Jahr 1919 veröffentlichte *Wolff's Telegraphisches Bureau* zu 74 Prozent Börsen- und Kursmeldungen sowie Waren- und Preisnotierungen. Die Zahl der Börsenmeldungen stieg von 99 Börsenmeldungen im Jahr 1849 auf 1.384 Börsenmeldungen im Jahr 1899.[66] Die Verarbeitung von Börsenkursen und Preisnotierungen war in Relation zu Wortbeiträgen kosteneffizient. Zum einen handelte es sich um Informationen, die an festen Orten und Zeiten gesammelt werden konnten, zum anderen war die Aufbereitung der Informationen unkompliziert, da die Listen der Börsennotierungen lediglich in den eigenen Dienst kopiert werden mussten.[67] *Wolff* selbst wurde zudem Teilhaber der *Vossischen Zeitung* und erwarb 1850 die *National-Zeitung*, die er fortan zusätzlich zur Nachrichtenagentur leitete.[68]

Wolff baute sein Netzwerk weiter aus und setzte vermehrt auf eine internationale Kooperation, da die Beschaffung und Übermittlung von Informationen für einzelne Akteure aufwändig und teuer waren. Bereits 1856 einigten sich *Reuter*, *Havas* und *Wolff* auf den kostenfreien Austausch von Börsenkursen, was am 18. Juni 1859 durch einen Vertrag zwischen den Unternehmen schriftlich fixiert wurde.[69] Es wurde zudem eine Kostenteilung für die Beschaffung von Informationen der amerikanischen Börsen durch die nordamerikanische Agentur Associated Press (AP) vereinbart.[70] Damit konnten alle Parteien wertvolle Informationen für ihre jeweiligen Kunden zu einem geringen Preis erlangen, da sie nicht selbst jeweils Informationsquellen vor Ort unterhalten bzw. bezahlen mussten.

---

[64] S. die Auflistung in Tab. 4 bei *Wilke*, Publizistik 2004, S. 134.

[65] *Basse*, WTB, S. 21 f.

[66] *Wilke*, Publizistik 2004, S. 130 f.

[67] Vgl. *Basse*, WTB, S. 24 f.; einer der ersten Mitarbeiter, *Lothar Bucher*, wurde 1865 als geheimer Legationsrat Mitarbeiter von Bismarck; sein Nachfolger wurde der Publizist *Paul Lindau* (1839–1919), s. *Stern*, Bismarck und Bleichröder, S. 374.

[68] S. *Feldhaus*, Art. Wolff, S. 661.

[69] Vgl. *Dörfler/Pensold*, Nachrichtenagenturen, S. 132; *Minholz/Stirnberg*, Allgemeiner Deutscher Nachrichtendienst, S. 13.

[70] *Basse*, WTB, S. 26.

bb) Expansion, Konkurrenzkämpfe und staatliche Beteiligung in den Jahren 1860 bis 1914

Neben Wirtschaftsinformationen wurden vermehrt auch journalistische Inhalte, vor allem Nachrichten aus der Politik, durch *Wolff's Telegraphisches Bureau* angeboten.[71] Das Geschäft mit dem Verkauf von Wirtschaftsinformationen und politischen Nachrichten trug erste Gewinne und führte bald zu einer Expansion in den deutschen Ländern. So kooperierte *Wolff's Telegraphisches Bureau* zunächst mit *Wagners Telegraphischem Korrespondenz-Büro* in Frankfurt a.M. und dem *Süddeutschen Korrespondenzbüro* in München und Stuttgart, bevor es beide Unternehmen im Jahr 1860 aufkaufte. Ende der 1860er Jahren unterhielt *Wolff* damit lokale Filialen in Bremen, Frankfurt a.M., München und Stuttgart.[72] Darüber hinaus verzichtete *Wolff* aber auf eine extensive regionale Ausdehnung durch neue Büros, um Kosten zu sparen. Die Nachrichtenübermittlung selbst wurde hauptsächlich der Telegraphenverwaltung überlassen, sodass *Wolff's Telegraphisches Bureau* innerhalb Deutschlands mit etwa 100 Beschäftigten bis zum Jahr 1890 auskam.[73] In Berlin zog *Wolff's Telegraphisches Bureau* im Jahr 1862 in Büroräume im Hinterhof des staatlichen Haupttelegraphenamtes, um näher an die Nachrichtenquelle zu rücken und damit Nachrichten sowohl schneller versenden als auch schneller empfangen zu können.[74] *Wolff's Telegraphisches Bureau* befand sich, abseits der existierenden Kooperationen zum Austausch von Wirtschaftsinformationen, in einer Konkurrenzsituation mit vielen anderen Nachrichtenagenturen, vor allem denjenigen, die auch im internationalen Kontext tätig waren.[75] So änderte der bestehende Vertrag zum Informationsaustausch nichts daran, dass auch die beiden anderen europäischen Gründeragenturen von *Reuter* und *Havas* ihr jeweiliges Geschäft kontinuierlich ausbauten und auch auf den deutschen Markt drängten. *Wolff's Telegraphischem Bureau* fehlte das notwendige Investitionskapital, um das eigene

---

[71] Bei den journalistischen Depeschen stammten zwei Drittel aus dem Ressort „Politik", s. *Wilke*, Publizistik 2004, S. 143.

[72] Vgl. *Wunderlich*, Telegraphenbüros und Nachrichtenagenturen, S. 37 ff.

[73] *Dussel*, Tagespresse im 19. und 20. Jh., S. 72 spricht von etwa unter 100 Mitarbeitern, nach *Wilke* verfügte *Wolff's Telegraphisches Bureau* im Deutschen Reich bereits über 127 Mitarbeiter im Jahr 1890, *Wilke*, Telegraphenbureaus und Nachrichtenagenturen, S. 126.

[74] Als Berliner Adresse wird Jägerstr. 43 genannt, vgl. *Wilke*, Publizistik 2004, S. 126; in einem historischen Stadtführer von Berlin aus dem Jahr 1861 wird als Adresse Spittelbrücke 17 genannt, wo es auch heißt „Die Vermittlung von Börsen- und polizeilichen Nachrichten wird durch Wolff's telegraphisches Korrespondenz-Bureau bewerkstelligt"; für das Absenden einer Depesche habe man sich durch seinen Pass, durch eine Bescheinigung der Polizei und durch zwei glaubwürdige Zeugen legitimieren lassen müssen, vgl. *Springer*, Berlin, S. 68.

[75] *Schuller*, Agenturjournalismus, S. 21.

Korrespondenten-Netzwerk, das unabhängig von den Konkurrenten funktionierte, auszubauen und die dominante Marktposition in den deutschen Ländern zu behaupten sowie darüber hinaus auch im Ausland zu bestehen.[76]

Spätestens als die *Agence Havas* im Jahr 1865 beabsichtigte, eine Zweigstelle in Berlin zu eröffnen, und *Reuter* sein Unternehmen in eine Aktiengesellschaft umwandelte sowie sein geschäftliches Engagement in den deutschen Ländern intensivierte, musste *Wolff* reagieren. Grundsätzlich war mit einem entsprechenden Kredit eine quantitative Ausweitung des Geschäfts, vor allem durch die Anstellung weiterer Korrespondenten oder weiteren Kooperationen mit anderen Nachrichtenagenturen möglich. Jedoch scheuten viele Bankhäuser Investitionen in den Nachrichtenmarkt.[77] Zwar wuchs der Nachrichtenmarkt, aber es bestand nach wie vor die Gefahr staatlicher Interventionen. Die Regulierung des Telegraphennetzes stellte ein in höchstem Maße volatiles Element und essentiellen Faktor für die wirtschaftliche Bewertung von Investitionen in Nachrichtenagenturen dar, da eine Änderung der Regulierung einen der Grundpfeiler des gesamten Geschäftsmodells betroffen hätte. Der Staat kontrollierte letztlich, trotz einer Freigabe der Telegraphen für Privatleute, nicht nur die von den Nachrichtenagenturen verwendeten Kommunikationswege der Telegraphie, sondern verfügte auch über repressive Instrumente gegenüber der Presse,[78] war das Verhältnis des Staates gegenüber der Presse doch von einem grundsätzlichen Misstrauen geprägt.[79] Das ursprüngliche Modell von *Wolff's Telegraphischem Bureau*, sich auf den Vertrieb von Wirtschaftsinformationen zu konzentrieren, bot keinen Grund für staatliche Stellen, in welcher Form auch immer, in den Geschäftsbetrieb einzugreifen. Anders verhielt es sich mit der inzwischen als weiteres Geschäftsfeld aufgenommenen Verbreitung von innen- und außenpolitischen Nachrichten. Hier konnte der Staat ein innen-, und außenpolitisches Interesse der Steuerung haben. Hinzu kam, wie oben dargestellt, dass die großen Bankhäuser und Privatbankiers Preußens eng mit den monarchisch-konservativen Kreisen verbunden waren. Insofern konnte der Erfolg einer möglichen Investition durch private Bankiers jedenfalls auch vom Einvernehmen der politischen Führung abhängen.[80]

Der spätere Geheime Kommissionsrat *Richard Wentzel* (gest. 04.10. 1898)[81], der schon zu Beginn des Jahres 1856 als neuer Geschäftsführer von

---

[76] Ein Großteil der Einnahmen wurde von *Wolff* u. a. für den Ausbau der *National-Zeitung* verwendet, lt. *Basse*, WTB, S. 28.

[77] Vgl. *Fischer-Frauendienst*, Bismarcks Pressepolitik, S. 28; vgl. auch die Ausführungen oben unter B. I. 4. a) zum Börsen- und Bankenwesen (Kapitalmarkt).

[78] Vgl. oben unter B. I. 1. a) zu den politischen Entwicklungen und der (wirtschaftlichen) Liberalisierung.

[79] Mit besonderem Bezug zu *Bismarck* s. *Naujoks*, Bismarcks Pressepolitik, S. 209 ff.

[80] So auch *Basse*, WTB, S. 29.

[81] *Bettelheim*, Biographisches Jahrbuch – Totenliste 1898, S. 66.

Wolff's Telegraphischem Bureau eingesetzt worden war, da *Wolff* sich wohl verstärkt den Geschäften der *National-Zeitung* widmen wollte, richtete am 2. März 1865 im Namen von *Wolff* ein persönliches Schreiben an *König Wilhelm I.* (1797–1888) und bat angesichts des drohenden Einflusses und Abhängigkeit von ausländischen Nachrichtenbüros um Unterstützung des Unternehmens.[82] *Wilhelm I.* hatte selbst Kenntnis darüber, dass *Reuter* in London plante, andere private Nachrichtenagenturen zu übernehmen und die Büros nach England zu verlegen. *Reuter* hatte zudem im Februar 1865 sein Unternehmen in eine englische Aktiengesellschaft umgewandelt und verfügte über ausreichendes Kapital für weitere Investitionen. Aufgrund der politisch strategischen Wichtigkeit der Telegraphie wurde das Thema zum Politikum.[83] *Wilhelm I.* unterstützte das Anliegen von *Wolff* und schlug namentlich die Finanzierung der Gründung durch die drei ihm persönlich bekannten Privatbankiers *von Oppenfeld*, *von Magnus* und *Bleichröder* vor, die sowohl politisch monarchisch-konservativ eingestellt waren und damit mittelbar den Einfluss der Regierung sicherzustellen vermochten, als auch über ausreichend Finanzkraft verfügten, um eine solche Investition leisten zu können.[84] Aufgrund der äußerst kurzen Zeitspanne von lediglich zwei Tagen zwischen dem Zugang des Schreibens von *Wolff's Telegraphischem Bureau* und dem Antwortschreiben von *Wilhelm I.* wird vermutet, dass das Thema eine entsprechende politische Priorität besaß und schon vorab ein Gespräch mit den Bankhäusern erfolgte.[85] Zudem wird vermutet, dass *Bismarck* in die Entscheidung eingebunden war und er die politischen Einflussmöglichkeiten auf die Nachrichtenverbreitung erkannte. Als politisches Ziel der Unterstützung nannte *Wilhelm I.* den Ausbau der Nachrichtenagentur als Gegengewicht zur ausländischen Konkurrenz, insbesondere aus England.[86]

Tatsächlich verkaufte *Wolff* am 1. Mai 1865 sein Unternehmen vollständig an die mit Sitz in Berlin gegründete *Continental Telegraphen Compagnie – Commandit-Gesellschaft auf Aktien, Theodor Wimmel und Richard Wentzel*, die im gleichen Zuge mit einem gesonderten Vertrag *Wolff's Telegraphisches Bureau* erwarb.[87] Das Grundkapital der neuen Gesellschaft wurde von den

[82] *Naujoks*, GWÜ 14 (1963), S. 19 ff.; *Stern*, Bismarck und Bleichröder, S. 375; *Wilke*, Telegraphenbureaus und Nachrichtenagenturen, S. 171.

[83] *Basse*, WTB, S. 30, mit Rekurs auf Quellen des Hofrats *Louis Schneider*, dem Vorleser von *Wilhelm I.*

[84] Die Bankiers unterhielten zudem enge Verbindungen mit *Bismarck*, vgl. *Dussel*, Tagespresse im 19. und 20. Jh., S. 71.

[85] So *Basse*, WTB, S. 32.

[86] *Basse*, WTB, S. 31 f.

[87] Vgl. *Moser* (Hg.), Zeitschrift für Kapital, S. 51; die in der Lit. oft genutzte Formulierung, dass es sich lediglich um einen „neuen Namen“ handle, ist insofern nicht ganz zutreffend, so aber z. B. *Wilke*, Telegraphenbureaus und Nachrichtenagenturen, S. 170.

Bankhäusern *S. Bleichröder*, *F. Mart. Magnus*, *M. Oppenheim's Söhne* und *Gebr. Schickler* geleistet, *Richard Wentzel* und *Theodor Wimmel* wurden als Komplementäre eingesetzt. *Wolff* besetzte als Gründer und Inhaber von *Wolff's Telegraphischem Bureau* den Posten des „Generaldirektors" im Aufsichtsrat der neuen Gesellschaft, dem auch sein Neffe Dr. *Ferdinand Salomon* angehörte.[88]

Die enorme Kapitalerhöhung und Mitwirkung der preußischen Staatsregierung sicherte zunächst den Erhalt der Marktführerschaft in den deutschen Ländern und ermöglichte damit eine Expansion, die auch notwendig war, um den steigenden Ansprüchen der Kunden genügen zu können. Zugleich bedeutete die Mitwirkung eine unweigerliche Annäherung an die preußische Regierung, da *Wolff's Telegraphisches Bureau* als ein privatwirtschaftliches Unternehmen fortan durch konservativ-monarchische Bankiers beherrscht wurde und der (mittelbare) Einfluss von staatlichen Stellen auf das Unternehmen begann.[89] Das politische Ziel der preußischen Regierung, den wachsenden Einfluss ausländischer Nachrichtenagenturen abzuwenden sowie ohne Kenntnisnahme der Öffentlichkeit oder oppositioneller Kräfte eine neue Gesellschaft auf dem Nachrichtenmarkt zu gründen, die *Wolff's Telegraphisches Bureau* und dessen Geschäft übernahm und bei der eine zumindest informelle Einflussnahme des Staatsministeriums möglich war, wurde damit erreicht. Insbesondere wusste *Bismarck* bereits in den folgenden Jahren *Wolff's Telegraphisches Bureau* konkret als Instrument seiner Pressepolitik zu nutzen, etwa im Rahmen des Deutschen Krieges 1866, ohne Interventionen oder Fragen des Parlaments zu befürchten und sicherte seinen Einfluss auf die bis dato größte deutsche Nachrichtenagentur.[90] Auch die Bankiers konnten ihre finanziellen Interessen mit einem Ausbau der vorhandenen intensiven Verbindung zur Regierung kombinieren.[91]

Beim intendierten Ausbau seines Geschäfts stieß *Wolff's Telegraphisches Bureau* erneut auf *Havas* und *Reuter*. Um auf dem europäischen und internationalen Markt erfolgreich zu sein, bedurfte es abseits von einzelnen Verträgen zum Austausch bestimmter Nachrichten eines eigenen ausgebauten Korrespondentennetzes. In diesem Punkt lag *Wolff's Telegraphisches Bureau*

---

[88] Das Statut der neuen Gesellschaft v. 20. Mai 1865 ist abgedruckt bei *Keyßner*, Handelsgesellschaft, S. 87; vgl. *Stern*, Bismarck und Bleichröder, S. 375.

[89] So auch *Schuppert*, Kommunikationsgeschichte, S. 67 f.; *Basse* spricht von *Wolff's Telegraphischem Bureau* als einem „Zwitter einer staatlich kontrolliert Nachrichtenagentur in privater Hand", *Basse*, WTB, S. 35.

[90] So etwa während des Deutschen Kriegs von 1866, s. *Stern*, Bismarck und Bleichröder, S. 375; vgl. auch *Naujoks*, GWÜ 14 (1963), S. 19 f.; *Pürer/Raabe*, Presse, S. 77; *Stern*, Bismarck und Bleichröder, S. 375.

[91] Zur Verflechtung der Nachrichtenagenturen mit Banken s. pointiert *Nalbach*, Business History Review 77/2003, S. 577 ff.

noch weit hinter *Havas* und *Reuter* zurück, die bereits gemeinsam Filialen in Antwerpen, Brüssel und Gent aufkauften oder neu eröffnet hatten. *Reuter* schlug *Havas* und *Wolff's Telegraphischem Bureau* vor, die hohen Kosten für den Empfang der nordamerikanischen Telegramme zu dritteln, allerdings bevorzugte *Wolff's Telegraphisches Bureau*, eine eigene Vereinbarung mit der AP zu schließen.[92] Da außerdem der ursprüngliche Vertrag zum Austausch bestimmter Nachrichten zwischen *Wolff's Telegraphischem Bureau*, *Havas* und *Reuter* im Jahr 1867 auslief, verschärfte sich die Konkurrenzsituation auf dem europäischen und internationalen Nachrichtenmarkt.

Durch die strategische Entscheidung, vorerst nicht mehr mit den Konkurrenten zusammenzuarbeiten, benötigte *Wolff's Telegraphisches Bureau* erneut Kapital, um die Vormachtstellung in Deutschland zu verteidigen und sich gleichzeitig den Ankauf von Nachrichten aus dem internationalen Markt leisten zu können. Parallel dazu unternahmen *Havas* und *Reuter* mehrere Versuche, *Wolff's Telegraphisches Bureau* aufzukaufen, etwa durch ein Angebot in Höhe von 700.000 Franc durch *Havas* am 23. April 1869.[93] Das Wachstum mit hohen Investitions- und Fixkosten bei *Wolff's Telegraphischem Bureau* sowie der kostenintensive Konkurrenzkampf führten *Wolff's Telegraphisches Bureau* im Jahr 1869 an den Rand der Insolvenz.[94] Diese Situation führte noch im selben Jahr zur erneuten Verhandlung zwischen *Wolff's Telegraphischem Bureau* und der preußischen Regierung.[95] *Bismarck* selbst hatte schon zuvor selbst Kampagnen gegen die ausländischen Kaufangebote geführt.[96] Die Regierung verfolgte nunmehr in den Verhandlungen unter Leitung von *Bismarck* das Ziel, die bisher nur informelle Möglichkeit der Einflussnahme auf das Unternehmen durch einen schriftlichen Vertrag explizit zu sichern und auszubauen.

Am 10. Juni 1869 unterzeichneten *Wolff's Telegraphisches Bureau* und das preußische Staatsministerium im Geheimen einen Vertrag.[97] Vereinbart wurde im Wesentlichen ein vom Staat zu leistendes zinsloses Darlehen in Höhe von 100.000 Talern an *Wolff's Telegraphisches Bureau*, das mit 25 Prozent des jährlich anfallenden Reingewinns getilgt werden sollte. Die Laufzeit des Kredits wurde auf maximal zehn Jahre bestimmt. Ferner wurde vereinbart, dass an *Wolff's Telegraphisches Bureau* alle der preußischen Telegraphenverwaltung von anderen Telegraphenverwaltungen zugegangenen

[92] Zu den hohen Kosten der Übermittlung, s. *He*, Nachrichtenagenturen, S. 61.

[93] *Stern*, Bismarck und Bleichröder, S. 376.

[94] *Dussel*, Tagespresse im 19. und 20. Jh., S. 71.

[95] Mit dem Ziel lt. eines Schreibens von *Wentzel* und *Bleichröder* an die Regierung „dem Verlande zu dienen u. feindliche Agitationen fern zu halten", s. m. w. N. *Stern*, Bismarck und Bleichröder, S. 276.

[96] *Stern*, Bismarck und Bleichröder, S. 375.

[97] Vgl. auch *Basse*, WTB, S. 39 ff.; *Höhne*, Geschichte der Nachricht, S. 49.

Nachrichten weitergegeben werden. Schließlich sicherte das Staatsministerium zu, dass alle politischen Nachrichten prioritär befördert werden. Im Gegenzug verpflichtete sich *Wolff's Telegraphisches Bureau*, alle ihm vorliegenden politischen Nachrichten zunächst den vom preußischen Staatsministerium genannten Behörden zur Verfügung zu stellen. Dabei sollten die Behörden nicht nur schnellstmöglich Kenntnis von den Inhalten der politischen Telegramme erlangen, sondern auch vor einer Weitergabe an Dritte durch *Wolff's Telegraphisches Bureau* eine inhaltliche Kontrolle durchführen. Das preußische Staatsministerium erhielt ein Aktienpaket an der *Continental Telegraphen Compagnie* in Höhe von 150.000 Talern, sodass es Personen in bestimmte Gremien von *Wolff's Telegraphischem Bureau* entsenden konnte und gewisse Mitspracherechte erhielt. Überdies verpflichtete sich *Wolff's Telegraphisches Bureau*, sein Auslandsgeschäft kontinuierlich auszuweiten. Der Vertrag wurde auf den 31. Dezember 1879 befristet.[98]

Durch die neue wirtschaftliche Lage sowie politische Unterstützung verbesserte sich die Marktposition von *Wolff's Telegraphischem Bureau*,[99] sodass das Unternehmen gestärkt in die Verhandlung mit *Havas* und *Reuter* gehen konnte, denen es im Wesentlichen um die geographische Aufteilung exklusiver Geschäftsregionen ging. Die drei Unternehmen einigten sich mit einem Vertrag am 17. Januar 1870 und teilten darin die Welt in exklusive Vertriebsgebiete auf.[100] *Reuter* bekam das britische Imperium und Holland mit dessen Kolonien zugesprochen, *Havas* erhielt Frankreich und Südwesteuropa, *Wolff's Telegraphisches Bureau* erhielt die deutschen Länder, Skandinavien und Russland. Der Vertrag wurde auf 20 Jahre bis zum Jahr 1890 befristet und anschließend noch einmal auf zehn Jahre bis zum Jahr 1900 verlängert. Im Rahmen der Vertragsverlängerung setzte *Wolff's Telegraphisches Bureau* sich durch, einzig im Deutschen Reich agieren zu dürfen, woraufhin *Reuter* seine Filiale in Hamburg schloss.[101]

Wolff's Telegraphisches Bureau versuchte, sich sukzessive vom staatlichen Einfluss zu lösen, indem es die vereinbarte Darlehenssumme schnell zurückzahlte. Aufgrund des großen Marktanteils und entsprechend steigender Gewinne konnte *Wolff's Telegraphisches Bureau* bereits im Geschäftsjahr 1869/70 eine Summe von 25.000 Taler an die preußische Regierung zurückzahlen. Zu Beginn des Jahres 1872 beteiligte sich *Wolff's Telegraphisches*

---

[98] S. *Höhne*, Publizistik 1984, S. 106; zu den Umständen der Vertragsverlängerung im Detail s. *Stern*, Bismarck und Bleichröder, S. 379.

[99] So zog das Unternehmen im Jahr 1877 in das Berliner Presseviertel in die Zimmerstraße um, im Jahr 1893 wurde die erste Filiale in Köln eröffnet, vgl. *Wilke*, Telegraphenbureaus und Nachrichtenagenturen, S. 166; *Wunderlich*, Telegraphenbüros und Nachrichtenagenturen, S. 37 ff.

[100] Dazu im Detail s. die Ausführungen unter B. II. 5.

[101] *Dussel*, Tagespresse im 19. und 20. Jh., S. 72.

Bureau zugunsten der preußischen Staatsregierung finanziell am Erwerb der Londoner Nachrichtenagentur *Korrespondenz Schlesinger*.[102] Die dafür unter Vermittlung von *Bleichröder* von *Wolff's Telegraphischem Bureau* zur Verfügung gestellte Summe in Höhe von 50.000 Talern wurde ebenso als Tilgungsrate für das zinslose Darlehen aus dem Vertrag von 1869 geleistet, wie es in einer Vertragsergänzung am 4. März 1872 vereinbart wurde.[103] Dadurch reduzierte sich die Restschuld des Darlehens auf 25.000 Taler. Im November 1872 tilgte *Wolff's Telegraphisches Bureau* diese restliche Summe und erhielt damit auch das bei der Regierung hinterlegte Aktienpaket zurück. Somit erloschen wesentliche Rechte der Regierung, die auf den Anteilen an der *Continental Telegraphen Compagnie* basierten. Damit verblieb lediglich die Teilnahme an den Sitzungen des Aufsichtsrats sowie das Mitspracherecht im Falle eines Ausscheidens eines Komplementärs. Diese Tatsache nutzte *Wolff's Telegraphisches Bureau* für einen erneuten Rechtsformwechsel in eine reine Aktiengesellschaft am 10. Oktober 1874.[104] Die Zahl der Beschäftigten wuchs dabei ebenso wie das Geschäft: im Jahr 1890 zählte *Wolff's Telegraphisches Bureau* im Deutschen Reich bereits 127, im Jahr 1905 schon 356 Angestellte.[105] Grund für die Steigerung der Beschäftigtenzahl war hauptsächlich, dass das Unternehmen ab dem Jahr 1895 begann, erste eigene Telegraphenlinien anzumieten und mit eigenem Personal zu betreiben – so versorgte es über seine 42 deutschen Zweigstellen die Kunden im Gebiet des Deutschen Reiches über eigene Verbindungen. Darüber hinaus konnte *Wolff's Telegraphisches Bureau* über die von der *Deutsch-Atlantischen Telegraphengesellschaft* im Jahr 1900 und 1904 verlegten Seekabel eine eigene Verbindung in die USA betreiben. Im Jahr 1905 zählte *Wolff's Telegraphisches Bureau* zu einer der größten Nachrichtenagenturen der Welt, mit einem Kapital von etwa einer Mio. Mark, ca. 2.300 Abonnenten und täglich 2.000 per Telegraph übersandten Zeilen.[106]

c) Europäische Gründeragenturen

Die französische *Agence Havas* und die britische *Reuter's Telegram Company* zählen neben *Wolff's Telegraphischem Bureau* zu den „Europäischen Gründeragenturen", durch deren Gründung und Tätigkeit der neue Nachrichten-

[102] *Basse*, WTB, S. 43 f.; *Stern*, Bismarck und Bleichröder, S. 382.

[103] *Basse*, WTB, S. 43; nach Gründung des Deutschen Reiches 1871 wurden Gulden und Taler durch die Mark erst i. R. der Währungsumstellung 1873 ersetzt, vgl. *Lindenlaub*, Bankhistorisches Archiv Bd. 28 (2002), S. 21 ff.; *Scholz*, Geldmarktsteuerung, S. 134 ff.

[104] *Nahmer*, Bismarcks Reptilienfonds, S. 116.

[105] *Wilke*, Telegraphenbureaus und Nachrichtenagenturen, S. 126.

[106] Vgl. *Dussel*, Tagespresse im 19. und 20. Jh., S. 72; bei *Wolff's Telegraphischem Bureau* absolvierte *Axel Springer* (1912–1985) einen Teil seines journalistischen Volontariats, s. *Schwarz*, Axel Springer, S. 48.

markt erst entstehen konnte, und der wiederum von den drei Unternehmen und ihren Vertragsbeziehungen nachhaltig geprägt wurde.

Der Nachrichtenmarkt war von Beginn an von grenzüberschreitender Natur, aufgrund der Nachfrage nach Wirtschaftsnachrichten aus anderen Handelsplätzen. Daher gab es früh eine wechselseitige Beeinflussung zwischen den Nachrichtenagenturen durch Konkurrenz und Kooperation, sodass eine isolierte Betrachtung einer Nachrichtenagentur nicht ausreichend ist. Aus diesem Grund werden die Zusammenhänge und Entwicklungen erst deutlich, wenn die anderen wichtigen Akteure bekannt sind, die im Folgenden kurz darstellt werden.

In Paris gründete *Charles-Louis Havas* (1783–1858) mit der *Agence Havas* im Jahr 1835 die erste europäische Nachrichtenagentur.[107] Schon zuvor hatte er seit dem Jahr 1811 mit seiner *Correspondence Garnier* in Paris einzelne literarische Artikel aus anderen Ländern gesammelt, ins Französische übersetzt und anschließend an französische Publikationen und Verlage weiterverkauft. Mit der Gründung der neuen Agentur weitete er seine Geschäfte erheblich aus.[108] Nun bot *Havas* vermehrt auch Wirtschaftsinformationen aus dem Ausland an, ab 1840 auch Notierungen der Börsen in London und Brüssel unter dem Einsatz von Brieftauben.[109] Schon früh expandierte *Havas* mit Zweigstellen in Brüssel, Rom, Madrid und Wien sowie mit Verbindungen in die USA.[110] Bald lernte er seine beiden späteren Konkurrenten und Geschäftspartner Dr. *Bernhard Wolff*[111] und *Paul Julius Reuter* (1816–1899)[112] kennen, die bei ihm im deutschen Revolutionsjahr 1848 hospitierten und arbeiteten.[113] Nach dem Tod von *Charles-Louis Havas* im Jahr 1858 wurde das Unternehmen von seinen beiden Söhnen fortgeführt, wobei die Geschäftsführung bei *Auguste Havas* (1813–1889) lag. Dieser entwickelte neue

[107] Dieses Unternehmen wird in der gesamten Arbeit durchgehend als „*Agence Havas*" tituliert, wissend um die gesellschaftsrechtlichen und firmenrechtlichen Wandlungen im Laufe des Untersuchungszeitraums; aus dem Unternehmen entstand die heutige Agence France-Presse (AFP), vgl. *Dovifat*, Zeitungslehre, S. 116 ff.; *Frédérix*, Agence Havas, S. 13 ff.

[108] *Höhne*, Geschichte der Nachricht, S. 63 ff.; *Wolff*, Revue économique Vol. 42, Nr. 3 (1991), S. 578.

[109] Seit 1837 setzte schon die britische Zeitung *Times* in London Brieftauben für den Empfang der aktuellen Marktnotierungen ein, s. *Höhne*, Geschichte der Nachricht, S. 64.

[110] Vgl. m. w. N. *Höhne*, Geschichte der Nachricht, S. 64.

[111] Zu seiner Biographie i. Ü. vgl. *Feldhaus*, Art. Wolff, S. 661 f. und *Basse*, WTB, S. 15 f.

[112] Geb. am 21. Juli 1816 in Kassel als *Israel Beer*, Banklehre in Göttingen, danach als Buchhändler in Berlin tätig, 1845 Heirat mit der Bankierstochter *Ida Maria Magnus* (1833–1902), er konvertierte mit 30 Jahren zum Christentum und änderte seinen gesamten Namen, vgl. *Sösemann*, Art. Reuter, S. 471 f.; *Read*, History of Reuters, S. 7.

[113] Vgl. *Nalbach*, Business History Review 77/2003, S. 581; *Stern*, Bismarck und Bleichröder, S. 374.

Geschäftsmodelle, indem er zusätzlich mit dem Handel von Inseraten und Werbeanzeigen begann.[114]

Die französische Regierung protegierte zunehmend die Aktivitäten des Unternehmens aufgrund ihrer politischen Wirkmacht der Nachrichtendistribution, bis die *Agence Havas* ab dem Jahr 1862 unter starke staatliche Kontrolle geriet.[115] Im Zuge der stetigen geographischen Expansionen des Geschäftes und der Konkurrenzkämpfe mit den anderen europäischen Nachrichtenagenturen wurde im Jahr 1879 zur Aufnahme von neuem Kapital das Unternehmen in eine „Société Anonyme", d. h. eine französische AG, mit einem Kapital von 105 Mio. Goldfranc umgewandelt.[116]

15 Jahre nach Gründung der *Agence Havas* eröffnete *Paul Julius Reuter* im April 1850 eine kleinere Nachrichtenagentur in der ca. 400 km von Paris entfernten deutschen Stadt Aachen,[117] die an Belgien und die Niederlande grenzend eine geographisch strategisch günstige Basis für das Nachrichtengeschäft bildete.[118] Auch er hatte wie *Wolff* zwei Jahre zuvor das Geschäftsmodell der Nachrichtenagenturen in Paris als Übersetzer bei *Havas* kennengelernt und spezialisierte sich anschließend selbst auf Wirtschaftsnachrichten.[119] Die damals noch ohne elektrische Telegraphenleitung verbundenen Städte überbrückte er mit Brieftauben, die er von lokalen Züchtern ankaufte und im Dachboden seiner Agentur unterbrachte.[120] Wohl auf Anraten von *Werner von Siemens*, der *Reuter* u. a. auf die Disruption der Nachrichtenübermittlung durch die elektrische Telegraphie und die Gründung von *Wolff's Telegraphischem Bureau* hinwies, verlies *Reuter* Aachen nach nur etwa einem Jahr und eröffnete am 14. Oktober 1851 im Londoner Börsenviertel seine Nachrichtenagentur *Mr. Reuter's cabled messages*.[121]

---

[114] So bot er Zeitungen als Gegenleistung für den Bezug seines Nachrichtendienstes anstatt Geld Anzeigenflächen zu erhalten, s. *Höhne*, Geschichte der Nachricht, S. 64 f.

[115] *Höhne*, Geschichte der Nachricht, S. 65.

[116] *Bonin*, Histoire de la Société générale, S. 358 ff.; *Höhne*, Geschichte der Nachricht, S. 79.

[117] Wohl unter dem Namen *Institut zur Beförderung telegraphischer Depeschen*, s. *Read*, History of Reuters, S. 9 f.; das Haus befindet sich in der Aachener Pontstr. 117, dem sog. „Reuters House", auf dessen Fassade eine Gedenktafel mit einer symbolischen Brieftaube angebracht ist; auf der Gedenktafel steht: „Paul Julius Reuter. 1816–1899. Gründer der Nachrichtenagentur Reuter ließ im Jahr 28. April 1850, Reuter war damals 33 Jahre alt, durch Brieftauben Nachrichten auf das Dach dieses Hauses tragen. Damit begann er sein Lebenswerk im Dienste des Nachrichtenwesens der Welt.".

[118] Im Detail vgl. *Read*, History of Reuters, S. 5 ff.

[119] S. *Read*, History of Reuters, S. 9.

[120] Ein Originalvertrag über den Kauf von Brieftauben liegt im „Internationalen Zeitungsmuseum" in Aachen aus.

[121] Vgl. *Stern*, Bismarck und Bleichröder, S. 374.

Zunächst auf Börsenberichte und andere Wirtschaftsnachrichten spezialisiert, folgten bald auch Kriegsberichterstattungen und ab 1857 auch politische Nachrichten. Insbesondere für den Ausbau eigener Telegraphenlinien bis nach Ostindien benötigte *Reuter* viel Kapital, das er am 20. Februar 1865 durch die Umwandlung in eine „Limited (Ltd.)", d. h. eine englische Aktiengesellschaft, mit dem Namen *Reuter's Telegram Company* aufbringen konnte.[122] Gleichzeitig intensivierte *Reuter* sein geschäftliches Engagement in den deutschen Ländern und eröffnete bis zum Jahr 1866 Zweigstellen in Berlin, Frankfurt a.M., Hamburg und Hannover, um ein Jahr später das *Telegrafische Büro für Norddeutschland* zu eröffnen.[123] Außerdem baute *Reuter* von London aus ein weltweites Netzwerk auf und nutzte hierbei die schon weit ausgebauten telegraphischen Verbindungen innerhalb des Britischen Imperiums.[124] Im Jahr 1866 schloss *Reuter* zudem einen Vertrag mit der US-Amerikanischen *Associated Press* und festigte so seine dominante Position im internationalen Nachrichtenmarkt.

Darüber hinaus investierte *Reuter* auch selbst in Infrastrukturprojekte, um damit seine Marktstellung auszubauen, etwa als er mit dem französischen Bankier *Baron Emil d'Erlanger* (1832–1911) und anderen britischen Investoren maßgeblich in das für die Verlegung eines weiteren transatlantisches Unterseekabels zwischen Frankreich und Neufundland im Jahr 1869 verantwortliche Unternehmen *La Société du Câble Transatlantique Française* investierte.[125] Aufgrund steigender Kosten durch eine größere Netzabdeckung und hohe Investitionen erhöhte *Reuter* die Preise für den Bezug seines Abonnementdienstes: 1858 kostete der Bezug aller Informationen noch 30 Pfund pro Monat, 1868 waren es bereits 1.000 Pfund. Im Jahr 1878 gab *Reuter* die Geschäfte an seinen ältesten Sohn *Herbert Reuter* (1852–1915) ab.[126] Unter seiner Geschäftsführung stieg die Zahl der in allen wichtigen Regionen unterhaltenen Büros kontinuierlich weiter an. Hatte das Unternehmen im Jahr 1884 noch acht Büros in Westeuropa (inkl. UK), wuchs die Zahl auf zehn Büros im Jahr 1906 an. Im selben Zeitraum stieg die Zahl der Büros in Osteuropa von einem auf drei, in Afrika von zwei auf vier, in Australien von

[122] *Höhne*, Geschichte der Nachricht, S. 68.

[123] Dabei wählte *Reuter* den Unternehmensnamen als Decknamen zur Verschleierung seiner Inhaberstellung, vgl. *Dörfler/Pensold*, Nachrichtenagenturen, S. 181; zur Phase zwischen 1865 bis 1914 vgl. m. w. N. *Read*, History of Reuters, S. 49–117.

[124] So begann die Ausweitung des Telegraphennetzwerkes zwischen allen Kolonien des British Empire bereits 1858 und wurde sukzessive ausgeweitet; 1902 wurde die sogenannte *All Red Line* fertiggestellt, vgl. *Kennedy*, Cable Communications 86 (341) 1971, S. 728 ff.

[125] Vgl. *Stoskopf/Lucas*, Banquiers et Financiers Parisiens, S. 162 ff.

[126] *Read*, History of Reuters, S. 72.

sechs auf zehn, im Mittleren Osten von zwei auf drei, in Indien von fünf auf sechs, in Asien von fünf auf acht Büros.[127]

d) Weitere Nachrichtenagenturen des 19. Jahrhunderts in Europa und den USA

Neben den drei europäischen Gründeragenturen gründeten sich viele weitere Unternehmen auf dem neuen Nachrichtenmarkt, von denen einige für den Fortgang der Untersuchung wichtige Akteure kurz dargestellt werden. Neben *Wolff's Telegraphischem Bureau* gründeten sich bald andere Nachrichtenagenturen in den verschiedenen deutschen Staaten, die ebenfalls mit dem Ziel, aktuelle Wirtschaftsinformationen und Börsennachrichten an Kunden zu verkaufen, bald zueinander in Konkurrenz um Kunden und den Zugang zur staatlichen Infrastruktur traten. Darunter fielen etwa die Nachrichtenagenturen *Deutscher Telegraph, Dr. Rudolf Dammert GmbH*, *Press-Centrale Telegraphen-Agentur GmbH*, *Richard Schenkel Depeschenagentur*, *Wagners Telegraphisches Korrespondenz-Büro*, *Süddeutsches Korrespondenzbüro*, *Bösmans Telegraphen Büro* (gegr. 1868), *Korrespondenz Hofmann* (gegr. 1868), *Herold Depeschen Bureau* (gegr. 1862) und *Louis Hirsch's Telegraphisches Büro OHG* (gegr. 1862).[128]

Bald nach der Gründungsphase folgte eine Phase der Unternehmenskäufe und Zusammenschlüsse. Die ersten Nachrichtenagenturen begannen, miteinander zu kooperieren oder sich zusammenzuschließen, um der wachsenden Konkurrenz standzuhalten sowie gegen den Marktführer *Wolff's Telegraphisches Bureau* anzukommen. Die Anzahl der Kunden war limitiert und der Zugang zur Telegraphie staatlich kontrolliert und reguliert. Noch war unbekannt, dass *Wolff's Telegraphisches Bureau* durch den Vertrag mit dem preußischen Staatsministerium exklusiven Zugang zum amtlichen Nachrichtenmaterial und der telegraphischen Infrastruktur hatte.[129] *Wolff's Telegraphisches Bureau* kaufte bereits im Jahr 1860 *Wagners Telegraphisches Korrespondenz-Büro* in Frankfurt a.M. und das *Süddeutsche Korrespondenzbüro* in München und Stuttgart auf. Das Berliner Unternehmen *Louis Hirsch's Telegraphisches Büro OHG* fusionierte im Jahr 1893 mit der in Frankfurt a.M. ansässigen *Herold Depeschen Büro KG* (ab 1904: GmbH). Gemeinsam mit anderen kleineren Nachrichtenagenturen schlossen sie sich am 11. No-

[127] In Nordamerika blieb die Zahl der Büros mir drei konstant; die Zahlen sind der Tab. 4.1. bei *Read*, History of Reuters, S. 108 entnommen.

[128] Eine Übersicht mit Kurzdarstellungen der ersten telegraphischen Nachrichtenbüros in Deutschland bis zum ersten Weltkrieg bei *Wunderlich*, Telegraphenbüros und Nachrichtenagenturen, S. 23 ff.; vgl. auch *Neitemeier*, Telegraphen-Union, S. 89; *Wilke*, Telegraphenbureaus und Nachrichtenagenturen, S. 163 ff.

[129] Vgl. *Dussel*, Tagespresse im 19. und 20. Jh., S. 73.

vember 1913 zur Nachrichtenagentur *Telegraphen-Union* (TU) zusammen.[130] Damit wollte man ein Gegengewicht zu *Wolff's Telegraphischem Bureau* bilden, das durch staatliche Protektion und die Verträge mit den anderen europäischen Gründeragenturen eine herrschende Marktposition innehatte und einer staatlichen Kontrolle unterlag, was aber vor Ausbruch des Ersten Weltkrieges nicht gelang.[131] Das neue Unternehmen mit Sitz in der Lindenstr. 101/102 im Berliner Zeitungsviertel verfügte über ein Stammkapital von 257.500 Mark.[132] Im Vergleich dazu hatte *Wolff's Telegraphisches Bureau* ein Gründungskapital von 1 Mio. Mark.

Auch in anderen europäischen Ländern gründeten sich im 19. Jahrhundert viele Nachrichtenagenturen, die durch eine Öffnung der Märkte und den Ausbau der Telegraphenlinien bald mit- und untereinander konkurrierten, etwa 1853 in Italien die *Agenzia Telegrafica Stefani* oder 1859 das österreichische *k.k. Telegraphen-Korrespondenz-Bureau.*[133] Bei einigen Gründungen beteiligte sich *Wolff's Telegraphisches Bureau* unmittelbar, etwa im Jahr 1867 bei Gründung der schwedischen Nachrichtenagentur *Svenska Telegrambyran.*[134] Darüber hinaus wurden auch hier Kooperationsvereinbarungen zum Austausch von Nachrichten zwischen den Nachrichtenagenturen geschlossen.

In den USA entwickelten sich zeitgleich zu den europäischen Gründeragenturen erste Nachrichtenagenturen. Mit Gründung der AP im Mai 1848 in New York als Genossenschaft von mehreren Zeitungsinhabern wurde ein weiteres als „Gründeragentur" bezeichnetes Unternehmen geschaffen, das den Nachrichtenmarkt prägte und das im Laufe seiner Entwicklung eng mit

---

[130] Gegr. von *Louis Hirsch's Telegraphisches Büro*, des *Herold Depeschenbüro*, der *Telegraphen-Union GmbH*, der *Press-Centrale Telegraphen-Agentur* und der *Deutscher Telegraph Dr. Rudolph Dammert GmbH*; zu den nach 1900 gegr. Nachrichtenagenturen, die sich der TU anschlossen, s. m. w. N. *Stöber*, Staat und Öffentlichkeit, S. 25 f.

[131] Vgl. *Neitemeier*, Telegraphen-Union, S. 87 ff.; *Stöber*, Staat und Öffentlichkeit, S. 26.

[132] *Neitemeier*, Telegraphen-Union, S. 91 mit einer genauen Auflistung der Einlagen der verschiedenen Unternehmen und unter Bezug auf den Eintrag im HR Berlin 13013 beim AG Charlottenburg, Eintragung Nr. 1 vom 21.1.1914.

[133] Vgl. zur Entstehung der staatlichen Nachrichtenagentur m. w. N. *Dörfler/Pensold*, Nachrichtenagenturen, S. 139 ff.; darüber hinaus gab es bis 1900 insbesondere folgende Gründungen von Nachrichtenagenturen in Europa: *Ritzaus Bureau* (Dänemark, 1866), *Agencia Telegrafica Fabra* (Spanien, 1867), *Norsk Telegrambyra* (Norwegen, 1867), *The Press Association* (UK, 1868), *The Exchange Telegraph Company Ltd.* (UK, 1872), *New Zealand Press Association Ltd* (Neuseeland, 1879), *Agence Fournier* (Frankreich, 1879), *Magyar Tavirati Iroda* (Ungarn, 1881), *Agencia Mencheta (Spanien, 1882), Suomen Tietotoimisto-Finska Notisbyran* (Finnland, 1887), *Agence Telegraphique Suisse* (Schweiz, 1894), vgl. *Dovifat*, Zeitungslehre, S. 93; *Heerdegen*, Presse-Nachrichtendienst, S. 43; *Wilke*, Telegraphenbureaus und Nachrichtenagenturen, S. 13 ff.

[134] *Basse*, WTB, S. 49.

den europäischen Agenturen zusammenarbeitete, die über die AP den US-amerikanischen Markt erschlossen.[135] Im Gegensatz zum europäischen Markt dominierten abseits der Politik in den USA bald Finanzinstitutionen und Kaufleute die Nachrichtenagenturen, die auch einzelne Informationen mit Gewinnerzielungszwecken in den Nachrichtenagenturen manipulierten.[136] Gegen die dominierende Marktposition von AP gründete sich 1866 die *Western Associated Press*, die mit *Reuter* einen Zehnjahresvertrag über den Nachrichtenaustausch schloss.[137]

4. Nachfrager auf dem Nachrichtenmarkt: Banken und Presse

a) Finanzwirtschaft und Kapitalmarkt: Privatbankiers und Bankhäuser

Eine wesentliche Rolle bei der Entstehung und Etablierung eines neuen Nachrichtenmarktes kam zunächst dem Kapitalmarkt mit seinem Börsen- und Bankenwesen zu. So wie einzelne Kaufleute und Banken eine essentielle Rolle bei der Entwicklung und Expansion von *Wolff's Telegraphischem Bureau* einnahmen, waren die Bankhäuser insgesamt unabdingbare Faktoren der Industriellen Revolution sowie selbst Gegenstand tiefgreifender Veränderungen im 19. Jahrhundert.[138]

Die politisch bedingte territoriale Zersplitterung spiegelte sich auch im Finanzwesen mit verschiedenen staatlichen Börsen (z. B. in Preußen und Württemberg) und privaten regionalen Börsen (z. B. in Bayern, Sachsen und Baden) wieder.[139] Der Einfluss der Banken in den deutschen Ländern wuchs seit den 1840er Jahren, der beginnende industrielle Strukturwandel in den deutschen Ländern war kapitalintensiv, vor allem die Finanzierung des Baus von Eisenbahnen sowie Investitionen in der Montanindustrie benötigten langfristige Kredite.[140]

---

[135] Urspr. 1846 in New York als *Harbour News Association* gegründet, ging diese in der *Associated Press* auf; schon zuvor schlossen sich in New York einzelne Verleger zusammen, um genossenschaftlich Segelboote zu betreiben, die den aus Europa ankommenden Schiffen entgegenfuhren, um schneller an die dort mitgebrachten Nachrichten zu gelangen, vgl. *Höhne*, Geschichte der Nachricht, S. 69 ff. (73); *Stöber*, Deutsche Pressegeschichte, S. 131.

[136] S. m. w. N. *Höhne*, Geschichte der Nachricht, S. 73.

[137] Die *Western Associated Press* organisierte sich im Jahr 1892 neu als *Associated Press*; die New Yorker AP meldete 1897 Insolvenz an, gründete sich neu am 22. Mai 1900, s. *Höhne*, Geschichte der Nachricht, S. 74; zur Geschichte der AP und den vertraglichen Beziehungen insbesondere zu *Reuter* vgl. *Silberstein-Loeb*, International Distribution of News, S. 9 ff.

[138] S. *Pohl*, Bankwesen (1806–1848), S. 9; die Entwicklung des Bankwesens von 1850 bis 1914 im Überblick bei *Wandel*, Banken und Versicherungen, S. 9–18.

[139] Vgl. *Breitkreuz*, Ordnung der Börse, S. 53; *Mues*, Börse als Unternehmen, S. 36.

[140] *Schmoeckel*, ZRG KA 132 (2015), S. 283; dem Eisenbahnbau kam in den dt. Ländern bei der Industrialisierung eine deutlich stärkere Rolle zu als es etwa in England der

Insbesondere in der Phase der Hochindustrialisierung nach 1850 stieg der Kapitalbedarf von Unternehmen und Staat.[141] Die hohen Finanzierungssummen konnten viele der aufgrund der politisch-territorialen Gegebenheiten in Deutschland i. d. R. regional tätigen Privatbankiers nicht mehr alleine leisten, sondern diese wurden vermehrt durch die nach dem Revolutionsjahr 1848 errichteten und sich Ende der 1860er Jahre ausbreitenden Aktienbanken und Kooperationen zwischen einzelnen Privatbanken geleistet.[142] Der Privatbankier, der primär mit Staatsanleihen handelte und mit einzelnen Kaufleuten, kleinen Gewerben oder einzelnen Bauern Geschäftsbeziehungen unterhielt, konnte oftmals den neuen Anforderungen der industrialisierten Wirtschaft nicht allein genügen.

Nichtsdestotrotz stieg die absolute Zahl der Privatbankiers insgesamt an: waren im Jahr 1849 noch insgesamt 102 Privatbankiers im Rheinland und 439 in Preußen (davon 107 in Berlin) bekannt, waren es im Jahr 1861 bereits 141 im Rheinland und 642 in Preußen (davon 165 in Berlin) und im Jahr der Reichsgründung 1871 im gesamten Deutschen Reich etwa 1.300 Privatbankiers.[143]

Der Markt verlangte nach der Finanzierung der Gründung und des Ausbaus von großen Unternehmen und Fabriken, insbesondere der neuen Unternehmensform der Kapitalgesellschaft „Aktiengesellschaft".[144] So resultierte aus den wirtschaftlichen Gegebenheiten der Industriellen Revolution zugleich auch eine Restrukturierung des Bankwesens in den deutschen Ländern von etwa 1848 bis 1870.[145] Investitionen durch die Aufnahme von Krediten durch private Institutionen hatten für das Unternehmen den Vorteil, abseits staatlicher Kontrollrechte agieren zu können, die sich der Staat etwa im Falle von Zinsgarantien für Unternehmen einräumen ließ.[146] Erst durch die Gründung von größeren privaten Kreditinstitutionen und einem wachsenden ökonomischen Druck aus dem Ausland kam es zu einzelnen Modernisierungen staatlicher Banken, wie etwa der Preußischen Bank im Jahr 1856.[147]

Fall war, vgl. *Breitkreuz*, Ordnung der Börse, S. 24; *Patt*, Preußisches Eisenbahngesetz von 1838, S. 139 ff.; *Tilly*, Finanzinstitutionen und Industrialisierung, S. 9.

[141] *Pohl*, Bankwesen (1806–1848), S. 121.

[142] Vgl. *Pohl*, Bankwesen (1806–1848), S. 119; *Tilly*, Entwicklung Deutschlands 1843 bis 1914, S. 59; *Wandel*, Banken und Versicherungen, S. 9.

[143] Die Zahlen stammen von *Tilly*, Entwicklung Deutschlands 1843 bis 1914, S. 153; vgl. die tab. Übersicht bei *Pohl*, Bankwesen 1848–1870, S. 160.

[144] *Pohl*, Bankwesen (1806–1848), S. 9; *Pohl*, Bankwesen 1848–1870, S. 159 m. w. N.

[145] *Pohl*, Bankwesen 1848–1870, S. 147.

[146] Vgl. *Ziegler*, Staat und Industrialisierung, S. 47 f.

[147] S. *Boch*, Staat und Wirtschaft im 19. Jahrhundert, S. 32; für eine ausführliche Darstellung der dt. Geld- und Kreditgeschichte bis 1914 s. *Tilly*, Geld und Kredit, S. 85 ff.

Für die positive wirtschaftliche Entwicklung und den Aufstieg von Bergbau, Industrie und Verkehr zwischen den Jahren 1830 und 1870 kann die Entwicklung der rheinischen Privatbankiers repräsentativ herangezogen werden, die eng mit der Industrie verknüpft rasante Wachstumsraten verzeichnen konnten und als Finanzierer einen wesentlichen Pfeiler der industriellen Entwicklung in Deutschland darstellten.[148] Aber auch Berlin zählte als preußische Haupt- und Residenzstadt, in welcher der gesamte Finanzverkehr des preußischen Staates abgewickelt wurde und die zudem noch Hauptsitz zahlreicher aus merkantilistischer Zeit stammender Staatsbetriebe sowie der Staatsbank war, zu einem der führenden deutschen Finanzplätze.[149] Nach Frankfurt a.M. handelte es sich bei Berlin um den zweitwichtigsten deutschen Börsenplatz.[150] Einflussreiche Privatbankiers dominierten die Finanzgeschäfte und hatten enge Kontakte zur Politik und zu einzelnen Presseorganen.

Mitte des 19. Jahrhunderts dominierten in Frankfurt a.M. die Bankhäuser der Familien *Rothschild* (mit ihrem Stammhaus *M. A. Rothschild & Söhne*) und *Bethmann.*[151] In Berlin existierten eine Vielzahl von einflussreichen Bankhäusern und Privatbankiers, insbesondere *Delbrück, Leo & Co.*[152], die *Gebr. Arons* (gegr. 1806) und die *Gebr. Schickler*[153] und dessen Mitinhaber *Hermann*

[148] Waren 1845 noch etwa 20 Mio. Taler Bankkapital im Rheinland im Umlauf, was 225.000 Talern je Privatbankier entsprach, waren es im Jahr 1866 schon 550.000 Taler je Privatbankier, s. *Tilly*, Finanzinstitutionen und Industrialisierung, S. 110 f.; *Treue*, Privatbankwesen im 19. Jahrhundert, S. 100.

[149] Zur Umwandlung der *Königlichen Bank* in die *Preußische Bank* vgl. *Scholz*, Geldmarktsteuerung, S. 75 ff.; i. Ü. vgl. *Treue*, Privatbankwesen im 19. Jahrhundert, S. 108 f.

[150] *Treue*, Privatbankwesen im 19. Jahrhundert, S. 94; zur Entwicklung der Börsen s. *Pohl*, Bankwesen 1848–1870, S. 147 f.

[151] Die Geschichte der Finanzgeschäfte der Familie *Rothschild* führt bis ins Mittelalter zurück, vgl. *Ferguson*, Rothschild Bd. 1, S. 23 ff.; *Jaeger*, Unternehmer in Deutschland im 19. und 20. Jahrhundert, S. 119 ff.; das Bankhaus *Bethmann* wurde im Jahr 1748 in Frankfurt a. M. gegründet, s. *Helbing*, Handelshaus Bethmann, S. 5 ff.

[152] Gegr. von *Gottlieb Adelbert Delbrück* (1822–1890), der 1854 aus Mönchengladbach kommend in Berlin das Bankhaus *Delbrück, Leo & Co.* mitgründete, s. *Treue*, Privatbankwesen im 19. Jahrhundert, S. 124.

[153] Die *Gebrüder Schickler* wurden urspr. von *David Splitgerber* (1683–1794) und *Gottfried Adolf Daum* (1679–1743) als Handelshaus *Splitgerber&Daum* im Jahr 1712 gegründet und stiegen bis Mitte des 19. Jh. als „Hofbankiers" des preußischen Staates auf; nach dem Tod von *Splitgerber* zunächst von den Schwiegersöhnen *Johann Jacob Schickler* (1711–1775) und *Friedrich Heinrich Berendes* (1729–1771) weitergeführt, im Jahr 1798 von seinen Enkeln, *David Schickler* (1715–1818) und *Johann Ernst Schickler* (1761–1801), die ab 1815 ausschließlich in Staatsanleihen und in Unternehmen aus den Branchen „Versicherung", „Eisenbahn" und „Verkehr" investierten, vgl. *Pohl*, Bankwesen (1806 1848), S. 40; *Treue*, Privatbankwesen im 19. Jahrhundert, S. 110.

Zwicker[154], *Friedrich Martin von Magnus* (1796–1869)[155], *J. Mendelssohn & Co.* (gegr. 1795), *Georg Moritz von Oppenfeld* (1800–1871)[156], sowie auch die *Gebr. Benecke, Sal. Moses Levy Erben, R. Warschauer & Co.* und *Liepmann Meyer Wulff* (1745–1812).[157]

Unter dem Einfluss der *Rothschilds* entwickelte sich auch das Bankhaus der Familie *Bleichröder* zu einem führenden Finanzhaus in Berlin. Das im Jahr 1803 in Berlin von *Samuel Bleichröder* (1779–1855) gegründete und von seinem Sohn *Gerson Bleichröder* (1822–1893)[158] weitergeführte *Bankhaus S. Bleichröder* hatte enge Kontakte zur Familie *Rothschild*, die *Bleichröder* auch als bevorzugte Korrespondenz-Bank in Berlin in Anspruch nahmen. Im Jahr 1859 wurde *Gerson Bleichröder* auf Anraten von *Mayer Carl von Rothschild* (1820–1886) der Privatbankier von *Otto von Bismarck*, der später *Bleichröder* die Verwaltung eines erheblichen Teils des „Welfenfond" anvertraute und der wiederum für *Bismarck* auch erhebliche Wahlkampfunterstützung betrieb.[159]

Diese Zusammenarbeit zwischen Politik und Privatbankiers mit einem entsprechenden Austausch von (oftmals vertraulichen) wirtschaftlichen und politischen Informationen sowie einer Kollaboration zur Erreichung der jeweiligen Zwecke war kein Einzelfall, sondern üblich. Die Bandbreite reichte vom Emittieren von Staatsanleihen und der Finanzierung staatlicher Infrastruktur und bewaffneter Konflikte bis hin zur Beschaffung von Konzessionen oder Zinsgarantien für Unternehmen.[160] Schon 1865/66 schlugen *Bleichröder* und die bedeutende Kölner Bankiersfamilie *Oppenheim*[161] dem

[154] Die genauen Lebensdaten von *Hermann Zwicker* sind nicht bekannt; er war im Jahr 1870 einer der sechs Mitbegründer der *Deutschen Bank*, vgl. *Burhop*, Kreditbanken Gründerzeit, S. 92; *Gall*, Deutsche Bank 1870–1995, S. 6; *Seidenzahl*, Deutsche Bank, S. 8 ff.

[155] *Lüders*, Art. Magnus, S. 672 f.

[156] Die Berliner Familie *Oppenheim* war wiederum mit der Bankiersfamilie *Mendelssohn* verwandt; die Familie führte nach der Konvertierung zum Christentum ab 1827 den Familiennamen „*Oppenfeld*", vgl. *Tilly*, Finanzinstitutionen und Industrialisierung, S. 110.

[157] Im Jahr 1850 existierten 144 Privatbankhäuser, von denen aber nur etwa acht eine dominierende Rolle spielten, vgl. m. w. N. *Treue*, Privatbankwesen im 19. Jahrhundert, S. 95 ff. (109).

[158] Vgl. *Schnee*, Art. Bleichröder, S. 299; *Stern*, Bismarck und Bleichröder, S. 26 ff.; *Pohl*, Bankwesen (1806–1848), S. 40 f.

[159] *Stern*, Bismarck und Bleichröder, S. 44; *Bleichröder* nutzte seine Kontakte zur Presse, um den Wahlkampf von *Bismarck* im Jahr 1878 zu unterstützen, s. m. w. N. *Stern*, Bismarck und Bleichröder, S. 286 ff.

[160] *Treue*, Privatbankwesen im 19. Jahrhundert, S. 103.

[161] Das Bankhaus *Salomon Oppenheim jun. & Co.* wurde 1789 von *Salomon Oppenheim* (1772–1828) in Bonn gegründet, im Jahr 1798 erfolgte nach der franz. Annektierung der linksrheinischen Gebiete ein Umzug nach Köln, wo bald die zwei Söhne das Geschäft weiterführten, vgl. m. w. N. *Böhlhoff*, Bankhaus Sal. Oppenheimer, S. 89 ff.; *Krüger*, Kölner Bankiersgewerbe, S. 64 ff.; allein das Eigenkapital wurde auf 19,5 Mio. Taler geschätzt, vgl. *Treue*, Privatbankwesen im 19. Jahrhundert, S. 120.

damals noch als preußischer Ministerpräsident tätigen *Bismarck* vor, preußischen Staatsbesitz (etwa Eisenbahnen, Wälder oder Bergwerke) an der Saar in einer AG zu privatisieren, damit im Falle einer Niederlage gegen Frankreich eine Annektierung schwieriger sei.[162]

Außerdem bestanden auch enge Netzwerke zwischen den Privatbankiers mit Journalisten und Verlegern. Neben der Finanzierung und einem Informationsaustausch wurde auch Einfluss bei politischen Kampagnen ausgeübt.[163] Beispielweise unterhielt *G. Bleichröder* enge Kontakte zu einzelnen Mitarbeitern der Berliner *National-Zeitung* und der *Börsen-Zeitung*.[164]

Die finanzstarken traditionellen Privatbankiers erkannten und gestalteten den wirtschaftlichen Wandel mit seinen neuen finanziellen Anforderungen mit und begannen seit ca. 1840 mit verschiedenen landesübergreifenden und europaweiten Kooperationen zur Kapitalbeschaffung.[165] Die Netzwerke reichten von Berlin und Frankfurt a.M. bis zu den Bankhäusern und Privatbankiers im Rheinland, das mit seiner starken Industrie und mit Köln den wichtigsten Finanzplatz im Westen Deutschlands darstellte. So arbeitete etwa die Kölner Privatbank *Sal. Oppenheimer* mit *Mendelssohn*, *Bleichröder* und den *Gebr. Schickler* zusammen.[166] Exemplarisches Beispiel für diese Kooperationen ist die Gründung der *Berliner Handelsgesellschaft* am 2. Juli 1856 mit den Berliner Privatbankiers *J. Mendelssohn & Co.*, *S. Bleichröder*, *R. Warschauer & Co.* und den *Gebr. Schickler* sowie aus dem Rheinland mit den Privatbankiers *Gustav von Mevissen* (1815–1899) und *Oppenheim*. Damit wurde eine große private Investitionsbank geschaffen, die bis zum Jahr 1870 über das beträchtliche Investitionsvolumen von 12,5 Mio. Talern verfügte.[167]

Darüber hinaus wurden in dem als „Preußenkonsortium" bezeichneten deutschlandweit operierenden Bankenkonsortium ab 1867 zur Ausgabe preußischer Staatsanleihen regelmäßige Treffen zwischen den 39 Mitglieds-

---

[162] Der Vorschlag wurde abgelehnt, s. *Treue*, Privatbankwesen im 19. Jahrhundert, S. 121 f.

[163] Vgl. *Pohl*, Bankwesen 1848–1870, S. 164; *Stern*, Bismarck und Bleichröder, S. 388 f.; *Treue*, Privatbankwesen im 19. Jahrhundert, S. 121.

[164] *Stern*, Bismarck und Bleichröder, S. 390.

[165] *Bleichröder*, *Mendelssohn* und *Oppenheim* hatten Kredite bei der *Int. Bank zu Luxemburg* Ende der 1850er Jahre einen laufenden Kredit i. H. v. 250.000 Talern, s. *Treue*, Privatbankwesen im 19. Jahrhundert, S. 100.

[166] *Stern*, Bismarck und Bleichröder, S. 34; *Treue*, Privatbankwesen im 19. Jahrhundert, S. 103.

[167] *Tilly* spricht von einer „Förderbank", s. *Tilly*, Finanzinstitutionen und Industrialisierung, S. 117, wobei wohl eher eine „Investitionsbank" gemeint ist; das Kapital der *Berliner Handelsgesellschaft* betrug zwischen 1856 und 1857 noch 2,5 Mio. Taler und wuchs bis 1870 auf 6,2 Mio. Taler an; die gesamten Vermögenswerte betrugen zwischen 1856–1857 noch 2,9 Mio. Taler und wuchsen bis 1870 auf 12,5 Mio. Taler an, s. bei *Tilly*, Finanzinstitutionen und Industrialisierung, S. 118 (Tab. 10).

banken organisiert.[168] Der Trend zu Kooperationen aufgrund des anwachsenden Kapitalbedarfs der Industrie und des Staates ab 1850 zeigt sich auch in der Gründung der *Deutschen Bank* als Zusammenschluss wichtiger Privatbankiers zu einer Aktiengesellschaft im Jahr 1870 für Handel und Kreditvergabe.[169] Die Gründung des Deutschen Reiches 1871 führte insbesondere durch die staatliche Einheit zu weiterem Wachstum, auch an der Berliner Börse.[170]

Mit Bezug auf den Nachrichtenmarkt kam den Privatbankiers und Bankhäusern eine Doppelrolle zu. Neben der oben beschriebenen Funktion als Finanzierer der Industriellen Revolution des Nachrichtenmarkts waren sie auch die ersten Kunden der Nachrichtenagenturen. Auch der erste Kundenkreis von *Wolff*'s *Telegraphischem Bureau* bestand aus Banken, Handels-, und Industrieunternehmen.[171] Im Jahr 1855 hatte die Mehrzahl der Berliner Bankiers und Kaufleute ein Abonnement bei *Wolff's Telegraphischem Bureau* abgeschlossen.[172] Dies spiegelt sich in der Anzahl der von *Wolff*'s *Telegraphischem Bureau* zwischen Gründung des Unternehmens und dem Beginn der Weimarer Republik veröffentlichten Nachrichten, von denen durchschnittlich 74 Prozent aus Börsen- und Kursmeldungen sowie Waren- und Preisnotierungen bestanden.[173]

Die Nachfrage nach aktuellen und exklusiven Informationen aus Wirtschaft und Kapitalmarkt resultierte primär aus den wirtschaftlichen Vorteilen, die damit für den jeweiligen Empfänger verbunden waren.[174] So konnte die frühzeitige Kenntnis von Notierungen ausländischer Börsen oder anderer Finanz- und Wirtschaftsnachrichten unmittelbar im Börsenhandel eingesetzt und dadurch hohe Gewinne realisiert werden.[175] Schon zeitgenössische Darstellungen wiesen darauf hin, dass telegraphische Nachrichten gravierende Auswirkungen auf die Märkte haben konnten, da die zeitlichen Preisdifferenzen zu starken Kursschwankungen an den Börsen führten.[176] So habe die unbefugte Weitergabe von telegraphischen Nachrichten in Berlin 1853 dazu

---

[168] Vgl. *Schmoeckel/Maetschke*, Rechtsgeschichte der Wirtschaft, S. 220 ff.

[169] Vgl. *Gall*, Deutsche Bank 1870–1995, S. 1 ff.; *Pohl*, Bankwesen 1848–1870, S. 165; *Seidenzahl*, Deutsche Bank, S. 1 ff.

[170] Die Einrichtung der Berliner Börse stand unter einem staatlichen Genehmigungsvorbehalt, der in einer eigenen Börsenordnung festgelegt wurde; vgl. zur Geschichte der Börsen und Börsengesetzgebung mit Bezug auf die Börsenordnungen der Jahre 1825, 1866 und 1885 *Breitkreuz*, Ordnung der Börse, S. 23 ff.

[171] *Basse*, WTB, S. 21 f.; *Stern*, Bismarck und Bleichröder, S. 374.

[172] Vgl. *N. N.*, Prozessbericht 1855, S. 40.

[173] *Wilke*, Publizistik 2004, S. 130 f.

[174] Vgl. *Born*, Wirtschafts- und Sozialgeschichte, S. 65.

[175] *Pohl*, Bankwesen (1806–1848), S. 125.

[176] *Knies*, Telegraph als Verkehrsmittel, S. 4, 334; dazu vgl. *Scherner*, ZNR 1994, S. 39 ff.

geführt, dass „Einzelne das ganze Börsenspiel beherrschten und den ehrlichen Handel lähmten".[177]

Informationen als Grundlage für wirtschaftliche Transaktionen der Finanzwirtschaft stellten sonach einen wesentlichen Grund dar, warum zunächst Privatbankiers und Bankhäuser ein eigenes Netzwerk für die Informationsbeschaffung unterhielten, welches jedoch im Zuge der Internationalisierung der Märkte mit immer höheren Transaktionskosten verbunden war, sodass sich die Ausgliederung an eine Nachrichtenagentur, die über ein größeres Netzwerk und eine schnellere Nachrichtenübermittlung verfügte, wirtschaftlich rentierte.[178]

b) Presselandschaft (Zeitungen und Zeitschriften)

aa) Politische und wirtschaftliche Liberalisierung als Faktoren eines industrialisierten Pressewesens

Neben auf aktuelle Wirtschaftsinformationen angewiesenen Bankhäusern und Kaufleuten war es vor allem die gegen Mitte des 19. Jahrhunderts wachsende Presselandschaft in Deutschland, die zu Hauptabnehmern der Angebote von Nachrichtenagenturen wurden.[179] Der allgemeine Aufschwung von Druckmedien resultierte aus einem Boom des Zeitungs-, Zeitschriften- und Buchhandels.[180] Dieser wiederum wurde möglich durch eine Kombination aus einer Industrialisierung des Pressewesens mit einer hohen Nachfrage der Konsumenten nach Printmedien,[181] die insbesondere aus der politischen und wirtschaftlichen Liberalisierung resultierte.

Nach dem Ende der französischen Vorherrschaft unter *Napoleon Bonaparte* (1769–1821) wurde als ein Ergebnis des Wiener Kongresses (1814–1815) mit Unterzeichnung der Deutschen Bundesakte (DBA) vom 8. Juni 1815 der Deutsche Bund gegründet, ergänzt durch die Wiener Schlussakte (WSA) vom 15. Mai 1820.[182] Trotz der strittigen Auslegung von Art. 13

---

[177] *N. N.*, Prozessbericht 1855, S. 8.

[178] Schon *Paul Julius Reuter* habe argumentiert, dass es günstiger für die Zeitungen sei, seine Berichte abzudrucken, als eigene Korrespondenten zu unterhalten, s. *Höhne*, Geschichte der Nachricht, S. 66.

[179] Zu den Prämissen der Entwicklung der Presse s. *Höhne*, Geschichte der Nachricht, S. 76.

[180] Vgl. nur die von *Alfred Estermann* (1938–2008) herausgegebene, elf Bände umfassende Übersicht über die deutschen Literatur-Zeitschriften ab dem Jahr 1815, sowie seine zehn Bände umfassende inhaltsanalytische Bibliographie deutscher Kulturzeitschriften des 19. Jahrhunderts; in dieser Zeit wurden zudem die ersten Medienhäuser gegründet, wie etwa der im Jahr 1835 gegründete *C. Bertelsmann Verlag*, s. *Berghoff*, Unternehmensgeschichte des Hauses Bertelsmann, S. 6 ff.

[181] Als erste deutsche Zeitung aus dem 18. Jahrhundert gilt heute der *Hamburgische unpartheyische Correspondent*, s. *Beyrer*, Enzyklopädie der Neuzeit, S. 345.

[182] S. *Nipperdey*, Deutsche Geschichte 1800–1866, S. 272 ff.; Verfassungstexte zit. nach

DBA hinsichtlich der Oktroyierung oder Paketierung einer Verfassung, entschied man sich in allen folgenden deutschen Verfassungen zwischen 1818 und 1848 für einen Mittelweg zwischen Absolutismus und Volkssouveränität.[183] In Art. 57 WSA war die Idee des „monarchischen Prinzips“[184] als Antithese zur liberalen Staatstheorie und die damit verbundene Konzeption der Volkssouveränität determiniert.[185] Gegenüber dieser als „System Metternich“ bezeichneten Restauration der politischen Systeme standen die Forderungen des Bürgertums nach politischer Partizipation, das in der Revolutionsbewegung der Jahre 1848/49 mündete. In der Märzrevolution 1848, die von Frankreich aus auch die deutschen Länder ergriff, formulierte das Bürgertums Forderungen nach einer liberalen Verfassung mit einer nationalen Einigung.[186] Zugleich entwickelte sich ausgehend von den Gedanken der Aufklärung sukzessive ein neuer liberaler Zeitgeist mit einem neuen wirtschaftlichen und politischen Freiheitsbegriff, der zur Industriellen Revolution des Nachrichtenmarktes entscheidend beitrug.

In Preußen begannen bereits in den Jahren 1807 und 1812 wirtschaftliche und staatliche Strukturreformen unter *Karl August Fürst von Hardenberg* (1750–1833) und *Heinrich Friedrich Karl Reichsfreiherr vom und zum Stein* (1757–1831), die sog. „Stein-Hardenbergsche Reformen“.[187] Die damit intendierte Etablierung einer liberalen Wirtschaftsordnung und -organisation begann mit der sog. Bauernbefreiung durch das Edikt vom 9. Oktober 1807[188]

Huber, Dokumente zur dt. Verfassungsgeschichte Bd. 1, S. 84–90; Ders. Dokumente zur dt. Verfassungsgeschichte Bd. 1, S. 91–99.

[183] Vgl. Badener Verfassung von 1818, zit. nach *Huber*, Dokumente zur dt. Verfassungsgeschichte Bd. 1, S. 172 ff.; Bayerische Verfassung von 1818, zit. nach *Huber*, Dokumente zur dt. Verfassungsgeschichte Bd. 1, S. 155 ff.); Württembergische Verfassung von 1819, zit. nach *Huber*, Dokumente zur dt. Verfassungsgeschichte Bd. 1, S. 187 ff.; vgl. *Botzenhart*, Wandlungen der ständischen Gesellschaft 1980, S. 31; *Kotulla*, Dt. Verfassungsgeschichte, § 26, Rn. 1374; *Zippelius*, Deutsche Verfassungsgeschichte, S. 104 wertet sie als „Weg der zunehmenden Rechtsstaatlichkeit und repräsentativer Demokratie“, ähnlich *Willoweit*, Deutsche Verfassungsgeschichte, S. 220; vgl. zum Auslegungskonflikt *Schmoeckel*, 2000 Jahre Recht, S. 347 f.

[184] Wortkonstrukt wurde erstmals um das Jahr 1800 verwendet, vgl. *Willoweit*, Deutsche Verfassungsgeschichte, S. 225.

[185] S. *Eisenhardt*, Deutsche Rechtsgeschichte, S. § 31, Rn. 185 a.E; *Frotscher/Pieroth*, Verfassungsgeschichte, S. § 8, Rn. 262.

[186] Vgl. zur Paulskirchenverfassung vom 27. März 1849 (zit. nach *Huber*, Dokumente zur dt. Verfassungsgeschichte Bd. 1, S. 375 ff.) und den dort in § 64 genannten „Schaffung eines nationalen Gesetzbuches“ s. m. w. N. *Fuchs*, BRJ 01/2013, S. 16.

[187] Auch „Preußische Reformen“ genannt, vgl. *Strauch*, Unternehmensrecht, S. 209; *Wischermann*, GuG 1993 (4), S. 457.

[188] Sog. „Oktoberedikt“, „Edict den erleichterten Besitz und den freien Gebrauch des Grundeigentums so wie die persönlichen Verhältnisse der Land-Bewohner betreffend“, Pr. GS 1806–1810, S. 170.; der Beginn des „Gewerberechtlichen Liberalismus“ nach *Gröschner*, Überwachungsrechtsverhältnis, S. 13 ff.

sowie mit den Anfängen einer kommunalen Selbstverwaltung durch die Preußische Städteordnung vom 19. November 1808.[189] Im Jahr 1810 führte Preußen durch das Gewerbesteueredikt vom 2. November 1810[190] in Verbindung mit der neuen Organisation des Gewerbes durch das Edikt vom 7. September 1811[191] über die polizeilichen Verhältnisse der Gewerbe die Gewerbefreiheit bei gleichzeitiger Aufhebung des Zunftszwangs sowie der Zunftprivilegien ein.[192] Nach dem Vorbild der Patentsteuer des Königreichs Westphalen konnte nun auch jedermann in Preußen gegen Zahlung einer Gebühr namens „Patentsteuer" einen Gewerbebetrieb eröffnen und betreiben.[193] Zugleich wurde mit Gründung des Deutschen Zollvereins zum 1. Januar 1834 eine wirtschaftliche Einigung Deutschlands und damit ein weiterer wesentlicher Faktor für die Industrialisierung in den deutschen Ländern geschaffen, der im Ergebnis zu einer Steigerung des Handels führte.[194]

Unter dem preußischen König *Friedrich Wilhelm IV.* (1795–1861) wurde im Dezember 1848 der liberale Banker *August Freiherr von der Heydt* (1801–1874) im Kabinett unter *Friedrich Wilhelm Graf von Brandenburg* (1792–1850) zum preußischen Handels- und Finanzminister berufen.[195] Der noch dominierende Merkantilismus wurde durch die Industrialisierung abgelöst und ging einher mit einer liberaleren Gesellschafts- und Wirtschafts-

---

[189] „Ordnung für sämtliche Städte der preußischen Monarchie mit dazu gehöriger Instruktion behufs der Geschäftsführung der Stadtverordneten bei ihren ordnungsgemäßen Versammlungen",

Pr. GS 1806–1810, S. 324.; vgl. dazu *Gehrke*, Provinzialständischer Parlamentarismus, S. 61.

[190] „Edikt über die Einführung einer allgemeinen Gewerbe-Steuer", Pr. GS 1810, S. 79–94; vgl. m. w. N. *Will*, Selbstverwaltung der Wirtschaft, S. 541 ff. (543).

[191] Pr. GS, 1811, S. 263–280.; vgl. *Will*, Selbstverwaltung der Wirtschaft, S. 544.

[192] Vgl. die Zusammenfassung bei *Stolte*, Art. „Gewerbefreiheit", S. 90 ff.; mit dem Offiziersreglement vom 6. August 1808 (zit. nach *v. Scherbening*, Reorganisation der preußischen Armee, Bd. 1, S. 366 ff.) wurden weitere Standesunterschiede aufgehoben, die staatliche Struktur durch Gründung von Fachministerien am 24. November 1808 modernisiert, vgl. *Strauch*, Unternehmensrecht, S. 211 f.

[193] Zugleich wurde im Mai 1820 die Besteuerung der Gewerbe vereinheitlich und systematisiert, wobei die Tarife in sechs Klassen aufgeteilt wurden und max. 200 Talern pro Jahr entsprachen; mehrere Gewerbescheine konnten zusammengefasst werden und in den Betrieb einer Fabrik münden, s. *Strauch*, Unternehmensrecht, S. 211 f.

[194] Vgl. *Schmoeckel/Maetschke*, Rechtsgeschichte der Wirtschaft, S. 82 f., 96 f.; *Zorn*, Wirtschafts- und Sozialpolitik und öffentliche Finanzen 1800–1970, S. 150; *Fischer*, Deutscher Zollverein, S. 110 ff.; zur politischen Dimension des Zollvereins, vgl. *Fuchs*, BRJ 01/2013, S. 16; *Wehler*, Deutsche Gesellschaftsgeschichte, Bd. 2, S. 134; als erste Etappe der Industrialisierung Deutschlands wertet es *Tilly*, Entwicklung Deutschlands 1843 bis 1914, S. 39.

[195] Er blieb auch unter den Regierungen *Mantouffel* und *Hohenzollern* Wirtschaftsminister, vgl. *Köllmann*, Art. Heydt 9 (1972), S. 74 ff.

ordnung, gekennzeichnet etwa durch die Aufhebung der Zünfte, einer Stärkung von individuellen Eigentumsrechten und einer technischen Standardisierung.[196]

In den 1860er Jahren setzte vor allem in Preußen eine wirtschaftsliberale Epoche ein,[197] ausgehend von einem liberalen Bürgertum, liberalen Beamten und Ökonomen, mit einer entsprechenden Liberalisierung des Wirtschaftslebens.[198] Dies war eng mit der positiven wirtschaftlichen Entwicklung verknüpft, die wiederum zu technischen Innovationen und modernen Produktionstechniken führte.[199] So wurde in Preußen eine „liberal-bürgerliche Marktgesellschaft"[200] als Wettbewerbsordnung geschaffen.[201] Nach der Inthronisation von *Wilhelm I.* (1797–1888) und der Ernennung von *Otto von Bismarck* (1815–1898) zum Ministerpräsidenten im Jahre 1862 begann nicht nur eine innenpolitische Einigungspolitik hin zur Reichsgründung, sondern auch die außenpolitischen Aktivitäten intensivierten sich. Damit ging auch ein wachsendes Interesse an politischen Nachrichten im In- und Ausland einher.

Die wirtschaftlichen und gesellschaftlichen Folgen der Industriellen Revolution verstärkten das Bedürfnis nach politischer Partizipation bei den Wirtschaftsakteuren. Sowohl Arbeiter als auch Industrielle begannen früh, ihre jeweiligen Partikularinteressen kollektiv zu organisieren, indem sie Ge-

---

[196] Vgl. *Dilcher/Lauda*, Unternehmen 1860–1920, S. 536; *Pohl*, Bankwesen 1848–1870, S. 145; *Stolleis*, Geschichte des öffentlichen Rechts Bd. II, S. 128 ff.; *Tilly*, Entwicklung Deutschlands 1843 bis 1914, S. 49 ff.; *Walter*, Weltwirtschaft, S. 167 ff.; ab 1858 beteiligte sich v. a. der preußische Staat gestalterisch an der wirtschaftlichen Industrialisierung Deutschlands, s. *Boch*, Staat und Wirtschaft im 19. Jahrhundert, S. 33; von einer Überhöhung der preuß. Wirtschaftspolitik spricht *Hahn*, Industrielle Revolution, S. 76.

[197] Allerdings noch mit interventionistischen Eingriffen; etwa als „steuernden Staat" bezeichnet bei *Müller*, Staatstätigkeit in den Staatstheorien des 19. Jahrhunderts, S. 128 ff.; zur Entstehung von Banken und Versicherungen s. *Schmoeckel/Maetschke*, Rechtsgeschichte der Wirtschaft, S. 22 ff.; zum Verhältnis von Staat und Markt im 19. Jahrhundert anhand der Entwicklung des deutschen Privatversicherungswesens, s. *Kilian*, Versicherungsunternehmungen, S. 30 ff.

[198] *Schmoeckel*, Regulierung im 19. Jahrhundert, S. 118; vgl. zum Wirtschaftsliberalismus die Aufführungen aus dem Jahr 1859 des deutschen Staatswissenschaftlers *Robert von Mohl* (1799–1875), der auch Bezug auf weitere Ökonomen der liberalen Schule, wie *Bruno Hildebrand* (1812–1878), *Wilhelm Roscher* (1817–1894) und *Adoplhe Thiers* (1797–1877) nimmt, s. *Mohl*, Encyklopädie der Staatswissenschaften, S. 589 ff.

[199] Vgl. m. w. N. *Schmoeckel/Maetschke*, Rechtsgeschichte der Wirtschaft, S. 66 ff.; *Maetschke*, Rechtliche Rahmenbedingungen der Industrialisierung, S. 21 ff. (26, 65).

[200] *Ambrosius*, Staats und Wirtschaftsordnung, S. 112.

[201] *Maetschke*, Rechtliche Rahmenbedingungen der Industrialisierung, S. 21; vgl. auch weitere Anpassungen in der Wirtschaftsgesetzgebung mit dem Beginn der gewerblichen Schutzrechte, s. *Wadle*, Gewerbliche Schutzrechte und Unternehmensorganisation, S. 35 ff.

werkschaften, Verbände und sonstige Vereinigungen gründeten.[202] Auf der anderen Seite wurden die Vereinigungen bei Fachfragen ihres Gebietes als Experten gehört oder brachten Gutachten etwa in Gesetzgebungsprozessen oder Gerichtsverfahren ein. Beispielsweise organisierte sich die Berliner Kaufmannschaft zur *Ältesten der Kaufmannschaft von Berlin*[203] als Vorläufer der IHK Berlin und versuchte schon früh ihre politischen Forderungen einzusetzen, etwa durch Antrag auf Freigabe der staatlichen Telegraphen für gewerbliche Zwecke.[204] Das Bedürfnis nach Freihandel und einer liberalen Wirtschaftspolitik formulierte etwa der 1858 in Gotha stattfindende *Kongreß Deutscher Volkswirte*.[205]

Mit Gründung des Norddeutschen Bundes (1866 1871) und der damit einhergehenden Neuordnung des Deutschen Zollvereins zum 1. Januar 1868[206] erfolgte eine weitere Liberalisierung der deutschen Staaten unter preußischer Führung.[207] Neue Märkte im In- und Ausland wurden erschlossen und die daraus resultierende Exportorientierung schuf so einen Markt für den Abdruck von Notierungen des internationalen Landhandels,[208] was sich die neuen Nachrichtenagenturen zunutze machen konnten. Die Liberalisierung mit einer entsprechenden Wirtschaftsgesetzgebung und der rasante wirtschaftliche Aufschwung setzte sich auch nach dem Deutsch-Französi-

[202] Vgl. *Boch*, Staat und Wirtschaft im 19. Jahrhundert, S. 34; zur „Verkammerung" s. *Schmoeckel/Maetschke*, Rechtsgeschichte der Wirtschaft, S. 214 ff.; Beispiele für solch kollektiven Zusammenschlüsse sind die *Association der Zigarrenarbeiter Deutschlands* (1848), der *Nationale Buchdrucker-Verein* (1848), der *Deutsche Industrie- und Handelskammertag* (1861), der *Verein Deutscher Lokomotivführer* (1867), der *Arbeitsgeberverband Deutscher Buchdruckverein* (1869), der *Centralverband deutscher Industrieller* (1867), der *Bund der Industriellen für die verarbeitende Industrie* (1895), der *Deutsche Handelstag* (1861) oder der *Gesamtverband Deutscher Metallindustrieller* (1890), vgl. *Hardach*, Industrie- und Handelskammertrag, S. 9; *Heller*, Deutscher Buchdruckerverein, S. 1 ff.; *Mallmann*, Gesamtmetall, S. 15 ff.; *Schönhoven*, Deutsche Gewerkschaften, S. 22 ff.; *Ullmann*, Bund der Industriellen, S. 11 ff.

[203] Zur *Berliner Kooperation der Kaufmannschaft* und ihrer guten Verbindung zur politischen Ebene und der Ministerialbürokratie, vgl. m. w. N. *Kaelble*, Berliner Unternehmer während der frühen Industrialisierung, S. 197 ff.; Unternehmerverbände begannen verstärkt ab den 1870er Jahren mit der Formulierung konkreter wirtschaftspolitischer Forderungen, etwa Schutzmaßnahmen für die Wirtschaft, vgl. *Nörr*, Unternehmen 1880–1930, S. 30 f.

[204] Vgl. *Rüberg*, Preisbestimmung in der Telekommunikation, S. 41 Fn. 76.

[205] Vgl. *Hentschel*, Volkswirtschaftliche Kongreß 1858 bis 1885, S. 36, 56.

[206] „Vertrag zwischen dem Norddeutschen Bunde, Bayern, Württemberg, Baden und Hessen, die Fortdauer des Zoll- und Handelsvereins betreffend", BGBl. NdB. 1867, S. 81–124.

[207] Den Norddeutscher Bund im „Liberalisierungswettbewerb" stehend sieht z. B. *Boch*, Staat und Wirtschaft im 19. Jahrhundert, S. 35.

[208] Vgl. *Schmoeckel/Maetschke*, Rechtsgeschichte der Wirtschaft, S. 59 ff.

schen Krieg 1870/71 und der anschließenden Gründung des Deutschen Kaiserreiches (1871–1918) fort, insbesondere gründeten sich zahlreiche neue Kapitalgesellschaften im Rahmen der „Gründerzeit" ab 1870.[209] Eine ökonomische Zäsur bildete der Zusammenbruch der New Yorker Börse Ende des Jahres 1873 und der Berliner Börse im selben Jahr („Gründerkrach"), der die Phase spekulativer Unternehmensgründungen und des politischen Liberalismus beendete und eine Deflationsphase einläutete („Gründerkrise"),[210] mit der Folge einer wieder verstärkten staatlichen Moderation der Wirtschaft.[211]

bb) Industrialisierung des Pressewesens

In dieser Zeit entstanden und expandierten neben regionalen Printpublikationen zahlreiche überregionale, politische Tageszeitungen mit hohen Auflagen und einem weiten Wirkungsgrad, wie etwa die *Allgemeine Zeitung*[212], die *Frankfurter Zeitung,*[213] die *Kölnische Zeitung*[214] oder auch die *Vossische Zeitung.*[215] Weitere in der Phase gegründete Periodika, die das Wachstum der Branche exemplarisch illustrieren, sind etwa der *Westfälische Merkur* im Jahr 1822, die *Deutsche Tribüne* im Jahr 1831, die *Deutsche Allgemeine Zeitung* im Jahr 1843, die *Deutsche Zeitung* aus dem Jahr 1847, aber auch spezielle zielgruppenspezifische Publikationen, etwa die im Jahr 1849 erstmals für Leserinnen herausgegebene *Frauen-Zeitung,*[216] oder die im Jahr 1843 erstmals erschienene *Illustrierte Zeitung* als erste regelmäßig bebilderte Zeitung in Deutschland.[217]

---

[209] So wurden bereits 1871/72 über 100 neue Aktienbanken gegründet, m. w. N. *Schmoeckel,* ZRG KA 132 (2015), S. 252; zu den Ursachen vgl. auch *Plumpe,* Krise des Liberalismus, S. 22 ff.

[210] Zum dem in diesem Kontext verwendeten Begriff der „Krise" krit. *Schmoeckel,* ZRG KA 132 (2015), S. 256 ff.; der Begriff gehe fehl, da die der „Krise" immanenten Mechanismen (u. a. zyklische Entwicklung, Gesetzmäßigkeiten) den Ereignissen widersprechen, *Schmoeckel,* ZRG KA 132 (2015), S. 262.

[211] Zu den vielfältigen Ursachen vgl. *Schmoeckel,* ZRG KA 132 (2015), S. 251 ff.; die anschließende Phase wird auch als „postliberaler Pragmatismus" bezeichnet, so *Boch,* Staat und Wirtschaft im 19. Jahrhundert, S. 37 f.

[212] Der Titel erschien im bekannten *Verlag der Cotta'schen Verlagsbuchhandlung,* vgl. dazu bereits die historische Darstellung bei *Heyck,* Allgemeine Zeitung , S. 15 ff.

[213] Zunächst im Jahr 1856 unter dem Titel *Frankfurter Geschäftsberichte* und *Frankfurter Handelszeitung* erschienen, s. *Paupié,* Frankfurter Zeitung, S. 241 ff.

[214] Im Jahr 1831 von *Karl Joseph Daniel DuMont* (1811–1861) nach Übernahme der Blattleitung u. a. durch Einsatz neuer Drucktechnik erhebliche Auflagensteigerung bewirkte, vgl. *Potschka,* Kölnische Zeitung, S. 145 ff.

[215] Vgl. *Kraus,* Kultur, Bildung und Wissenschaft im 19. Jahrhundert, S. 3.

[216] S. *Wilke,* Medien- und Kommunikationsgeschichte, S. 239.

[217] Vgl. dazu *Weise,* Deutsche illustrierte Presse, S. 98.

Hinzu kamen neue politische Zeitschriften oder auf spezielle Themen fokussierte Journale, z. B. das mit einem Augenmerk auf Kunst publizierte *Morgenblatt für gebildete Stände*,[218] oder die *Berliner Börsen-Zeitung* im Jahr 1855. Diese Entwicklung ging einher mit einem rasanten Wachstum des Buchhandels. Im Jahr 1840 zählte Leipzig bereits 113, Berlin 108 und Frankfurt a.M. 35 Buchhandlungen.[219]

Ein Boom der Zeitungsgründungen erfolgte in Deutschland jedoch erst nach der Gründung des Deutschen Reiches 1871 – so wurden 47 Prozent der im Jahr 1900 gezählten 2.900 Zeitungen nach dem Jahr 1871 gegründet.[220] Mit wachsendem Wohlstand stieg zum Ende des 19. Jahrhunderts auch die Zahl der Zeitungen und der großen Verlage bzw. Großverleger rasant an.[221] Im Jahr 1897 gab es im Gebiet des Deutschen Kaiserreiches bereits 184 Orte mit Verlagen, die 3.495 Zeitungen mit einer täglichen Gesamtauflage von 12,5 Mio. Exemplaren publizierten.[222]

Die effektive und effiziente Produktion dieser hohen Printauflagen wurde durch technische Innovationen und Erfindungen im Zuge der Industriellen Revolution sowie der darauf basierenden Mechanisierung und Automatisierung der Drucktechnik faktisch möglich und rentabel.[223] Mit der Erfindung der Schnellpresse in England im Jahr 1810/11 durch den deutschen Buchdrucker *Johann Friedrich Gottlob Koenig* (1774–1833),[224] finanziell unterstützt durch den Verleger *Thomas Bensley* (1750–1835) sowie unter Mitwirkung von *Richard Taylor* (1781–1858) und *Andreas Friedrich Bauer* (1783–1860), kam die erste Maschine für den Massendruck auf den Markt,

[218] Ab dem Jahr 1837 unter dem Titel *Morgenblatt für gebildete Leser* erschienen, s. *Estermann*, Deutsche Literatur-Zeitschriften, S. 358 ff.

[219] *Kraus*, Kultur, Bildung und Wissenschaft im 19. Jahrhundert, S. 4; zur Entwicklung des dt. Buchhandels im Kaiserreich ab 1871 s. im Detail *Jäger*, Geschichte des deutschen Buchhandels, S. 5 ff.

[220] *Höhne*, Geschichte der Nachricht, S. 78; vgl. zur Presse im Kaiserreich m. w. N. *Dussel*, Tagespresse im 19. und 20. Jh., S. 83 ff.

[221] Z. B. erschienen ab 1883 unter dem Großverleger *August Scherl* (1849–1921) im gleichnamigen Verlag die auflagenstärksten Periodika des Kaiserreiches; sein Verlag stand in Konkurrenz zu den anderen Großverlegern *Rudolf Mosse* (1843–1920) und *Leopold Ullstein* (1826–1899), dem Begründer des im Jahr 1877 in Berlin gegr. *Ullstein Verlags*, vgl. *Zabel*, NDB Bd. 18 (1997), S. 213 ff.; *Menges*, NDB Bd. 22 (2005), S. 698 f.; *Fischer*, Art. L. Ullstein, S. 163 ff.

[222] *Höhne*, Geschichte der Nachricht, S. 77.

[223] *Kraus*, Kultur, Bildung und Wissenschaft im 19. Jahrhundert, S. 1 f.; *Höhne* weist darauf hin, dass der Einsatz der neuen Technik aber zunächst die Zeitungsherstellung verteuerte, sodass zur Refinanzierung etwa einer Rotationsmaschine die Zeitungen begannen zwei Ausgabe pro Tag zu publizieren (Morgenzeitungen und Abendzeitungen), s. *Höhne*, Geschichte der Nachricht, S. 76.

[224] Vgl. zum deutschen Druckmaschinenbau ab dem 19. Jahrhundert die Darstellung bei *Wolf*, Geschichte der Druckverfahren, S. 380.

welche die durch menschliche Kraft angetriebene Handpresse erzielte Druckmenge um mehr als 100 Prozent erhöhte.[225] Weitere technische Verbesserungen führten im Jahr 1813 bereits zu 1.100 Abdrucken in der Stunde, wie sie bereits bei der Produktion der englischen Zeitung *Times* Ende des Jahres 1814 eingesetzt wurde.[226] Mit der von *William Church* (1778–1863) im Jahr 1822 erfundenen Setzmaschine, der Rotationsmaschine im Jahr 1845/46 und der Linotype-Setzmaschine 1884 konnten die Auflagen von Printprodukten weiter gesteigert werden.[227]

Neben der technischen Seite kam für das Wachstum der Presse als zweiter wesentlicher Aspekt der steigende Bedarf größer werdender liberaler und wohlhabender Bevölkerungsschichten an aktuellen (politischen) Informationen hinzu. Seit der Französischen Revolution ab dem Jahr 1789 wandelten sich auch in den deutschen Ländern die sozialen Verhältnisse.[228] Eine vermehrte Zuwanderung in städtische Ballungszentren (Urbanisierung) machte eine auflagenstarke Distribution von Zeitungen und Zeitschriften finanziell attraktiver. Die seit Beginn des 19. Jahrhunderts rasant wachsende Alphabetisierung und das steigende Bildungsniveau der deutschen Gesellschaft bildeten die Grundlage für ein progressives Informationsbedürfnis.[229] Im Jahr 1800 waren nur etwa 25 Prozent der deutschen Bevölkerung lesekundig, im Jahr 1840 waren es schon 40 Prozent, im Jahr 1870 bereits 75 Prozent und im Jahr 1900 konnten 90 Prozent der deutschen Bevölkerung lesen.[230] Die lesekundige Bevölkerung erzeugte neue Marktteilnehmer und damit eine steigende Nachfrage nach gedruckten Informationen und gedruckter Unterhaltung.

Auch das Verhältnis zwischen Politik und Presse war wesentlicher Faktor für die Entwicklung des Nachrichtenmarktes. Die Verlage und deren publizistische Produkte waren von Beginn an Gegenstand politischer Regulierung aufgrund ihres Potenzials, Einfluss auf die öffentliche Meinungsbildung zu haben und damit ein politischer Machtfaktor zu sein. Die Pressegesetzge-

---

[225] Vgl. *Bolza*, Erfindung der Druckmaschine, S. 2 ff.; *Räntzsch*, Geschichte der Bildungs- und Kommunikationsmaschine, S. 9 ff.; *Reske*, Geschichte der Satz- und Reproduktionstechnik, S. 376 ff.

[226] Vgl. *Bolza*, Bd. 34 (1967), S. 79 ff.

[227] S. *Kiehling*, Wirtschafts- und Sozialgeschichte, S. 126; die Rotationsmaschine produzierte etwa 12.000 Drucke pro Stunde und wurde zuerst vom britischen Erfinder *August Applegath* (1788–1871) für die *Times* konstruiert und gebaut, vgl. *Räntzsch*, Geschichte der Bildungs- und Kommunikationsmaschine, S. 16 f.

[228] Dazu *Eisenhardt*, Deutsche Rechtsgeschichte, S. 295 ff.; *Schmoeckel*, 2000 Jahre Recht, S. 320 ff.

[229] S. *Botzenhart*, Wandlungen der ständischen Gesellschaft 1980, S. 55 ff.

[230] *Kraus*, Kultur, Bildung und Wissenschaft im 19. Jahrhundert, S. 1 ff. zur Entwicklung von Schulen und Universitäten kompakt bei *Kiehling*, Wirtschafts- und Sozialgeschichte, S. 98 ff.

bung war zugleich Instrument des politischen Machterhalts und prägte so auch die Entstehung und Entwicklung der einzelnen Unternehmen und damit des Marktes. Damit waren auch die Kunden der Nachrichtenagenturen zumindest mittelbar von der Regulierung betroffen.[231]

Zunächst erschwerte die Restauration nach dem Wiener Kongress 1815 mit einer kritischen Haltung der Regierungen gegenüber einer freien, unabhängigen und pluralistischen Presse die Entwicklung der Presse. Repressive Gesetzgebung und Instrumente, wie Vorzensur, Intelligenzzwang, Stempelsteuer (Zeitungssteuer) und Kautionszwang, berührten die Gründung und Entwicklung von Verlagen und des Pressewesens. Trotz der repressiven Gesetzgebung erlebte die Presse in Preußen in den 1840er Jahren zunächst einen Aufschwung.[232] Nach der Revolution von 1848 wurde die Pressefreiheit in der Paulskirchenverfassung vom 28. März 1849[233] festgeschrieben und die Bundesversammlung stellte es noch im selben Jahr allen deutschen Staaten frei, die Pressezensur aufzuheben.[234]

In Preußen entschied man sich durch ein Pressegesetz vom 17. März 1848 zu einer Aufhebung der Zensur, setzte jedoch einen Kautionszwang ein.[235] Danach musste jedes Periodikum vor dem ersten Erscheinen einen bestimmten Betrag bei der jeweiligen Amtskasse hinterlegen, um für etwaige Strafzahlungen und Verfahrenskosten solvent zu sein. Aus diesen Gründen mangelte es regelmäßig an Investitionskapital für eine qualitative und quantitative Erweiterung des Geschäftes, und viele kleinere Zeitungen mussten ihren Betrieb einstellen.[236] Damit wurde ein politisches Instrument der Pressekontrolle geschaffen, das die Publikation von Nischenprodukten verhinderte und eine bessere Kontrolle der großen Verlage ermöglichte. Jedoch war die Presse deutlich freier als vor 1848, etwa durch die Aufhebung des Inseratenmonopols in Preußen 1850, sodass jede Zeitung nun Inserate veröffentlichen durfte, die zuvor den staatlichen Intelligenzblättern vorbehalten waren.[237]

---

[231] Vgl. *Höhne*, Geschichte der Nachricht, S. 24 ff.

[232] 1845 gab es bereits etwa 455 Zeitungen, die Zeitungsauflagen stiegen im Zeitraum von 1830 bis 1847 um 90 Prozent, vgl. *Meddlies*, Modernisierung der preußischen Provinz, S. 227.

[233] RGBL. Nr. 16 v. 28.04.1849, S. 101–147.

[234] Vgl. zum „Bundesbeschluss zur Einführung der Preßfreiheit" m. w. N. *Gornig*, Äußerungsfreiheit und Informationsfreiheit, S. 81.

[235] Pr. GS 1848, S. 69 ff.; der Kautionszwang wurde eingeführt durch die „Verordnung über einige Grundlage der künftigen preußischen Verfassung" v. 6. April 1848, Pr. GS 1848, S. 87, vgl. zur preußischen Pressepolitik *Czajka*, Pressefreiheit, S. 28 ff.; zu den Entwicklungen in anderen deutschen Ländern s. *Gornig*, S. 81 Fn. 58.

[236] Die Höhe der Kaution richtete sich i. d. R. nach Auflage und Erscheinungsweise, *Siemann*, Deutschland 1806–1871, S. 224; in Preußen lag die Höhe der Kaution bei 5.000 Talern, s. *Basse*, WTB, S. 21 f.

[237] *Höhne*, Geschichte der Nachricht, S. 76.

Allerdings folgte schon bald eine Einschränkung im Sinne des Vormärz. Zwei Beschlüsse des Deutschen Bundes in den Jahren 1851 und 1854 schränkten die Presse mit der Einführung einer Konzessions- und Kautionspflicht für Periodika sowie einer Impressumspflicht erneut ein. Diese Instrumente ermöglichten eine hoheitliche Kontrolle der Presse, die einen offiziell behaupteten politischen „Missbrauch durch die Presse" unterbinden sollte.[238] Im Jahr 1853 wurde eine zumindest formale Pressefreiheit durch Aufhebung der Vorzensur eingeführt, der Staat zog sich aber nicht aus der Kontrolle und Einflussnahme zurück. So stellte der Entzug der staatlich monopolisierten Infrastruktur durch die Nichtbeförderung der Zeitungen durch den staatlichen Postbetrieb eine Maßnahme der Regierungen gegen aus ihrer Sicht politisch unliebsame Publikationen dar.[239] Sowohl die Verfassung des Norddeutschen Bundes v. 16. April 1867 (im Folgenden: Verfassung von 1867)[240] als auch die Verfassung des Deutschen Reiches vom 16. April 1871[241] sahen keine expliziten Bestimmungen zur Meinungs- und Pressefreiheit vor. Allerdings erfolgte eine Vereinheitlichung der bis dato 27 Landespressegesetze zu einem einheitlichen Pressegesetz des Deutschen Kaiserreiches vom 7. Mai 1874 (im Folgenden: RPG)[242]. Durch das RPG wurde die volle Pressefreiheit mit einer Abschaffung der Zensur und sonstiger staatlichen Präventions- und Interventionsmaßnahmen, wie etwa Kautionen, Konzession, Sonderbesteuerung oder Verbote, eingeführt.[243]

In tatsächlicher Hinsicht wurde die Presse seitens der Politik unter Einsatz staatlicher Institutionen jedoch regelmäßig instrumentalisiert oder eingeschränkt. Mit dem Wachstum der Presse stiegen auch ihr potenzieller und tatsächlicher Einfluss und ihre Wirkmacht auf die öffentliche Meinungsbildung, was die Politik erkannte und für ihre machtpolitischen Zwecke einsetzte.[244]

Vor allem *Otto von Bismarck* setzte die Presse bewusst für politische Zwecke ein, etwa durch die von ihm initiierte Presseveröffentlichung eines von ihm redigierten Telegramms von *Wilhelm I.* vom 13. Juli 1870, das als eine wesentliche Ursache für den Ausbruch des Deutsch-Französischen Kriegs

---

[238] Zu den Bundesbeschlüsse v. 23. August 1851 und v. 6. Juli 1854 vgl. *Gornig*, Äußerungsfreiheit und Informationsfreiheit, S. 82.

[239] *Siemann*, Deutschland 1806–1871, S. 224.

[240] BGBl. NdB. 1867, S. 1–23; zit. nach *Huber*, Dokumente zur dt. Verfassungsgeschichte Bd. 2, S. 272 ff.

[241] RGBl. 1871, S. 63–85; zit. nach *Huber*, Dokumente zur dt. Verfassungsgeschichte Bd. 2, S. 384 ff.

[242] RGBl. 1874, S. 65–74.

[243] S. *Gornig*, Äußerungsfreiheit und Informationsfreiheit, S. 83; *Dussel*, Tagespresse im 19. und 20. Jh., S. 83 ff.

[244] *Kraus*, Kultur, Bildung und Wissenschaft im 19. Jahrhundert, S. 3.

1870/71 gesehen wird.[245] Schon in den Jahren zuvor begann *Bismarck* die Pressepolitik mit unterschiedlichen Instrumenten aktiv zu gestalten – von der subtilen und inoffiziellen Einflussnahme mit Bestechungsgeldern aus dem „Welfenfond“[246] oder der Aktivierung persönlicher Verbindungen bis hin zu konkreten Verboten und Repressionen.[247] Sowohl während der verschiedenen militärischen Konflikte Preußens als auch im (eigenen) Wahlkampf versuchte *Bismarck* die Berichterstattung und damit die öffentliche Meinung zu beeinflussen und zu lenken.[248] So richtete *Bismarck* noch im Jahr der Reichsgründung ein eigenes Pressedezernat im Auswärtigen Amt ein, das stetig personell ausgebaut wurde und ein wesentliches Instrument der Pressepolitik wurde.[249]

5. Zusammenfassung: die Entstehung eines internationalen Nachrichtenmarktes und dessen besondere Merkmale

Zusammenfassend lässt sich aus den in diesem Kapitel beobachteten Ereignissen und Phänomenen die Aussage ableiten, dass mit der Industriellen Revolution ab Mitte des 19. Jahrhunderts zugleich auch ein grundlegender Wandel des Nachrichtenmarktes stattfand, der als „Industrielle Revolution des Nachrichtenmarktes“ bezeichnet werden kann.

Es wurde aufgezeigt, dass die einzelne Information seither mit einem individuellen Gegenwert versehen werden konnte, sodass dem Empfänger der Information aus der Kenntnis derselben ein Vorteil wirtschaftlicher, politischer oder persönlicher Natur erwuchs. Daher unterhielten Politik und Wirtschaft stets eigene Netzwerke zur Informationsbeschaffung und -übermittlung, und es entstanden Frühformen im Sinne von Protoindustrien einer organisierten und planmäßigen Informationssammlung und -distribution gegen Entgelt an einen großen Empfängerkreis durch einen zentralen Akteur.[250] In der Zeit der Industriellen Revolution wandelte sich dieser Markt

---

[245] Die sog. „Emser Depesche“, vgl. *Wilke*, Medien- und Kommunikationsgeschichte, S. 223; *Birkner*, Journalismus in Deutschland 1605–1912, S. 147.

[246] Auch als „Reptilienfond“ bezeichneter Dispositionsfond aus dem beschlagnahmten Vermögen des Hannoverschen König *Georg V.* (1819–1878) nach der Annexion von Hannover durch Preußen im Jahr 1866; vgl. auch zur Verteilung der Gelder *Stern*, Bismarck und Bleichröder, S. 378.

[247] Vgl. *Basse*, WTB, S. 11; *Stern*, Bismarck und Bleichröder, S. 372 ff.; *Sösemann*, Presse- und Informationspolitik der Bismarck-Ära, S. 287; *Fischer-Frauendienst*, Bismarcks Pressepolitik, S. 16 ff.; *Naujoks*, Bismarcks Pressepolitik, S. 209 ff.; *Koszyk*, Deutsche Presse im 19. Jh., S. 229 ff.

[248] Vgl. nur die Beeinflussung zur positiven Darstellung Preußens in anderen Ländern bei *Morsey*, Publizistik 1965, S. 177 ff.

[249] M. w. N. *Morsey*, Publizistik 1965, S. 177 ff.

[250] Der Wert an sich musste nicht zwingend konkretisierbar sein, es musste nur ein

radikal. Die einzelne Information konnte sich zunehmend zu einem Wirtschaftsgut im Sinne einer Massenware verdichten, deren Sammlung, Aufbereitung und Vermittlung zum Gegenstand von Dauerschuldverhältnissen wurde.

Sowohl der Verkauf einzelner Informationen als auch ein dauerhafter Bezug von (wiederkehrenden) Informationen aus verschiedenen Bereichen, vor allem wirtschaftlicher und politischer Natur, wurde zu einem Massengeschäft. Voraussetzung hierfür war, dass der Information an sich ein wirtschaftlicher Wert zukam, da ein Marktteilnehmer bereit war, für die damit verbundene Dienstleistung der Bereitstellung einen Gegenwert zu leisten.

Auf diesem neuen Markt gründeten sich erstmalig Unternehmen vom Typ „Nachrichtenagentur", die vergleichbare Strukturmerkmale wie industrielle Unternehmen aufwiesen. Der Kapitalbedarf der wachsenden Wirtschaft und ihrer Akteure wuchs stetig an, steigende Betriebsgrößen und signifikante Produktivitätszuwächse bei gleichzeitig sinkenden Stückkosten in einem sich entwickelnden Fabriksystem – der Inbegriff der neuen effektiveren und effizienteren Produktionsweise durch Großbetriebe mit Arbeitsteilung und sich entwickelnden Standards – waren wesentliche Merkmale dieses Umbruchs.[251]

Durch Wachstum und horizontale Fusionen entwickelten sie sich zu Großunternehmen, die auf externes Kapital angewiesen waren. Nachrichtenagenturen arbeiteten arbeitsteilig, da Beschaffung, Aufbereitung, Versand und Distribution nicht (mehr) in Personalunion geleistet wurden, was zu einer effektiven und effizienten Arbeitsweise führte. Dabei bedienten sie sich der elektro-magnetischen Telegraphie, sodass vergleichbar mit der industriellen Produktion von Gütern durch Maschinen enorme Produktivitätszuwächse bei gleichzeitig sinkenden Stückkosten möglich waren.

Als erste deutsche Nachrichtenagentur und zentraler Akteur auf diesem neuen Markt kann *Wolff's Telegraphisches Bureau* exemplarisch für die Untersuchung der dort wirkenden Faktoren und Mechanismen herangezogen werden. Die beschriebenen Prämissen und Rahmenbedingungen stellen strukturelle Faktoren dar, die eine Nachfrage nach einer Dienstleistung, die aus einer in gleichmäßigen Intervallen erfolgenden Zurverfügungstellung von aktuellen Informationen aus verschiedenen Bereichen bestand, erst er-

---

Vorteil des Nachrichtempfängers aus der Information erwachsen, vgl. *Höhne*, Geschichte der Nachricht, S. 69 ff. (73); *Stöber*, Deutsche Pressegeschichte, S. 131; mit Bsp. *Höhne*, Geschichte der Nachricht, S. 23; zu den Frühformen vgl. *Kolb*, Transport und Nachrichtentransfer im Römischen Reich, S. 15 ff.

[251] Vgl. *Kaufhold*, Handwerk und industrielle Revolution, S. 170; zur begrifflichen Differenzierung siehe *Hahn*, Industrielle Revolution, S. 51 ff., s. zur Industrialisierung und Fabriksystem sowie die dadurch resultierenden wirtschaftlichen Vorteile vgl. *Sieferle*, Industrielle Transformation im 19. Jahrhundert, S. 262. 265 f.

zeugten. Einerseits stieg mit dem Beginn der Industriellen Revolution die Nachfrage nach aktuellen Wirtschaftsinformationen weiter an, sodass die Dienstleistung einer planmäßigen und organisierten Sammlung von Informationen, sowie deren Aufarbeitung und Übermittlung an eine Vielzahl von Kunden finanziell lohnenswert wurde. Andererseits resultierte aus dem gesellschaftlichen Wandel ein politisches Informationsbedürfnis, das durch Presseprodukte abgedeckt werden konnte. Eine liberale Wettbewerbsordnung in Preußen und später in anderen deutschen Ländern schaffte den notwendigen Freiraum für Innovationen aus der Wirtschaft, deren Wandel vom Staat institutionell abgesichert wurde.[252]

Es wurde also gezeigt, dass sich der Erfolg des Geschäftsmodells der Nachrichtenagenturen auf dem neuen Nachrichtenmarkt zum einen grundlegend aus dem Wert von Informationen und der damit verbundenen Inanspruchnahme der Dienstleistung durch verschiedene wirtschaftliche Marktteilnehmer wie Privatbankiers, Bankhäuser oder Presseverlage, aber auch durch politische Akteure erklären lässt. Zum anderen wurde die Entwicklung maßgeblich durch die neue Übertragungstechnologie der elektro-magnetischen Telegraphie in Verbindung mit einer Deckung des steigenden Finanzierungsbedarfs durch den sich wandelnden Bankensektor ermöglicht und gestärkt.

Die Ausführungen haben außerdem gezeigt, dass ein wesentlicher Faktor für den Erfolg der Nachrichtenagenturen die Tatsache war, dass es für wirtschaftliche und politische Akteure seither einen entscheidenden Wettbewerbsvorteil darstellen konnte, über aktuelle Informationen aus den für sie jeweils relevanten Bereichen zu verfügen.

Zur Analyse dieser Entwicklung lassen sich die Theorien der „Neuen Institutionenökonomik" (NIÖ)[253] heranziehen. Die Entwicklung von Institutionen kann nämlich als sinnvoller analytischer Erklärungsansatz in der Rechtsgeschichte herangezogen werden, etwa bei der Entstehung von komplexen Organisationsstrukturen wie Unternehmen, oder der Herausbildung von Vertrags- und Transaktionsformen, z. B. Normen in privatwirtschaftli-

[252] *Maetschke*, Rechtliche Rahmenbedingungen der Industrialisierung, S. 65; die innovatorische Rolle von staatlichen Einzeleingriffen anzweifelnd etwa *Hahn*, Industrielle Revolution, S. 83; zum „Property-Rights-Ansatz" von *Douglas North* (1920–2015) und dem Wandel von rechtlich und institutionell abgesicherter Verfügungsgewalt über Sachen und Personen als Voraussetzung für die Entstehung des Wirtschaftswachstums zu Beginn des 19. Jh. vgl. *Hahn*, Industrielle Revolution, S. 77 f.; s. auch *Vogel*, Reformpolitik des preußischen Staatskanzlers Hardenberg, S. 28.

[253] NIÖ verstanden als volkswirtschaftliche Betrachtung der Entstehung, normativen Ausgestaltung und Wirkung von „Institutionen" – ein abstrakter Begriff im Sinne eines Systems informeller und formaler Normen inkl. der darin installierten Mechanismen ihrer Durchsetzung – auf Prozesse einzelner Wirtschaftseinheiten, vgl. *Richter/Furubotn*, Neue Institutionenökonomik, S. 1.

chen Kreditbeziehungen als Antwort auf Transaktionskosten und Informationsasymmetrien.[254] In der Regel wird dabei differenziert zwischen wirtschaftliche Institutionen und die sie betreffende „Transaktionskostenökonomik“ sowie „Prinzipal-Agenten-Theorie“,[255] rechtliche Institutionen mit einem „Property-Rights-Ansatz“ (Theorie der Verfügungsrechte) und schließlich politische Institutionen mit einer „Neuen Politischen Ökonomie“.[256]

Die „Transaktionskostenökonomik“ mit ihren beiden Hauptvertretern *Oliver E. Williamson* (geb. 1932) und *Ronald H. Coase* (1910–2013) beurteilt die Effizienz institutioneller Arrangements für die Durchführung ökonomischer Transaktionen anhand bestimmter Determinanten.[257] Die Theorie geht im Wesentlichen davon aus, dass das Handeln einzelner Wirtschaftsakteure durch begrenzte Rationalität (z. B. asymmetrische Informationen zweier Vertragsparteien), opportunistisches Verhalten und Risikoneutralität geprägt ist.[258] Dieses Verhältnis wird als „Prinzipal-Agenten-Beziehung“ bezeichnet.[259] Dadurch entstehen Ineffizienzen beim einzelnen Leistungsaustausch im Sinne einer wirtschaftlichen Aktivität auf einem Markt (Transaktion), die durch das Kriterium der „Transaktionskosten“ operationalisiert werden. Solche Transaktionskosten können etwa bei Verträgen, sowohl ex-ante, etwa für die Informationsbeschaffung oder die eigentliche Vertragsverhandlung, als auch ex-post, etwa für die Aufsicht, Kontrolle und etwaige Anpassung des Vertrages sowie seine Durchsetzung, entstehen.[260] So lassen sich nicht nur wirtschaftliche Institutionen, sondern auch politische und staatliche Institutionen in ihrer historischen Rolle für die Wirtschaftsent-

[254] Zur NIÖ als methodischer Ansatz in der Rechtsgeschichte vgl. *Richter*, Wirkungsgeschichte des Kartellrechts, S. 30 ff.; *Schmoeckel/Maetschke*, Rechtsgeschichte der Wirtschaft, S. 9, 93, 118; *Tilly*, Geld und Kredit, S. 42; *Ewald*, Wettbewerbsökonomie, § 7, Rn. 9; vgl. auch die grds. positive Rezeption der NIÖ i. R. d. Innovationsforschung bei *Hoffmann-Riem*, Innovation und Recht, S. 241; vgl. auch darüber hinausgehende Überschneidungen, z. B. zur ökonomischen Analyse des Rechts, s. *Kirchner*, Ökonomische Theorie des Rechts, S. 11; *Wischermann*, GuG 1993 (4), S. 455.

[255] Vgl. *Richter/Furubotn*, Neue Institutionenökonomik, S. 2 ff.; *Richter*, Wirkungsgeschichte des Kartellrechts, S. 12 ff., 30 ff.

[256] Vgl. *Richter/Furubotn*, Neue Institutionenökonomik, S. 4.

[257] Vgl. *Basedow*, Kartellrecht als Unternehmensrecht, S. 3; *Hesse*, Wirtschaftsgeschichte, S. 96.

[258] S. *Williamson*, American Economic Review 63 (1973), S. 316 ff.; *Williamson*, Administrative Science Quarterly Bd. 36 (1991), S. 269 ff.; *Williamson*, Strategic Management Journal Bd. 20 (1999), S. 1087 ff.

[259] S. *Jensen/Meckling*, Journal of Financial Economics 3 (1976), S. 305 ff.; *Dillerup/Stoi*, Unternehmensführung, S. 140.

[260] S. *Coase*, Economica 4 (1937), S. 386 ff.; *Williamson*, Markets and Hierarchies, S. 1, 20 ff.; dazu *Pirker/Resch*, Theorie der Firma, S. 11 ff.

wicklung analysieren, wie es insbesondere durch *Douglass C. North* (1920–2015) erfolgte.[261] Er gilt als einer der Hauptvertreter des „Property-Rights-Ansatz“ (Theorie der Verfügungsrechte), der die Handlungs- und Verfügungsrechte an Gütern untersucht, die sowohl unerwünschte externe Effekte verhindern als auch individuelle Anreize bieten.[262] Auch die Gewährleistung absoluter und relativer Verfügungsrechte durch den Staat fällt unter diesen Teilbereich der NIÖ.[263] Schließlich weitet die „Neue Politische Ökonomie“ in ihren verschiedenen Ausprägungen den volkswirtschaftlichen Erklärungsansatz auf politische Institutionen und seine Akteure aus, die öffentliche Güter den Individuen zur Verfügung stellen.[264] Dabei werden vor allem die logische Analyse, die empirische Erforschung und die normative Begründung und Kritik kollektiver Entscheidungen im Sinne politischer Prozesse untersucht.[265]

Bezogen auf die Industrielle Revolution des Nachrichtenmarktes bedeutet dies, dass der konkreten Information für den Empfänger, der als Transaktionspartner auf einem heterogenen Markt agierte, an einem bestimmten Ort zu einem bestimmten Zeitpunkt ein bestimmter individueller Wert zukam. Verlage benötigten die Informationen zur Herstellung ihres Produkts „Zeitung“, Privatbankiers und Bankhäuser als Basis für Entscheidungen über wirtschaftliche Transaktionen und auch Regierungen als Grundlage für politische Entscheidungen.

Die von den Nachrichtenagenturen angebotene Dienstleistung konnte konkrete ökonomische Vorteile für einen Marktteilnehmer bringen, indem die von der Nachrichtenagentur gelieferten Informationen zu einem Ausgleich bei den auf Märkten und in vertraglichen Beziehungen bestehenden Informationsasymmetrien führen konnten. Fehlten einem Akteur die zur Beurteilung eines Marktes, eines Transaktionspartners oder auch einer politischen Situation notwendigen Informationen („Hidden Information“)[266], konnte er schlechter Entscheidungen treffen und war potenziell verletzlich gegenüber opportunistischem Verhalten seines informierten Transaktionspartners.

---

[261] S. *North*, Theorie des institutionellen Wandels, S. 13 ff.; *North*, JEP 1991, S. 97 ff.; dazu vgl. *Schmoeckel*, ZRG KA 132 (2015), S. 267 f.

[262] Vgl. anhand eines historischen Bsp. *Demsetz*, American Economic Review 57 (1967), S. 347 ff.; Transaktionskosten können auftreten, wenn Verfügungsrechte durch Externalitäten, wie etwa einem staatlichen Eingriff oder bestimmten Marktmechanismen, angepasst werden müssen, s. *Coase*, Journal of Law and Economics 3 (1960), S. 1 ff.

[263] *Schmoeckel/Maetschke*, Rechtsgeschichte der Wirtschaft, S. 92.

[264] Zur Abgrenzung von älteren Ansätzen politischer Ökonomie s. *Frey*, ZgS 126 (1970), S. 1 ff.

[265] Vgl. m. w. N. *Kirsch*, Neue Politische Ökonomie, S. 10 ff.

[266] Vgl. dazu die Ausführungen oben unter A. V. 2.

Diese Asymmetrien konnten durch Bezug der Leistungen einer Nachrichtenagentur aufgelöst oder zumindest geschwächt werden. Dadurch entstand jedoch auch ein selbstverstärkender Effekt durch die Marktmacht einzelner Nachrichtenagenturen. Je größer eine Nachrichtenagentur hinsichtlich ihres Informationsnetzes und der Anzahl der Kunden wurde, desto weniger konnte der Einzelne auf die Dienstleistung verzichten, um nicht selbstverschuldet nicht über Informationen zu verfügen, die andere Marktteilnehmer über die Nachrichtenagentur erhielten.

Grundsätzlich standen alle Nachrichtenagenturen vor der Herausforderung, dass das von ihnen per Dienstleistung angebotene Gut der „Information" in der Regel nicht exklusiv war, sondern – spätestens nach Verbreitung durch die Nachrichtenagentur – öffentlich verfügbar.[267] Damit konnte jede Person, die Kenntnis von einer Information hatte, diese auch weitergeben und deren Inhalt potenziell gegen Entgelt verkaufen. Wettbewerbsvorteile konnten lediglich durch die Qualität der Informationsquelle vor Ort und den Transport der von ihr aggregierten Information entstehen. Entscheidend war die Aktualität der für den jeweiligen Empfänger relevanten Information, was wiederum von der Schnelligkeit des Transportes abhing. Der Transport erfolgte am schnellsten durch die Telegraphie und damit durch eine in tatsächlicher und rechtlicher Hinsicht limitierten netzbasierten Infrastruktur. Eine Übermittlung der Information war auf anderem Wege zwar möglich, führte jedoch dazu, dass die Information veraltete und damit ihren Wert verlor.

Bemerkenswert ist, dass sich beide Vertragspartner (Nachrichtenagentur und Abonnent) beim Vertragsabschluss einem Paradoxon gegenüberstanden: Den konkreten Wert einer Information für den Vertragspartner und damit den Preis für die Dienstleistung der Informationsvermittlung konnte auch nur dieser Vertragspartner individuell bestimmen – sobald er aber Kenntnis vom Inhalt hatte, bestand kein Grund mehr, diese Information zu kaufen.[268] Um dieses Paradoxon aufzulösen, gab es für die Nachrichtenagenturen drei Lösungsvarianten.[269] Zunächst konnte die Reputation der Nachrichtenagentur als Garant für eine hohe Qualität und Relevanz der Nachrichten bürgen. Zweitens konnten die Nachrichtenagenturen Informationen bündeln und damit diversifizieren, sodass sich die Wahrscheinlichkeit erhöhte, dass für den jeweiligen Empfänger stets wertvolle Informationen enthalten waren.[270] Schließlich war es möglich, Informationen zu klassifizieren

---

[267] Vgl. *Bakker*, Trading Facts, S. 10; *Shmanske*, Business History Review Vol. 60 (1986), S. 55 ff.

[268] Das sog. „Arrow's information paradox" nach *Arrow*, Allocation of resources for invention, S. 615; die These besteht insbesondere im Kontext des Schutzes Geistigen Eigentums, vgl. m. w. N. *Merges*, Transactional View of Property Rights, S. 57 ff.

[269] S. auch mit zwei Lösungsansätzen *Bakker*, Trading Facts, S. 10 f.

[270] *Bakker*, Trading Facts, S. 11.

oder vorher genau geregelten Determinanten zu unterwerfen, wie etwa die Kurse einer bestimmten Ware an einer bestimmten Börse zu einer bestimmten Zeit.

Es wurde ferner gezeigt, dass die technischen Innovationen auf dem Gebiet der Informationsübermittlung in Form der elektro-magnetischen Telegraphie in Verbindung mit einem Ausbau der Übertragungsnetze mit immer besseren Übertragungskapazitäten im Laufe des 19. Jahrhunderts wesentliche und unabdingbare Faktoren für eine Industrielle Revolution des Nachrichtenmarktes mit den neuen Akteuren der großen Nachrichtenagenturen waren.[271]

Die Innovation der elektro-magnetischen Telegraphie als vollständig neue Form der Informationsübermittlung wurde so weiterentwickelt und optimiert, dass sie die herkömmlichen und bis dahin erfolgreichen Systeme der Informationsübermittlung fast vollständig ersetzte und verdrängte. Insofern weist die elektro-magnetische Telegraphie alle Elemente einer aus heutiger Betrachtung „disruptiven Technologie"[272] auf. Darunter wird ein wissenschaftlicher Erklärungsansatz des US-Amerikanischen Wirtschaftswissenschafter *Clayton M. Christensen* (geb. 1952) für die vollständige Verdrängung eines Wirtschaftsakteurs (Produkt oder Dienstleistung) durch innovative Technologien als marktseitiger Faktor verstanden.[273] Dabei entstehen und entwickeln sich disruptive Technologien anhand eines eigenen Entwicklungspfades, sodass sie zunächst keine Konkurrenz für die bestehenden Technologien darstellen.[274] Die Innovation wird nicht als mögliches Substitut wahrgenommen, da sie andere Eigenschaften als die etablierten Technologien besitzt. Sobald aber die Entwicklung der neuen Technologie eine bestimmte Entwicklungsstufe überschritten und eine gewisse Leistungsfähigkeit erreicht hat, kann sie mit hoher Geschwindigkeit etablierte Technologien und damit bestehende Marktakteure vollständig aus dem Markt drängen.[275]

Wie die Dampfmaschine bei der industriellen Produktion von Gütern zu enormen Produktivitätszuwächsen bei gleichzeitig sinkenden Stückkosten führte, war dies bei den Nachrichtenagenturen durch den Gebrauch der elek-

---

[271] So wird die Telegraphie auch als „Geburtshelfer" der Nachrichtenagenturen bezeichnet, s. *Faulstich*, Medienwandel, S. 57; mit besonderem Bezug zur rheinischen Industrie vgl. *Wessel*, Entwicklung des elektrischen Nachrichtenwesens in Deutschland, S. 15 ff.

[272] Vgl. dazu die Ausführungen oben unter A. V. 2.

[273] Dieser Ansatz findet sich bereits in der rechtsgeschichtlichen Forschung, etwa bei *Maetschke*, ZNR 38 (2016), S. 220 ff.; vgl. auch *Weitert*, Wettbewerbsimplikationen technologischen Wandels, S. 11 m. w. N.

[274] S. *Christensen*, Innovator's dilemma, S. 41; *Christensen/Bower*, Harvard Business Review 69 (1995), S. 19 ff.; krit. *Lepore*, The New Yorker 23. Juni 2014; Replik von *Christensen/Raynor/McDonald*, Harvard Business Review 12 (2015), S. 44 ff.

[275] *Christensen*, Innovator's dilemma, S. 19, 41.

tro-magnetischen Telegraphie möglich. Die Transaktionskosten für die einzelne Informationsübermittlung konnten nach Öffnung der staatlichen Telegraphie für Private deutlich reduziert werden. Nachrichtenagenturen konnten in einer neuen Geschwindigkeit über weite Distanzen Informationen über politische und wirtschaftliche Entwicklungen, Ereignisse oder Krisen mit einer völlig neuartigen Aktualität vermitteln. Dies wiederum konnte zum einen für die Entscheidungen und Handlungen einzelner wirtschaftlicher und politischer Akteure ausschlaggebend sein und zum anderen gesamtwirtschaftliche Auswirkungen haben, da durch den Informationsfluss eine Europäisierung und Globalisierung der Politik und des Handels wechselseitig begünstigt wurde.

Die elektro-magnetische Telegraphie stellte also einen Grundpfeiler für die Unternehmenskategorie „Nachrichtenagentur" dar, durch den die einzelne Information und die damit verbundene Dienstleistung als „Ware" angeboten werden konnte.[276] Die beobachtete exponentielle Ausbreitung der (elektrischen) Telegraphennetze in einem relativ kurzen Zeitraum lässt sich vor allem durch horizontale „Netzwerkeffekte"[277] erklären.[278] Nach der Definition der US-amerikanischen Wirtschaftswissenschaftler *Michel Katz* und *Carl Shapiro* (geb. 1955) handelt es sich dabei um einen im Kontext von Technologien auftretenden externen Effekt, bei dem der Nutzen für jeden einzelnen Konsumenten umso höher ist, je mehr Nutzer ein kompatibles Gut nutzen, d. h. der Nutzen eines Guts nimmt mit steigender Nutzerzahl zu.[279] Dabei wird zwischen verschiedenen Netzwerkeffekten differenziert, vor allem zwischen direkten (horizontalen) Effekten innerhalb eines Marktes und indirekten (vertikalen) Effekten bei unterschiedlichen Marktseiten.[280] Dabei hat in einem direkten Netzwerk die Größe des Netzwerks direkte Konsequenzen auf den Mehrwert für den einzelnen Nutzer.[281] Somit steigt auch der

[276] Vgl. *Schadrowski*, Information als Wirtschaftsgut, S. 247 ff.

[277] Auch „Netzwerkexternalität" oder „Netzexternalität" genannt, vgl. *Blankart/Knieps*, JNPÖ 11 (1992), S. 78; *Katz/Shapiro*, JPE 94 (1986) 4, S. 832; *Thum*, Netzwerkeffekte, S. 5.

[278] *Katz/Shapiro*, Oxford Economic Papers Vol. 38 (1986), S. 146; zu der in diesem Kontext grundlegenden Forschungen von *Jeffrey Rohlfs* in den 1970er Jahren zu positiven Externalitäten bei der Vergrößerung von Kommunikationsnetzwerken und dem Konzept der kritischen Masse vgl. m. w. N. *Knieps*, Netzökonomie, S. 125.

[279] *Katz/Shapiro*, Oxford Economic Papers Vol. 38 (1986), S. 146: „The benefit that a consumer derives from the use of a good often is an increasing function of the number of other consumers purchasing compatible items [...] we call these positive consumption benefits network externalities", vgl. zu den verschiedenen Ausprägungen *Ehrhardt*, Netzwerkeffekte, S. 25 f., 30; *Linde*, Ökonomie der Information, S. 52 (Abb. 14).

[280] Zur Diff. vgl. *Clement/Schreiber*, Internet-Ökonomie, S. 56, 275; *Katz/Shapiro*, AER 75 (1985), S. 424 ff.

[281] Vgl. *Katz/Shapiro*, Oxford Economic Papers Vol. 38 (1986), S. 146; mit dem Bsp. des Telefonnetzes als Systemgut s. *Clement/Schreiber*, Internet-Ökonomie, S. 56, 58.

Gesamtnutzen bei jedem neuen Eintritt in das Netzwerk überproportional an und es kommt ab einer gewissen Größe zu einem Wettbewerbsvorteil für das Netzwerk (sog. „Metcalfe's Law“). Dabei tendieren Märkte mit starken Netzwerkeffekten zur Monopolisierung („Winner takes it all“).[282]

In diesem Zusammengang lag die Innovation im Geschäftsmodell der Nachrichtenagenturen auch darin, eine große Bandbreite angebotener Informationen über ein zentral gesteuertes Netzwerk aus Korrespondenten, erweitert durch Verträge mit anderen Nachrichtenagenturen zum Austausch von Informationen, regelmäßiger und deutlich schneller zu übermitteln.

Mit jeder weiteren, an das bestehende Telegraphennetz angeschlossenen Telegraphenstation wurde das Netzwerk um überproportional viele neue Verbindungen erweitert, wodurch der Nutzen des Netzwerkes exponentiell anstieg und das Netz wiederum für noch mehr Teilnehmer interessant wurde.[283] Letztlich war der Nutzen, den ein Wirtschaftssubjekt aus dem Telegraphen ziehen konnte, von der Gesamtzahl der Wirtschaftssubjekte, die Telegraphen nutzten, abhängig. Aus dem rasanten Ausbau des Telegraphennetzes resultierten wiederum steigende Skalenerträge bei gleichzeitiger Distanzkostendegression, d. h. die durchschnittlichen Transportkosten für eine telegraphisch übersandte Information pro km sank mit steigender Entfernung.[284] Darüber hinaus senkte die Telegraphie als schnelles Informationsnetz insgesamt die wirtschaftlichen Transaktionskosten und förderte die Integration und Intensität des grenzüberschreitenden Wettbewerbs. Sowohl bei Presseverlegern als auch bei Privatbankiers und Bankhäusern wurde die mit hohen Transaktionskosten verbundene Informationsbeschaffung und deren Transport durch die Inanspruchnahme der Dienstleistungen der Nachrichtenagenturen aus dem Geschäftsbetrieb ausgegliedert.[285]

Insofern fand auch hier eine für die Unternehmen der Industriellen Revolution typische Arbeitsteilung statt. Auch in dieser Hinsicht handelt es sich bei Nachrichtenagenturen um klassische Betriebe der Industriellen Revolution, die im Sinne einer Industrialisierung von Dienstleistungen eine Art technisch unterstützte und standardisierte Dienstleistung anboten. Ferner führten die exponentielle Verbreitung der elektro-magnetischen Telegraphie und die Anbindung anderer Länder und Kontinente dazu, dass die Menge an vorhandenen Informationen stetig wuchs und sowohl die Beschaffung als auch Sichtung für den Einzelnen immer komplexer und teurer wurde. Schon vor der Telegraphie war die Informationsbeschaffung mit hohen Transaktionskosten verbunden.

---

[282] *Shapiro/Varian*, Network Economy, S. 175 f. 184.

[283] Vgl. m. w. N. *Wobring*, Integration der europäischen Telegraphie, S. 83 ff.

[284] Vgl. *Hessler*, Wettbewerbsökonomische Analyse des Telekommunikationsmarktes, S. 233.

[285] S. *Höhne*, Geschichte der Nachricht, S. 66.

Dies erklärt auch, wieso sich schon früher einzelne Wirtschaftsakteure zusammenschlossen, um die Kosten für die Informationsbeschaffung zu teilen.[286] Es wurde nun für den einzelnen Marktteilnehmer im Ergebnis deutlich günstiger, den Service einer Nachrichtenagentur in Anspruch zu nehmen, als ein eigenes Netzwerk von gleicher Reichweite und Qualität zu betreiben und stetig zu erweitern. Dem gegenüber nutzte die einzelne Nachrichtenagentur die durch die Telegraphie ermöglichten Skaleneffekte und sicherte sich so einen entscheidenden strategischen Vorteil. Die fixen und irreversiblen Kosten der Nachrichtenagenturen waren relativ hoch und bestanden im Wesentlichen aus Mietzinsen für eigene Büros, Nutzungsentgelte der Telegraphenanstalten sowie Personalkosten und Steuern. Hingegen waren die Grenzkosten (Marginalkosen) für die Informationsverteilung äußerst gering, da durch die Aufnahme von neuen Abonnenten für die ohnehin vorhandenen Informationen kaum weitere Kosten entstanden und somit ein Effekt des „zero marginal cost"[287] entstand. Durch mehr Abonnementen für dieselben Informationen bei gleichzeitig geringer werdenden Gebühren für die Nutzung der Telegraphen entstanden positive Skaleneffekte für die Nachrichtenagenturen mit sinkenden Durchschnittskosten.

In diesem Kontext lässt sich auch die dargestellte Entwicklung zu einem europäischen und sodann internationalen Nachrichtenmarkt erklären, die nach der ersten Phase zahlreicher Unternehmensgründungen hin zu Marktkonzentration und -aggregation durch grenzüberschreitende horizontale Fusionen und vertraglichen Kooperationen von Nachrichtenagenturen untereinander, aber auch mit dem Staat, führten. Durch die Unternehmenskonzentration konnten die Gewinne der Nachrichtenverteilung theoretisch maximiert werden. Außerdem wurde dargestellt, dass *Wolff's Telegraphisches Bureau* andere Nachrichtenagenturen erwarb und durch diese horizontale Unternehmenskonzentration und damit verbundenen Größenvorteile weitere Kosten einsparen konnte.

Zugleich wurde die für die Untersuchungsfrage wichtige Wechselwirkung von politischen und gesellschaftlichen Ereignissen aufgezeigt. Eine fortschreitende Liberalisierung der Gesellschaft und Wirtschaft durch die Gedanken der Aufklärung, insbesondere mit den Folgen einer Auflösung der ständischen Gesellschaft, den preußischen Reformen, der Einführung der Gewerbefreiheit sowie den Gründungen des Deutschen Zollvereins über den Norddeutschen Bund hin zum Deutschen Kaiserreich, standen in Wechselwirkung mit wirtschaftlichen Entwicklungen und Innovationen sowie den

[286] Vgl. das Beispiel der Gründung der AP in den USA, s. *Höhne*, Geschichte der Nachricht, S. 69 f.

[287] Vgl. dazu die Ausführungen oben unter A. V. 2.

damit verbundenen neuen wirtschaftlichen Produktions- und Organisationsformen.[288]

Die ab Mitte des 19. Jahrhunderts aufgrund einer Kombination aus einer Industrialisierung des Pressewesens und einer hohen Nachfrage der Konsumenten nach Printmedien wachsende Presselandschaft wurde zu Abnehmern der Angebote von Nachrichtenagenturen. Mechanisierung und Automatisierung der Drucktechnik als technische Seite des Wachstums der Presse verband sich mit dem steigenden Bedarf größer werdender liberaler und wohlhabender Bevölkerungsschichten an aktuellen (politischen) Informationen. Die Verlage und ihre publizistischen Produkte waren dabei von Beginn an Gegenstand politischer Regulierung aufgrund ihres Potenzials, Faktor und Medium öffentlicher Meinungsbildung zu sein und damit ein politischer Machtfaktor. Dies traf auch auf die Nachrichtenagenturen zu, die ebenfalls als Medium der Informationsvermittlung an die Presse wirkungsvoll für politische Zwecke instrumentalisiert werden konnten.

Überdies zeigen die Ereignisse rund um das politische Engagement bei *Wolff's Telegraphischem Bureau* sowohl die Verflechtung zwischen Politik und Wirtschaft als auch den Einfluss der Politik auf den Nachrichtenmarkt, der im weiteren Verlauf der Arbeit noch aus juristischer Perspektive genauer untersucht werden wird. Dazu zählt auch der bereits skizzierte und später dezidiert untersuchte Vertragsschluss zwischen *Wolff's Telegraphischem Bureau* und dem preußischen Staatsministerium.

Ferner hat die Untersuchung die engen Verbindungen zwischen Presse, Politik und den Privatbankiers aufgezeigt.[289] Diese hatten ein Eigeninteresse an wirtschaftlicher und politischer Stabilität und wurden so auch zu Kommunikatoren zwischen Regierung und liberaler Wirtschaft.[290] Die Ereignisse und Entwicklungen im Börsen- und Bankenwesen lassen den Schluss zu, dass ihnen eine doppelte und interdependente Rolle zukam. Die Privatbankiers und Bankhäuser waren sowohl die ersten Kunden der Nachrichtenagenturen, als auch Kapitalgeber für den Aufbau dieser Unternehmen und der von ihnen genutzten staatlichen Infrastruktur der Telegraphie. So wie sie im Wesentlichen den Kapitalbedarf der Industriellen Revolution deckten, ermöglichten sie später die Expansion der Nachrichtenagenturen, etwa durch die Finanzierung des Betriebs eigener Telegraphenleitungen.[291] Gleichzeitig griff

[288] Vgl. auch zusammenfassend *Strauch*, Unternehmensrecht, S. 249 ff.

[289] Einer der ersten Mitarbeiter von *Wolff's Telegraphischem Bureau*, *Richard Wentzel*, war ein enger Freund von *Gerson Bleichröder* und wurde im Rahmen der Gründung der KGaA Komplementär, s. *Stern*, Bismarck und Bleichröder, S. 290.

[290] *Stern*, Bismarck und Bleichröder, S. 133.

[291] Bei fast jeder rheinischen AG beteiligten sich die Privatbankiers auch als Direktoren oder als Mitglieder des Aufsichtsrats, vgl. *Treue*, Privatbankwesen im 19. Jahrhundert, S. 104, der den Bankiers die zentrale gestalterische Rolle der Industrialisierung zuspricht.

der Bankensektor aber als erstes auf die Angebote der Nachrichtenagenturen zurück, da die Telekommunikation einen wesentlichen Pfeiler des Kapitalmarkthandels darstellte und darüber hinaus auch Auswirkungen auf die Gesamtwirtschaft hatte.[292]

Schon der Nationalökonom *Karl Knies* (1821–1898) konstatierte im Jahr 1857 zu den Auswirkungen der elektro-magnetischen Telegraphie auf die Wirtschaft, dass Nachrichten per Telegraph wie Güter transportiert werden.[293] Dies habe auch Auswirkungen auf die Märkte, da die zeitlichen Preisdifferenzen zu starken Kursschwankungen an den Börsen führen könnten.[294] Der vor der Industriellen Revolution des Nachrichtenmarktes vor allem regionale Kapitalmarkt konnte durch eine schnelle Nachrichtenübermittlung expandieren, da er informierte Investitionen an den Börsen anderer Länder ermöglichte.[295] Die europäische und internationale Vernetzung der Wirtschaft verlangte nach einem schnellen und verlässlichen Informationsaustausch, sodass auch dadurch ein neuer Markt entstehen konnte, den die Nachrichtenagenturen besetzten. Die gesamte Wirtschaft wurde durch die Telegraphie und die Arbeit der Nachrichtenagenturen beschleunigt.[296]

Der signifikante Anstieg der aufgegebenen Privattelegramme in Preußen ab 1851 zeigt nicht nur die Akzeptanz der neuen Technik, sondern auch die intensive Nutzung und den Bedarf für eine neue und schnelle Kommunikationsform. Dass die Wirtschaft zu den ersten Kunden der Nachrichtenagenturen gehörte und sich wirtschaftliche Interessengruppen schon früh für die Öffnung der staatlichen Telegraphie für die Übermittlung von Wirtschaftsnachrichten bei der Politik einsetzte, ist angesichts der gemachten Beobachtungen nachvollziehbar.[297]

Im Ergebnis wurden die wesentlichen Prämissen und Rahmenbedingungen aufgezeigt sowie die maßgeblichen wirtschaftlichen Akteure und Mechanismen herausgearbeitet, unter denen der neue Nachrichtenmarkt mit seinen neuartigen Akteuren der Nachrichtenagenturen entstehen und sich entwickeln konnte. Damit wurde in methodischer Hinsicht die Grundlage für die nun im nächsten Abschnitt folgende juristische Betrachtung geschaffen.

---

[292] Vgl. *Born*, Wirtschafts- und Sozialgeschichte, S. 65.

[293] *Knies*, Telegraph als Verkehrsmittel, S. 4; dazu vgl. *Scherner*, ZNR 1994, S. 39 ff.

[294] *Knies*, Telegraph als Verkehrsmittel, S. 334.

[295] *Pohl*, Bankwesen (1806–1848), S. 125.

[296] Auf eine Beschleunigung bei Tauschverträgen weist hin *Hesse*, Information und Wissen, S. 108.

[297] Vgl. exemplarisch den Antrag der *Ältesten der Berliner Kaufmannschaft* auf Freigabe der preußischen Telegraphenleitungen zwecks Übermittlung von Wirtschaftsnachrichten, jedoch mit Kabinettsorder vom 15. April 1835 abgelehnt, s. *Beyrer*, Optische Telegraphie, S. 24Vgl. *Bakker*, Trading Facts, S. 4; *Eumann*, Nachrichtenagentur, S. 30; *Schadrowski*, Information als Wirtschaftsgut, S. 247 ff.; *Gerson Bleichröder* gehörte zu den ersten Kunden von *Wolff's Telegraphischem Bureau*, s. *Stern*, Bismarck und Bleichröder, S. 374.

So wie die Strukturen zwischen der Entwicklung von technischen Innovationen mit den Entwicklungen im Recht verbunden sind, weist auch jede wirtschaftsrechtliche Herausforderung einen ökonomischen Bezug auf.

II. Industrielle Ordnung im Kontext von *Wolff's Telegraphischem Bureau*

1. Vorbemerkung

Die dargestellten ökonomischen Mechanismen des Nachrichtenmarktes stehen in engem Zusammenhang mit der rechtlichen Erfassung und Abgrenzung des neuen Marktes. Die Gesamtheit dieser rechtlichen Grundlagen und Beziehungen wird hier als „Industrielle Ordnung“[298] verstanden. Die Frage, wie Politik und Staat mit den ihnen zur Verfügung stehenden Regulierungsinstrumenten auf den neuen industriellen Nachrichtenmarkt mit seinen Akteuren reagierten, diesen aber auch aktiv gestalteten, wird in diesem Kapitel untersucht.

Hierzu werden in einem ersten Schritt die rechtliche Erfassung und Abgrenzung des neuen Nachrichtenmarktes (dazu unter 2.) unter Bezugnahme auf die Unternehmensgeschichte von *Wolff's Telegraphischem Bureau* untersucht. Dazu wird die staatliche Gestaltung und Organisation der Telegraphie (dazu unter a), der strafrechtliche Schutz der telegraphischen Kommunikation (dazu unter b) sowie die zivilrechtlichen Fragen und Regelungen im Kontext der Telegraphie (dazu unter c) untersucht. Anschließend wird eine mögliche staatliche Beeinflussung des Wettbewerbs auf dem Nachrichtenmarkt durch einen Vertragsschluss zwischen dem preußischen Staatsministerium und *Wolff's Telegraphischem Bureau* dargestellt, wobei neben der Analyse des Vertrages auch untersucht wird, ob er ein Mittel der hoheitlichen Beeinflussung eines Marktes durch eine frühe Form einer „Public Private Partnership“ darstellt (dazu unter 3.). Im nächsten Schritt wird die Wahl der Rechtsformen von *Wolff's Telegraphischem Bureau* als Reflektion des sich im 19. Jahrhundert wandelnden Handels- und Gesellschaftsrechts dargestellt (dazu unter 4.). Schließlich werden zwischen der *Agence Havas*, *Reuter's Telegram Company* und *Wolff's Telegraphischem Bureau* geschlossene Verträge unter dem Gesichtspunkt der Gründung eines Gebietskartells auf dem internationalen Nachrichtenmarkt zwischen den drei Nachrichtenagenturen und dem österreichischem *k.k. Telegraphen-Korrespondenz-Bureau* geschlossene Verträge (dazu unter 5.) untersuchen.

---

[298] Übergreifend auch als „Verhältnis von Freiheit und Bindung“ bezeichnet, *Schmoeckel/Maetschke*, Rechtsgeschichte der Wirtschaft, S. 7; vgl. auch *Fuchs*, BRJ 01/2013, S. 13.

2. Die rechtliche Erfassung und Abgrenzung des neuen Nachrichtenmarktes

a) Staatliche Gestaltung und Organisation der Telegraphie als neue Kommunikationsform durch das öffentliche Recht

aa) Telegraphie als Staatsaufgabe – staatsrechtliche Diskussion um die Regalität der Telegraphie

Mit dem Aufkommen der Telegraphie stellte sich für die verantwortlichen staatlichen Akteure die Frage, ob die neue Technik und ihre Infrastruktur eine staatliche Aufgabe darstellt und dementsprechend auch als staatliches Hoheitsrecht ausgestaltet werden muss.[299] Mit Blick auf den Nachrichtenmarkt hing damit auch unmittelbar die Ausgestaltung des Zugangs zur technischen Infrastruktur und sonach die Schaffung von möglichen staatlichen Zugangsbarrieren zusammen.[300] Die Einordnung der Telegraphie als Staatsaufgabe sowie eine Einordnung als staatliches Regal war zugleich mit entsprechender Regulatorik verbunden, die zugleich die Voraussetzungen definierte, unter denen neue Unternehmen in den Nachrichtenmarkt als Anbieter eintreten konnten.

Noch unter der alten merkantilistischen Auffassung wurde die Nachrichtenübermittlung per Telegraphie als reine Staatsaufgabe eingeordnet, indem ein umfassendes Telegraphenregal geschaffen wurde.[301] Das Konzept eines ausschließlichen staatlichen Hoheits- und Sonderrechts („Regal" oder „iura regalia") über den Transport von Nachrichten war seit dem Heiligen Römischen Reich Deutscher Nationen vom Postwesen als erste Infrastruktureinrichtung der Kommunikation bekannt.[302] Später wurde das Konzept bei den Eisenbahnen übernommen, die sowohl als private Aktiengesellschaften als auch als Staatsbahnen betrieben wurden. Diese beiden bekannten Modelle wurden in der Diskussion um die Regalität der Telegraphie als Beispiele herangezogen, und insbesondere Sicherheitsbedenken gegen die neue Technik führten zu einer analogen Anwendung des Regalsystems bei der Telegraphie.[303]

---

[299] S. m. w. N. *Scherner*, Deutsches Telegraphenrecht, S. 133; nach der Darstellung bei *Dambach*, Der Gerichtssaal Jg. 23 (1871), S. 247 war Frankreich das erste Land, das mit Dekret vom 27.12.1851 die Telegraphie zum Regal erklärte, gefolgt von der Niederlande im Jahr 1852 und der Schweiz im Jahr 1854.

[300] Vgl. zur vertraglichen Ausgestaltung des Datenhandels de lege lata *Specht-Riemenschneider*, Zivilrechtliche Erfassung des Datenhandels, S. 119 ff.

[301] Vgl. *Gehlen*, Telekommunikationsmärkte im 19. Jahrhundert, S. 31; *Rüberg*, Konkurrenzkampf der Netze, S. 124, 128.

[302] S. *Kilger*, Telegraphenrecht im 19. Jahrhundert, S. 1.

[303] Vgl. *Scherner*, Deutsches Telegraphenrecht, S. 134.

Zuvor wurde die rechtliche Organisation der Telegraphie auf der Ebene der Einzelstaaten bzw. der einzelnen deutschen Länder vorgenommen, wobei eine schnelle Rechtsangleichung und völkerrechtliche Übereinkünfte erfolgten. Die Telegraphie als neuer Bestandteil der Telekommunikation wurde neben dem Transport- und Verkehrswesen als neue wichtige Infrastrukturaufgabe des Staates im Zuge der Industriellen Revolution aufgenommen. Hierbei wurde die Sicherheit der Kommunikation mit der Sicherheit des Zahlungsverkehrs gleichgesetzt – so wie der Staat mit einer Währung die Kreditvergabe und Bankgeschäfte sichere, müsse er auch Kommunikationswege unterhalten, wie etwa ein funktionierendes und sicheres Telegraphennetz.[304] Die Gewährleistung des Transports wurde als Aufgabe des Allgemeinwohls zur neuen Staatsaufgabe, unabhängig davon, ob die Leistungserbringung in Form einer privatrechtlichen (Kapital-)Gesellschaft erfolgte.[305]

Die Motivlage staatlicher Akteure für die Annahme eines Regals zeigt sich exemplarisch an der Ausgestaltung und den Motiven des preußischen „Entwurf eines Gesetzes, betreffend die Befugniß, Telegraphen-Anstalten zu errichten und in Betrieb zu nehmen“[306] aus dem Jahr 1855.

In dem Entwurf bestimmte § 1, dass die Befugnis, eine Telegraphen-Anstalt zu errichten und in Betrieb zu nehmen, ausschließlich das Recht des Staates sei, wobei gem. § 2 der Handelsminister ermächtigt werden sollte, zur Errichtung und Benutzung solcher Telegraphenanstalten, die lediglich zum Privatgebrauch des Unternehmens dienen sollten, Konzessionen auf Widerruf zu erteilen. Wer unbefugt eine Telegraphenanstalt errichtete oder in Betrieb nahm oder wer eine Telegraphenanstalt zu einem anderen als zu dem in den Konzessionen angegebenen Zweck benutzte oder bei der Benutzung die Bedingungen nicht einhielt, sollte gem. § 3 mit einer Geldbuße bis zu 500 Talern oder mit Freiheitsentzug bis zu einem Jahr bestraft werden.

In den dazugehörigen Motiven der zweiten Kammer wird ausdrücklich ausgeführt, dass aufgrund wiederholter Anfragen von Privatpersonen zur Errichtung von Privattelegraphen nun das Bedürfnis nach einer gesetzlichen Regelung bestehe. Dabei könne es aber nicht in der Absicht liegen, die Telegraphie, die „ihrem Wesen nach“ als eine Staatsaufgabe erscheine, der Privatindustrie zu überlassen, da diese in kommerziellen und finanziellen Interessen den allgemeinen Interessen nicht entsprechen würde.[307] Überließe man die Errichtung von Telegraphen und deren Benutzung der Privatindustrie, würde man nachteiliger Börsenspekulation Tür und Tor öffnen.

---

[304] So *Wagner*, ZgS 1881, S. 109, jedoch ohne Kategorisierung der Leistungen als Wirtschaftsgeschäft; s. dazu *Schmoeckel*, ZRG KA 132 (2015), S. 288.

[305] Vgl. diese seit 1870 vertretene Auffassung bei *von Stein*, Handbuch der Verwaltungslehre, S. 379.

[306] Zit. nach Stenographische Berichte der zweiten Kammer 1855, Bd. 2, S. 566 f.

[307] Sowohl der Gesetzentwurf als auch die dazugehörige Begründung („Motive“) sind zit. nach Stenographische Berichte der zweiten Kammer 1855, Bd. 2, S. 566 f.

Neben dem staatlichen Schutzgedanken wurden auch fiskalische Gründe angeführt, da man verminderte Einnahmen bei der staatlichen Post fürchtete.[308] Von der Bedeutung für die Volkswirtschaft wurde damit auf die Natur der Aufgabe als öffentlich-rechtlich geschlossen.[309]

Der preußische Gesetzentwurf scheiterte in den Beratungen der zweiten Kammer des Parlaments. Auch in den anderen deutschen Staaten verzichtete man auf einfachgesetzliche Regelungen, die ein staatliches Telegraphenregal ausdrücklich festschrieben. Lediglich in Sachsen schuf man mit einem Gesetz vom 21. September 1855[310] eine explizite Rechtsgrundlage.[311] Diese Rechtslage in den deutschen Einzelstaaten Mitte der 1850er Jahre wurde noch in Gerichtsverfahren der 1890er Jahren zur Argumentation herangezogen, um die staatliche Regalität der Telegraphie zu verneinen.[312]

Trotzdem waren seit den Anfängen der Telegraphie ihre Errichtung und der Betrieb sowie die Zulassung von Privaten faktisch in staatlicher Hand.[313] In Preußen etwa entschied das Handelsministerium über die zahlreichen Konzessionsanträge von Privaten zur Nutzung eigener Telegraphenlinien, sodass stets eine staatliche Stelle über den Marktzutritt privater Unternehmen entschied.[314] Seit dem Jahr 1857 wurden auch die privaten Eisenbahnen per Gesetz verpflichtet, ihre Netze für den allgemeinen Telegrammverkehr zu öffnen.[315] Damit wurde, zunächst ohne konkrete rechtliche Verankerung, ein faktisches, staatliches Telegraphenmonopol geschaffen, durch das der Staat in tatsächlicher Hinsicht der dominierende Akteur und Inhaber des natürlichen Monopols der Telegraphie wurde.[316]

---

[308] Vgl. *Köbele*, Fernmeldewesen und Telematik, S. 158.

[309] S. m. w. N. *Schmoeckel*, ZRG KA 132 (2015), S. 289.

[310] Sächs. GBl. 1855, S. 595–597; dazu wurde eine VO zur Vergabe von Konzessionen für den Betrieb privater Anlagen erlassen, Sächs. GBl. 1855, S. 591–592.

[311] Vgl. *Dambach*, Der Gerichtssaal Jg. 23 (1871), S. 7 f.; *Ludewig*, Telegraphie in staats- und privatrechtlicher Beziehung, S. 16 ff.

[312] Dazu weiter unten, vgl. die Argumentation der I. Kammer des LG Berlin im Urteil v. 10. Juli 1890, abgedruckt bei *Leske*, AöR Bd. 6 (1891), S. 552.

[313] Vgl. auch die Kammerberatungen in Preußen 1855 zur Frage, ob die Privatwirtschaft nicht zu sehr eingeengt würde im Falle einer reinen staatlichen Telegraphie s. *Scherner*, Deutsches Telegraphenrecht, S. 138.

[314] Vgl. m. w. N. *Rüberg*, Kapazitätsengpässe vs. Netzneutralität, S. 72 f.

[315] M. w. N. *Gehlen*, Telekommunikationsmärkte im 19. Jahrhundert, S. 31.

[316] *Gehlen*, Telekommunikationsmärkte im 19. Jahrhundert, S. 27, 31; *Kilger*, Telegraphenrecht im 19. Jahrhundert, S. 1; zu den ökonomischen Merkmalen von Monopolen vgl. *Ewald*, Wettbewerbsökonomie § 7, Rn. 68; *Schuster*, VWL, S. 53 f.; *Wildmann*, VWL, S. 176; vor allem bei leitungs- und netzgebundenen Dienstleistungen (i. d. R. Infrastruktureinrichtungen) wie der Telegraphie treten aufgrund der dort herrschenden Parameter einer Kombination von hohen Fixkosten mit niedrigen variablen Durchschnitts- und Grenzkosten natürliche Monopole auf, s. Telekommunikation m. w. N. *Gehlen*, Telekommunikationsmärkte im 19. Jahrhundert, S. 28; *Rüberg*, Preisbestimmung in der Telekom-

Die Frage der Regalität war insbesondere für die Wirtschaft und für die aufkommenden Nachrichtenagenturen entscheidend, da sich dadurch auch die Zulässigkeit der Errichtung und des Betriebs eigener Telegraphen bestimmte und dies eine wichtige strategische Geschäftsentscheidung darstellte. Die Verwaltung vertrat nämlich die Rechtsauffassung, die private Errichtung eines Telegraphen sei ein Verbot mit Erlaubnisvorbehalt, sodass stets eine behördliche Genehmigung notwendig sei.[317] Entsprechende Runderlasse des Innenministeriums ordneten das Vorgehen mit ordnungsrechtlichen Maßnahmen gegen ohne staatliche Genehmigung errichte Anlagen an.[318] Dies führte in der Praxis dazu, dass privat errichtete und betriebene Anlagen per Ordnungsverfügung und polizeiliche Maßnahmen geschlossen und entsprechende gerichtliche Verfahren eingeleitet wurden.

So hatte die Erste Kammer des LG Berlin noch im Jahr 1890 einen Fall zur Entscheidung vorliegen, bei dem es um die Rechtsfrage ging, ob der Staat einer Privatperson die Errichtung und den Betrieb einer privaten Telegraphenanlage untersagen und als Konsequenz auch verhindern darf.[319] Dabei war unklar, auf welcher Rechtsgrundlage die behördlichen Maßnahmen basierten, die ja auf Basis der Annahme der Existenz eines staatlichen Telegraphenregals basierten. Die Verwaltung berief sich auf eine Auslegung des Art. 48 Verfassung v. 1871. Dieser Artikel basierte auf der ersten verfassungsrechtlichen Grundlage des Art. 48 der Verfassung von 1867, der wörtlich bestimmte: „Das Postwesen und das Telegraphenwesen werden für das gesammte Gebiet des Norddeutschen Bundes als einheitliche Staatsverkehrs-Anstalten eingerichtet und verwaltet." Die Formulierung wurde im Wesentlichen wörtlich in die Verfassung v. 1871 mit einer entsprechenden staatsrechtlichen Aktualisierung übernommen. In der deutschsprachigen Rechtswissenschaft war umstritten, ob man aus dem Wortlaut des Verfassungsartikels eine Regalität der Telegraphie (und der Post) ableiten konnte.[320]

---

munikation, S. 11 ff.; vgl. mit Bezug auf die Eisenbahn m. w. N. *Michalczyk*, Regulierung, S. 9 ff., 145 f.; *Schmoeckel*, ZRG KA 132 (2015), S. 290 f.

[317] Vgl. *Kilger*, Telegraphenrecht im 19. Jahrhundert, S. 93: *Köbele*, Fernmeldewesen und Telematik, S. 162.

[318] Vgl. die beiden „Rundschreiben des preußischen Ministers für Handel und Gewerbe und des Innern vom 27. Oktober 1880" (Pr. MBl. 1880, S. 305) sowie vom 30. Juni 1882 (Pr. MBl. 1882, S. 170), vgl. *Horch*, AöR Bd. 5 (1891), S. 144.

[319] Urteil des Kgl. Landgerichts I zu Berlin v. 10. Juli 1890 i. S. der AG *Mix und Genest, Telephon-, Telegraphen- und Blitzableiter-Fabrik zu Berlin* gegen den Reichsfiskus; die Entscheidung wurde vom RiLG Dr. Leske der Redaktion des AÖR mitgeteilt, s. *Leske*, AöR Bd. 6 (1891), S. 535 ff.

[320] Vgl. zur damals ebenfalls str. Frage, ob es sich um ein „Regal" oder ein „Monopol" handle vgl. *Maas*, AöR 1892, S. 185, der zum Ergebnis gelangte, es handle sich um ein Regal, s. *Maas*, AöR 1892, S. 487.

Die Befürworter eines staatlichen Regals leiteten aus den Worten bzw. Wortbestandteilen des Art. 48 Verfassung v. 1871 „Staat“ und „einheitliche“ ein Ausschließlichkeitsrecht des Staates ab, das auch im öffentlichen Interesse stehe.[321] Diese Ansicht wurde von *Johann Caspar Bluntschli* (1808–1881)[322], *Friedrich Meili* (1848–1914)[323] und *August Ludwig Reyscher* (1802–1880)[324], *Otto Dambach* (1831–1899)[325], aber auch weiteren Personen aus Wissenschaft und Verwaltung vertreten.[326]

Dagegen vertrat die überwiegende Anzahl Rechtswissenschaftler und Nationalökonomen die Auffassung, dass ein staatliches Telegraphenmonopol zwar faktisch, nicht aber rechtlich existiere.[327] Daraus folgerte etwa *Paul Laband* (1838–1918)[328], dass die wirtschaftlichen Akteure selbst Telegraphen ohne staatliche Genehmigung errichten dürften.[329] Ebenfalls gegen die Existenz eines staatlichen Telegraphenregals argumentierten *Georg Beseler* (1809–1888)[330], *Edgar Löning* (1843–1919)[331], *Otto Mayer* (1846–1924)[332], *Ludwig von Rönne* (1804–1891)[333], *Hermann Roesler* (1834–1894)[334] und andere.[335]

---

[321] *Köbele*, Fernmeldewesen und Telematik, S. 164.

[322] *Bluntschli*, Staatsrecht Bd. 2, S. 394, so auch später in der 5. Aufl. 1875 auf S. 510; s. zu ihm auch *Stolleis*, Geschichte des öffentlichen Rechts Bd. II, S. 431.

[323] *Meili*, Telegraphen-Recht, S. 10, der im Jahr 1885 seine Auffassung revidierte, s. *Meili*, Telephonrecht, S. 31.

[324] *Reyscher*, ZDR Bd. 19 (1859), S. 284.

[325] *Dambach*, Der Gerichtssaal Jg. 23 (1871), S. 6 ff.; zur Person s. *Teichmann*, ADB Bd. 47 (1903), S. 615 f.

[326] *Fischer*, Jahrbuch für Gesetzgebung, Verwaltung und Rechtspflege Bd. 1 (1871), S. 409 ff. (441); *Ludewig*, ZHR Bd. 31 (1885), S. 63 ff. (107) oder auch der beim Reichspostamt beschäftigte *Reinhold von Sydow* (1851–1943); s. *von Sydow*, Wörterbuch des Deutschen Verwaltungsrechts Bd. 2, S. 617.

[327] *Scherner*, Deutsches Telegraphenrecht, S. 150; vgl. auch m. w. N. aus der zeitgenössischen Lit. die Darstellung bei *Kilger*, Telegraphenrecht im 19. Jahrhundert, S. 93 ff.

[328] Vgl. *Friedrich*, NDB Bd. 13 (1982), S. 362 f.

[329] *Laband*, Staatsrecht Bd. 2, S. 68 ff., 311 ff.

[330] *Beseler*, Deutsches Privatrecht Bd. 1, S. 360, 391; zur Person s. *Hübner*, ADB Bd. 46 (1902), S. 445 ff.

[331] *Löning*, Verwaltungrecht, S. 611; zur Person vgl. *Schwingenstein*, NDB Bd. 15 (1987), S. 50 f.

[332] *Mayer*, Deutsches Verwaltungsrecht Bd. 1, S. 563; vgl. zu dessen Beitrag für die Herausbildung eines modernen Verwaltungsrechts bei *Schmoeckel*, 2000 Jahre Recht, S. 396: *Schmidt-Aßmann*, Modernes Verwaltungsrecht, S. 247 ff. (249) S. 249.

[333] *von Rönne*, Staatsrecht Bd. 2, S. 309 ff.; zur Person s. *Friedrich*, NDB Bd. 21 (2003), S. 729.

[334] *Roesler*, Deutsches Verwaltungsrecht Bd. 2, S. 479; vgl. zur Person *Friedrich*, NDB Bd. 21 (2003), S. 742 f.

[335] Z. B. der Geheime Postrat bei der obersten Post- und Telegraphen-Verwaltung *Julius Ludewig*, s. *Ludewig*, Telegraphie in staats- und privatrechtlicher Beziehung, S. 11 ff.; ferner *Schulze*, Deutsches Staatsrecht Bd. 2, S. 201; *Schott*, Telegraphie, S. 584 ff. (588).

Der ablehnenden Auffassung und der in der Rechtswissenschaft dargelegten Argumentation schloss sich das LG Berlin in seinem Urteil an. Eine gesetzliche Grundlage für die Untersagung eines privaten Telegraphen existiere nicht.[336] Hierzu legte das Gericht den Verfassungsartikel nach den unterschiedlichen Auslegungsmethoden aus. Zunächst sei der Wortlaut der Norm lediglich ein Ausdruck einer staatsrechtlich-organisatorischen Entscheidung hinsichtlich einer einheitlichen Verkehrsanstalt für das gesamte Gebiet des Deutschen Reiches, jedoch keine Rechtsgrundlage für die Versagung der Errichtung von privaten Anlagen. Auch eine genetische Auslegung anhand der Entstehungsgeschichte des Art. 48 Verfassung v. 1871 mit einem Rekurs auf die ursprüngliche Entstehung des Artikels in der Verfassung von 1867 führe zu keinem anderen Ergebnis. Dort sei zwar ein Antrag auf Aufhebung des Postregals abgelehnt worden, was aber keine Rückschlüsse auf die Ausgestaltung der Telegraphie zulasse.[337] Teleologisch komme man zu demselben Ergebnis, da der Sinn und Zweck der Norm tatsächlich nur die Telegraphie als einheitliche Einrichtung und Verwaltung vorsähen. Dies schließe aber nicht die wirtschaftliche Tätigkeit von Privatpersonen aus.[338] Vielmehr müsse der Bundesgesetzgeber eine klare und eindeutige Rechtsgrundlage schaffen, aus dem das Staatsmonopol hervorgehe.[339] Daher richte sich die Zulässigkeit von privaten Telegraphenanlagen nach der Gewerbeordnung. Dort sei die Gewerbefreiheit in § 1 Gewerbeordnung für das Deutsche Reich[340] (im Folgenden: GewO) festgeschrieben, es sei denn, es gelten gesetzlich vorgesehene Ausnahmen oder Beschränkungen. Letztere konnte das Gericht für private Telegraphenanlagen aber weder in § 5 GewO (Beschränkungen für den Betrieb einzelner Gewerbe) noch in § 6 GewO (Ausnahmen von der Gewerbefreiheit) erkennen, sodass das von der Reichsverwaltung angenommene staatliche Telegraphenmonopol und ein darauf basierender Eingriff rechtswidrig gewesen seien.[341]

Schon zuvor setzte sich das Reichsgericht in seinem Urteil vom 28. Februar 1889 mit der Wortbedeutung und (strafrechtlichen) Dimension des Begriffs der „Telegraphenanstalt" grundlegend auseinander,[342] wobei die Bedeu-

---

336 Urt. des Kgl. LG Berlin v. 10. Juli 1890 bei *Leske*, AöR Bd. 6 (1891), S. 551.

337 Antrag und Debatte sind abgedruckt in „Stenografische Bericht über die Verhandlungen des Reichstages des Norddeutschen Bundes im Jahre 1867", Bd. 1 (1867), S. 515 ff.

338 Urt. des Kgl. LG Berlin v. 10. Juli 1890 bei *Leske*, AöR Bd. 6 (1891), S. 554.

339 Urt. des Kgl. LG Berlin v. 10. Juli 1890 bei *Leske*, AöR Bd. 6 (1891), S. 552.

340 RGBl. 1883, S. 177 ff.

341 Urt. des Kgl. LG Berlin *Leske*, AöR Bd. 6 (1891), S. 546.

342 RG Urteil v. 28.2.1889 (RGSt 19, 55); fraglich war, ob ein allg. Leitungsausfall aufgrund des Anschlusses einer privat errichteten Telefonanlage an das staatliche Netz eine Strafbarkeit nach §§ 317 f. RStGB (RGBl. 1871, S. 127 ff.) begründen könne; hierfür war es im obj. TB notwendig, eine „Telefonanlage" unter den gesetzlichen Begriff der „Telegraphenanstalt" zu subsumieren, vgl. *Köbele*, Fernmeldewesen und Telematik, S. 175 f.; i. Ü.

tung des Urteils für die Existenz eines staatlichen Telegraphenmonopols unterschiedlich bewertet wurde.[343]

Mithin von hoher Bedeutung war die Entscheidung des Preußischen OVG vom 30. September 1890, das die Existenz eines Telegraphenregals verneinte, sodass Polizeibehörden nicht befugt seien, Untersagungsverfügungen mit der Untersagung des Betriebs einer privaten Telegraphenanlage zu erlassen.[344]

Die Diskussionen und rechtlichen Auseinandersetzungen führten zu einer Reaktion des Gesetzgebers, der 1890/91 erste Gesetzentwürfe vorlegte, um das staatliche Telegraphenmonopol festzuschreiben. Insbesondere auch durch die Einflussnahme der Wirtschaftsverbände wurde eine Kommission eingesetzt, die einen wirtschaftsfreundlicheren Entwurf erarbeitete.[345]

Im Ergebnis machte das Reich mit dem Gesetz über das Telegraphenwesen des Deutschen Reiches vom 6. April 1892 (im Folgenden: Telegraphengesetz 1892)[346] von seiner Gestaltungsmacht Gebrauch und schuf eine klare staatsrechtliche Grundlage für die Telegraphie und ihre Verwaltung.[347]

Mit § 1 Telegraphengesetz 1892 wurde nun das staatliche Telegraphenregal positivrechtlich festgeschrieben, indem es das Recht, Telegraphenanlagen für die Vermittlung von Nachrichten zu errichten und zu betreiben, ausschließlich dem Reich zuordnete. Dem Reich wurde nicht nur ein bloßes Gewerberecht eingeräumt, sondern auch das Recht, jegliche Betriebsarten auszuschließen. Es konnte jedoch gem. § 2 S. 1 Telegraphengesetz 1892 das Recht aus § 1 für einzelne Strecken oder Bezirke an Privatunternehmer verleihen, d. h. konzessionieren, wobei die Verleihung durch den Reichskanzler oder die von ihm hierzu ermächtigten Behörden erfolgte, § 2 S. 2 Telegraphenge-

---

sei die Entscheidung auch grundlegend, da das RG erstmals die Verbindlichkeit der Logik und Naturgesetze für den Strafrichter festgestellt habe, so *Jähnke*, FS Hanack, S. 358; zu dieser Frage in der heutigen Rspr. instruktiv *Dieterich*, Systemgerechtigkeit und Kohärenz, S. 545.

[343] So wurde von zeitgenössischen Autoren angeführt, dass die Frage der Strafbarkeit nach den §§ 317 f. RStGB nicht von der Regalfrage abhänge, sondern lediglich die Frage berühre, ob Telefonie unter den Begriff der Telegraphie falle, s. *Horch*, AöR Bd. 5 (1891), S. 149; a. A. *Kilger*, Telegraphenrecht im 19. Jahrhundert, S. 100 ff.

[344] *Kilger*, Telegraphenrecht im 19. Jahrhundert, S. 101; *Scherner*, Deutsches Telegraphenrecht, S. 151.

[345] *Hesse*, Reichs-Post- und Telegraphenverwaltung 1876–1914, S. 224; *Scherner*, Deutsches Telegraphenrecht, S. 153.

[346] RGBl. 1892, S. 467–470, abgeändert im Jahr 1908, s. RGBl. 1908, S. 79; vgl. auch die hierzu geschaffenen Sekundärnormen in Form von „Bedingungen für die Beteiligung an einer Stadt-Fernsprecheinrichtung" v. 28.06.1892, RZBl. 1892, S. 508, sowie „Regelungen zur Schiffstelegraphie", s. RGBl. 1908, S. 476; 1909, S. 977.

[347] Vgl. zur Genese des Gesetzes die (zeitgenössische) Darstellung von *Maas*, AöR 1892, S. 480 ff.; *Fischer*, JGVV Bd. 16 (1893).

setz 1892. Ansonsten durften ohne Genehmigung des Reiches Telegraphenanlagen nur zu drei in § 3 Telegraphengesetz 1892 enumerierten Anlagen errichtet werden. Konzessionsfreie Anlagen waren demnach erstens die von bestimmten, in § 3 Nr. 1 Telegraphengesetz 1892 genannten Behörden zu internen Zwecken genutzten Anlagen, zweitens die von Transportanstalten genutzten Anlagen und drittens Anlagen innerhalb eines Grundstücks (§ 3 Nr. 3 lit. a Telegraphengesetz 1892) oder für die unentgeltliche Nutzung zwischen Grundstücken, die nicht weiter als 25 km voneinander entfernt sind (§ 3 Nr. 3 lit. b Telegraphengesetz 1892).[348] Dies wurde gem. § 4 Telegraphengesetz 1892 von den Landeszentralbehörden – vorbehaltlich der Reichsaufsicht gem. Art. 4 Nr. 10 Reichverfassung 1871 – überwacht, mit entsprechenden Sanktionsnormen im Falle eines Zuwiderhandelns in §§ 9 f. Telegraphengesetz 1892. Ferner legte § 8 Telegraphengesetz 1892 das Telegraphengeheimnis fest.

Damit hatte die einheitliche Verwaltung von Post und Telegraphie mit dem Telegraphengesetz 1892 eine explizite rechtliche Grundlage für die Ausübung des staatlichen Telegraphenmonopols.[349] Hinzu kamen detaillierte Regelungen zur Nutzung der staatlichen Telegraphennetze durch die Telegraphenordnung 1872[350] sowie das Telegraphenwegegesetz von 1899.[351] Anfang des 20. Jahrhunderts traten weitere Regelungen für die Schiffstelegraphie und den Funktelegraphendienst hinzu.[352]

Als die Verstaatlichung des Großteils der privaten Eisenbahnen in Preußen ab 1879 begann, umfasste dies auch ihre Telegraphennetze.[353] Damit

[348] Vgl. *Maas*, AöR 1892, S. 490, 495.

[349] Vgl. *Rüberg*, Preisbestimmung in der Telekommunikation, S. 56 ff.

[350] RGBl. 1872, Nr. 20, S. 213–228; abgeändert und ergänzt in den Jahren 1876 und 1877, s. RZBl. 1876, S. 101; 1877, S. 432.

[351] „Telegraphenwege-Gesetz" v. 18. Dezember 1899 (RGBl. 1899, S. 705), nebst „Ausführungsbestimmungen zum Telegraphenwege-Gesetz" v. 26. Januar 1900 (RGBl 1900, S. 7); vgl. zur Genese des Telegraphenwegegesetzes mit einem Fokus auf den Konkurrenzkampf als maßgeblicher Faktor der Industrialisierung *Rüberg*, Konkurrenzkampf der Netze, S. 117 ff.; eine ordnungspolitische Zäsur sieht *Hesse*, Reichs-Post- und Telegraphenverwaltung 1876–1914, S. 54.

[352] Zur Schiffstelegraphie vgl. die „Bekanntmachung, betreffend die Schiffstelegraphie" v. 16.07.1908, RGBl. 1908, S. 476; „Bestimmungen über den Betrieb von Telegraphenanlagen auf fremden Schiffen in deutschen Hoheitsgewässern" v. 12.12.1909, RGBl. 1909, S. 977; modifiziert durch RGBl. 1913, S. 784; zum Funktelegraphendienst vgl. die „Anweisung für den Funkentelegraphendienst" v. 12.08.1909, RZBl. 1909, 753, geändert in den Jahren 1910, 1911 und 1912, s. RZBl. 1910, S. 689; 1911, S. 396; 1912, S. 581.

[353] Vgl. m. w. N. *Hesse*, Reichs-Post- und Telegraphenverwaltung 1876–1914, S. 52; *Patt*, Eisenbahnsektor, S. 136 ff.; hinzu kam das im Jahr 1873 getroffene „Reglement über Eisenbahnbetriebstelegraphen", nach dem Eisenbahnen private Telegramme nur dann befördern durften, wenn es alternative Beförderung durch eine staatliche Telegraphenanstalt gab, vgl. dazu auch die nachfolgenden Reglements aus den Jahren 1873 und 1876, s. RZBl. 1873, S. 177; 1876, S. 155; vgl. auch *Gehlen*, Telekommunikationsmärkte im 19. Jahrhundert, S. 28, 36.

wurde auch der diesbezügliche Wettbewerb auf dem Telekommunikationsmarkt durch staatliche Einflussnahme ausgeschaltet.[354] Mithin entstand zum Ende des 19. Jahrhunderts ein umfassendes, in das Postmonopol integriertes, staatliches Fernmeldemonopol mit einer faktischen, institutionellen Marktzutrittsbarriere und politisch festgelegten Tarifen durch die Politik, die den hoheitlichen Schutz der Kommunikationsinfrastruktur wichtiger bewertete als unternehmerische „Spekulationen".[355]

Trotzdem öffneten die Staaten ihre Telegraphenlinien schon früh für die private Nutzung und schufen damit die rechtliche Grundlage für die technische Seite des neuen Nachrichtenmarkts und des Geschäftsmodells der Nachrichtenagenturen.

bb) Öffentlich-rechtliche Organisation – Eingliederung der Telegraphie in den Staats- und Verwaltungsaufbau

Die Telegraphie wurde seit ihrer Einführung hoheitlich als Instrumentarium der Außen- und Kriegspolitik organisiert. Innerhalb der Verwaltungsorganisation in den einzelnen deutschen Staaten wurde die Telegraphie zunächst dem Militär und anschließend der im Handelsministerium angesiedelten Post unterstellt, bevor sie mit Gründung des Norddeutschen Bundes zu einer gemeinsamen Post- und Telegraphenverwaltung und im Deutschen Kaiserreich zu einer Reichspost- und Telegraphenverwaltung zusammengeführt wurde.[356] Mit Hinblick auf den Untersuchungsgegenstand war die staatliche Gestaltung und Organisation zugleich maßgeblicher Faktor für den Zugang von Anbietern auf dem Nachrichtenmarkt wie *Wolff's Telegraphischem Bureau*.

In Preußen unterstand die Telegraphie seit 1833 zunächst dem Kriegsministerium,[357] bevor sie zunächst dem Ministerium für Handel, Gewerbe und öffentliche Arbeiten unterstellt wurde und durch Kabinettsorder vom 23. März 1849 als „Königliche Telegraphendirektion" installiert wurde.[358] Ab dem 1. Oktober 1849 wurde die Telegraphie in das „General-Postamt" als eine Abteilung des Handelsministeriums inkludiert.[359]

---

[354] *Gehlen*, Telekommunikationsmärkte im 19. Jahrhundert, S. 37.

[355] S. *Rüberg*, Preisbestimmung in der Telekommunikation, S. 85 ff.; die Ausgestaltung der Tarife für die Übermittlung von Nachrichten via Post, Telegraphie und später auch Telefonie waren auch Gegenstand von Verhandlungen zwischen der Reichspost und dem Deutschen Handelstag, vgl. *Hardach*, Industrie- und Handelskammertag, S. 50 f.

[356] Umfassend s. *Hesse*, Reichs-Post- und Telegraphenverwaltung 1876–1914, S. 13 ff.; vgl. auch *Rüberg*, Kapazitätsengpässe vs. Netzneutralität, S. 73.

[357] Damals noch die optische Telegraphie betreffend, vgl. *Roscher*, System der Volkswirtschaft Bd. 3, S. 542.

[358] Pr. GS 1849, S. 146; dazu m. w. N. *Scherner*, Deutsches Telegraphenrecht, S. 136.

[359] *Scherner*, Deutsches Telegraphenrecht, S. 136.

In der Verfassung von 1867[360] wurde eine einheitliche Verkehrsanstalt mit Post und Telegraphie unter der Beaufsichtigung und der Gesetzgebungskompetenz des Bundes geschaffen, vgl. Art. 4 Verfassung von 1867, jedoch mit Ausnahme der in Art. 48 S. 2 Verfassung von 1867 genannten „Grundsätze der reglementarischen Festsetzung oder administrativen Anordnung". In Art. 8 Nr. 5 Verfassung von 1867 wurde ein dauernder Ausschuss des Bundesrates für „Eisenbahn, Post und Telegraphen" geschaffen. Der achte Abschnitt (Art. 48–52 Verfassung von 1867) befasste sich mit dem „Post und Telegraphenwesen", das nach Art. 48 Verfassung von 1867 gemeinsam für das gesamte Gebiet des Norddeutschen Bundes als einheitliche Staatsverkehrsanstalten eingerichtet und verwaltet werden sollte.

Die Einnahmen des Post- und Telegraphenwesens waren gem. Art. 49 Verfassung von 1867 für den ganzen Bund gemeinschaftlich vereinnahmt, die Ausgaben wurden aus den gemeinschaftlichen Einnahmen bestritten. Zur Organisation der Post- und Telegraphenverwaltung sah Art. 50 Verfassung von 1867 detaillierte Regelungen vor. Nach Art. 50 S. 1 Verfassung von 1867 hatte das Bundespräsidium[361] (Art. 11 Verfassung von 1867: „Das Präsidium des Bundes steht der Krone Preußen zu", d. h. das Staatsoberhaupt in Gestalt des preußischen König *Wilhelm I.* als Inhaber des Bundespräsidiums, die obere Leitung der Verwaltung, und gem. Art. 50 S. 2 Verfassung von 1867 auch eine einheitliche Organisation der Verwaltung einschließlich der Qualifikation der Post- und Telegraphenbeamten sicherzustellen. Außerdem hatte das Bundespräsidium gem. Art. 50 S. 3 Verfassung von 1867 für den Erlass der reglementarischen Festsetzungen und allgemeinen administrativen Anordnungen sowie für die ausschließliche Wahrnehmung der Beziehungen zu anderen deutschen und außerdeutschen Post- und Telegraphenverwaltungen zu sorgen.

Gem. Art. 50 S. 4 f. Verfassung von 1867 waren alle Beamten der Post- und Telegraphenverwaltung dazu verpflichtet, den Anordnungen des Bundespräsidiums Folge zu leisten, wobei diese Verpflichtung in den Diensteid aufzunehmen war.[362] Für den gesamten Norddeutschen Bund sah Art. 50 S. 6 Verfassung von 1867 vor, dass die Anstellung der bei den Verwaltungsbehörden der Post und Telegraphie in den verschiedenen Bezirken erforderlichen oberen Beamten (z. B. Direktoren, Räte, Ober-Inspektoren) sowie die Anstellung der zur Wahrnehmung des Aufsichtsdienstes in den einzelnen Bezirken als Organe der erwähnten Behörden fungierenden Post- und Telegraphenbeamten (z. B. Inspektoren, Kontrolleure) ebenfalls beim Bundes-

---

[360] Inkrafttreten am 1. Juli 1867; BGBl. NdB 1867, S. 1–23, i. d. F. v. 26. Juli 1867; vgl. mit Bezug zum Post- u. Telegraphenwesen vgl. *Kotulla*, Deutsches Verfassungsrecht 1806–1918 (Bd. 4), S. 270 f.

[361] Vgl. dazu den vierten Abschnitt (Art. 11–19) der Verfassung.

[362] BGBl. NdB 1867, S. 15.

präsidium erfolgte. Nach Art. 50 S. 7 Verfassung von 1867 wurden andere bei den Verwaltungsbehörden und den einzelnen Betriebsstellen der Post und Telegraphie notwendige Beamte aus dem technischen Bereich von den jeweiligen Landesregierungen angestellt. Die Regelungen im achten Abschnitt der Verfassung von 1867 (Art. 48–52) wurden noch im selben Jahr mit einem Erlass vom 18. Dezember 1867 mit Wirkung zum 1. Januar 1868 konkretisiert.[363] Damit gab es ab 1867 eine von der Regierung verwaltete und dominierte einheitliche Verkehrsanstalt von Post und Telegraphie, die auch bei Gründung des Deutschen Reiches 1871 übernommen wurde.

So übernahm der achte Abschnitt der Verfassung des Deutschen Reiches vom 16. April 1871 (im Folgenden: Verfassung v. 1871)[364] in den Art. 48–52 („Post- und Telegraphenwesen") im Wesentlichen die Regelungen der Verfassung von 1867. Ausgenommen von den Regelungen wurden gem. Art. 52 Verfassung v. 1871 die Bundesstaaten Bayern und Württemberg, die sich besondere Rechte vorbehielten.[365] Art. 48 Verfassung v. 1871 bestimmte: „Das Postwesen und das Telegraphenwesen werden für das gesammte Gebiet des Deutschen Reichs als einheitliche Staatsverkehrs-Anstalten eingerichtet und verwaltet." Damit wurde die Post- und Telegraphenverwaltung Teil der unmittelbaren Reichsverwaltung und konzentrierte damit auch die Gestaltungsmacht des Bundes auf diesem Markt.

Die ein Jahr später erlassene Telegraphenordnung (im Folgenden: Telegraphenordnung 1872)[366] gab detaillierte Regelungen zur Nutzung der staatlichen Telegraphennetze vor. Die Verwaltungsapparate von Telegraphie und Post wurden zum 1. Januar 1876 vollständig zur „Reichspost- und Telegraphenverwaltung" und 1880 zum „Reichspostamt" zusammengelegt.[367] Am

---

[363] „Allerhöchster Präsidial-Erlaß vom 18. Dezember 1867, betreffend die Verwaltung des Post- und Telegraphenwesens des Norddeutschen Bundes vom 1. Januar 1868 an" (BGBl. NdB 1867, S. 328); dabei ging es um vier Punkte, nämlich die Leitung des Bundeskanzlers und Einrichtung entsprechender Abteilungen im BKAmt, sowie die Subordinationsverhältnisse verschiedene Direktionen sowie deren Bezeichnungen.

[364] RGBl. 1871, S. 64–86.

[365] So gab es letztlich zwei Verwaltungen für die Kommunikation im Deutschen Reich, s. *Hesse*, Reichs-Post- und Telegraphenverwaltung 1876–1914, S. 51; vgl. auch *Hardach*, Industrie- und Handelskammertrag, S. 50 ; die Regelungen zur Post wurden im „Gesetz über das Postwesen des Deutschen Reiches" v. 1. Januar 1872 konkretisiert, s RGBl. 1871, Nr. 42, S. 347–358.

[366] RGBl. 1872, Nr. 20, S. 213–228; abgeändert und ergänzt in den Jahren 1876 und 1877, s. RZBl. 1876, S. 101; 1877, S. 432.

[367] Vgl. mit dem Hinweis auf eine entsprechende Kostenreduzierung bei der Verwaltung *Rüberg*, Kapazitätsengpässe vs. Netzneutralität, S. 73; zur genauen Organisationsstruktur des Reichspostamts um 1880 s. die Abb. 3 bei *Hesse*, Reichs-Post- und Telegraphenverwaltung 1876–1914, S. 65.

13. August desselben Jahres wurde entsprechend auch eine aktualisierte Telegraphenordnung verabschiedet.[368]

cc) Öffnung staatlicher Telegraphenlinien für die private Nutzung

Zunächst für die ausschließliche Übermittlung behördlicher Informationen bestimmt, wurden die staatlichen Telegraphenlinien zunächst in Preußen auf Druck der Wirtschaft und einzelner liberaler Politiker, führend etwa der preußische Abgeordnete *Ludwig von Rönne* (1804–1891), schon ab 1849 für die Nutzung durch die Öffentlichkeit geöffnet.[369] Schon zuvor hatten privatwirtschaftliche Interessengruppen, wie die *Ältesten der Kaufmannschaft von Berlin*,[370] Anträge auf komplette Freigabe der staatlichen Telegraphen für gewerbliche Zwecke gestellt, die jedoch abgelehnt wurden.[371]

Durch einzelne Landesverordnungen regelten die einzelnen deutschen Staaten die Nutzung der Telegraphen und die Vergabe staatlicher Konzessionen. In Preußen wurde das Konzessionssystem ab 1849 eingeführt, die Freigabe der Telegraphie für die Öffentlichkeit erfolgte am 1. Oktober 1849 durch ein am 6. August 1849 vom Minister für Handel, Gewerbe und öffentliche Arbeiten, *August von der Heydt* (1801–1874), ausgefertigtes „Regulativ über die Benutzung der elektro-magnetischen Staats-Telegraphen seitens des Publikums" (im Folgenden: Pr. BV 1849).[372] In der Verordnung wurden detailliert alle für den Versand privater Nachrichten über das staatliche Telegraphensystem notwendigen Informationen gegeben und Regelungen getroffen.[373]

Nach der Öffnung der staatlichen Telegraphie in Preußen mit dem Erlass der ersten Telegraphenordnung im Deutschen Bund folgten bald weitere deutsche Staaten, etwa im selben Jahr in Bayern und Sachsen, im Jahr 1851 in

[368] RZBl. 1880, S. 560, geändert in den Jahren 1886, 1888 und 1891, s. RZBl. 1886, S. 204; 1888, S. 1042; 1891, S. 13; ebenfalls im Jahr 1891 aufgehoben durch die neue Telegraphenordnung für das Deutsche Reich v. 15.06.1891, s. RZBl. 1891, S. 162; wiederum aufgeboben durch die Telegraphenordnung für das Deutsche Reich vom 09.06.1897, s. RZBl. 1897, S. 163; modifiziert durch RZBl. 1901, S. 313; 1903, S. 730; 1904, S. 229; 1905, S. 56; 1908, S. 230; 1909, S. 228.

[369] Vgl. *Reindl*, Partikularstaatliche Politik und technische Dynamik, S. 31.

[370] S. dazu die Ausführungen oben unter B. I. 4. a).

[371] *Rüberg*, Preisbestimmung in der Telekommunikation, S. 41 Fn. 76.

[372] Pr. MBl. 1849, S. 203–205; vollständig abgedruckt auch bei *Delbrück/Klefeker* (Hg.), Handels-Archiv 1849, S. 303–307.

[373] Vgl. *Reindl*, Partikularstaatliche Politik und technische Dynamik, S. 31; eine übersichtliche tabellarische Übersicht über die verschiedenen Konzessionssysteme in den einzelnen deutschen Ländern findet sich bei *Gehlen*, Telekommunikationsmärkte im 19. Jahrhundert, S. 32 *Reindl*, Entwicklung des deutschen Telegraphenwesens 1850–1871, S. 69 f.; so kostete die Übermittlung eines Telegramms mit 20 Wörtern auf der Strecke Berlin-Aachen 5 Taler und 6 Silbergroschen, s. *Schwiesau/Ohler*, Nachrichten, S. 56.

Württemberg und im Jahr 1852 in Hannover.[374] Dabei waren die Landesreglungen zur Nutzung der staatlichen Telegraphenlinien durch die Öffentlichkeit in den deutschen Staaten nahezu identisch ausgestaltet.[375] Exemplarisch hierfür gilt die „Verordnung, die Benutzung der großherzoglichen Telegraphenanstalt betreffend" vom 6. Oktober 1851 aus Baden (im Folgenden: Badische VO).[376]

In § 1 Pr. BV 1849 wurde zunächst der Grundsatz aufgestellt, dass die staatliche Telegraphie ab dem 1. Oktober des Jahres 1849 auch für die Öffentlichkeit („Privatverkehr des Publikums")[377] geöffnet ist.[378] Dabei wurden im selben Zuge die zu benutzenden Telegraphenlinien aufgelistet. Von den vollendeten elektrischen Staatstelegraphenlinien sollten zum einen die Linie von Berlin über Braunschweig, Hannover und Köln nach Aachen, mit der Seitenlinie von Düsseldorf nach Elberfeld, und zum anderen von Berlin über Wittenberg und Hagenow nach Hamburg genutzt werden.

Die Benutzung der elektrischen Telegraphenlinien wurde in § 2 Pr. BV 1849 beschränkt, indem Staats-Depeschen und Depeschen der Eisenbahn-Verwaltungen vorrangig gewährleistet werden mussten. Eine Rang- und Reihenfolge wurde im Detail in späteren Verordnungen festgelegt, z. B. in § 10 der Badischen VO, mit einer prioritären Beförderung von aufgegebenen Nachrichten „von seiner königlichen Hoheit, dem Großherzog, oder dem Ministerium".

Zur „Beschaffenheit der telegraphischen Depeschen" in § 3 Pr. BV 1849 wurden solche Nachrichten ausgeschlossen, die „gegen die Gesetze verstoßen, oder aus Rücksichten der höheren Politik oder des öffentlichen Wohls zur Verbreitung auf diesem Wege nicht für geeignet erachtet werden".[379] Eine nicht anfechtbare Entscheidung wurde im Zweifel durch die Telegraphen-Direktion getroffen, vgl. § 3 S. 2 Pr. BV 1849.

Im Folgenden wurden exakte Vorgaben zur Sprache, den zu verwendenden Abkürzungen sowie eine Begrenzung der Nachricht auf max. 100 Worte gemacht, s. §§ 4 f. Pr. BV 1849.[380] Es folgen weitere Details, wie Ort und Zeit der Aufgabe der Nachrichten nach §§ 6 f. Pr. BV 1849.[381]

---

[374] Vgl. m. w. N. *Scherner*, Deutsches Telegraphenrecht, S. 137.

[375] *Scherner*, ZNR 1994, S. 44.

[376] Großherzogl. Bad. Regierungsblatt Nr. LIX (1851), S. 643 ff.

[377] *Delbrück/Klefeker* (Hg.), Handels-Archiv 1849, S. 303.

[378] So in § 2 der Badischen VO: „Die Benützung des Telegraphen steht Jedermann ohne Ausnahme zu".

[379] *Delbrück/Klefeker/*(Hg.), Handels-Archiv 1849, S. 303; vgl. auch § 9 Badische VO.

[380] *Delbrück/Klefeker/*(Hg.), Handels-Archiv 1849, S. 303 f.

[381] *Delbrück/Klefeker/*(Hg.), Handels-Archiv 1849, S. 304.

Die Gebühren für den Versand wurden in §§ 8 f. Pr. BV 1849 festgelegt, wobei stets ein „Bestellgeld" i. H. v. 5 Silbergroschen erhoben wurde, s. § 8 S. 3 lit a) Pr. BV 1849.[382]

In § 11 S. 1 Pr. BV 1849 wurde die Geheimhaltungspflicht der Mitarbeiter bzw. Beamten festgeschrieben: „Sämmtliche Telegraphen-Beamten sind zur strengsten Geheimhaltung der telegraphischen Depeschen verpflichtet". In S. 2 wurde in organisatorischer Hinsicht festgeschrieben, dass „fremden Personen der Zutritt zu dem Arbeitszimmer der Telegraphen-Station nur mit ausdrücklicher Erlaubnis der Direktion oder des betreffenden Stations-Vorsteher, resp. dessen Stellvertreters und auch nur dann gestattet [ist], wenn nicht telegraphiert wird."[383] Ähnlich formulierte es § 25 Badische VO unter dem Titel „Bewahrung des Telegraphengeheimnisses":

> „Sämmtliche Telegraphenbeamte sind auf Strengste lebenslängliche Geheimhaltung der telegraphischen Depeschen vereidigt. Fremden Personen ist der Zutritt zu den Apparaten-Zimmern der Telegraphenstationen während des Telegraphierens nicht gestattet."

Darüber hinaus folgten in §§ 12 f. Pr. BV 1849 exakte Regelungen über die Zustellung der Nachrichten sowie Regelungen zu Nachrichten, die nur teilweise per Telegraph befördert werden sollten bzw. konnten.

Solche Regelungen finden sich in vergleichbarer Form auch in den späteren Telegraphenordnungen. Neben der grundsätzlichen Nutzungsbefugnis für Private in § 2 S. 1 Telegraphenordnung 1872,[384] wurde der Verwaltung aber auch das Recht eingeräumt, „ihre Linien und Stationen zeitweise ganz oder zum Theil für alle oder für gewisse Gattungen von Korrespondenz zu schließen.", § 2 S. 2 Telegraphenordnung 1872. Auch die Wahrung des Telegraphengeheimnisses wurde direkt zu Beginn der Verordnung in § 2 Telegraphenordnung 1872 festgelegt. Darüber hinaus finden sich in der Telegraphenordnung 1872 im Wesentlichen instruktiv-technische Regelungen, etwa zu Gebühren, Öffnungszeiten oder Weiterbeförderung.

Die Öffnung der staatlichen Telegraphie führte mithin zu einem hohen Wettbewerbsdruck auf dem Nachrichtenmarkt. Neue Marktteilnehmer mussten keine eigene telegraphische Infrastruktur aufbauen und unterhalten. Stattdessen brauchten sie neben dem Aufbau eines eigenen Korrespondentennetzes lediglich die Gebühren für die Nutzung der staatlichen Telegraphen zu entrichten. Im Grundsatz war der Zugang zum Telegraphennetz damit für alle Marktteilnehmer identisch, zumal staats- und völkerrechtliche Verträge es auch ausländischen Unternehmen ermöglichten, auf dem deutschen Nachrichtenmarkt tätig zu werden.

---

382 *Delbrück/Klefeker/*(Hg.), Handels-Archiv 1849, S. 304 f.

383 *Delbrück/Klefeker/*(Hg.), Handels-Archiv 1849, S. 306.

384 Dort heißt es: „Die Benutzung der für den öffentlichen Verkehr bestimmten Telegraphen steht Jedermann zu.".

dd) Staatlicher Ausbau der Telegraphie

Das Potenzial und die Bedeutung der Telegraphie für Wirtschaft und Gesellschaft wurde, wie eingangs dargelegt, staatlicherseits schnell erkannt und der Ausbau der entsprechenden Infrastruktur vorangetrieben.

In Bayern trat etwa unter *König Ludwig I.* (1786–1868) im Juni 1850 ein eigenes Gesetz zum Aufbau des bayerischen Staatstelegraphennetzes in Kraft.[385] Der Ausbau der Telegraphennetze erforderte hohe Investitionsvolumina. Beispielsweise wurden im Etat des Norddeutschen Bundes für das Jahr 1869 für das Haushaltskapitel „Telegraphenverwaltung" insgesamt 324.945 Rthlr. eingeplant.[386]

Einige wenige Beispiele verdeutlichen dies: Allein für den Ausbau der Telegraphenverbindung und die Einrichtung von 100 neuen Telegraphenstationen wurden 273.945 Rthlr. eingeplant, für die erste Rate des Kaufs eines Grundstücks zur Unterbringung der Generaltelegraphen-Direktion 30.000 Rthlr.[387] Im Etat des Nachtragshaushalts des Deutschen Reichs für das Jahr 1874 wurden für die neuen Telegraphenverbindungen und -stationen 1.000.000 Mark bereitgestellt.[388]

Um den kostspieligen Ausbau der Kommunikationsinfrastruktur leisten zu können, wurden neben der Bereitstellung von Budget im regulären Staatsetat zur weiteren Kapitalbeschaffung zahlreiche Anleihen aufgenommen. Allein seit Gründung des Deutschen Reiches wurden bis Ende des 19. Jahrhunderts 14 Gesetze verabschiedet, in denen der Reichkanzler ermächtigt wurde, für einmalige Ausgaben der Post- und Telegraphenverwaltung weiteres Kapital als Kredit zu beschaffen, indem er eine Anleihe ausgeben durfte.[389]

Ende der 1870er Jahre war es vor allem auch der Bau von unterirdischen Telegraphenlinien, der hohe Investitionen benötigte. So kostete allein die erste Rate des Baus einer unterirdischen Telegraphenlinie von Halle a. S.

---

[385] „Gesetz, die Herstellung eines telegraphischen Netzes für Bayern betreffend" vom 06.06.1850, in: Gesetz-Blatt für das Königreich Bayern, Nr. 18 vom 07.06.1850, S. 178.

[386] „Gesetz, betreffend die Feststellung des Haushalts-Etats des Norddeutschen Bundes für das Jahr 1869", BGBl. NdB Bd. 1868, Nr. 26, S. 437–452.

[387] Kap. 4 Nr. 1 des Haushalts-Etats des Norddeutschen Bundes für das Jahr 1869.

[388] S. Kap. 5 des „Gesetzes, betreffend die Feststellung eines Nachtrags zum Haushalts-Etat des Deutschen Reichs für das Jahr 1874", RGBl 1874, Nr. 12, S. 36–37.

[389] Die Anleihen wurden neben der Finanzierung der Post- und Telegraphenverwaltung zugleich mit Ausgaben der Marine, des Reichsheeres und zur Durchführung der Münzreform ausgegeben, s. im Einzelnen: RGBl. 1875, S. 18; 1876, S. 1; 1877, S. 1; 1877, S. 494; 1878, S. 87; 1879, S. 12; 1880, S. 95; 1881, S. 68; 1881, S. 92; 1888, S. 107; 1890, S. 49; 1890, S. 130; 1891, S. 50; 1891, S. 336; 1896, S. 668.

nach Leipzig sowie von Halle a. S. über Kassel, Frankfurt a. M. nach Mainz und von Berlin über Hamburg nach Kiel, 1.200.000 Mark.[390]

Angesichts der hohen Kosten zum Betrieb und zum Ausbau des Telegraphennetzes ist nachvollziehbar, dass die meisten Staaten, ähnlich wie bei der Eisenbahn in Preußen, offen für die Beteiligung von privaten Unternehmen an der Finanzierung waren, bzw. teilweise auf die Beteiligung angewiesen waren.[391] Umgekehrt war die Zusammenarbeit von Unternehmen mit staatlichen Organen aufgrund der dargestellten monopolistischen Ausgestaltung der Telegraphie zunächst zwingend. So arbeiteten etwa *Felten/Guilleaume* für Telegraphenleitungen und *Siemens* für Telegraphenanlagen eng mit dem Staat zusammen.[392]

ee) Bilaterale und multilaterale Verträge zur Vereinheitlichung der grenzüberschreitenden Ordnung und koordinierten Standardisierung der Telegraphie: Deutsch-Österreichischer Telegraphenverein und völkerrechtliche Verträge

Der rasante grenzüberschreitende Ausbau eines funktionierenden Kommunikationsnetzes der elektro-magnetischen Telegraphie, der für die Etablierung und das Wachstum des neuen Nachrichtenmarktes essentiell war, bedurfte eines eigenen völkerrechtlichen Fundaments. Bilaterale und multilaterale Verträge wurden notwendig, wollte man außerhalb des eigenen Staatsgebiets telegraphische Verbindungen aufbauen und unterhalten.

Die Interessenlage in den unterschiedlichen Staaten bezüglich des Telegraphennetzes war relativ homogen, da alle Länder an einer globalen und einwandfrei funktionierenden Netzabdeckung zu einem möglichst geringen Preis interessiert waren. Aus diesem Grund wurde der ausschließlich einzelstaatliche Betrieb der Telegraphie durch Standards mit einheitlichen Normungen und Typisierungen staatsübergreifend geregelt.

Insbesondere die staatsrechtlichen Verhältnisse Deutschlands mit einer territorialen Zersplitterung in kleine Einzelstaaten führten zur Notwendigkeit von bilateralen völkerrechtlichen Verträgen zur telegraphischen Infrastruktur. Bereits die im Jahr 1848 vom preußischen Staat fertiggestellte Telegraphenlinie zwischen Berlin und Frankfurt a.M. führte durch sieben andere deutsche Staaten, mit denen entsprechende Vereinbarungen geschlossen wurden.[393] In materieller Hinsicht ging es in solchen Abkommen zunächst um

---

[390] „Gesetz, betreffend die Aufnahme einer Anleihe für Zwecke der Post- und Telegraphenverwaltung", RGBl. 1877, S. 1 ff.

[391] *Schmoeckel*, ZRG KA 132 (2015), S. 288.

[392] Vgl. *Kleinschmidt*, Technik und Wirtschaft, S. 143.

[393] Vgl. *Reindl*, Partikularstaatliche Politik und technische Dynamik, S. 89 ff.; *Scharner*, Deutsches Telegraphenrecht, S. 140.

den Bau und Betrieb von eigenen Telegraphenstationen und -leitungen im Ausland sowie um den Status der dort eingesetzten Beamten.[394] Eine weitere Regelungsmaterie in zwischenstaatlichen Abkommen war die Weiterleitung von Nachrichten bei Überschreitung einer Staatsgrenze.[395]

Die Telegraphie konnte ihr volles Potenzial nur erreichen, wenn sie als standardisiertes Kommunikationsmittel breit eingesetzt wurde. Hierfür waren grenzüberschreitende einheitliche Vorschriften und Standards in technischer und rechtlicher Hinsicht notwendig. Technisch benötigte man vor allem Normierungen und Typisierungen bei den Telegraphenapparaten und ihren (seriellen) Schnittstellen für den Empfang und die Übertragung der elektrischen Signale sowie eine einheitliche Sprache im Sinne einer Codierung der Nachrichten.[396] Rechtlich benötigte man klare Regeln für die Nutzung der grenzüberschreitenden Telegraphie und weitere Einzelaspekte, wie die Vertraulichkeit der Nachrichten, Tarifbestimmungen und Haftungsfragen. Durch gemeinsame Standards wurde zugleich die Produktion der Hardware günstiger, wodurch auch der Ausbau günstiger wurde.[397]

Abseits einzelner Verträge schlossen sich Staaten bald zu multinationalen Vereinigungen zusammen, um dauerhaft das gemeinsame Ziel eines Ausbaus eines standardisierten telegraphischen Kommunikationsnetzes voranzutreiben. Als erste Organisation dieser Art schlossen auf Initiative Preußens am 25. Juli 1850 in Dresden die Staaten Preußen, Österreich, Bayern und Sachsen den „Vertrag über die Bildung des deutsch-österreichischen Telegrafenvereins"[398] ab, der am 1. Oktober 1850 in Kraft trat und durch dessen Ratifizierung in den Mitgliedstaaten der *Deutsch-Österreichischen-Telegraphenverein* gegründet wurde.[399] Die Organisation verfolgte das Ziel, zwischen den Mitgliedstaaten technische Standards und gemeinsame Regeln zur Pflicht und den Kosten der grenzüberschreitenden Beförderungen oder auch zur Öffnung der Telegraphie für die private Nutzung zu definieren.[400]

Zusätzliche Zwecke waren der in der Organisation stattfindende Wissenstransfer und die Schaffung einer Plattform für Diskussionen, die durch die

---

394 *Scherner*, ZNR 1994, S. 42.

395 S. *Reyscher*, ZDR Bd. 19 (1859), S. 273; *Wolcke*, Telegraphenrecht Bd. 1, S. 20.

396 Vgl. *Schumny/Ohl*, Digitale Schnittstellen, S. 135, 157.

397 Vgl. mit modernen Bezügen *Sielcken*, Telegraphenindustrie, S. 62, 65.

398 Zeitschrift des Deutsch-österreichischen Telegraphen-Vereins, Jg. I. (1854), Kap. VI., S. 2 ff.; im selben Kap. sind auch die beiden Nachverträge v. 14. Oktober 1851 (ab. S. 13 ff.) sowie v. 23. September 1853 (ab. S. 22 ff.) abgedruckt.

399 Vgl. *Ambrosius*, Regulativer Wettbewerb und koordinative Standardisierung, S. 175; *Seidel*, Geschichte der Telegraphie im 19. Jahrhundert , S. 150 ff.; *Scherner*, ZNR 1994, S. 46; vgl. auch die zeitgenössische Darstellung bei *Reyscher*, ZDR Bd. 19 (1859), S. 274; die Verträge mussten natürlich noch innerstaatlich ratifiziert werden, s. Zeitschrift des Deutsch-österreichischen Telegraphen-Vereins, Jg. I. (1854), S, 2 ff.

400 Vgl. *Reindl*, Partikularstaatliche Politik und technische Dynamik, S. 34, 45.

einmal pro Jahr in Berlin im Auftrag der Organisation durch die Königlich-Preußische-Telegraphen-Direktion herausgegebene *Zeitschrift des Deutsch-Österreichischen Telegraphen-Vereins* institutionalisiert wurde.

Anhand des Inhaltes des ersten Jahrgangs der Zeitschrift aus dem Jahr 1854 lässt sich ableiten, welche Aspekte durch die Arbeit der Organisation abgedeckt wurden: Zunächst wurden technische „Abhandlungen aus den Gebieten der Telegraphie“[401], gefolgt von ebenfalls technisch-naturwissenschaftlichen „Abhandlungen über der Telegraphie verwandte Gegenstände“[402] publiziert. Anschließend folgten Mitteilungen aus den Mitgliedstaaten „über bestehende Telegraphen-Linien, deren Einrichtungen, Längen, etc.“[403] sowie „Statistische Nachrichten“[404]. Im folgenden Kapitel erschienen „Miscellen“[405], z. B. zur Geschichte der elektrischen Telegraphie, den Privat-Telegraphen in den Niederlanden oder zur Möglichkeit von transatlantischen Telegraphenlinien. Im sechsten Kapitel wurden „Verträge und Reglements“[406] aufgeführt, sowohl hinsichtlich der Binnenorganisation, z. B. interne Reglements oder Nachverträge zum Gründungsvertrag, als auch bilaterale Verträge zur Telegraphie anderer Staaten.

So erhielt der Leser einen umfassenden Überblick über die bestehenden rechtlichen Rahmenbedingungen der Telegraphie auch abseits seines eigenen Rechtskreises. Es folgte ein weiteres Kapitel mit „Amtlichen Nachrichten“[407], vor allem zur Einführung von neuen in der Telegraphie verwendeten Schriftzeichen und der Eröffnung neuer bzw. Schließung alter Telegraphenlinien und -stationen sowie „Eisenbahn-Telegraphen-Stationen“ im Gebiet des Telegraphenvereins.

Darüber hinaus wurden in einem eigenen Abschnitt von Mitgliedstaaten erlassene Verordnungen zur Telegraphie publiziert, und Listen neuer „Telegraphen-Linien und Stationen im Ausland“ sowie „Tarif-Änderungen“ ver-

---

[401] Zeitschrift des Deutsch-österreichischen Telegraphen-Vereins, Jg. I. (1854), Kap. I., S. 41 ff.

[402] Zeitschrift des Deutsch-österreichischen Telegraphen-Vereins, Jg. I. (1854), Kap. II., S. 108 ff.

[403] Zeitschrift des Deutsch-österreichischen Telegraphen-Vereins, Jg. I. (1854), Kap. III., S. 31 ff.

[404] Zeitschrift des Deutsch-österreichischen Telegraphen-Vereins, Jg. I. (1854), Kap. IV., S. 66 ff.

[405] Zeitschrift des Deutsch-österreichischen Telegraphen-Vereins, Jg. I. (1854), Kap. V., S. 70 ff.

[406] Zeitschrift des Deutsch-österreichischen Telegraphen-Vereins, Jg. I. (1854), Kap. VI., S. 1 ff.

[407] Zeitschrift des Deutsch-österreichischen Telegraphen-Vereins, Jg. I. (1854), Kap. VII., S. 86 ff.

öffentlicht. Abgeschlossen wurde der erste Jahrgang mit einer Übersicht über die zur Telegraphie erschienene Literatur.[408]

Die Organisation wuchs schnell an, zwischen 1850 und 1855 traten Baden, Hannover, Mecklenburg, Schwerin, Württemberg und die Niederlande bei.[409] Die Regularien innerhalb der Organisation wurden auf Konferenzen erweitert, es folgten etwa die Verpflichtungen zur Einhaltung des Telegraphengeheimnisses oder die Festlegung von Betriebsvorschriften und Dienstanweisungen für den Betrieb von Anlagen.[410] Nach dem Preußisch-österreichischen Krieg 1866 wurde die Organisation umstrukturiert, mit Gründung des Deutschen Reiches löste sich die Organisation zum Ende des Jahres 1871 auf.[411] Nun war gem. Art. 52 Abs. 3 Verfassung v. 1871 das Reich für den Abschluss völkerrechtlicher Verträge zuständig.[412]

Nur zwei Jahre nach Gründung des *Deutsch-Österreichischen-Telegraphenvereins* gründeten Belgien, Frankreich, Sardinien und die Schweiz eine vergleichbare Organisation. Eine umfassende europäische Dimension ergab sich ab dem Jahr 1865, als zwanzig europäische Länder, darunter sieben deutsche Staaten, am 17. Mai 1865 in Paris den *Internationalen Telegraphenverein* (ITV)[413] gründeten, um im Rahmen von gemeinsamen Konferenzen (*Telegraphenkongress*) vertraglich Standards und Richtlinien zum Betrieb der Telegrapheneinrichtungen zu vereinbaren.[414] Staaten wie England und die USA waren ausgeschlossen, da dort die Telegraphie privatrechtlich ausgestaltet war.

Auch der Schutz von neuartigen Telegraphenverbindungen wurde durch zwischenstaatliche Verträge gesichert. So wurde zum Schutz der neuen Un-

---

408 Zeitschrift des Deutsch-österreichischen Telegraphen-Vereins, Jg. I. (1854), Kap. VIII., S. 72 ff.

409 Dazu m. w. N. *Reindl*, Partikularstaatliche Politik und technische Dynamik, S. 41; *Scherner*, ZNR 1994, S. 47.

410 Vgl. *Scherner*, Deutsches Telegraphenrecht, S. 141; *Reyscher*, ZDR Bd. 19 (1859), S. 274 ff.; zum Verhältnis und Rangfolge der unterschiedlichen Rechtsquellen vgl. Zeitschrift des Deutsch-österreichischen Telegraphen-Vereins, Jg. II. (1858), S. 26.

411 Es folgten weitere völkerrechtliche Verträge zur Vereinheitlichung von Gebühren, der Definitionen von Maßen etc., z. B. der „Telegraphen-Vertrag zwischen dem Norddeutschen Bunde und Luxemburg" v. 25. Mai 1868 (BGBl. NdB. 1868, S. 368–371).

412 Mit in der Verfassung v. 1871 festgeschriebenen Vorbehalte von Württemberg und Bayern.

413 Auch als „Welttelegraphenverein" bezeichnet; heute unter der Bezeichnung „Int. Fernmeldeunion" als Sonderorganisation der VN mit Sitz in Genz aktiv.

414 Es wurden insg. zehn Konferenzen abgehalten: 1865 (Paris), 1868 (Wien), 1871/72 (Rom), 1875 (St. Petersburg), 1932 (Madrid), 1947 (Atlantic City), 1952 (Buenos Aires), 1959 (Genf), 1965 (Montreux) und 1973 (Malaga-Torremolinos); auch hier musste eine entsprechende innerstaatliche Ratifizierung erfolgen, z. B. „Internationaler Telegraphen-Vertrag vom 21. Juli 1868", abgedruckt im „Central-Organ für das deutsche Handels- und Wechselrecht", n. F. Bd. 5 (1869), S. 136–149.

terseekabel bereits im Jahr 1884 ein völkerrechtlicher Vertrag abgeschlossen, der unter anderem strafrechtliche Sanktionen bei Beschädigung der unterseeischen Telegraphenkabel vorsah.[415] Diesem Vertrag traten bereits vier Jahre später weitere Länder hinzu, die an das unterseeische Telegraphennetz angeschlossen wurden, das ihr Hoheitsgebiet berührte.[416] Für die sich Ende des 19. Jahrhunderts immer weiter verbreitete drahtlose Telegraphie (Funktelegraphie) einigten sich 27 Ländern erstmals im November 1906 in Berlin mit dem „Internationalen Funkentelegraphenvertrag" auf einheitliche Standards.[417]

b) Strafrechtlicher Schutz der telegraphischen Kommunikation und ihrer Infrastruktur

aa) Einleitende Anmerkungen

Im Zusammenhang mit der Telegraphie kamen mehrere Schutzgüter in Betracht, die strafrechtlich geschützt werden konnten. Im Kontext des Nachrichtenmarktes sicherte der strafrechtliche Schutz auch die Funktionsfähigkeit des Marktes ab.

Zunächst kam das Schutzgut eines funktionierenden Telegraphennetzes und damit einer funktionierenden Kommunikationsinfrastruktur in Betracht, indem Handlungen mit Strafe bedroht werden, die sich gegen ein Element der telegraphischen Infrastruktur (z. B. Anlage, Maschine) richteten. Neben der damit intendierten Sicherstellung der Funktionsfähigkeit des staatlichen Telegraphenwesens wurde damit auch etwaigen Forderungen der Privatwirtschaft nach einer Reformierung und Privatisierung des Systems gegengesteuert.

---

[415] „Internationaler Vertrag zum Schutze der unterseeischen Telegraphenkabel" v. 14.03.1884 (RGBl. 1888, S. 151–168), umgesetzt ins nationale Recht durch das „Gesetz zur Ausführung des internationalen Vertrages zum Schutze der unterseeischen Telegraphenkabel" v. 14. März 1884 v. 21.11.1887 (RGBl. 1888, S. 169).

[416] Beitritt der Britischen Kolonien und Besitzungen Canada, Neufundland, Cap, Natal, Neu-Süd-Wales, Tasmanien, West-Australien und Neu-Seeland zum „Internationalen Vertrage zum Schutze der unterseeischen Telegraphenkabel", vgl. dazu die entsprechende Bekanntmachung v. 5. Dezember 1888 (RGBl. 1888, S. 292), sowie der ein Jahr später erfolgte Beitritt von Tunis, s. Bekanntmachung v. 13. September 1889 (RGBl. 1889, S. 194).

[417] Vertragsparteien Argentinien, Belgien, Brasilien, Bulgarien, Chile, Dänemark, Deutschland, Frankreich, Griechenland, Großbritannien, Italien, Japan, Mexiko, Monako, Niederlande, Norwegen, Österreich, Persien, Portugal, Rumänien, Russland, Schweden, Spanien, Türkei, Ungarn, Uruguay und die USA; eine ausführliche Darstellung inkl. den Diskussionen der Vorkonferenz im Jahr Berlin 1903 bei *Thurn*, Funktstationen und Funkverkehr, S. 1118 f.; der Vertrag wurde durch den Internationalen Funkentelegraphenvertrag in London v. 05.07.1912 abgelöst, s. RGBl. 1913, S. 373.

Außerdem konnten Handlungen strafrechtlich pönalisiert werden, die sich gegen das Schutzgut der Vertraulichkeit und Integrität der telegraphischen Kommunikation richteten. Das Depeschengeheimnis war essentielle Bedingung für die Nutzung desselben Telegraphennetzes durch Konkurrenten auf dem Nachrichtenmarkt.

Schließlich stellte sich die Frage, ob strafbare Handlungen, die mittels der Telegraphie als Werkzeug begangen wurden gesondert zu regeln waren. Nach der Frage des „ob" stellte sich die Frage des „wie" der Bestrafung. Es war zu erörtern, ob das bestehende Sanktionsregime ausreichte oder für die neue Technik mit seinen Schutzgütern neue Straftatbestände geschaffen werden mussten.

Der Staat hatte als monopolistischer Betreiber mit hohen Investitionskosten ein hohes Interesse an einer funktionierenden Telegrapheninfrastruktur. Die Telegraphie musste hierfür sowohl in technischer Hinsicht (funktionierende Anlagen und Prozesse) als auch in materieller Hinsicht (Vertraulichkeit der Nachrichten) geschützt werden. Nach dem Bau der ersten Telegraphenlinien, zunächst als oberirdische Leitungen, ergab sich zunächst die Notwendigkeit eines Schutzes gegen vorsätzliche und fahrlässige Beschädigung der Anlagen, da die bisherigen Straftatbestände (z. B. Sachbeschädigung und grober Unfug) nicht ausreichten, um alle Beschädigungen an den Telegraphenanlagen unter diese Tatbestände zu subsumieren.[418]

bb) Strafgesetzgebung im Kontext der Telegraphie

Die einzelnen deutschen Staaten begannen früh damit, die von ihnen installierte und betriebene Telegraphie unter den besonderen Schutz des Strafrechts zu stellen.[419] Über den gesamten Untersuchungszeitraum der Arbeit können, abseits einer Gesamtdarstellung aller Normen, einige essentielle Schutzgüter identifiziert werden, die hinsichtlich ihrer Handlungen in folgende Kategorien strafbarer Handlungen unterteilt werden können:[420] Vergehen gegen das Ausschließlichkeitsrecht des Staates zur Errichtung und zum Betrieb telegraphischer Verbindungen („Telegraphenregal"), Vergehen gegen Telegraphenanlagen und die dort eingesetzten Beamten, Vergehen in Bezug auf die von der Telegraphenverwaltung ausgegebenen Wertzeichen („Telegraphen-Freimarken"), Vergehen der Telegraphenbeamten selbst und anderer Personen, die den Telegraphen beaufsichtigen oder bedienen, sowie

---

[418] Vgl. *Dambach*, Der Gerichtssaal Jg. 23 (1871), S. 243 f.; *Scherner*, Deutsches Telegraphenrecht, S. 146.

[419] Im Detail bei *Scherner*, Deutsches Telegraphenrecht, S. 146.

[420] So auch *Otto Dambach* (1831–1899) in seiner Darstellung aus dem Jahr 1871, s. *Dambach*, Der Gerichtssaal Jg. 23 (1871), S. 245 ff.; vgl. auch seine Darstellung im Standardwerk aus dem Jahr 1897 *Dambach*, Telegraphen-Strafrecht, S. 4 ff.

schließlich Vergehen, die mit dem Telegraphen als Tatmittel begangen wurden.

Handlungen gegen das staatliche Telegraphenregal setzten zunächst denklogisch voraus, dass überhaupt ein solches Regal existierte.[421] Die Frage war zwar juristisch umstritten, faktisch wurde die Existenz eines Telegraphenregals jedoch staatlicherseits angenommen. Daher führten einzelne deutsche Länder entsprechende Straf- und Ordnungsvorschriften ein, die Geldstrafen und Konfiszierung der Apparate vorsahen.[422] Nachdem gerichtliche Entscheidungen das Vorliegen eines Regals im Deutschen Kaiserreich ablehnten,[423] wurde das staatliche Telegraphenmonopol durch die §§ 9 f. Telegraphengesetz 1892 geschützt, indem die Errichtung und der Betrieb privater Anlagen unter Strafe gestellt wurden.

In Anlehnung an bereits bestehende Strafbestimmungen bei der Sabotage von Eisenbahnanlagen gab es bereits mit Errichtung der ersten Staatstelegraphen in der Mitte des 19. Jahrhunderts in nahezu allen deutschen Staaten strafrechtliche Spezialnormen zur Sanktionierung von Handlungen, die in vorsätzlicher oder fahrlässiger Ausführung die Benutzung von staatlichen Telegraphenanstalten störten oder verhinderten.[424]

Als mögliche Tathandlungsvarianten wurden etwa die Wegnahme, Zerstörung oder Beschädigung der Telegraphenapparate, Telegraphenleitungen oder sonstigen Zubehörs sowie die Verhinderung der Wiederherstellung der Funktionsfähigkeit genannt, etwa in Preußen durch die „Verordnung, betreffend die Bestrafung der Vergehen gegen die Telegrafenanstalten vom 15. Juni 1849" (im Folgenden: Pr. VO 1849)[425] als erste Strafvorschrift zur Telegraphie im Deutschen Bund.[426] § 1 Pr. VO 1849 normierte wörtlich: „Wer in einer Telegraphenanstalt des Staates oder einer Eisenbahngesellschaft vorsätzlich Handlungen verübt, welche die Benutzung dieser Anstalt zu ihrem Zwecken [sic!] verhindern oder stören, wird mit Gefängniß von drei Monaten bis zu drei Jahren bestraft.".[427]

---

[421] Vgl. *Dambach*, Der Gerichtssaal Jg. 23 (1871), S. 245 ff.

[422] U. a. in Sachsen durch Gesetz v. 21. September 1855, s. *Dambach*, Der Gerichtssaal Jg. 23 (1871), S. 249.

[423] S. Urt. des Kgl. LG Berlin v. 10. Juli 1890 bei *Leske*, AöR Bd. 6 (1891), S. 551.

[424] *Scherner*, Deutsches Telegraphenrecht, S. 156; *Dambach*, Der Gerichtssaal Jg. 23 (1871), S. 246, 250 ff.

[425] Vgl. Pr. GS 1849, S. 217–219.

[426] So auch bald in Bayern durch Gesetz v. 24. Oktober 1849; in Sachsen durch Gesetz v. 11. August 1855, auch in anderen europäischen Ländern wurde die Telegraphie strafrechtlich geschützt, in Österreich durch VO v. 8. Februar 1852, Frankreich durch Dekret vom 27. Dezember 1851, in Dänemark durch Gesetz vom 29. Dezember 1851, in Norwegen durch Gesetz vom 31. Juli 1854, vgl. *Dambach*, Der Gerichtssaal Jg. 23 (1871), S. 244 Fn. 7, *Scherner*, Deutsches Telegraphenrecht, S. 146.

[427] Pr. GS 1849, S. 217; auch Telegraphenbeamte konnten sich nach dieser VO bei Verletzung ihrer Dienstpflichten strafbar machen.

Als objektives Tatbestandsmerkmal der Norm musste zunächst eine „Telegraphenanstalt des Staates oder einer Eisenbahngesellschaft" vorliegen. Als Taterfolg musste die „Benutzung dieser Anstalt zu ihrem Zwecken" verhindert oder gestört werden. Schon die „Störung" des Betriebs reichte für den Gesetzgeber als nachteilige Veränderung des durch die Norm geschützten Rechtsguts der störungsfreien Kommunikation aus und sah bei Eintreten des Erfolgs eine Mindeststrafe von drei Monaten Gefängnis vor.

Das Schutzgut eines störungsfreien Betriebs der Telegraphen und damit auch das öffentliche Interesse an einer reibungslosen telegraphischen Kommunikation fand auch Eingang in den §§ 296–300 des Preußischen Strafgesetzbuches vom 14. April 1851 (im Folgenden: pStGB)[428], übernommen vom Strafgesetzbuch des Norddeutschen Bundes[429] sowie anschließend in die §§ 317–319 des Strafgesetzbuches für das Deutsche Reich vom 15. Mai 1871 (im Folgenden: RStGB).[430]

§ 296 pStGB sah bei einer vorsätzlichen Störung des staatlichen, telegraphischen Betriebs eine Mindeststrafe von drei Monaten Gefängnis und einen Strafrahmen bis zu drei Jahren Gefängnis vor, § 317 RStGB eine Mindeststrafe von einem Monat.[431] Der Taterfolg des § 296 S. 1 pStGB war eingetreten, wenn „die Benutzung dieser Anstalt zu ihren Zwecken verhindert oder gestört" wurde, wobei als Tathandlungen folgende Varianten exemplifiziert wurden:

> „Wegnahme, Zerstörung oder Beschädigung der Drahtleitung, der Apparate und sonstigen Zubehörungen der Telegraphenanlagen, die Verbindung fremdartiger Gegenstände mit der Drahtleitung, die Fälschung der durch den Telegraphen gegebenen Zeichen, die Verhinderung der Wiederherstellung einer zerstörten oder beschädigten Telegraphenanlage, die Verhinderung der bei der Telegraphenanlage angestellten Personen in ihrem Dienstberufe".

Der Taterfolg wurde in § 317 RStGB wörtlich übernommen, auf die Exemplifizierung der Tathandlungsvarianten wurde hingegen verzichtet.[432] § 297

---

[428] Gesetz über die Einführung des Strafgesetzbuchs für die Preußischen Staaten v. 14. April 1851, in Kraft ab dem 1. Juli 1851, s. Pr. GS 1851, S. 93 ff.

[429] BGBl. NdB. 1870, S. 197–273.; die preußischen Regelungen wurden in den nachfolgenden Jahren auch in anderen deutschen Ländern adaptiert, z. B. in Sachsen durch das „Gesetz, die Beschädigung von Eisenbahnen und Telegrafen sowie einige damit zusammenhängender Vergehen betreffend" v. 11. August 1855 (Sächs. GBl. 1855, S. 177, 298–321); in Bayern durch die Art. 358–360 des Bayerischen StGB v. 10. November 1861 (Bay. GBl. 1862, S. 321 ff.).

[430] „Gesetz, betreffend die Redaktion des Strafgesetzbuches für den Norddeutschen Bund als Strafgesetzbuch für das Deutsche Reich", RGBl. 1871, S. 127–205; vgl. dazu *Scherner*, Deutsches Telegraphenrecht, S. 157.

[431] Zu den Landesgesetzen zum Schutz der Telegraphen s. *Dambach*, Der Gerichtssaal Jg. 23 (1871), S. 263 ff.

[432] Dabei war schon Auslegung des Grundtatbestandes str., z. B. wann eine Handlung

pStGB sah eine Erfolgsqualifikation vor, falls als Folge der vorsätzlichen Verhinderung oder Störung der Benutzung der Telegraphenanstalt (Grundtatbestand des § 296 pStGB) auch ein Mensch an Körper oder Gesundheit geschädigt wurde. Im Fall des Eintretens dieses qualifizierten Erfolges lag die Strafandrohung bei bis zu zehn Jahren Zuchthaus, im Falle des Tods eines Menschen lag der Strafrahmen zwischen zehn und zwanzig Jahren Zuchthaus. Die fahrlässige Begehung des § 296 pStGB wurde gem. § 298 pStGB sanktioniert.

Darüber hinaus schuf man mit § 298 Abs. 2 pStGB ein Sonderdelikt für Telegraphenbeamte, der weitere dienstrechtliche Konsequenzen in §§ 299 f. pStGB (Dienstunfähigkeitserklärung für Eisenbahn- und Telegraphenbedienstete und sofortige Entlassung) vorsah. Vergleichbare Reglungen wurden in § 318 RStGB (fahrlässige Begehung) und in den §§ 318 Abs. 2, 319 f. RStGB getroffen.[433]

Besondere Bedeutung kam dem Schutz der Integrität und Vertraulichkeit der einzelnen Nachricht vor Fälschung oder unbefugter Kenntnis oder Weitergabe zu, was zeitgenössisch unter der Bezeichnung „Depeschen-Geheimnis“ diskutiert wurde. So war die Vertraulichkeit des Inhalts der einzelnen Nachrichten seit den ersten Installationen von Telegraphenstationen Gegenstand besonderer Schutzvorschriften. Schon in § 11 S. 1 Pr. VO 1849 wurde die Geheimhaltungspflicht der Telegraphenbeamten festgeschrieben: „Sämmtliche Telegraphen-Beamten sind zur strengsten Geheimhaltung der telegraphischen Depeschen verpflichtet“.[434] Ähnlich formulierte es § 25 Badische VO v. 6. Oktober 1850 unter dem Titel „Bewahrung des Telegraphengeheimnisses“:

> „Sämmtliche Telegraphenbeamte sind auf Strengste lebenslängliche Geheimhaltung der telegraphischen Depeschen vereidigt. Fremden Personen ist der Zutritt zu den Apparaten-Zimmern der Telegraphenstationen während des Telegraphierens nicht gestattet.“

Rein nationale Regelungen waren unzureichend, da die Telegraphie ein grenzüberschreitendes Kommunikationsmedium darstellte. Im Rahmen der ITV verständigten sich die Mitgliedstaaten am 21. Juli 1868 in Wien im abgeänderten „Welt-Telegraphenvertrag“[435] vom 17. Mai 1865 auf die Gewähr-

---

obj. geeignet ist, eine Störung herbei zu führen, tatsächlich aber keine Störung erfolgte; die h. M. verlangte die tatsächliche Störung des Telegrafenbetriebes, vgl. RGSt 11, 336.

[433] Zur Auslegung des Begriffs „Telegraphenanstalt“ i. S. d. §§ 317 f. RStGB, s. RGSt 19, 55; vgl. die Darstellung m. w. N. bei *Köbele*, Fernmeldewesen und Telematik, S. 76.

[434] *Delbrück/Klefeker*/(Hg.), Handels-Archiv 1849, S. 306; In § 11 S. 2 Pr. VO 1849 wurde in organisatorischer Hinsicht vorgeschrieben, dass „fremden Personen der Zutritt zu dem Arbeitszimmer der Telegraphen-Station nur mit ausdrücklicher Erlaubnis der Direktion oder des betreffenden Stations-Vorstehers, resp. dessen Stellvertreters und auch nur dann gestattet, wenn nicht telegraphiert wird.“.

[435] Vgl. dazu die obigen Ausführungen unter B. II. 2. a).

leistung eines „Depeschen-Geheimnis" im Rahmen der grenzüberschreitenden Telegraphie.[436]

Abseits disziplinarischer beamtenrechtlicher Ahndungen und Sanktionen in den Einzelstaaten sahen zunächst nur Belgien, Frankreich und die Schweiz eigenständige strafrechtliche Sanktionen für die Verletzung des Nachrichtengeheimnisses vor.[437] Erst im Deutschen Kaiserreich wurde mit § 355 RStGB ein neues Sonderdelikt für Telegraphenbeamte geschaffen, das mit Bezug auf die Nachricht fünf strafbare Tathandlungsvarianten mit einer Strafandrohung von mindestens drei Monaten Gefängnis sowie den Verlust der Ämter (vgl. § 358 RStGB) aufführte: „verfälschen", „eröffnen oder unterdrücken", „Inhalt Dritten rechtswidrig benachrichtigen" oder „einem anderen wissentlich eine solche Handlung gestatten" oder dazu „wissentlich Hilfeleisten".[438]

Damit wurden alle Handlungsalternativen unter Strafe gestellt, die denklogisch die Vertraulichkeit einer Nachricht sowie die Kenntnisnahme durch den Berechtigten verletzen konnten. Zudem wurde der Personenkreis durch den Straftatbestand auf alle im Umfeld der telegraphischen Nachrichten tätigen Beamten ausgeweitet. Selbst das bloße „Gestatten lassen" wurde mit mindestens drei Monaten Gefängnis geahndet, abseits der beamtenrechtlichen Konsequenzen. Die hohe Strafandrohung zeigt zudem die Wichtigkeit, die der Gesetzgeber dem geschützten Rechtsgut eingeräumt hatte. Auch in der Telegraphenordnung 1872 wurde die Wahrung des Telegraphengeheimnisses in § 2 Telegraphenordnung 1872 festgelegt.

Ebenfalls neu geschaffen wurden strafrechtliche Sanktionen zum Schutz der Telegraphen-Wertzeichen. Diese von der Post- und Telegraphenverwaltung ausgegebenen Wertzeichen gaben Auskunft über die Höhe der entrichteten Gebühr für die Beförderung von telegraphischen Nachrichten.[439] Während die Fälschung und Wiederverwendung von Telegraphen-Wertzeichen noch als Tathandlungsvariante des § 296 pStGB aufgeführt wurde, schuf man mit § 275 RStGB in unmittelbarer Nähe zu den Urkundsdelikten eine eigene Strafnorm zum Schutz der Telegraphen-Freimarken. Während der Zeit des Norddeutschen Bundes wurde die Verfälschung der Telegraphen-Freimarken 1869 in § 2 des Gesetzes, betreffend die Einführung von Telegraphenfreimarken, unter Strafe gestellt.[440]

---

[436] „Internationaler Telegraphen-Vertrag" vom 21. Juli 1868, u. a. abgedruckt im „Central-Organ für das deutsche Handels- und Wechselrecht" n. F. Bd. 5 (1869), S. 136–149: dort verpflichteten sich die Staaten in § 5 „alle nothwendigen Maßregeln zu ergreifen, um das Geheimniß der Depeschen und deren gehörige Besorgung zu sichern".

[437] *Dambach*, Der Gerichtssaal Jg. 23 (1871), S. 281.

[438] Vgl. zu den Auslegungsproblemen der Norm m. w. N. *Dambach*, Der Gerichtssaal Jg. 23 (1871), S. 286 ff.

[439] *Dambach*, Der Gerichtssaal Jg. 23 (1871), S. 264.

[440] BGBl. NdB. 1869, S. 377.; vgl. *Scherner*, Deutsches Telegraphenrecht, S. 147 f.

Außerdem kamen Verbrechen und Vergehen in Betracht, die mithilfe des Telegraphen begangen werden konnten, da die neue Technik potenziell für verschiedene Handlungen (etwa Vorbereitung, Ausführung, Verdunklung) eingesetzt werden konnte. In diesem Zusammenhang sah der Gesetzgeber keine Notwendigkeit, neue Straftatbestände zu schaffen, sodass neue Rechtsfragen durch die Rechtsprechung und die Rechtswissenschaft beantwortet wurden. Beispielweise wurde diskutiert, ob die Fälschung eines Telegrams eine Urkundenfälschung gem. § 267 RStGB darstellen konnte[441] oder ob eine strafbare Majestätsbeleidigung, die per Telegramm aufgegeben, auf dem Transportweg aber angehalten wurde und damit nie den vom Täter intendierten Ort erreichte, schon vollendet war.[442]

Die Strafbarkeit der Bestechung von Beamten erhielt durch die Telegraphie und die Arbeit der Nachrichtenagenturen neue praktische Anwendungsfälle. Da die von den Nachrichtenagenturen für ihre Dienstleistungen genutzten Telegraphenanlagen (vorerst) ausschließlich staatliche Anlagen waren, hatten sie weder rechtlich noch tatsächlich Einfluss auf die dort eingesetzten Beamten. Um an telegraphisch übersandte Informationen zu gelangen, musste in der Regel ein mit den Nachrichten befasster Beamter involviert werden, dessen Strafbarkeit explizit durch die oben genannten Regelungen pönalisiert wurde. Für den anderen Täter verblieb eine Strafbarkeit wegen Bestechung von Beamten. Ein konkreter Fall, in dem es um die unbefugte Weitergabe telegraphischer Depeschen von *Wolff's Telegraphischem Bureau* ging, wurde in einem publizierten Prozessbericht dokumentiert, der im Folgenden dargestellt wird.

cc) Strafprozess vor dem Berliner Kriminalgericht wegen der unbefugten Weitergabe telegraphischer Depeschen von Wolff's Telegraphischem Bureau

In einer anonym verfassten Publikation, vermutlich aus dem Jahr 1855, mit dem Titel

> „Prozeß wegen Verraths telegraphischer Depeschen gegen die Telegraphenbeamten Janck und Eichmann, die Banquiers Louis Meyer und Goldberg und die Buchhalter Gebrüder Julius und Isidor Reichenheim. Mit den wohlgetroffenen Portraits der Angeklagten.",

---

[441] Mit Bsp. aus Lit. und Rspr. s. *Dambach*, Der Gerichtssaal Jg. 23 (1871), S. 292 ff.; der TB der Urkundenfälschung war eng gefasst und neben der Verfälschung war das Gebrauchen kumulativ notwendig, s. *Scherner*, Deutsches Telegraphenrecht, S. 158; nach Ansicht des RG war in der Aufgabe des Telegramms noch keine Ingebrauchnahme zu sehen, da der Empfänger noch nicht getäuscht worden sei und die Nutzung der Telegraphie lediglich die „Benutzung von Naturkräften" darstelle, s. RGSt 8, 92.

[442] Nach Ansicht des Appellationsgerichts Wolfenbüttel reichte die Kenntnisnahme irgendeiner Person für die Vollendung des Delikts aus, s. Deutsche Strafrechtszeitung 1871, S. 120.

die im Verlag der *Gebauer'schen Buchhandlung* in Berlin veröffentlicht wurde, wird detailliert der vor dem Berliner Kriminalgericht geführte Strafprozess gegen mehrere Personen wegen Bestechung von Beamten sowie einer unbefugten Weitergabe von telegraphischen Depeschen geschildert. Der 77-seitige Bericht inkl. einer Zeichnung der Angeklagten im Gerichtssaal beginnt mit der Vorgeschichte der Verhandlung und endet mit dem Urteil.[443]

In dem Strafverfahren ging es um den Vorwurf der Bestechung von zwei Telegraphenbeamten durch Berliner Bankiers, um den Inhalt der dort eingehenden politischen und kaufmännischen Nachrichten vor der Übermittlung an den eigentlichen Adressanten zu erfahren. Angeklagt waren zwei Beamte: der Königliche Telegraphen-Assistent *Johann Wilhelm August Janck* und der ehemalige Königliche Untertelegraphier *Carl Alwin Gustav Guido Eichmann*,[444] darüber hinaus die „Handlungsgehilfen" *Julius Reichenheim* und *Isidor Reichenheim* sowie schließlich der Kaufmann *Julius Martin Goldberg* und der Bankier *Louis Meyer*.[445]

Hintergrund des Strafverfahrens war, dass an der Berliner Börse einige Bankiers vor allem in den Jahren 1853 und 1855 früher als andere Kenntnis von wirtschaftlichen und politischen Informationen erhielten und danach erfolgreich ihre Börsengeschäfte ausrichteten. So wurde berichtet, dass durch die kurzzeitige vorherige Kenntnis von Orderaufträgen anderer Bankiers einzelne Aktienkurse um bis zu drei Prozent anstiegen.[446] Darüber hinaus konnte der erste Käufer direkt zu einem höheren Kurs verkaufen und schnell erhebliche Gewinne realisieren, während der ursprüngliche Auftraggeber Verluste hinnehmen musste. Dabei fiel insbesondere der Berliner Bankier *Louis Meyer* auf, der gemeinsam mit seinem Buchhalter *Reichenheim* durch seine zeitlich stets perfekt abgestimmten Käufe und Verkäufe an der Börse so viel Geld verdiente, dass man ihn als „König der Börse" bezeichnete.[447]

Neben den einzelnen Wertpapierordern kannte er auch den Inhalt von politischen Nachrichten und Aktienkursen anderer Börsen, sodass er auch danach seine Strategie ausrichtete.[448] In diesem Kontext gelangten zwei Telegraphenbeamte in den Fokus der beginnenden strafrechtlichen Ermittlungen. Bei Prozessbeginn wurde dem Angeklagten *Janck* zur Last gelegt, wiederholt gegen Geldleistungen telegraphische Depeschen unter Beteiligung des Angeklagten *Eichmann* unbefugt verraten zu haben. Den Brüdern *Julius*

---

[443] Vgl. *N. N.*, Prozessbericht 1855, S. 5 ff.

[444] *Eichmann* war flüchtig, s. *N. N.*, Prozessbericht 1855, S. 6.

[445] *N. N.*, Prozessbericht 1855, S. 5, gegen alle Angeklagten wurden Haftbefehle erlassen, der Angeklagte *Eichmann* war flüchtig, *Goldberg* und *Meyer* waren gegen Kautionszahlungen nicht inhaftiert.

[446] *N. N.*, Prozessbericht 1855, S. 7.

[447] *N. N.*, Prozessbericht 1855, S. 8.

[448] *N. N.*, Prozessbericht 1855, S. 7.

Reichenheim und *Isidor Reichenheim* wurde vorgeworfen, sich der Bestechung schuldig gemacht zu haben, wozu *Louis Meyer* eine Anstiftung geleistet haben sollte.[449] Der Sachverhalt und die Beziehungen zwischen den einzelnen Personen war so umfangreich, dass bereits das bloße Verlesen der Anklageschrift länger als 1,5 Stunden gedauert haben soll.[450]

Als erster Zeuge wurde *Wolff* als Inhaber von *Wolff's Telegraphischem Bureau* („Vorsteher eines telegraphischen Korrespondenzbureaus") geladen und befragt,[451] da seine Nachrichten insbesondere von der unbefugten Weitergabe durch die Telegraphenbeamten betroffen gewesen sein sollten, da er „von den Hauptplätzen des In- und Auslands auf telegraphischem Wege Nachrichten, die er nach anderen Gegenden weiterbefördert und von denen er einen Abdruck einer großen Zahl bei ihm abonnierten hiesigen Kaufleuten mittelt".[452]

Schon im Sommer 1853 habe es dem Bericht zufolge Gerüchte gegeben, dass einzelne Abonnenten von *Wolff's Telegraphischem Bureau* durch eine frühere Benachrichtigung begünstigt würden, da einzelne Kaufleute über die Kursentwicklung an anderen Börsen früher informiert gewesen seien und entsprechende Geschäfte getätigt haben sollen.[453] Die Mehrzahl der Berliner Bankiers und Kaufleute hatten ein Abonnement bei *Wolff's Telegraphischem Bureau* abgeschlossen, sodass es nach kurzer Zeit aufgefallen sei, dass einige wenige stets vorzeitig von den neuesten Kursen aus anderen Börsen erfuhren und ihre Börsengeschäfte danach ausrichteten.[454]

In diesem Zusammenhang wurde im Prozess von einem Vorfall vom 27. Oktober 1853 berichtet, in dem eine politische Nachricht aus Paris von *Wolff's Telegraphischem Bureau* nach Berlin geleitet und am selben Tag um 13:30 Uhr an der Börse verlesen worden sei, wobei schon anderthalb Stunden vorher einzelne Kaufleute vom Inhalt gewusst hätten.[455] Deshalb sollen einzelne Abonnenten von *Wolff's Telegraphischem Bureau* eine Überwachung des Büros gefordert haben, was *Wolff* aber ablehnte.[456] Die dauernde unbefugte Weitergabe von telegraphischen Nachrichten habe dazu geführt, dass

---

449 *N. N.*, Prozessbericht 1855, S. 6.

450 Im Wortlaut wiedergegeben bei *N. N.*, Prozessbericht 1855, S. 7 ff.

451 *N. N.*, Prozessbericht 1855, S. 40.

452 *N. N.*, Prozessbericht 1855, S. 7.

453 *N. N.*, Prozessbericht 1855, S. 7.

454 Zunächst wurde *Wolff* selbst bezichtigt, einzelne Nachrichten vorsätzlich an bestimmte Personen prioritär zu befördern, sodass von einigen Kaufleuten ein eigenes Korrespondenzbüro unter Leitung des Maklers *Hertel* eröffnet wurde, das aber schon bald Insolvenz anmelden musste, vgl. *N. N.*, Prozessbericht 1855, S. 40.

455 Bei den ersten polizeilichen Vernehmungen habe *Louis Meyer* gesagt, es sei eine allgemein bekannte Tatsache, dass Staatsdepeschen immer wieder unbefugt an Bankiers weitergegeben würden, s. *N. N.*, Prozessbericht 1855, S. 8.

456 *N. N.*, Prozessbericht 1855, S. 8.

„Einzelne das ganze Börsenspiel beherrschten und den ehrlichen Handel lähmten".[457] Aufgrund mehrerer ernstzunehmender Beschwerden an den Direktor der Königlichen General-Post wurde auch die Berliner Polizei involviert, deren Beamte sowohl das Büro des Staatstelegraphen im Postgebäude in der Berliner Königstraße als auch die an der Börse aufgefallenen Bankiers überwachten.[458]

Diese Überwachung der Bankiers und der Telegraphenstation deckte die unbefugte Weitergabe von Telegrammen auf. Konkret wird in dem Bericht exemplarisch ein Vorfall vom 7. November 1854 nacherzählt. Kurz vor Öffnung der Berliner Börse gegen 12:45 Uhr wurden die Telegraphenbeamten vor Betreten der Börsenräume untersucht und es wurde festgestellt, dass sich neben den üblichen Telegrammen in einer Zigarettenschachtel versteckt Zettel mit folgender Zusammenfassung fand:

> „In der Nacht nichts gekommen. – Heute: S Bleichroeder soll kaufen 30,000 Rheinische mit billiger Prämie pro Dechr. (Dezember!) u. 50,000 Köln=Mindener zu 114 auf ihre Lieferung für den 15. oder 20. Dechr. und heute gültig für den Schafhausenischen Bankverein in Cöln. Außerdem hat S. Bleichroeder zu verkaufen 6000 Mindener, 2000 Rheinische und 3000 Berbacher. E.G. Meyer soll kaufen 10,000 Loose, 15,000 Metalliques billigtens bei Sulzbach."[459]

Dieser Inhalt war identisch mit dem Inhalt von vier telegraphischen Depeschen an die Kaufleute *Bleichröder* und *Meyer*. Bei dem Angeklagten *Eichmann* wurde ebenfalls ein Zettel mit Notizen über telegraphisch übersandte Börsennotierungen gefunden.[460]

Im Laufe des Prozesses wurde dargelegt, dass der Beamte *Janck*, der in der Telegraphenstation für den Empfang der Kurse der Wiener Börse zuständig war, in einem Lokal angeworben wurde und für die geheime Weitergabe der Nachrichten Geldleistungen erhalten hatte.[461] Der Bankier *Goldberg* habe sich von *Janck* von September 1835 bis Juli 1854 Depeschen über auswärtige Kurse, Kauforder und politische Nachrichten vor ihrer (amtlichen) Herausgabe mitteilen lassen. Zum Teil wurden damit hohe Gewinne erzielt. In einem Fall soll *Goldberg* durch den Verrat einer einzigen Depesche 20.000 Taler gewonnen haben, wovon *Janck* 250 Taler Provision erhalten habe.[462]

---

[457] *N. N.*, Prozessbericht 1855, S. 8.

[458] *N. N.*, Prozessbericht 1855, S. 8.

[459] *N. N.*, Prozessbericht 1855, S. 9.

[460] Auf dem Zettel sollen die konkreten Kursangaben „Metalliques 72 1/4, Losse 82 1/4, Lombarden 81 1/4, Spander 72 1/2" gestanden haben, vgl. *N. N.*, Prozessbericht 1855, S. 9.

[461] Insgesamt soll *Janck* 262 Taler, 5 Groschen und 6 Pfennige erhalten haben, ein erheblicher Betrag in Relation zu seinem Jahresgehalt von 500 Talern; später kamen weitere Beteiligungen hinzu, vgl. *N. N.*, Prozessbericht 1855, S. 10 f., 15.

[462] *N. N.*, Prozessbericht 1855, S. 13.

Bei einem anderen Vorfall vom 6. Juli 1854 sollte *Wolff's Telegraphisches Bureau* eine Nachricht aus Wien mit den dortigen Börsenkursen an die Berliner Börse weitergeben, um sie dort seinen Abonnenten mitzuteilen. Der Bote kam mit der Nachricht zurück, an der Börse, vor allem die Bankiers *Adolph Levin*, *Abraham Meyer* und *Julius Bleichröder* sowie der Kommissionär *Moritz Plaut*, sei man empört darüber gewesen, dass der Bankier *Louis Weber* die Kurse schon vorher gekannt habe. *Wolff* soll *Weber* anschließend mit den Vorwürfen konfrontiert haben, der lediglich entgegnet haben soll, er habe die Kurse erraten.[463] In einem vom Präsidenten des Berliner Kriminalgerichts bei den *Ältesten der Kaufmannschaft von Berlin* in Auftrag gegebenen Gutachten wurde die Frage, „ob eine frühzeitige Kenntnis der Handels- und politischen Depeschen bei Börsenspekulationen große Vorteile gewähre und ob jemand, der bedeutende Geldmittel besitze, dadurch, dass ihm früher als anderen der Inhalt telegraphischer Depeschen bekannt würde, in den Stand gesetzt werde, ein Steigen oder Fallen der Kurse herbeizuführen?" bejaht.[464] Neben den Zeugen wurden auch die Orderbücher von *Meyer* als Beweismittel beschlagnahmt.[465]

In seinem Schlussplädoyer machte der Vertreter der Staatsanwaltschaft deutlich, wie wichtig der Prozess aus seiner Sicht für die Allgemeinheit sei, da sowohl der Staat als auch Private durch die unbefugte Weitergabe der telegraphischen Nachrichten Nachteile erlitten hätten.[466]

Die Strafbarkeit der Telegraphenbeamten ergab sich aus § 7 der pr. VO 1853, nach dem es den Telegraphenbeamten bei Eidespflicht untersagt war, den Inhalt von Depeschen sowie jede Information darüber, von wem eine Depesche aufgegeben oder empfangen worden war, an Unbefugte weiterzugeben.[467] Die Bestechung der Beamten war gem. §§ 310, 311 pStGB, Teilnahmehandlungen nach § 34 pStGB strafbar.

Nach dem Votum der Geschworenen, welche die Schuld der Angeklagten bejahten, verurteilte das Gericht den Angeklagten *Janck* zu einer Freiheitsstrafe („Gefängnisstrafe" i. S. d. § 14 pStGB) von drei Jahren sowie einem fünfjährigen Verlust der bürgerlichen Ehrenrechte gem. §§ 21 f., 12 pStGB,

---

463 *N. N.*, Prozessbericht 1855, S. 19 f. S. 19 f.; weitere Bsp. vorzeitiger Informationsübermittlung s. *N. N.*, Prozessbericht 1855, S. 20.

464 *N. N.*, Prozessbericht 1855, S. 50; außerdem wurden zu dieser Frage weitere Sachverständige befragt, z. B. ein Seehandlungs-Agent, der bekundete, dass man mit Sicherheit Gewinne an der Börse erzielen könne, wenn man früher als andere Kenntnis vom Inhalt telegraphischer Nachrichten habe, s. *N. N.*, Prozessbericht 1855, S. 52.

465 *N. N.*, Prozessbericht 1855, S. 61 f.; jedoch schien es auch Beweisprobleme bei der Revision der Bücher gegeben zu haben, da trotz eines Gutachtens nicht eindeutig zu beweisen war, welche Geschäfte tatsächlich aufgrund der verratenen Nachrichten getätigt wurden, s. *N. N.*, Prozessbericht 1855, S. 64.

466 *N. N.*, Prozessbericht 1855, S. 67 ff.

467 *N. N.*, Prozessbericht 1855, S. 10.

den Angeklagten *Julius Reichenheim* wegen Bestechung eines Beamten zu zwei Jahren Freiheitsstrafe und einen zweijährigen Verlust der bürgerlichen Ehrenrechte, den Angeklagten *Isidor Reichenheim* wegen Teilnahme an einer Bestechung eines Beamten jeweils zu einem Jahr Freiheitsstrafe und Verlust der bürgerlichen Ehrenrechte sowie den Angeklagten *Meyer* wegen Teilnahme an der Bestechung eines Beamten zu einer Freiheitsstrafe von zweieinhalb Jahren und drei Jahren Verlust der bürgerlichen Ehrenrechte. Der Kaufmann *Goldberg* wurde freigesprochen.[468] Dem Bericht zufolge bestand in der Öffentlichkeit ein großes Interesse an dem Verfahren.[469]

Der Prozessbericht schildert chronologisch die wesentlichen Umstände und den Verlauf des Strafprozesses und seiner Beteiligten. Die Darstellung ist detailliert und bedient sich zum Teil einer figurativen und erzählerischen Sprache.[470] Zu berücksichtigen bei einer Interpretation des Berichtes ist, dass es sich nicht um einen nüchternen und neutralen Vortrag des Sachverhalts im Sinne eines Aktenvortrags handelt, sondern aus dem Verfahren eine journalistisch aufgearbeitete Erzählung erstellt wurde, die ähnlich einer Kriminalgeschichte den Leser unterhalten will und sich an ein möglichst breites (nicht juristisches) Publikum richtet. Da weitere Quellen, welche die Darstellung bestätigen könnten, nicht aufgefunden wurden, ist der Bericht mit kritischer Distanz zu beurteilen. In erster Linie stellt der Bericht jedoch eine Primärquelle über den Ablauf eines konkreten Strafprozesses in Preußen dar.

c) Zivilrechtliche Fragen und Regelungen im Kontext der Telegraphie

aa) Zivilrechtliche Rechtsquellen und vertragliche Beziehungen auf dem Nachrichtenmarkt

Im Kontext der elektro-magnetischen Telegraphie entstanden auf dem Nachrichtenmarkt neue Rechtsbeziehungen und Rechtsfragen zivilrechtlicher Natur. Eine Betrachtung dieser Rechtsbeziehungen kann aufschlussreich sein, da sie die Erfassung und Gestaltung der zivilrechtlichen Verhältnisse des neuen Nachrichtenmarktes durch die Rechtsordnung und ihre Institutionen aufzeigen kann.[471] Die Frage der zivilrechtlichen Haftung war relevant für

---

[468] *N. N.*, Prozessbericht 1855, S. 75 f.

[469] Vgl. *N. N.*, Prozessbericht 1855, S. 3, 5: „man schon einige Stunden vor Oeffnung des Saals das Haus von der Menge förmlich belagert sah" und *N. N.*, Prozessbericht 1855, S. 76: „Während der Berathungen der Geschworenen hatten sich die Flure und Treppen des Criminal-Gerichts so angefüllt, daß die Gerichtsdiener trotz fortwährendem Drängen die Flure nicht frei machen konnten".

[470] Vgl. exemplarisch die Darstellungen *N. N.*, Prozessbericht 1855, S. 5, 9, 32, 70.

[471] Vgl. die Übersicht über die Behandlung unkörperlicher Gegenstände in der Rechtsgeschichte bei *Specht-Riemenschneider*, Zivilrechtliche Erfassung des Datenhandels, S. 113 ff.

das Geschäftsmodell der Nachrichtenagenturen, die auf eine verlässliche Nachrichtenübermittlung als Kern ihres Geschäftsmodells angewiesen waren. Bereits eine einzige falsch übermittelte Nachricht konnte erhebliche Implikationen haben und etwa zu hohen wirtschaftlichen Schäden beim Einzelnen führen.

Die Übertragung von Informationen über das Telegraphennetz hatte im Kontext des Nachrichtenmarktes zwei wesentliche zivilrechtliche Dimensionen: Zum einen die Falschübermittlung von Willenserklärungen und ihre rechtliche Einordnung im Irrtumsrecht und zum anderen Störungen bei der Informationsübermittlung und eine daraus resultierende Schlechtleistung der Nachrichtenagentur aus Verletzung des mit den Kunden abgeschlossenen Abonnement-Vertrags. Darüber hinaus kann zwischen drei unterschiedlichen Varianten von grundlegenden Rechtsverhältnissen differenziert werden. Zunächst entstanden neue zivilrechtliche Beziehungen im Kontext der Errichtung, des Betriebs und der Wartung von (privaten) Telegraphenanlagen.

Zudem wurden Verträge auf dem Nachrichtenmarkt zwischen den Nachrichtenagenturen und ihren Kunden geschlossen, z. B. zwischen *Wolff's Telegraphischem Bureau* und seinen Abonnementen. Schließlich wurde der Telegraph insbesondere als Mittel für die Übertragung von Willensäußerungen, die auf die Erzielung einer Rechtsfolge gerichtet sind, genutzt. Damit stellte sich die Frage, wie solche per Telegraph übermittelten Willenserklärungen zu behandeln sind, insbesondere im Fall von durch eine Fehlübermittlung entstandenen Schäden.[472]

Grundsätzlich kann konstatiert werden, dass die Gestaltung der zivilrechtlichen Verhältnisse, sowohl zwischen den kontrahierenden Parteien für den Bau und Betrieb einer privaten Telegraphenanlage als auch zwischen den Nachrichtenagenturen und ihren Kunden, auf Basis der allgemeinen zivil- und handelsrechtlichen Regelungen der jeweiligen Zeit erfolgte. Davon ausgenommen sind die oben dargestellten öffentlich-rechtlichen Nutzungsverhältnisse oder rein beamtenrechtlichen Verhältnisse im Kontext der Telegraphie, etwa die konkrete Ausgestaltung der Inanspruchnahme der staatlichen Telegraphen durch Private per Verordnung. Neben den vom jeweiligen Gesetzgeber zur Verfügung gestellten zivilrechtlichen Normen für die Akteure des Nachrichtenmarktes konnte die Rechtsprechung einzelne Normen konkretisieren und etwaige Regelungslücken durch rechtsfortbildende Entscheidungen schließen. Flankiert wurde dies durch Diskurse in der Rechtswissenschaft.

---

[472] Vgl. *Scherner*, Deutsches Telegraphenrecht, S. 49; die Rechtsverhältnisse zwischen den Parteien, die zur Kommunikation den Telegraphen benutzen, wurde auch als „Privat-Telegraphenrecht" bezeichnet, so *Reyscher*, ZDR Bd. 19 (1859), S. 286.

Allgemeine Rechtsquellen für den Abschluss von Verträgen zu Beginn der Telegraphie in den deutschen Ländern waren das seit Juni 1794 geltende Allgemeine Preußische Landrecht (im Folgenden: ALR)[473] und der in den linksrheinischen Gebieten geltende Code Civil bzw. Code de Commerce.[474] Mit dem Allgemeinen Deutschen Handelsgesetzbuch (im Folgenden: ADHGB)[475] als erstes kodifiziertes Handelsgesetzbuch in Deutschland wurde eine weitere Basis für die vertraglichen Beziehungen im Wirtschaftsleben ab der Zeit des Deutschen Bundes (1861–1866), über den Norddeutschen Bund (1866–1871) und das Deutsche Kaiserreich (1871–1918) geschaffen, bevor es am 1. Januar 1900 vom Bürgerlichen Gesetzbuch (BGB)[476] und Handelsgesetzbuch (HGB)[477] abgelöst wurde.[478]

bb) Abonnement-Verträge und zivilrechtlicher Schutz von Nachrichten

Zu den Vertragsverhältnissen zwischen den deutschen Nachrichtenagenturen und ihren Kunden ist wenig bekannt. Es finden sich dazu weder (zeitgenössische) wissenschaftliche Aufsätze noch Hinweise auf gerichtliche Auseinandersetzungen in Deutschland betreffend Rechte oder Pflichten aus den Abonnement-Verträgen.

Es ist allerdings belegt, dass zwischen den Nachrichtenagenturen und ihren Kunden Verträge über den wiederkehrenden Bezug von bestimmten telegraphischen Nachrichten gegen eine Geldleistung geschlossen wurden.[479] Neue gesetzliche Regelungen für die Erfassung oder Ausgestaltung dieser Vertragsverhältnisse durch den Gesetzgeber wurden jedenfalls nicht geschaffen. Dies lässt den Schluss zu, dass von den privaten Akteuren des Nachrichtenmarktes im Rahmen der Vertragsfreiheit die von der Rechtsordnung zur Verfügung gestellten Vertragstypen genutzt wurden, indem individuelle Verträge zwischen den Nachrichtenagenturen und ihren Kunden in Form von „Abonnement-Verträgen" geschlossen wurden.[480] Diese stellten einen erheb-

[473] Zit. nach *Koch* (Hg.), ALR, S. 29 ff.

[474] Vgl. *Hattenhauer*, Allgemeines Landrecht für die Preußischen Staaten, S. 11 ff.

[475] Allgemeines Deutsches Handelsgesetzbuch (Anlage C zum Gesetz, betreffend die Einführung einer Allgemeinen Deutschen Wechsel-Ordnung, der Nürnberger Wechsel-Novellen und des Allgemeinen Deutschen Handelsgesetzbuches als Bundesgesetzes), BGBl. NdB. 1869, S. 601–602.

[476] RGBl. 1896, S. 195 ff.; zum BGB als Grundlage der Materialisierung der Privatautonomie s. *Specht-Riemenschneider*, Diktat der Technik, S. 97 ff.

[477] RGBl. 1987, S. 219 ff.

[478] Zu den wirtschaftsliberalen Vorgaben des ADHGB s. *Maetschke*, ADHGB 1861, S. 57 ff.; *Schmoeckel*, Regulierung im 19. Jahrhundert, S. 105; *Schmoeckel/Maetschke*, Rechtsgeschichte der Wirtschaft, S. 95 ff.; die These einer obrig-staatlichen Idee in Preußen bei *Stolleis*, Konstitution und Intervention, S. 253 ff.

[479] Vgl. die Ausführungen oben unter B. I. 3.

[480] Zur Vertragsfreiheit vgl. *Schmoeckel/Maetschke*, Rechtsgeschichte der Wirtschaft, S. 143.

lichen wirtschaftlichen Wert dar und wurden bei Zusammenschlüssen von Nachrichtenagenturen sogar als Einlagen genutzt.[481]

Eine Gestaltung der Verträge zwischen Nachrichtenagenturen und ihren Kunden mit heutigen Parametern in Form von urheberrechtlichen Dauerschuldverhältnissen mit der Einräumung von urheberrechtlichen Nutzungsrechten an Werken als Leistung der Nachrichtenagentur war jedenfalls Mitte des 19. Jahrhunderts noch nicht möglich, da die deutsche Gesetzgebung zum gewerblichen Rechtsschutz und des Urheberrechts erst ab den 1870er Jahren begann.[482]

Trotzdem formulierten Verlage und Nachrichtenagenturen unmittelbar mit dem Aufkommen der Telegraphie ihre Forderung nach einem besonderen gewerblichen Schutzrecht für telegraphisch übermittelte Informationen, da Plagiate die neuen Geschäftsmodelle gefährdeten.[483]

So reichte *Wolff's Telegraphisches Bureau* zusammen mit vierzehn deutschen Zeitungen im Jahr 1855 eine Petition bei der Deutschen Bundesversammlung ein, um den gesetzlichen Schutz von telegraphisch übermittelten Nachrichten zu bewirken. Die Petition wurde jedoch mit Beschluss v. 14. Februar 1856 abgelehnt.[484] Die Petitenten argumentierten, dass für „journalistisches Eigenthum"[485] bisher kein gesetzlicher Schutz bestünde, obwohl zahlreiche kleinere Zeitungen von Plagiaten lebten, indem sie bei den großen Zeitungen die telegraphischen Nachrichten ungefragt abschrieben. Um gegen den unberechtigten Nachdruck juristisch vorgehen zu können, forderten sie, dass an Zeitungen übersandte telegraphische Nachrichten nicht ohne die ausdrückliche Zustimmung der jeweiligen Redaktion innerhalb eines bestimmten Radius um den Verlagsort vor Ablauf einer Frist von mind. 24 Stunden von anderen Publikationen veröffentlicht werden dürften.[486] Dabei forderten sie eine analoge Anwendung der Bestimmungen zum Schutz gegen den Nachdruck von literarischen Erzeugnissen, Werken der Kunst, musikalischen Kompositionen und dramatischen Werken nach den Bundesbeschlüssen v. 9. November 1837, v. 22. April 1841 und v. 19. Juni 1845.[487] Ein zu dieser Petition von der Bundesversammlung in Auftrag gegebenes Gut-

---

[481] Vgl. *Neitemeier*, Telegraphen-Union, S. 91.

[482] Vgl. *Schmoeckel*, ZRG KA 132 (2015), S. 304; zur Entstehung des Urheberrechts und den ersten gesetzlichen Kodifikationen, etwa in Preußen 1837 vgl. *Schmoeckel/Maetschke*, Rechtsgeschichte der Wirtschaft, S. 134 ff.

[483] Vgl. *Buschow/Tworek*, Digitaler Wandel 2014, S. 15.

[484] Vgl. die Sitzung mit dem Betreff „Die Beschränkung des Nachdrucks telegraphischer Depeschen betreffend", in: Protokolle der Deutschen Bundesversammlung, Bd. 40 (1856), S. 97–102.

[485] Protokolle der Deutschen Bundesversammlung, Bd. 40 (1856), S. 98.

[486] Protokolle der Deutschen Bundesversammlung, Bd. 40 (1856), S. 98.

[487] Protokolle der Deutschen Bundesversammlung, Bd. 40 (1856), S. 98 f.

achten bezweifelte, ob eine Ausweitung des Schutzes auf telegraphische Nachrichten zulässig, gerechtfertigt und angemessen sei. Es dürfe zu keiner Monopolisierung von allgemeinen Nachrichten kommen.[488]

Im Gegensatz zu Deutschland finden sich in anderen europäischen Ländern Nachweise über zivilgerichtliche Auseinandersetzungen wegen der unberechtigten Nutzung von telegraphischem Nachrichtenmaterial einzelner Nachrichtenagenturen. In Frankreich etwa klagte die *Agence Havas* im Jahr 1895 erfolgreich gegen die Zeitschrift *Le Voltaire* und bekam vom Handelsgericht in zweiter Instanz einen Schadensersatz i. H. v. 18.200 Franc wegen der unberechtigten Verwendung von telegraphischen Nachrichten nach Kündigung des Abonnement-Vertrags zugesprochen.[489]

Das von dem Beklagten im Wesentlichen vorgetragene Argument, dass die *Agence Havas* kein Monopol auf die von ihr verbreiteten Nachrichten habe, da es sich lediglich um allgemeine Neuigkeiten handle, überzeugte das Gericht nicht.[490] Es sei bewiesen worden, dass die Zeitschrift die telegraphischen Nachrichten der *Agence Havas* ohne Vertrag nutzte, sodass das Recht des Unternehmens an den von ihr mit hohem finanziellen und organisatorischem Aufwand gesammelten Nachrichten verletzt worden sei.[491] Im Jahr 1901 wurde der *Agence Havas* in einem ähnlich gelagerten Fall ein „besonderes Eigentum" an den telegraphischen Nachrichten zugesprochen.[492] Auch in England sprach man Nachrichtenagenturen ein zivilrechtliches „Right of Property" an den von ihnen telegraphisch übersandten Nachrichten zu.[493]

cc) Vertragsschluss durch per Telegraph übermittelte Willenserklärungen

Das Zustandekommen von Verträgen durch Willenserklärungen, die per Telegraph übermittelt wurden, wurde jedoch diskutiert. So wurde von Beginn der Telegraphie an die Rechtsfrage diskutiert, ob mittels des Telegraphen tatsächlich ein schriftlicher Vertrag geschlossen werden konnte, da das ALR bei der Vertragsannahme besondere Fristen vorsah und schriftliche Verträge erst durch die Unterschrift der beiden Vertragsparteien Gültigkeit erlangten.[494]

---

[488] Protokolle der Deutschen Bundesversammlung, Bd. 40 (1856), S. 99 f.; vgl. dazu auch die ablehnenden Erklärungen der Vertreter aus Kurhessen und Württemberg, Protokolle der Deutschen Bundesversammlung, Bd. 40 (1856), S. 674 f.

[489] Urt. des Pariser Handelsgerichts v. 04.09.1885 und Urt. des Berufungsgerichts v. 30.12.1897 in: Droit D'Auteur 1898, S. 37 f.

[490] Vgl. Droit D'Auteur 1898, S. 37.

[491] Vgl. Droit D'Auteur 1898, S. 37 f.

[492] S. Droit D'Auteur 1901, 17 f.

[493] So im Falle von Börsennachrichten, s. Exchange Telegraph Co v Gregory & Co [1896] 1 QB 147 (in: Law Reports Queen's Bench Division 1896, S. 147; im Fall von Ergebnissen von Pferderennen s. Exchange Telegraph Co. v. Central News, [1897] 2 Ch 48.

[494] So im Jahr 1860 bei *Zeigermann*, Bd. 9 (1860), S. 271 ff. (277, 286).

Die Frage wurde von einigen zeitgenössischen Autoren bejaht, allerdings mit folgender Hilfskonstruktion: Gem. § 142 I 5 ALR konnte ein zwischen Abwesenden geführter Schriftwechsel, aus dem der Inhalt des Vertrages und die wechselseitige Zustimmung klar hervorgingen, an die Stelle eines schriftlichen Vertrages treten, sofern die eigene Unterschrift oder die eines Vertreters vorhanden war. Zum Teil wurde argumentiert, dass die Unterschrift auf einem aufgegebenen Telegramm, die jeder Absender gem. § 21 des preußischen Telegraphen-Reglements vor der Aufgabe leisten musste, die gleiche Wertigkeit wie die Unterschrift unter der durch einen Telegraphenbeamten ausgehändigten Depesche am Empfangsort habe.[495]

Ein gültiger Vertragsschluss per Telegraphie wurde allerdings im Ergebnis nie ernsthaft bezweifelt. Durchgesetzt hatte sich die Auffassung, dass die Übermittlung einer Willenserklärung per Telegraphen wie die durch einen Boten zu behandeln sei.[496] Aus der Rechtspraxis ist jedenfalls kein Sachverhalt bekannt, bei dem die Gültigkeit eines Vertragsschlusses aufgrund der fehlenden Unterschrift einer kontrahierenden Partei angezweifelt wurde.

Vielmehr ergaben sich strittige Fälle aufgrund von Falschübermittlungen durch den Telegraphen. Wie oben gezeigt, dominierte im privaten Bereich der Telegraphie die Übermittlung von Nachrichten im Kontext des Börsenhandels. Daher verwundert es nicht, dass es bei den ersten gerichtlichen Auseinandersetzungen mit entsprechender Judikatur und rechtswissenschaftlicher Diskussion um die Regulierung von Schäden ging, die aus einer fehlerhaften Übermittlung von telegraphisch übermittelten börslichen Orderaufträgen resultierten, wie die folgenden Ausführungen zeigen.[497]

dd) Zivilrechtliche Haftung und Risikozuordnung im Falle der Falschübermittlung eines Telegramms durch Telegraphenbeamten

Die zivilrechtliche Haftung und Risikozuordnung im Falle einer Falschübermittlung eines Telegramms ist für den Untersuchungsgegenstand von besonderem Interesse, da es sich um ein wesentliches Rechtsproblem der neuen Übertragungstechnik handelte. Anhand des Umgangs mit den aus der Telegraphie als obligatorischem Bestandteil des neuen Nachrichtenmarktes folgenden Rechtsproblemen kann gezeigt werden, in welchem Verhältnis der neue Markt zum Recht stand.

---

[495] Vgl. *Zeigermann*, Bd. 9 (1860), S. 289.

[496] Die telegraphische Depesche sollte wie eine mündliche Mitteilung eines Boten behandelt werden; dazu mit weiteren Hinweisen und Fundstellen *Reyscher*, ZDR Bd. 19 (1859), S. 287, Fn. 16 f.

[497] *Scherner*, Deutsches Telegraphenrecht, S. 159; vgl. die Darstellung aus dem Jahr 1871 bei *Dambach*, Der Gerichtssaal Jg. 23 (1871), S. 243.

Die Nutzung der Telegraphen wurde rechtlich wie die Einschaltung eines (Erklärungs-)Boten bewertet, der im Gegensatz zu einem Stellvertreter die fremde Willenserklärung lediglich übermittelt. Der Vorgang der telegraphischen Übermittlung der Willenserklärung des Erklärenden begann mit der Aufgabe eines Telegramms in einer Telegraphenstation. Dort wurde die Erklärung zunächst auf einem dafür vorgesehenen Formular schriftlich manifestiert und anschließend einem Telegraphenbeamten übergeben. Dieser folgte nun einem in rechtlicher Hinsicht durch Dienstanweisungen der Telegraphenverwaltung festgelegten und abgesicherten Prozess der Informationsübermittlung und sonach einem für jedermann nachvollziehbaren Prozedere. Dadurch wurde das konkrete Handeln des Telegraphenbeamten auf bestimmte, von vornherein festgelegte Handlungen limitiert, indem in einem ersten Schritt die abgegebene Erklärung wortwörtlich nach festgelegten und standardisierten Regeln, z. B. durch den Zeichensatz des Morse-Codes, chiffriert wurde und mittels des elektro-chemischen Telegraphen an die vom Erklärenden festgelegte Telegraphenstation übersandt wurde. Dort wurde der Code von einem anderen Telegraphenbeamten nach identisch festgelegten Regeln dechiffriert und an den vom Erklärenden bestimmten Empfänger ausgehändigt. Die für die Übermittlung der Erklärung notwendigen Schritte „Chiffrierung", „Übermittlung", „Dechiffrierung" und „Aushändigung" erfolgten ohne eigenen Entscheidungsspielraum und ohne Vertretungsmacht der Telegraphenbeamten, sodass die fremden Willenserklärungen lediglich übermittelt wurden.

Mithin verdeutlicht bereits die Skizzierung des konkreten Übermittlungsvorgangs die Vielzahl der möglichen Störfaktoren für eine fehlerfreie Übermittlung. Die Frage nach der Risikoverteilung bei Inanspruchnahme der Telegraphie als Bote einer Willenserklärung wurde demensprechend von Beginn an geführt.[498] Dokumentiert sind überwiegend Sachverhalte, bei denen durch die Falschübermittlung eines Telegramms ein wirtschaftlicher Schaden entstand und sich daher die Frage nach der Haftung und Risikozuordnung stellte, die nun genauer beleuchtet wird.

Die Falschübermittlung beruhte in der Regel auf Fehlern der einzelnen Telegraphenbeamten, die eine als Telegramm aufgegebene Erklärung entweder fehlerhaft chiffrierten oder dechiffrierten. Daher lag es für die Geschädigten nahe, zunächst eine (Amts-)Haftung des einzelnen Telegraphenbeamten oder des Staates als dessen Dienstherr anzunehmen. Bereits im zehnten Titel des zweiten Teils „Von den Rechten und Pflichten der Diener des Staats" des ALR sah § 75 eine allgemeine Amtshaftung für das Verhalten von Beamten vor.[499] Sollte also die Fehl- oder Falschübermittlung eines Te-

[498] Vgl. *Haferkampf*, Kölner Telegrafenfall, S. 259.

[499] Der Wortlaut der Norm lautete: „Wer wissentlich eine Bedienung einer dazu nicht tauglichen Person anvertraut, muß dem Staate, und den einzelnen Bürgern desselben, für

legramms durch den einzelnen Telegraphenbeamten verschuldet worden sein, wäre nach § 75 II 10 ALR eine Haftung des Beamten oder des Staates als dessen Dienstherr denkbar gewesen.

Der Staat – als zunächst alleiniger Eigentümer und Betreiber der Telegraphie-Infrastruktur sowie Dienstherr der dort eingesetzten Beamten – sah die ihm drohenden Haftungsrisiken bei der Öffnung der Telegraphie für die Öffentlichkeit und begann, die Haftung bei Falschübermittlung analog zu bekannten rechtlichen Problemstellungen aus dem staatlichen Post- und Bahnwesen gänzlich auszuschließen.[500] Die dort geregelte Haftung bzgl. der Nutzung von staatlicher Infrastruktur wurde als Grundlage für die Ausgestaltung der Telegraphie genommen.[501]

Das Großherzogtum Baden legte bereits im Jahr 1851 in § 26 seiner Telegraphenverordnung explizit fest: „Die Telegraphenverwaltung übernimmt weder für die richtige Überkunft einer Depesche überhaupt, noch für deren Überkunft in einer gewissen Zeit irgendeine Garantie". Ein solch umfassender Haftungs- und Garantieausschluss bei der Falschübermittlung von Telegrammen wurde nur etwa vier Jahre später im Jahr 1855 in allen Mitgliedstaaten des Deutsch-Österreichischen-Telegraphenvereins durch § 41 des „Reglements für die telegraphische Korrespondenz im deutsch-österreichischen Telegraphenverein" festgelegt.[502]

Auch in den folgenden Jahrzehnten fanden sich in allen gesetzlichen Vorschriften zur Telegraphie entsprechende Regelungen, etwa in § 24 der Telegraphenordnung des Norddeutschen Bundes vom 28. Dezember 1867[503] oder in der Telegraphenordnung 1872.[504] § 26 Telegraphenordnung 1872 bestimmte in Satz 1 wörtlich:

> „Die Telegraphenverwaltungen leisten für die richtige Ueberkunft der Depeschen oder deren Ueberkunft und Zustellung innerhalb einer bestimmten Frist keinerlei Garantie und haben Nachtheile, welche durch Verlust, Verstümmelung oder Verspätung der Depeschen entstehen, nicht zu vertreten."

Immerhin wurde in § 26 S. 2 Telegraphenordnung 1872 ein Anspruch auf Rückerstattung der Gebühren geschaffen, falls Nachrichten

---

allen durch die Unwissenheit und Untauglichkeit eines solchen Bedienten entstandenen Nachtheil gerecht werden.".

[500] *Scherner*, ZNR 1994, S. 52.

[501] Die Ausgestaltungen der Benutzung und der Haftung waren schon zentrale Fragen im Post- und Eisenbahnrecht, vgl. *Pohlhausen*, Recht der AGB im 19. Jh., S. 14.

[502] Zit. nach *Haferkampf*, Kölner Telegrafenfall, S. 256.

[503] Pr. MBl. 1868, S. 36 ff.

[504] RGBl. 1872, S. 213–228 (226); vgl. dazu *Rüberg*, Preisbestimmung in der Telekommunikation, S. 51.

„durch Schuld der Telegraphenverwaltung gar nicht oder mit bedeutender Verzögerung in die Hände des Adressaten gelangt sind, sowie für solche Depeschen mit bezahlter Kollationierung, welche in Folge wesentlicher Verstümmelung erweislich ihren Zweck nicht haben erfüllen können".

Der Anspruch musste aber innerhalb einer Frist von zwei Monaten ab Aufgabe der Depesche geltend gemacht werden, bei Depeschen in außereuropäische Länder innerhalb von sechs Monaten.

Die zeitgenössische Rechtswissenschaft zweifelte an der Wirksamkeit des umfassenden Haftungsausschlusses, der aber gerichtlich bestätigt wurde.[505] Ein solch einseitig gestellter, umfassender und verschuldensunabhängiger Haftungsausschluss stellte eine Risikoverteilung vollständig zulasten des privaten Nutzers der staatlichen Telegraphie dar und führte zur Frage, wie der durch die Falschübermittlung eines Telegrammes entstandene Schaden rechtlich erfasst und reguliert werden sollte.

Die erste gerichtliche Entscheidung traf das LG Köln mit einem als „Kölner Telegraphenfall" bekannt gewordenen Urteil vom 29. Juli 1856.[506]

ee) Deliktische Haftung bei Schäden durch Falschübermittlung von Telegrammen: Der „Kölner Telegraphenfall" (Urteil des LG Köln v. 29. Juli 1856) und dessen Rezeption in der zeitgenössischen Rechtswissenschaft

Dem Urteil des LG Köln lag folgender, zusammengefasster Sachverhalt zugrunde: Das in Frankfurt a.M. ansässige Handelshaus *Isaac Weiller Söhne* erhielt ein Telegramm, in dem es vom Kölner Bankhaus *von Oppenheim* den Auftrag erhielt, auf dessen Rechnung an der Frankfurter Börse eine bestimmte Anzahl von österreichischen Kredit-Aktien bis zu einem bestimmten Preis zu kaufen. Allerdings unterlief dem Telegraphenbeamten in Frankfurt bei der Ausfertigung des Telegramms ein Fehler, indem er statt des Wortes „kaufen" das Wort „verkaufen" aufzeichnete. Nachdem der Verkauf getätigt war und der Irrtum nach einem erneuten Schriftwechsel zwischen den beiden Bankhäusern aufgeklärt war, führte der Rückkauf der österreichischen Kredit-Aktien durch *Isaac Weiller Söhne* zu einem Schaden von 38.390 Talern, die das Handelshaus mit einer Klage vor dem LG Köln unter Streitverkün-

---

[505] Es wurde argumentiert, dass der Haftungsausschluss durch das Reglement des Telegraphenvereins und nicht durch ein Gesetz erfolgt sei und ein Haftungsausschluss unbillig sei, zumal im gemeinen Recht kein Haftungsausschluss für Vorsatz und grobe Fahrlässigkeit möglich sei; s. *Haferkampf*, Kölner Telegrafenfall, S. 257.

[506] „Urtheil des Landgerichts zu Köln von 29. Juli 1856, die Haftpflicht bei telegraphischen Briefen betreffend", mit Anm. Reyscher, in: Zeitschrift für deutsches Rechts und deutsche Rechtswissenschaft, Bd. 19 (1859), S. 456 ff. (im Folgenden: LG Köln, Urteil v. 29.07.1856); eine instruktive Aufarbeitung und Besprechung der Entscheidung m. w. N. bei *Haferkampf*, Kölner Telegrafenfall, S. 254 ff.; vgl. auch *Schermeier*, Bestimmung des Irrtums, S. 540 ff.

dung gegenüber der preußischen Telegraphenverwaltung vom Bankhaus *von Oppenheim* ersetzt haben wollte.

Das LG Köln gab der Klage statt und verurteilte *von Oppenheim* auf Zahlung. Zunächst negierte es mit knappen Ausführungen eine Haftung des Telegraphenbeamten und damit des preußischen Staates aufgrund des umfassenden gesetzlichen Haftungsausschlusses.[507]

Eine vertragliche Haftung gem. Art. 1131 Code Civil schloss das Gericht aus, da aufgrund des Irrtums über den „Gegenstand des aufgetragenen Geschäftes", d. h. über den Inhalt der Erklärung, bereits kein Kommissionsvertrag zwischen den Parteien zustande gekommen sei.[508] Das Gericht stützte den Anspruch auf die deliktische Generalklausel des Art. 1182 Code Civil als Anspruchsgrundlage. Zur Begründung führte es im Wesentlichen aus, dass der elektrische Telegraph ein noch unzuverlässiges Mittel der Nachrichtenübertragung sei, da es einerseits vielen äußeren Einflüssen ausgesetzt sei, welche die Übertragung stören können, und es andererseits durch die hohe Arbeitsgeschwindigkeit der Telegraphenbeamten rasch zu Irrtümern und Missverständnissen kommen könne. Wer sich also dieses unsicheren Transportmittels bediene, bei dem es bekanntermaßen zahlreiche Fehlerquellen bei der Nachrichtenübermittlung gebe, gefährde die schutzwürdigen Rechtspositionen des Gegenübers und müsse im Falle eines entstandenen Schadens auch haften.[509]

Die allgemein als „Kölner Telegraphenfall" oder auch als „Frankfurter Telegraphenfall" bezeichnete Entscheidung wurde nicht nur in Deutschland, sondern auch in anderen europäischen Ländern (v. a. Frankreich, Italien und Österreich) intensiv rezipiert und diskutiert, handelte es sich doch um eine der ersten gerichtlichen Entscheidungen, welche die Frage der vertraglichen oder deliktischen Haftung bei falsch übermittelten Telegrammen beantwortete.[510]

[507] S. dazu die Ausführungen oben.

[508] LG Köln, Urteil v. 29.07.1856, S. 471.

[509] Im seinem Urteil führt das LG Köln wörtlich aus: „In Erwägung, dass die elektrisch-magnetische Telegraphie zur Zeit noch ein mehr oder weniger ungenaues und unzuverlässiges Verkehrsmittel bildet [...], dass daher derjenige, welcher sich dieses unsicheren Mittels zu seiner Korrespondenz bedient [...] sich die Folgen von eintretenden Störungen und Irrungen selbst zuschreiben und dem Anderen dadurch verursachten Schaden ersetzen muß, Art. 1382 B.G.B.", LG Köln, Urteil v. 29.07.1856, S. 466.; vgl. auch *Haferkampf*, Kölner Telegrafenfall, S. 257 und *Scherner*, ZNR 1994, S. 52.

[510] Vgl. *Coing*, Europäisches Privatrecht Bd. 2, S. 277, 440 f., 516; *Haferkampf*, Kölner Telegrafenfall, S. 257; *Hofer*, Privatrechtstheoretische Diskussionen, S. 155 ff.; zur Begründung der cic vgl. *Jhering*, Jherings Jahrb. Bd. 4 (1861), S. 1 ff., der darauf hinwies, dass der Erklärende die Wahl zwischen dem Telegraphen als schnellen, aber unsicheren Mittel und einem sicheren, aber langsamen Weg habe und dies einen Einfluss auf die Haftung habe, s. *Jhering*, Jherings Jahrb. Bd. 4 (1861), S. 111, vgl. m. w. N. *Scherner*, ZNR 1994, S. 55.

Noch umstritten war der Rechtsgrund für die Haftung des Erklärenden, der sich für die Übermittlung seiner Willenserklärung der Telegraphie als Boten bediente. Dabei wurden in der Wissenschaft folgende Ansätze vertreten: eine Ausweitung des Deliktsrechts, eine konstruierte vertragliche Haftung oder eine neue Haftung sui generis wie die „culpa in contrahendo" (cic).[511] Die Rechtsprechung des LG Köln wurde fortgeführt, beispielsweise durch eine Entscheidung des Kölner Handelsgerichts vom 29. August 1862.[512]

Zugleich bildete die im Kontext des Urteils geführte Debatte in der deutschen Rechtswissenschaft die unterschiedlichen Theorien zur zivilrechtlichen Behandlung des Irrtums bei Abgabe einer Willenserklärung ab.[513]

Das LG Köln vertrat die damals herrschende Willenstheorie bei der Auslegung der Willenserklärung, die ausschließlich auf den tatsächlichen, subjektiven Willen des Erklärenden abstellte.[514] Hingegen betonte die Erklärungstheorie die Verkehrsauffassung bei der Auslegung einer Willenserklärung, da man den Absender einer Nachricht nicht einseitig belasten könne.[515]

Gleichzeitig spiegelte die Entscheidung die beiden Richtungen der Historischen Rechtsschule – Germanisten und Romanisten – wieder.[516] So stufte

---

[511] Vgl. mit einer Darstellung der verschiedenen Lösungsansätze *Haferkampf*, Kölner Telegrafenfall, S. 257 f.

[512] Erkenntnis des Handelsgerichts zu Köln v. 29.08.1862, in: Archiv für Theorie und Praxis des allgemeinen deutschen Handelsrechts, Bd. 1 (1863), S. 242–243.

[513] Vgl. die Übersicht bei *Schermeier*, Bestimmung des Irrtums, S. 540 (Fn. 23).

[514] Zur irrtumsrechtlichen Diskussion zwischen Erklärungs- Vertrauens- und Willenstheorie mit einer Darstellung der wichtigsten zeitgenössischen Vertreter bei *Schermeier*, Bestimmung des Irrtums, S. 537–606; zu den Elementen der Willenserklärung vgl. *Schmoeckel/Rückert/Zimmermann*, HKK Bd. 1, S. 425 ff.

[515] Die „Erklärungstheorie" wurde u. a. vertreten von *Josef Kohler* (1849–1919), zu ihm s. *Großfeld*, Art. Josef Kohler, S. 375 ff., *Rudolf Leonhard* (1851–1921) und *Otto Bähr* (1817–1895), vgl. zu ihm *Teichmann*, ADB, S. 747 f); vgl. zum Argument der einseitigen Belastung des Absenders *Mittermaier*, AcP 46 (1863), S. 1, 32 und *Busch*, AcP Bd. 45 (1862), S. 10 ff.; die Frage der Gewichtung des subj. Gewollten (Wille) und dem objektiv Erklärten (Erklärung) im Falle eines unbewussten Auseinanderfallens der beiden Elemente war auch in den darauffolgenden Jahren str.; auf dem 20. Deutschen Juristentag im Jahr 1889 wurde eine vermittelnde Lösung gefunden; es werden seither gem. §§ 133, 157 BGB sowohl der wahre Wille der Erklärenden, als auch das Verkehrsverständnis berücksichtigt; im Falle einer falschen Übermittlung eines Erklärungsboten sah nun § 120 BGB, der die unrichtig übermittelte Erklärung dem Erklärungsirrtum nach § 119 Abs. 1 Var. 2 BGB gleichstellt. eine Anfechtungsmöglichkeit des Erklärenden vor, jedoch mit einem Ersatz des neg. Interesses gem. § 122 BGB sowie einer etwaigen Haftung des Boten im Innenverhältnis nach §§ 280 Abs. 1 und 3, 283 BGB; vgl. zum Einsatz von Boten *Schmoeckel/Rückert/Zimmermann*, HKK Bd. 1, S. 473, 546, 933; zur Haftung in diesem Kontext vgl. *Schmoeckel/Rückert/Zimmermann*, HKK Bd. 1, S. 472.

[516] S. zur von *Friedrich Carl von Savigny* (1779–1861) begründeten Historischen Rechtsschule die Darstellung bei *Dilcher/Kern*, ZRG GA Bd. 101 (1984), S. 1 ff.; *Haferkamp*, Art.

der Germanist *August Ludwig Reyscher* (1802–1880)[517] die Entscheidung des LG Köln in der von ihm mitherausgegebenen Zeitschrift sofort als genuin „germanistisch" ein.[518] Insgesamt setzte sich die Zivilrechtswissenschaft mit der Telegraphie zunächst im Kontext des Eisenbahnrechts auseinander, und erst ab dem Jahr 1858 folgten erste eigenständige Abhandlungen,[519] insbesondere von *Reyscher*[520], *Georg Beseler* (1809–1888)[521], *Karl Josef Anton Mittermaier* (1787–1867)[522] und *Rudolf von Jhering* (1818–1892)[523].

d) Zusammenfassung und Zwischenergebnis

Es wurde zunächst dargestellt, wie der Staat die Telegraphie mit dem Instrument des öffentlichen Rechts als neue Technik der Kommunikationsübermittlung organisierte und gestaltete. Für die europäischen Staaten mit Ausnahme Englands stand mit Aufkommen der Telegraphie ihre Einordnung als staatliches Regal fest, sodass der Staat die neue Technik auch faktisch monopolistisch verwaltete und als gewerbliches, staatliches Ausschließlichkeitsrecht im Sinne eines Verwaltungsmonopols betrieb.[524]

Hierzu integrierte man die Telegraphie zunächst in den vorhandenen Verwaltungsaufbau und ordnete sie dem Kommunikations- und Transportsektor mit Post und Eisenbahn im Handelsministerium zu. Als ordnungspolitische Gründe wurden neben den fiskalischen Interessen des Staates vor allem

---

„Historische Rechtsschule", S. 498 ff.; *Kroeschell*, Wissenschaft vom gemeinen deutschen Privatrecht, S. 249 ff.; *Schmoeckel*, 2000 Jahre Recht, S. 369 ff.; *Schmoeckel*, Schleiermacher und Savigny, S. 197 ff.; zum Übermittlungsirrtum und den Lehren aus dem „Kölner Telegraphen-Fall" vgl. *Schermeier*, Bestimmung des Irrtums, S. 240 ff.; *Schmoeckel/Rückert/Zimmermann*, HKK Bd. 1, S. 86 ff.

[517] Vgl. *Rückert*, NDB Bd. 21 (2003), S. 482 f. vgl. *Rückert*, Reyschers Leben und Rechtstheorie, S. 15 ff.; *Rückert*, HRG 4, S. 965 ff.

[518] Vgl. *Haferkampf*, Kölner Telegrafenfall, S. 255 f.

[519] So *Scherner*, ZNR 1994, S. 47; eine umfangreiche Übersicht über den Stand der Lit. aus dem Jahr 1871 bei *Meili*, Telegraphen-Recht, S. 4 ff.

[520] S. *Reyscher*, ZDR Bd. 19 (1859), S. 271 ff. *Reyscher*, ZDR Bd. 19 (1859), S. 456 ff.

[521] Vgl. *Kleinheyer/Schröder*, Deutsche Juristen, S. 55 ff.

[522] Vgl. *Kleinheyer/Schröder*, Deutsche Juristen, S. 296 ff., *Mittermaier* war Mitherausgeber der AcP und publizierte dort zum Telegraphenrecht drei Beiträge, s. *Mittermaier*, AcP 42 (1859), S. 278 ff.; *Mittermaier*, AcP 46 (1863), S. 1 ff.; *Mittermaier*, AcP 47 (1864), S. 289 f., der die bis dato nicht ausreichende Befassung der Telegraphie durch den Gesetzgeber kritisierte, sodass es nun der Rspr. überlassen sei; vgl. dazu *Scherner*, ZNR 1994, S. 50 f., der konstatiert, dass es *Mittermaier* wie auch anderen Autoren seiner Zeit primär um die Klärung von Einzelfragen gegangen sei.

[523] Vgl. *Kleinheyer/Schröder*, Deutsche Juristen, S. 233 ff.; *Scherner*, ZNR 1994, S. 48.

[524] Grundlegend zur Begrifflichkeit und der Wertung, dass sowohl „Telegraphenregal" als auch „Eisenbahnregal" lediglich Verwaltungsmonopole darstellten, s. *Badura*, Verwaltungsmonopol, S. 71.

staatliche Fürsorgepflichten angeführt, nach denen der Staat die Allgemeinheit vor unkontrollierbaren wirtschaftlichen Spekulationen mit der Gefahr potenziellen Marktversagens schützen wollte, und die Telegraphie analog zur staatlichen Post als Teil der „Daseinsfürsorge" verstand.[525]

Jedoch führten erst gerichtliche Auseinandersetzungen zu einer einfachgesetzlichen Festschreibung des Telegraphenregals im Deutschen Reich.[526] Trotz der bei Aufkommen der Telegraphie noch vorhandenen föderalen Struktur Deutschlands hatten die verschiedenen Einzelstaaten hinsichtlich der Regulierung der Telegraphie relativ homogene Vorstellungen und Ziele. Mit der zunehmenden staatsrechtlichen Einigung Deutschlands wurden übergreifende verfassungsrechtliche Grundlagen sowie einheitliche einfachgesetzliche Rahmenbedingungen geschaffen. Damit wurde auch ein Rahmen für Investitionen in die telegraphische Infrastruktur geschaffen.[527] Die ausgegebenen staatlichen Anleihen verdeutlichten zudem die hohen Investitionsvolumina bezüglich der Telegraphie. Die Staaten öffneten die Telegraphie gebührenpflichtig für die Nutzung durch die Öffentlichkeit und arbeiteten beim Ausbau der Infrastruktur eng mit privaten Unternehmen zusammen. Bei der Standardisierung und Tarifgestaltung involvierten die Staaten auch wirtschaftliche Interessenverbände.[528]

Zugleich wirkte der Staat durch verwaltungsrechtliche Instrumente auf eine Geheimhaltung durch die Beamten hin, sodass die Vertraulichkeit der Kommunikation als wesentlicher Teil des Werts von Informationen rechtlich-organisatorisch abgesichert wurde. Trotzdem schlossen alle Staaten eine Haftung für fehlerhaft übersandte Nachrichten vollumfänglich aus, da sie sich der möglichen wirtschaftlichen Konsequenzen bewusst waren. Die staatliche Monopolisierung führte dazu, dass der Aufbau einer umfassenden privaten Telegrapheninfrastruktur durch Unternehmen zunächst unmöglich und selbst bei Vergabe entsprechender Konzessionen zu teuer und aufwändig war.

Nachrichtenagenturen konnten diese Marktsituation zu ihrem Vorteil nutzen, da sie als Intermediäre die Schnittstelle zwischen dem regulierten

---

525 Vgl. *Kleinschmidt*, Technik und Wirtschaft, S. 82; zuvor lag die Regelungskompetenz bei den einzelnen Staaten, sodass dort auch wirtschafts- und gesellschaftspolitische Zielvorstellungen Eingang fanden konnten, s. *Kilger*, Telegraphenrecht im 19. Jahrhundert, S. 91; *Scherner*, Deutsches Telegraphenrecht, S. 135.

526 Die Telekommunikation wurde stets als Bsp. für ein natürliches Monopol herangezogen und noch bis in die 1980er Jahr ging die h. M. davon aus, dass ein vollständiger Wettbewerb im Telekommunikationssektor nicht möglich sei, vgl. *Eschweiler*, K&R 1998, S. 530.

527 Vgl. *Gehlen*, Telekommunikationsmärkte im 19. Jahrhundert, S. 30.

528 Vgl. mit Bezug auf PPP bei *Kleinschmidt*, Technik und Wirtschaft, S. 112; *Bleidick*, FS Weber, S. 335 ff.

Transportmittel und den auf die Informationen angewiesenen Akteuren darstellten. Die als natürliches Monopol faktisch limitierte Übertragungskapazität der Telegraphie mit einem staatlich kontrollierten Zugang zur Infrastruktur führte indes in einzelnen Staaten zu einer staatlichen Bevorzugung einzelner Unternehmen des Nachrichtenmarktes.[529] Abseits einzelner Bevorzugungen führten die Regelungen insgesamt zu einem relativ günstigen und diskriminierungsfreien Marktzutritt, sodass die Gründung von Nachrichtenagenturen einfach und dadurch der Wettbewerbsdruck im Nachrichtenmarkt hoch war. Da der Marktzugang zunächst ausschließlich in staatlicher Hand lag, konnten private Unternehmen hierauf nicht einwirken. Dies spiegelt sich auch im Geschäftsmodell der Nachrichtenagenturen wider, das gerade nicht die Weiterleitung von Informationen als Vertragsgegenstand umfasste.

Erst gegen Ende des 19. Jahrhunderts bauten große Unternehmen wie *Wolff's Telegraphisches Bureau* eigene Telegraphennetze auf, die sie zusätzlich zum staatlichen System nutzten.

Es wurde zudem aufgezeigt, dass die rechtlichen Voraussetzungen eines deutschen, europäischen und internationalen Nachrichtenmarktes auch erst durch bilaterale und multilaterale Verträge zum Schutz und zur koordinierten Standardisierung der grenzüberschreitenden Ordnung der Telegraphie ermöglicht wurden. Exemplarisch hierfür wurde die Gründung des Deutsch-Österreichischen Telegraphenvereins untersucht. Durch dort vereinbarte (technische und rechtliche) Standards wurde die Telegraphie schneller und günstiger. Damit wurde ein Ausbau der Netze beschleunigt, und Nachrichtenagenturen konnten ihr Geschäftsmodell erweitern.

Darüber hinaus haben die Ausführungen gezeigt, dass der Gesetzgeber bewusst in ausgewählten Aspekten der Telegraphie neue Straftatbestände einführte und damit auch den Zugang zum Nachrichtenmarkt absicherte. Die Strafbarkeit des Verstoßes gegen das Telegraphenregal stellte sicher, dass neben dem Staat keine privaten Anbieter für telegraphische Dienstleistungen existieren konnten. Durch den strafrechtlichen Schutz einer funktionierenden telegraphischen Infrastruktur als Basis der Informationsübermittlung sowie des Vertrauens in die staatlich ausgegebenen Wertzeichen schützte der Staat nicht nur sein Eigentum und seine Investitionen, sondern auch (zumindest mittelbar) ein von Privaten genutztes Kommunikationsmittel sowie deren damit verbundenen wirtschaftlichen Interessen.

Das Vertrauen des Einzelnen in eine verlässliche Technik und in die Integrität der Telegraphenbeamten war zwingend notwendig, damit sich der Telegraph als Kommunikationsmittel durchsetzen konnte und auch der Staat die Technik für die Übertragung (sensibler) Informationen über weite Strecken einsetzen konnte. Zudem wurde dadurch etwaigen politischen Forde-

[529] Vgl. dazu die Darstellung der Unternehmensgeschichte unter B. I. 3. b).

rungen nach einer Reformierung oder Privatisierung des staatlichen Systems entgegengewirkt.

Die Gefahr der Verletzung der Vertraulichkeit einer telegraphischen Nachricht war sogar höher als bei der Post, da die Beamten beim Codieren und Decodieren von ausnahmslos jeder Nachricht Kenntnis erhielten. Daher wurden auch Sonderdelikte für Beamte geschaffen, die erhebliche Konsequenzen strafrechtlicher und disziplinarischer Art vorsahen.[530] Der Schutz des Depeschengeheimnisses war zentrales Element für einen funktionierenden Nachrichtenmarkt. Die Nutzung eines einzigen Kommunikationsnetzes durch mehrere, miteinander in Konkurrenz stehende Unternehmen auf einem Nachrichtenmarkt bedarf zwingend einer Vertraulichkeit der übermittelten Inhalte. Die analysierte Quelle über den Strafprozess wegen des Verrats von telegraphischen Nachrichten zeigt, welche drastischen Konsequenzen die unbefugte Weitergabe und Kenntnis für das Geschäftsmodell einer Nachrichtenagentur hat, da die einzelne Nachricht vollständig entwertet wird.

Ausgehend von den bereits aufgezeigten Faktoren und Mechanismen, durch die einzelne Informationen einen Marktwert erhielten, konnte die Nachricht im wirtschaftlichen Kontext durch eine Störung des Kommunikationsvorgangs nicht mehr ihre Funktion, z. B. den Ausgleich einer Informatonsasymmetrie oder das Ausführen von Orderaufträgen in bestimmten Zeitfenstern, erfüllen und verlor ihren Wert. Dies galt analog auch für politische Nachrichten, die sensibel und sicherheitsrelevant sein konnten.[531]

Die Wahl des Strafrechts als *ultima ratio* und stärkstes dem Staat zur Verfügung stehendes Steuerungsinstrument zeigt die Wichtigkeit, die der Telegraphie zugeschrieben wurde. Der Staat verfolgte in rechtspolitischer Hinsicht mit der Schaffung neuer Straftatbestände mit hohen Strafandrohungen primär generalpräventive Zwecke, die die Allgemeinheit schützen (positive Generalprävention) und den Einzelnen vor Taten abschrecken sollte (negative Generalprävention) und damit die Integrität der neuen Kommunikationsform wahren sollte.[532] Damit stellte der Schutz der Telegraphie durch das Strafrecht einen wesentlichen Baustein staatlicher Gestaltung dar, um das Verkehrsmittel „Telegraphie" und darauf basierende Geschäftsmodelle, wie die der Nachrichtenagenturen und von *Wolff's Telegraphischem Bureau*, überhaupt durchsetzen zu können.

---

[530] So auch *Dambach*, Der Gerichtssaal Jg. 23 (1871), S. 288.

[531] Vgl. *Gehlen*, Telekommunikationsmärkte im 19. Jahrhundert, S. 30.

[532] Ergänzend zu den herkömmlichen Zwecken der absoluten Straftheorien; vgl. zu den Entwicklungstendenzen im Strafrecht 19. Jh. mit Bezug auf Straftheorie und Strafpraxis, *Vormbaum*, Strafrechtsgeschichte, S. 63; zur Entwicklung der negativen Generalprävention durch *Paul Johann Anselm Feuerbach* (1775–1833) vgl. *Schmoeckel*, 2000 Jahre Recht, S. 360.

Dass der Staat mit dem Instrument des Strafrechts letztlich auch die Grundpfeiler der liberalen Wirtschaftsordnung mit funktionierenden Märkten schützte, zeigt die analysierte Quelle über den Prozess vor dem Berliner Kriminalgericht. Sie bestätigt zunächst aufgrund des dem Fall zugrundeliegenden Lebenssachverhalts die dargelegten Mechanismen des Handels mit Informationen durch die Nachrichtenagenturen und zeigt plakativ, welche enormen materiellen Vorteile aus der exklusiven oder vorzeitigen Kenntnis einzelner bestimmter Informationen resultieren konnten.[533] Darüber hinaus verdeutlicht es aber auch die gravierenden Implikationen von gefälschten oder falsch übermittelten Nachrichten für einen Markt. Manipulierte Börsenkurse und Marktverzerrungen durch falsche Informationen waren geeignet, den Glauben an die Märkte mit einer liberalen Wirtschaftsordnung zu erschüttern. Damit war zugleich auch die Integrität der Telegraphenbeamten berührt, die den Staat repräsentierten.

Es wurde schließlich gezeigt, dass eine liberale bürgerlich-rechtliche Gesetzgebung, wie durch die Schaffung des ADHGB, mit Grundprinzipien wie Vertragsfreiheit und Eigentumsgarantien der Wirtschaft allgemeine Rechtsinstrumente bereitstellte, auf der auch die Nachrichtenagenturen ihr Geschäftsmodell verlässlich aufbauen konnten.[534] Deutlich wurde, dass die Übertragung von Willenserklärungen durch den Telegraphen im Rechtsverkehr zu neuen Herausforderungen bei Auslegung und Haftung führte. Die Rezeption und Wirkungsgeschichte des „Kölner Telegraphenfalls" zeigt, dass der Gesetzgeber zunächst keine Notwendigkeit für neue gesetzliche Regelungen sah, sodass der Rechtsverkehr im Kontext der Telegraphie auf die allgemeinen zivilrechtlichen Regelungen zurückgreifen musste. In der Rechtswissenschaft führte dies zu Diskussionen zwischen Romanisten und Germanisten der Historischen Rechtsschule. Im Ergebnis wurden aber neue grundlegende zivilrechtliche Institute wie die vorvertragliche Haftung gebildet.[535]

Zusammenfassend lässt sich hinsichtlich der rechtlichen Erfassung und Abgrenzung des neuen Nachrichtenmarktes festhalten, dass das Recht und seine Institutionen Innovationen in Technik und Geschäftsmodellen nicht verhinderte,[536] sondern vielmehr strukturell bedingte und ermöglichte. Das Recht war notwendiger Faktor für die Entstehung und Entwicklung des

---

[533] Vgl. die Ergebnisse der Analyse von B. I. 4. a).

[534] *Mohnhaupt*, Rg 19 (2011), S. 239.

[535] *Haferkampf*, Kölner Telegrafenfall, S. 259; die jur. Konstruktion von *Jhering* zur vorvertraglichen Haftung hat in § 122 BGB Eingang und z. T. in den §§ 307, 309 BGB gefunden, wobei die heutige Ausgestaltung der cic gem. §§ 311 Abs. 2, 241, 280 Abs. 1 BGB kaum mehr vergleichbar ist, vgl. nur *Schur*, Leistung und Sorgfalt, S. 9 f.; *Stoll*, FS Caemmerer, S. 438.

[536] Vgl. *Scherner*, ZNR 1994, S. 56.

Nachrichtenmarkts.[537] Die vom Nachrichtenmarkt mit der neuen Technik aufgeworfenen Rechtsfragen wurden von der Rechtsordnung aufgenommen und gelöst, wobei der Rechtswissenschaft und der Rechtsprechung eine wichtige Rolle zukam.[538]

3. Wolff's Telegraphisches Bureau und die staatliche Beeinflussung des Wettbewerbs auf dem Nachrichtenmarkt

a) Vertragsschluss zwischen Wolff's Telegraphischem Bureau und dem preußischen Staatministerium am 10. Juni 1869

aa) Einleitung

Das folgende Kapitel untersucht den Vertragsschluss zwischen *Wolff's Telegraphischem Bureau* und dem preußischen Staatsministerium am 10. Juni 1869 unter besonderer Berücksichtigung des Aspekts der staatlichen Beteiligung an dem Unternehmen, um anschließend die einzelnen vertraglichen Regelungspunkte unter dem Gesichtspunkt der staatlichen Beeinflussung des Wettbewerbs auf dem Nachrichtenmarkt durch Gründung einer frühen Form einer PPP einzuordnen und zu bewerten.

Am 10. Juni 1869 unterzeichneten *Wolff's Telegraphisches Bureau* und das preußische Staatsministerium abseits der Öffentlichkeit in Berlin einen privatrechtlichen Vertrag, der im Wesentlichen eine zehnjährige Kooperation beider Parteien im Kontext der Telegraphie vorsah. Der Vertrag wurde einen Tag nach Unterzeichnung von *Bismarck* (1815–1898) als Präsident des preußischen Staatsministeriums genehmigt (im Folgenden: Vertrag v. 1869).[539] Eine handschriftliche Abschrift des lange vermissten Vertrages lässt sich nunmehr in den *Akten des Ministeriums der auswärtigen Angelegenheiten* im Geheimen Staatsarchiv Preußischer Kulturbesitz in Berlin-Dahlem wieder erschließen.[540]

Der Vertrag besteht aus einer Präambel und insgesamt acht Artikeln. In der Eingangsformel werden die zwei Vertragsparteien und die bestehenden Vertretungsverhältnisse zusammengefasst. Das preußische Staatsministerium wurde durch den Geheimen Oberregierungsrat *Carl Otto Theodor Wehrmann* vertreten, allerdings mit einem Genehmigungsvorbehalt des Ministerpräsidenten *Bismarck*. Die Continental-Telegraphen-Compagnie

---

[537] Vgl. grundlegend zum Verhältnis von rechtlichem und technischem Verhalten *Specht-Riemenschneider*, Diktat der Technik, S. 39 ff.

[538] Vgl. *Scherner*, Deutsches Telegraphenrecht, S. 132.

[539] Zu den Umständen des Vertragsschlusses s. die Ausführungen unter B. I. 3. b).

[540] Historische Abschrift des Vertrages findet sich im Geheimen Staatsarchiv Preußischer Kulturbesitz, III. HA Ministerium der auswärtigen Angelegenheiten (MdA II) Nr. 8117; dem Anhang dieser Arbeit ist eine Transkription des Vertrages beigefügt.

KGaA (als Eigentümerin von *Wolff's Telegraphischem Bureau*) wurde durch *Theodor Wimmel* und *Richard Wentzel* vertreten.[541]

Die einzelnen materiellen Regelungen des Vertrages werden im Folgenden dargestellt, differenziert nach den vertraglichen Primärpflichten von *Wolff's Telegraphischem Bureau* (dazu bb)) und des preußischen Staates (dazu cc)). Außerdem werden die vertraglichen Kontrollinstrumente und Sanktionsmechanismen (dazu dd)) untersucht.

bb) Primärpflichten von Wolff's Telegraphischem Bureau. Übermittlung von Nachrichten an Behörden, behördliche Vorzensur, Verbreitung staatlicher Nachrichten und Infrastrukturausbau im Ausland

Zunächst bestimmte der Vertrag die Primärleistungspflichten von *Wolff's Telegraphischem Bureau*. Es verpflichtete sich, alle von ihm bezogenen Telegramme, mit Ausnahme von „Cours- und Handels-Depeschen", d. h. Wirtschaftsinformationen und -nachrichten, an die Berliner Telegraphen-Kontrollstation des Staatsministeriums zur Übermittlung an die vorgesetzten Behörden in so vielen gedruckten Exemplaren weiterzuleiten, wie es das Staatsministerium verlangte, vgl. Art. 1 lit. a) Vertrag v. 1869.[542] Außerdem bestimmte Art. 1 lit b) Vertrag v. 1869 die Weiterleitung dieser Telegramme „in gewöhnlicher Ausfertigung" an die Telegraphenstationen der vom Staatsministerium noch zu bestimmenden Städte des Norddeutschen Bundes.[543]

Darüber hinaus vereinbarten die Parteien mit Bezug auf die in Art. 1 genannten Verpflichtungen den Ausbau und die Verbesserung des Informationssystems durch *Wolff's Telegraphisches Bureau*, bestehend aus einem Netz aus Auslandsagenturen und Korrespondenten. Der Ausbau sollte gem. Art. 2 Vertrag v. 1869 eigenständig durch *Wolff's Telegraphisches Bureau* erfolgen, indem es sein Agentur- und Korrespondentennetz im Ausland zu erweitern hatte, um einen „guten telegraphischen Correspondenzdienst" sicherzustellen.[544] Ferner verpflichtete sich *Wolff's Telegraphisches Bureau*, alle ins Ausland adressierten politischen Depeschen auf Verlangen der Mitarbeiter des Staatsministeriums im Norddeutschen Bund (Gesandtschaften und politische Agenten) zur Verfügung zu stellen, Art. 2 S. 2 Vertrag v. 1869.[545]

Gleichzeitig wurde in Art. 2 S. 3 Vertrag v. 1869 die Verpflichtung von *Wolff's Telegraphischem Bureau* normiert, für alle telegraphischen Mitteilungen des Staatsministeriums eine größtmögliche Publizität bzw. Verbreitung

[541] III. HA, MdA II., Nr. 8117, Bl. 4.
[542] III. HA, MdA II., Nr. 8117, Bl. 4.
[543] III. HA, MdA II., Nr. 8177, Bl. 4 f.
[544] III. HA, MdA II., Nr. 8117, Bl. 5.
[545] III. HA, MdA II., Nr. 8177, Bl. 5.

über die Verbindungen von *Wolff's Telegraphischem Bureau* innerhalb und außerhalb des Norddeutschen Bundes zu gewährleisten. Jedoch sollte diese Verpflichtung nach Art. 2 S. 4 Vertrag v. 1869 bzgl. Frankreich, Italien und Spanien erst nach Auflösung des noch aktuellen Vertrages zwischen *Wolff's Telegraphischem Bureau* und der *Agence Havas* in Kraft treten, spätestens aber zum 1. Juli 1870.[546]

Art. 3 S. 1 Vertrag v. 1869 bestimmte, dass alle von *Wolff's Telegraphischem Bureau* zur Verbreitung bestimmten politischen Telegramme einer vorherigen Kontrolle durch die vom Staatsministerium noch zu bezeichnenden Beamten unterzogen werden sollten.[547]

cc) Primärpflichten des Staatsministeriums. Kofinanzierung von Wolff's Telegraphischem Bureau und Privilegierung desselben bei der Nutzung staatlicher Infrastruktur

Im Gegenzug verpflichtete sich das Staatsministerium zu einer Kofinanzierung der Unternehmungen von *Wolff's Telegraphischem Bureau* durch die Gewährung eines zinsfreien Darlehens i. H. v. 100.000 Talern sowie einer einmaligen Zahlung i. H. v. 100.000 Talern. Außerdem waren *Wolff's Telegraphisches Bureau* bei der Nutzung der staatlichen Telegraphen zu bevorzugen und ein neues Büro in der Nähe des staatlichen Telegraphenamts einzurichten. Dazu im Einzelnen:

Gem. Art. 6 S. 1 lit a) Vertrag v. 1869 hatte das Staatsministerium eine Summe i. H. v. 100.000 Talern als zinsfreies Darlehen an *Wolff's Telegraphisches Bureau* zu leisten, zu zahlen in zwei Tranchen zu je 50.000 Talern, die jeweils am 15. Juni 1869 und am 15. Juni 1870 fällig wurden.[548] Die Tilgung des Kredits wurde durch eine Beteiligung des Staatsministeriums am jährlichen Reingewinn der Gesellschaft geregelt.[549] So erhielt das Staatsministerium für die nach Art. 8 Vertrag v. 1869 zehnjährige Laufzeit dieses Vertrages,[550] d. h. bis einschließlich 1879, 25 Prozent des Reingewinns aus den gesamten Telegraphengeschäften von *Wolff's Telegraphischem Bureau.* Diese Zahlungen erfolgten gleichzeitig mit der Zahlung der Dividende an die Aktionäre im April eines Jahres für das vorangegangene Kalenderjahr.[551] Sollte die Darlehenssumme bis zum Vertragsende im Jahr 1879 durch diese Zahlungen noch nicht vollständig zurückgezahlt worden sein, war gem. Art. 6 lit. a) Vertrag v. 1869 der Restbetrag nach Wahl von *Wolff's Telegraphischem*

[546] III. HA, MdA II., Nr. 8177, Bl. 5 f.
[547] III. HA, MdA II., Nr. 8177, Bl. 6.
[548] III. HA, MdA II., Nr. 8177, Bl. 8.
[549] III. HA, MdA II., Nr. 8177, Bl. 8.
[550] III. HA, MdA II., Nr. 8177, Bl. 13.
[551] III. HA, MdA II., Nr. 8177, Bl. 8.

Bureau binnen Frist eines weiteren Jahres komplett, oder binnen fünf Jahren in jährlich gleichen Raten, jeweils zum 15. Juni eines jeden Jahres, zu tilgen.[552]

Außerdem wurde *Wolff's Telegraphisches Bureau* in Art. 6 lit. a) S. 4 Vertrag v. 1869 zusätzlich ein einmaliger, vom Staatsministerium zu leistender Betrag i. H. v. 100.000 Talern in zwei Raten zu je 50.000 Talern, fällig am 10. Juni 1871 und am 10. Juni 1872 zugesprochen, und zwar explizit „ohne Verpflichtung von Rückvergütungen".[553]

In Art. 6 S. 1 lit. b) Nr. 1 bis 3 Vertrag v. 1869 vereinbarten die Parteien eine Privilegierung von *Wolff's Telegraphischem Bureau* bei der Nutzung der staatlichen Telegraphen des Norddeutschen Bundes. Dazu verpflichtete sich das Staatsministerium zu insgesamt drei Punkten.[554]

Erstens musste das Staatsministerium gem. Art. 6 S. 1 lit. b) Nr. 1 Vertrag v. 1869 die Telegraphenverwaltung des Norddeutschen Bundes anweisen, alle internen politischen Telegramme von *Wolff's Telegraphischem Bureau* als vorzugsweise zur Mitteilung an die Behörden und zur Veröffentlichung im allgemeinen Interesse bestimmt (unter dem „Rubrum A. C."), mit Vorrang vor den Privatdepeschen zu befördern, Art. 6 S. 1 lit. b) Nr. 1 Vertrag v. 1869.[555]

Zweitens mussten die politischen Telegramme, welche die Telegraphen-Generaldirektion im gegenseitigen Austausch mit anderen Telegraphenverwaltungen empfing, *Wolff's Telegraphischem Bureau* zur freien Mitbenutzung übergeben werden, Art. 6 S. 1 lit. b) Nr. 2 Vertrag v. 1869.[556]

Drittens und letztens wurde in Art. 6 S. 1 lit. b) Nr. 3 Vertrag v. 1869 der Aufbau des Hinterhauses des staatlichen Telegraphengebäudes („Zentralstation") in der Französischen Straße Nr. 33c in Berlin und die Einrichtung eines Büros für *Wolff's Telegraphisches Bureau* in unmittelbarer Nähe zu den Büros und Übertragungssälen der Staatstelegraphie vereinbart, sodass eine schnelle Übermittlung der ankommenden und ausgehenden (politischen) Telegramme ermöglicht werden sollte.[557] Bezüglich des von *Wolff's Telegraphischem Bureau* für diese Räume zu zahlenden Mietzinses wurde vereinbart, dass ein gesonderter Vertrag mit der Telegraphenverwaltung abzuschließen war.[558] Bis dahin sollte vorläufig eine eigene Telegraphenleitung („pneumatische Verbindung") zwischen den Büros von *Wolff's Telegraphischem Bureau* in der Jägerstraße 43 in Berlin und der Zentralstation verlegt werden.

---

[552] III. HA, MdA II., Nr. 8177, Bl. 8 a. E.
[553] III. HA, MdA II., Nr. 8177, Bl. 9.
[554] III. HA, MdA II., Nr. 8177, Bl. 9.
[555] III. HA, MdA II., Nr. 8177, Bl. 9.
[556] III. HA, MdA II., Nr. 8177, Bl. 9.
[557] III. HA, MdA II., Nr. 8177, Bl. 9 f.
[558] III. HA, MdA II., Nr. 8177, Bl. 10.

Darüber hinaus wurde vereinbart, dass die Telegraphenbeamten alle Nachrichten von *Wolff's Telegraphischem Bureau* von anderen Telegrammen getrennt (bzgl. Journalisierung, Gebührenabrechnung und Expedierung) zu bearbeiten hatten. Damit sollte sowohl der Versand als auch die vereinbarte Vorabkontrolle schneller durchgeführt werden. Auch an den anderen Hauptverkehrsorten des Norddeutschen Bundes sollten Regelungen getroffen werden, die schnell zu einer bevorzugten Beförderung politischer Depeschen führen sollten.[559]

dd) Vertragliche Kontrollinstrumente und Sanktionsmechanismen des Staatsministeriums

Im Vertrag wurden zugunsten des preußischen Staatsministeriums mehrere Kontrollinstrumente und Sanktionsmechanismen vereinbart, um *Wolff's Telegraphisches Bureau* kontrollieren und im Falle von Vertragsverletzungen abseits staatlicher Gerichte und des damit verbundenen öffentlichen und politischen Diskurses sanktionieren zu können. Hierzu wurde zum einen ein Mitspracherecht des Staatsministeriums bei Personalentscheidungen von *Wolff's Telegraphischem Bureau* im Falle von Fehlverhalten und zum anderen die Beteiligung des Staatsministeriums an der Gesellschaft durch die Ausgabe von Aktien vereinbart.

Art. 4 Vertrag v. 1869 bestimmte die Berechtigung des Staatsministeriums, die „Entlassung und anderweitige Ersetzung" von bei *Wolff's Telegraphischem Bureau* beschäftigten „Agenten", d. h. Mitarbeitern und Korrespondenten, zu fordern, die sich als „wiederholt unzuverlässig" in ihren Mitteilungen ergeben hatten.[560] Im Falle von „absichtlichen Zuwiderhandlungen" gegen die Vorlagepflichten aus Art. 3 Vertrag v. 1869 durch Mitarbeiter von *Wolff's Telegraphischem Bureau* sah Art. 5 S. 1 Vertrag v. 1869 ein Recht des Staatsministeriums vor, die Auswechslung der politischen Leitung der gesamten telegraphischen Korrespondenz von *Wolff's Telegraphischem Bureau* fordern zu können.[561] Ein dann neu zu bestellender, verantwortlicher Redakteur sollte nach Art. 5 S. 2 Vertrag v. 1869 vom Aufsichtsrat der Gesellschaft vorgeschlagen werden, die Ernennung erfolgte unter dem Vorbehalt einer Bestätigung des Staatsministeriums.[562] Im Falle des Ausscheidens eines persönlich haftenden Gesellschafters sollte dem Staatsministerium das Recht zustehen, aus drei Kandidaten, die vom Aufsichtsrat von *Wolff's Telegraphischem Bureau* aufgestellt wurden, einen auszuwählen bzw. zu bestätigen.[563]

---

[559] III. HA, MdA II., Nr. 8177, Bl. 10 f.
[560] III. HA, MdA II., Nr. 8177, Bl. 6.
[561] III. HA, MdA II., Nr. 8177, Bl. 7.
[562] III. HA, MdA II., Nr. 8177, Bl. 7.
[563] III. HA, MdA II., Nr. 8177, Bl. 7.

Der Einfluss des Staatsministeriums auf *Wolff's Telegraphisches Bureau* und die Kontrolle der Geschäfte sollte über die Beteiligung des Staatministeriums an der Gesellschaft selbst gewährleistet werden. Hierzu vereinbarten die Parteien in Art. 7 S. 1 Vertrag v. 1869 die Ausgabe von Aktienanteilen i. H. v. 150.000 Talern an das Staatsministerium.[564] Diese noch auszugebenden Aktienanteile sollten sodann von (noch vom Staatsministerium zu bestimmenden) Personen in der Generalversammlung von *Wolff's Telegraphischem Bureau* vertreten werden. Hingegen verzichtete das Staatsministerium, unabhängig von dem nach Art. 6 lit. a) Vertrag v. 1869 zu zahlenden Viertel des Reingewinns zur Kredittilgung, vollständig auf die Dividenden, die auf seine gehaltenen Aktien anfielen, Art. 7 S. 2 Vertrag v. 1869.[565]

Das Staatsministerium verpflichtete sich gem. Art. 7 S. 3 Vertrag v. 1869, nach Ablauf des Vertrages am 31. Dezember 1879 alle Aktien zurückzugeben, es sei denn, die Darlehenssumme von 100.000 Talern wurde noch nicht vollständig zurückgezahlt. In diesem Fall hatte die Staatsregierung das Recht, eine der Restschuld entsprechende Aktiensumme bis zur Tilgung der Schuld zurückzuhalten.

Schließlich wurde dem Staatsministerium gem. Art. 7 S. 4 Vertrag v. 1869 für die Vertragsdauer das Recht eingeräumt, sich durch eine von ihm zu bestellende Person bei allen Sitzungen des Aufsichtsrats der Gesellschaft vertreten zu lassen und durch diesen Vertreter an den Beratungen der persönlich haftenden Gesellschafter teilzunehmen. Hierfür hatte *Wolff's Telegraphisches Bureau* die Pflicht, den Vertreter des Staatsministeriums rechtzeitig von den Sitzungen in Kenntnis zu setzen.[566]

Der Vertrag trat laut Art. 8 Vertrag v. 1869 am 15. Juni 1869 in Kraft, mit einer etwas über zehnjährigen Laufzeit bis zum Ablauf des 31. Dezembers 1879.[567]

b) Verlängerung des Vertrags am 29. Mai 1879

Der Vertrag wurde am 29. Mai 1879 für zehn Jahre verlängert. Eine Abschrift dieses Vertrages, angefertigt für den Staatsminister *Bernhard Ernst von Bülow* (1815–1879), befindet sich im selben Archiv in der „Acta betreffend das zwischen dem Staatsministerium u. der Continental-Telegraphen-Compagnie bestehende Vertragsverhältniß. Generalia vom 29. Mai 1879".[568]

Bei der Sitzung waren neben dem Vizepräsidenten des Staatsministeriums die Staatsminister Dr. *Karl Rudolf Friedenthal* (1827–1890), *Karl von Hof-*

[564] III. HA, MdA II., Nr. 8177, Bl. 11.

[565] III. HA, MdA II., Nr. 8177, Bl. 12.

[566] III. HA, MdA II., Nr. 8177, Bl. 12.

[567] III. HA, MdA II., Nr. 8177, Bl. 13.

[568] III. HA, MdA II., Nr. 8125.

mann (1827–1910), *Botho Graf zu Eulenburg* (1831–1912) und *Albert von Maybach* (1822–1904) anwesend. Den verhinderten Staatsminister *von Bülow* vertrat Unterstaatssekretär Dr. *Hermann von Schelling* (1824–1908), den dienstlich von Berlin abwesenden Kulturminister[569] der Unterstaatssekretär Dr. *Sydow*, den Finanzminister der Ministerialdirektor *Rudolf Meinecke* (1917–1905). Es wurde beschlossen, dass der Vertrag vom 10./11. Juni 1869 verlängert wird, jedoch nunmehr mit dem Deutschen Reich, vertreten durch den Reichskanzler, als neuer Vertragspartei. Zudem sollte die *Englische Korrespondenz* aufgelöst werden. Explizit wurde festgehalten, dass die dem Preußischen Staatsministerium eingeräumten Rechte, insbesondere auch hinsichtlich des Bezugs der Telegramme, weiterhin dem Deutschen Reich gewährt werden sollen.[570]

c) Bewertung des Vertrages

aa) Einordnung

Die beiden analysierten Primärquellen haben eine exzeptionelle Bedeutung sowohl für die Unternehmensgeschichte von *Wolff's Telegraphischem Bureau* als auch für die Geschichte des Nachrichtenmarktes sowie der Pressepolitik in der Zeit des Norddeutschen Bundes und des Deutschen Kaiserreiches.

Neben dem wirtschaftlichen Potenzial der Telegraphie erkannte die jeweilige Regierungsebene, dass die staatliche Monopolisierung der Telegraphie ein entscheidendes politisches Instrument zur Einflussnahme und Gestaltung der öffentlichen Meinung sein konnte. Nachrichtenagenturen hatten durch ihre Stellung als Intermediäre und die Aggregation von Nachrichten und deren Verteilung an eine Vielzahl von Verlagen und Einzelpublikationen erheblichen Einfluss auf die Berichterstattung und die damit zusammenhängende öffentliche Meinungsbildung.

Darüber hinaus erwarb der preußische Staat Aktien von *Wolff's Telegraphischem Bureau* und wurde damit zugleich Teilnehmer des Nachrichtenmarkts auf der Seite der Anbieter. Somit kam dem Staat hier neben seiner Rolle als Gestalter des Nachrichtenmarktes durch die oben beschriebenen geschaffenen rechtlichen Rahmenbedingungen auch die Rolle des Wirtschaftsakteurs zu.[571] Zudem sollte verhindert werden, dass ausländische Nachrichtenagenturen das Nachrichtengeschäft übernahmen. Auf der anderen Seite erhoffte sich *Wolff's Telegraphisches Bureau* Unterstützung der Regierung im Konkurrenzkampf auf dem europäischen Nachrichtenmarkt.

---

[569] Offizieller Titel „Minister der Geistlichen, Unterrichts- und Medizinal-Angelegenheiten".

[570] III. HA, MdA II., Nr. 8125, Bl. 2 f.

[571] Vgl. zu den unterschiedlichen Rollen des Staates im Verhältnis zum Markt die Trias von „Institutionen", „Teilnehmer" und „Gestalter" bei *Schmoeckel/Maetschke*, Rechtsgeschichte der Wirtschaft, S. 118 f.

bb) Objektiv stärkere Verhandlungsposition des preußischen Staatsministeriums

Das preußische Staatsministerium als Träger der hoheitlichen Gewalt hatte bei den Vertragsverhandlungen im Jahr 1869 gegenüber den Vertretern von *Wolff's Telegraphischem Bureau* objektiv eine stärkere Position und bessere Ausgangsbedingungen, um seine Interessen durchzusetzen.

Zum einen stammte schon das Stammkapital der *Continental-Telegraphen-Compagnie* aus Quellen regierungsnaher Bankiers und kam erst auf Bitten von *Wolff's Telegraphischem Bureau* an *Wilhelm I.* zustande.[572] Zum anderen stand *Wolff's Telegraphisches Bureau* bei Beginn der Verhandlungen kurz vor der Insolvenz, was dem Staatsministerium durch seine Verbindung zu den genannten Bankiers nicht unbekannt gewesen sein dürfte, zumal es nun bereits das zweite Mal war, dass *Wolff's Telegraphisches Bureau* sich unmittelbar an die Staatsregierung mit der Bitte um Unterstützung wandte.

Darüber hinaus hatte das Staatsministerium durch den vertraglichen Genehmigungsvorbehalt aus verhandlungstechnischer Perspektive eine starke Position. Wie aus der Präambel des Vertrages hervorgeht, musste sich der Vertreter des Staatsministeriums bei den Vertragsverhandlungen die Genehmigung des Vertrages durch *Bismarck* vorhalten lassen, d. h. alle ausgehandelten Vertragspunkte standen stets unter der aufschiebenden Bedingung der Genehmigung durch *Bismarck*.

Insofern verhandelten die Parteien zumindest hinsichtlich der Entscheidungskompetenz bei den Vertragsverhandlungen nicht gleichberechtigt. Kompromisse in Verhandlungen basieren i. d. R. auf gegenseitigen Zugeständnissen bei ggf. auch unterschiedlichen Vertragspunkten. Hier konnten einzelne für das Staatsministerium negativen Regelungen im Nachgang der Verhandlungen von *Bismarck* beanstandet werden, was in den Verhandlungen zu einer starken Verhandlungsposition führen konnte.

Der Vertrag war im Ergebnis aber für beide Parteien vorteilhaft. Das Staatsministerium konnte seine in- und ausländische Pressepolitik durch Einflussnahme auf die größte und wichtigste deutsche Nachrichtenagentur steuern und dabei zugleich den Ausbau des ausländischen Informationsnetzes vorantreiben. *Wolff's Telegraphisches Bureau* konnte durch das neue Kapital die Übernahmeversuche seiner ausländischen Konkurrenzen abwehren und zugleich den Ausbau seines Auslandsdienstes vorantreiben. Zudem wurde es bei der Nutzung der telegraphischen Infrastruktur bevorzugt und hatte so einen maßgeblichen Wettbewerbsvorteil gegenüber seinen Konkurrenten.

---

572 S. oben unter B. I. 3. b).

cc) Vorzensur durch die vertragliche Vereinbarung eines Verbots mit Erlaubnisvorbehalt betreffend politische Nachrichten

Durch Art. 1 des Vertrages war *Wolff's Telegraphisches Bureau* mit all seinen Telegraphenstationen und Mitarbeitern verpflichtet, alle von ihm „bezogenen Telegramme mit Ausnahme der Cours- und Handels-Depeschen" an die staatliche Telegraphen-Kontrollstation in Kopie auszuhändigen, sowie gem. Art. 3 S. 1 Vertrag v. 1869 alle „Telegramme politischer Natur" vor dem Versand den zuständigen Beamten des Staatsministeriums zur inhaltlichen Kontrolle und Freigabe vorzulegen.

Im Ergebnis war es *Wolff's Telegraphischem Bureau* also untersagt, ohne vorherige Zustimmung der vom Staatsministerium benannten Beamten politische Nachrichten zu verbreiten. Die obligatorische Vorlage von politischen Nachrichten bei einer staatlichen Exekutivstelle, die eine materielle Vorabkontrolle dieser Nachrichten vor der Weiterleitung durchführt, stellt ein Verbot mit Erlaubnisvorbehalt dar. Damit handelt es sich bei Art. 3 S. 1 Vertrag v. 1869 um eine Form der staatlichen Vorzensur. Hier wurde nicht das Presseprodukt an sich staatlich kontrolliert, sondern dessen Quelle.

Wolff's Telegraphisches Bureau befand sich aufgrund seiner unternehmerischen Größe und hohen Dichte der Nachrichtenverbreitung in einer typischen Gefährdungslage für staatliche Interventionen im Sinne einer Nachrichten- und Pressepolitik. Die staatliche Intervention setzte bereits bei der Nachrichtenagentur als Intermediär zwischen Information und Presse einen Schritt vor der Erstellung einer Publikation an. Dementsprechend kann diese vertragliche Bestimmung als Versuch der preußischen Regierung bewertet werden, die Informationsverbreitung an die Presse den staatlichen Interessen unterzuordnen und durch ein Einschreiten eine bestimmte Berichterstattung zwar nicht unmittelbar zu unterbinden, aber durch das Fehlen von Informationen faktisch unmöglich zu machen, resp. durch abgewandelte oder unterdrückte Informationen mittelbar zu verhindern oder den Inhalt zu verfälschen. Das Staatsministerium hatte somit bereits die Kontrolle über das „ob" der Verbreitung politisch relevanter Informationen durch die wichtigste deutsche Nachrichtenagentur und konnte eine restriktive staatliche Nachrichtenpolitik abseits der Kenntnis und Kontrolle der politischen Opposition und der Bevölkerung verfolgen.[573]

Auf den ersten Blick wog die materielle Kontrolle des Inhalts von Telegrammen schwer und stellte einen – mithin von *Wolff's Telegraphischem Bureau* sich selbst auferlegten – massiven Eingriff in die unternehmerische Freiheit dar, abseits der gravierenden Implikationen für eine Presse- und Informationsfreiheit im modernen Verständnis. Jedoch betraf der Eingriff nicht sein Kerngeschäft des Handels mit Wirtschaftsnachrichten, sondern lediglich die Verbreitung politischer Nachrichten.

---

[573] So auch *Stern*, Bismarck und Bleichröder, S. 377.

dd) Vorteile für Wolff's Telegraphisches Bureau betreffend die vertraglichen Sanktions- und Kontrollmechanismen

Auf den zweiten Blick erwies sich nämlich die tatsächliche Durchsetzung des Erlaubnisvorbehalts im Konfliktfall als schwierig.[574] Wenn Mitarbeiter von *Wolff's Telegraphischem Bureau* die vertragliche Vorlagepflicht verletzten, sah das einzige vertraglich normierte Sanktionsinstrument des Staatsministeriums vor, einen Personalwechsel zu fordern.

So fehlte etwa eine Definition, was unter einer Nachricht „politischer Natur" zu verstehen war. Aus einem Umkehrschluss aus Art. 1 Vertrag v. 1869, in dem Kursinformationen und Wirtschaftsnachrichten ausgenommen werden, und dem allgemeinen Sprachgebrauch konnte man eine Eingrenzung des Begriffs vornehmen. Darüber hinaus konnte auch eine teleologische Auslegung zu einer hinreichenden Konturierung des Begriffs „politische Nachricht" führen. Allerdings konnten auch reine Wirtschaftsnachrichten politische Implikationen haben, sodass die Frage der Reichweite von „wirtschaftspolitischen" Nachrichten unklar war.

Darüber hinaus sind weitere Punkte hinsichtlich des in Art. 4 des Vertrages vereinbarten Forderungsrechts des Staatsministeriums nach der Entlassung oder anderweitigen Ersetzung von unzuverlässigen Mitarbeitern unklar.

Zunächst ergibt sich weder aus dem Wortlaut noch aus dem Sinn und Zweck der Klausel, was unter dem Merkmal „wiederholt unzuverlässig in ihren Mittheilungen" zu verstehen war. Es ist z. B. nicht näher spezifiziert, ab welcher Anzahl an Fällen das Vorliegen „wiederholter" Unzuverlässigkeit zu bejahen gewesen ist. Ebenfalls ist unklar, welcher materiell-normative Gehalt der Einordnung eines Verhaltens als „unzuverlässig in ihren Mittheilungen" im Kontext des Vertrages zukam und wer im Zweifelsfall darüber zu entscheiden hatte. Unklar ist weiter, ob die Unzuverlässigkeit lediglich formelle und objektiv nachweisbare Komponenten betraf, sodass etwa eine zeitlich verzögerte oder an die falsche Station gesendete Mitteilung eine Verletzung der vertraglichen Vorlagepflicht aus Art. 3 Vertrag v. 1869 darstellte, oder ob auch materielle Aspekte, wie etwa inhaltliche Fehler oder Fehldeutungen in einer Mitteilung einbezogen wurden. Jedenfalls lag die Entlassung unzuverlässiger Angestellter ohnehin auch im Eigeninteresse von *Wolff's Telegraphischem Bureau.*

Darüber hinaus stand dem Staatsministerium lediglich ein Recht zu, die Entlassung zu „fordern", was dem Wortsinn nach quasi ein unverbindliches Vorschlagsrecht ohne Durchsetzungsrecht darstellt. Es konnte selbst also keine finale Entscheidung über eine Entlassung oder Ersetzung treffen.

Auch im Falle „absichtlicher Zuwiderhandlungen gegen Artikel 3" sah Art. 5 S. 1 Vertrag v. 1869 lediglich ein Forderungsrecht des Staatsministeri-

[574] So i. E. auch *Basse*, WTB, S. 44.

ums zum Austausch der politischen Leitung von *Wolff's Telegraphischem Bureau* vor. Für dieses per se strenge Instrument hatten die Parteien ein Vorsatzelement explizit vereinbart – es musste eine „absichtliche" Zuwiderhandlung gegen die Vorlagepflicht erfolgt sein.[575] Wie diese Absicht zu bestimmen sein sollte und ob auch (wie in der modernen Auffassung) ein kognitives Element (Wissen) und ein voluntatives Element (Wollen) notwendig sein sollten, ist unklar. Es ergibt sich daraus jedenfalls *e contrario*, dass eine bloß fahrlässige Pflichtverletzung nicht vom Tatbestand des Art. 5 S. 1 Vertrag v. 1869 umfasst sein sollte. Dabei stellt sich die Frage der Nachweisbarkeit und der Beweislastverteilung bei der Feststellung eines vorsätzlichen Pflichtverstoßes im Sinne des Vertrages.

Die Komplexität und problematische praktische Handhabung dieser Frage lässt sich bereits anhand eines konstruierten simplen Sachverhalts exemplifizieren, in dem ein Mitarbeiter von *Wolff's Telegraphischem Bureau* eine einzelne Nachricht (unzutreffend) als „nicht-politisch" einordnet und daher nicht vorlegt. Im Konfliktfall einen Nachweis zu führen, erscheint, ohne eine hierfür eingerichtete (unabhängige) Instanz sowohl zur Frage, ob die materielle Prüfung der inhaltlichen Natur einer Nachricht absichtlich falsch vorgenommen wurde als auch zur Frage, ob die Vorlage absichtlich unterlassen wurde, schwierig und verursachte mehr Rechtsunsicherheit als Klarheit. Selbst im Falle der Bejahung einer absichtlichen Pflichtverletzung i. S. v. Art. 5 S. 1 Vertrag v. 1869 und wenn der Forderung des Staatsministeriums zum Austausch der politischen Leitung nachgekommen worden war, hatte das Staatsministerium gem. Art. 5 S. 2 Vertrag v. 1869 kein alleiniges Bestimmungsrecht für einen neuen verantwortlichen Redakteur. Das Staatsministerium nahm aufgrund der Regelung in Art. 7 S. 4 Vertrag v. 1869 zwar durch eine von ihm zu bestellende Person bei allen Sitzungen des Aufsichtsrats teil, hatte aber nur ein Vetorecht durch ein vertragliches Vorbehaltsrecht bei dem vom Aufsichtsrat vorgeschlagenen Kandidaten.

Die in Art. 5 S. 3 Vertrag v. 1869 eingeräumten Rechte des Staatsministeriums im Falle des Ausscheidens eines Komplementärs der Gesellschaft oder von Vertragsverletzungen durch bestimmte Personen, entsprechende Personalentscheidungen mitzutreffen und beeinflussen zu können, stellten auf den ersten Blick geeignete Instrumente dar, präventiv *Wolff's Telegraphisches Bureau*, seine Organe und Mitarbeiter zur Einhaltung der vertraglichen Pflichten zu motivieren und abweichendes Verhalten repressiv zu sanktionieren.

---

[575] Vgl. *Basse*, WTB, S. 45; in der Vertragspraxis sei die politische Kontrolle aufgrund bürokratischer Strukturen und der konkreten Handhabung durch die Geschäftsführung von Wolff's Telegraphische Bureau oftmals ins Leere gelaufen, s. *Schuppert*, Kommunikationsgeschichte, S. 70.

Durch die Auswahl, resp. Mitbestimmung bei der Personalwahl im Falle vertraglichen Fehlverhaltens, konnte zugleich die Wiederholungsgefahr ausgeschlossen oder zumindest minimiert werden. Auf den zweiten Blick fassten und formulierten die Parteien die diesbezüglichen Regelungen aber unbestimmt und mehrdeutig, sodass das Staatsministerium in der Rechtspraxis auf erhebliche Schwierigkeiten hinsichtlich der Auslegung, Beweisführung und Durchsetzung stoßen musste. Durch die Verwendung unbestimmter Begriffe, die ohne entsprechende Auslegungskriterien oder Spruchpraxis einen weiten Deutungsgehalt innehaben, wurde es erschwert, im Konfliktfall eine von beiden Parteien unstreitige Lösung zu finden. Dies wurde flankiert von mangelnden Mechanismen zur Konfliktbeilegung im Falle von Streitigkeiten bezüglich einer normativen Auslegung des Vertrages.

ee) Gründung einer frühen Form einer Public Private Partnership

(1) Begriff der „Public Private Partnership" (PPP)

Der Inhalt des Vertrages vom 10. Juni 1869 zwischen dem preußischen Staatsministerium und *Wolff's Telegraphischem Bureau* lässt Rückschlüsse zu, in welchem Verhältnis staatliche und wirtschaftliche Akteure in der Mitte des 19. Jahrhunderts in Deutschland auf dem Nachrichtenmarkt zueinanderstanden,[576] und weist aus heutiger Sicht Merkmale einer „Public Private Partnership" (PPP) auf.

Der Begriff der PPP, oft auch als „Öffentlich-Private Partnerschaft" (ÖPP) bezeichnet,[577] umfasst heute als Sammelbegriff die vertraglich basierte Zusammenarbeit zwischen öffentlicher Hand und privater Wirtschaft bei der Bereitstellung einer öffentlichen Leistung, der Realisierung eines öffentlichen Projekts oder Bereitstellung einer Dienstleistung.[578] Das Grundkonzept einer Zusammenarbeit von öffentlicher Hand und Privaten ist seit dem 15. Jahrhundert dokumentiert.[579] Das moderne Konzept der PPP geht hingegen aus der Politik des „New Deal" in den USA hervor, beginnend mit einem ge-

[576] Vgl. zu dieser Fragestellung grundlegend *Ambrosius*, PPP in ordnungspolitischen Konstellationen, S. 14 ff.

[577] Auf eine z. T. vorgenommene Differenzierung zwischen PPP und ÖPP als spezifischer deutscher Variante wird in dieser Arbeit abgesehen.

[578] Vgl. *Bleidick*, FS Weber, S. 335 ff. vgl. auch OECD (Hg.), PPP 2012, S. 18.

[579] Etwa die Ausgabe von „Kaperbriefen" im 15. und 16. Jahrhundert in England, durch die private Kriegsschiffe bei Abgabe von zehn Prozent der Beute die Legitimation der englischen Krone erhielten andere Schiffe zu berauben, s. *Wettenhall*, public-private interface, S. 25; vgl. auch den Ausbau des preußischen Eisenbahnnetzwerkes durch die Vergabe von staatlichen Konzessionen an Private seit 1838, vgl. *Stehlin/Gebhardt*, VBlBW 2005, S. 90 ff.; von einer PPP beim Aufbau des Kommunikationsnetzes in Deutschland im 19 Jahrhundert spricht z. B. *Kuberg*, Kapazitätsengpässe vs. Netzneutralität, S. 74; vgl. auch *Kleinschmidt*, Technik und Wirtschaft, S. 112.

meinsamen Stadtentwicklungskonzept von privaten und öffentlichen Akteuren in Pittsburgh im Jahr 1943.[580]

Die Gründe für eine PPP waren und sind vielfältig. PPP wurden in der Vergangenheit auch eingesetzt, um das Problem der Trennung von Bau und Betrieb natürlicher Monopole der Netzwirtschaft zu lösen.[581] Heutzutage erhofft man sich v. a. Synergieeffekte bei der Leistungserbringung, Wissenstransfer, eine gesteigerte Effizienz und eine sichere Finanzierung bzw. Gewinnerzielung.[582]

Inzwischen wird der Begriff weltweit verwendet, bezeichnet im Einzelnen aber unterschiedliche Kooperationsformen.[583] Auf unionsrechtlicher Ebene werden zwei grundsätzliche Arten von PPP unterschieden:[584] zum einen PPP auf Basis rein vertraglicher Beziehungen und zum anderen PPP auf Basis einer gemeinsam geschaffenen Institution (institutionalisierte PPP).[585] Eine rechtliche Definition existiert in Deutschland nicht.[586] Auch das Gesetz zur Beschleunigung der Umsetzung von öffentlich privaten Partnerschaften enthält keine Begriffsbestimmung.[587]

In der Literatur wird aber eine Differenzierung nach den zwei unterschiedlichen Arten von PPP vorgenommen: materielle Privatisierung („Aufgabenprivatisierung")[588] und formelle Privatisierung („Organisationsprivatisierung").[589] Bei der Organisationsprivatisierung wird regelmäßig zwischen verschiedenen Subformen unterschieden.[590] Etwa beim „Kooperationsmodell" wird von Staat und Privaten gemeinsam ein Unternehmen mit privater Rechtsform zur Erfüllung öffentlicher Aufgaben betrieben.[591] Diese Differenzierung wird auch in der vorliegenden Arbeit berücksichtigt.

---

580 Vgl. *Eggers*, Public Private Partnership, S. 17 ff.

581 *Ambrosius*, Hybride Eigentums- und Verfügungsrechte, S. 100.

582 Vgl. m. w. N. *Dreher*, NZBau 2002, S. 246; der Staat ziele auf die „Nutzung der komparativen Vorteile unternehmerischen Handelns für die staatliche Aufgabenerfüllung", s. *Ritter*, AöR 104 (1979), S. 389 ff.

583 Es existiert aber keine einheitliche Definition aufgrund der Besonderheiten des jeweiligen Rechts- und Wirtschaftssystems, vgl. OECD (Hg.), PPP 2011, S. 4.

584 Zum PPP-Begriff auf EU-Ebene vgl. *EU-Kommission* (Hg.), Grünbuch PPP, S. 3; *Dies.* (Hg.), PPP-Richtlinien, S. 6 ff.

585 *EU-Kommission* (Hg.), Grünbuch PPP, S. 3.

586 Vgl. nur die unterschiedlichen Def. bei *BMVBS* (Hg.), Leitfaden PPP-Projekte, S. 6; *BMVBS* (Hg.), PPP im öffentlichen Hochbau, S. 2 f.; *BMVBS* (Hg.), PPP und Förderrecht, S. 17.

587 BGBl. 2005, S. 2676–2681; es handelte sich um ein Artikelgesetz u. a. mit Anpassungen im GWB und der Vergabeordnung, um die Durchführung von PPP zu erleichtern.

588 Vollständige Auslagerung von staatlichen Aufgaben an einen Privaten, vgl. *Dreher*, NZBau 2002, S. 246;

589 Ausgliederung der öffentlich-rechtlichen Aufgabenerfüllung an eine privatrechtliche Organisation, s. *Dreher*, NZBau 2002, S. 246.

590 Vgl. *Dreher*, NZBau 2002, S. 247.

591 Zu den anderen Subformen „Betriebsführungsmodell", „Betreibermodell", „Kon-

Daher lassen sich bestimmte Strukturmerkmale einer PPP abstrahieren, die auch die Grundlage für das hiesige Verständnis bilden: Bei einer PPP geht um eine gemeinsame, vertraglich abgesicherte Unternehmung von Privatrechtssubjekten auf der einen und der öffentlichen Hand auf der anderen Seite für die Erfüllung bestimmter öffentlicher Aufgaben.[592]

Die strukturellen Merkmale einer PPP in Form eines Kooperationsmodells sind gegeben. Zum einen liegt der Abschluss eines privatrechtlichen Vertrages zwischen einem Hoheitsträger und einem privaten Unternehmen (dazu (2)) vor, indem die Erfüllung einer öffentlichen Aufgabe durch das private Unternehmen mit eigenem Gestaltungsspielraum außerhalb einer staatlichen Konzession vereinbart wurde (dazu (3)).

(2) Privatrechtlicher Vertrag zwischen dem preußischen Staatsministerium und Wolff's Telegraphischem Bureau als Frühform eines Kooperationsmodells

Das preußische Staatsministerium vertrat die öffentliche Hand und schloss mit *Wolff's Telegraphischem Bureau* als privatwirtschaftlichem Unternehmen einen privatrechtlichen Vertrag. Beide Parteien traten sich bei den Vertragsverhandlungen abseits eines Subordinationsverhältnisses formal gleichberechtigt gegenüber. Damit war bereits ein wesentliches strukturelles, formelles Element einer Public Private Partnership gegeben.

Es handelte es sich um eine Frühform der speziellen Ausprägung eines Kooperationsmodells, bei der sich das Staatsministerium als Hoheitsträger per Aktienkauf an *Wolff's Telegraphischem Bureau* als privatrechtlichem Unternehmen beteiligte und zusätzlich einen bestimmten Geldbetrag leistete, wobei beide Summen zum vertraglich festgelegten Zweck des Ausbaus der ausländischen Infrastruktur der Informationsbeschaffung und -verbreitung verwendet werden mussten. Damit trat der preußische Staat zugleich als Wirtschaftsakteur auf, der sich durch den Kauf von Anteilen an einem privatwirtschaftlichen Unternehmen des Nachrichtenmarktes beteiligte und darüber seine Ziele verfolgen konnte.[593]

Es wurde das Kooperationsmodell als Grundkonstruktion mit einem speziellen Betreiber- und Betriebsführungsmodell kombiniert. Die Erfüllung der Gewährleistung und Bereitstellung der „Telegraphie" als öffentliche Aufgabe

---

zessionsmodell", „Inhabermodell", „Betriebsüberlassungsmodell", „Erwerbermodell", „Leasingmodell" und „Vermietungsmodell" s. *Dreher*, NZBau 2002, S. 253.

[592] Zum unbestimmten Rechtsbegriff der „öffentlichen Aufgabe" vgl. *Badura*, FS Schlochauer, S. 8; *Brohm*, Strukturen der Wirtschaftsverwaltung, S. 156 ff.; *Peters*, FS Nipperdey (Bd. I), S. 878; *Heintzen*, VVDStRL Bd. 62 (2003), S. 220 (227 ff.); *Isensee*, HStR Bd. IV, § 73 Rn. 5, 12 f., 27 ff.

[593] Zum Aufkommen von gemischtwirtschaftlichen Unternehmen, in denen Kommunen und Private zusammenarbeiten vgl. m. w. N. *Collin*, Privat-staatliche Regelungsstrukturen, S. 89 f.

verblieb vollständig in der Hand des Staates, wobei *Wolff's Telegraphisches Bureau* durch einen privatrechtlichen Vertrag zum Ausbau und Betrieb der mit der Telegraphie verbundenen Informationsbeschaffung und -verbreitung im Ausland beauftragt wurde. Durch die Aktienanteile sicherte sich der Staat gewisse Kontrollrechte, überlies die exekutive Ausgestaltung (Planung, Umsetzung, Betrieb) des vereinbarten Ziels aber im Übrigen vollständig *Wolff's Telegraphischem Bureau.*

(3) Erfüllung einer öffentlichen Aufgabe durch Wolff's Telegraphisches Bureau mit eigenem Gestaltungsspielraum außerhalb einer staatlichen Konzession

Statt dem Aufbau einer eigenen staatlichen telegraphischen Nachrichtenagentur, die für jedermann erkennbar im Lager der Regierung steht, konnte ein dem äußeren Anschein nach rein privates Unternehmen für politische Zwecke instrumentalisiert und durch den geheimen Vertrag nun die Kontrolle des Nachrichtenflusses und des Inhalts politischer Nachrichten gesteuert werden.[594] Gleichzeitig sparte das Staatsministerium den kostspieligen Aufbau einer eigenen neuen Verwaltungsinfrastruktur im Ausland mit der Eröffnung und dem Betrieb eigener Büros mit eigenem Personal.[595] Hierzu erwarb die Staatsregierung Gesellschaftsanteile und sicherte sich durch die damit verbundenen gesellschaftsrechtlichen Instrumente entsprechende Kontroll- und Mitspracherechte, die sie auch einsetzte.[596]

Hinzu kam, dass *Wolff's Telegraphisches Bureau* auch in großem Umfang Nachrichten an Empfänger im Ausland verbreitete und bereits über ein Netz von eigenen im Ausland situierten Korrespondenten verfügte sowie über Kooperationen mit ausländischen Nachrichtenagenturen. Stattdessen vereinbarten die Parteien in Art. 2 Vertrag v. 1869 eine Pflicht von *Wolff's Telegraphischem Bureau* zum Ausbau seines Auslandsnetzwerks durch mehr Korrespondenten und Erweiterung der Büros sowie zur dortigen Verbreitung der politischen Nachrichten. Es wurde explizit das Ziel definiert, dass *Wolff's Telegraphisches Bureau* für einen guten telegraphischen Korrespondenzdienst Sorge zu tragen habe.

Ferner erhielt das Staatministerium gem. Art. 7 des Vertrages per Blankoindossament Aktien im Wert von 150.000 Talern und sicherte sich darüber entsprechende Kontrollrechte. Das Staatsministerium profitierte somit in

[594] So auch *Stern*, Bismarck und Bleichröder, S. 377.

[595] Die Staaten nutzten den Nachfrageüberhang bei der Telegraphie, um eine Ko-Finanzierung der Telegraphie gegen eine exklusive Nutzung der Telegraphie zu erwirken, s. *Gehlen*, Telekommunikationsmärkte im 19. Jahrhundert, S. 42.

[596] Es ist z. B. dokumentiert, dass *Bismarck* mit der Arbeit von *Wolff's Telegraphischem Bureau* während des Deutsch-Französischen Krieges zufrieden war, s. *Sösemann*, Presse- und Informationspolitik der Bismarck-Ära, S. 299; vgl. auch *Stöber*, Deutsche Pressegeschichte, S. 132.

Kombination mit den vereinbarten Kontrollrechten gleich mehrfach. Einerseits hielt es Anteile am Unternehmen und übte darüber Kontrollrechte aus, gleichzeitig wurde der Auf- und Ausbau eines ausländischen Nachrichtendienstes von diesem privaten Unternehmen übernommen. Da der Telegraph als natürliches Monopol weiterhin dem staatlichen Zugriff und der staatlichen Regulierung unterlag, konnte das Staatsministerium nun zusätzlich über die führende deutsche Nachrichtenagentur den Informationsfluss kontrollieren und steuern.

Im Gegenzug profitierte *Wolff's Telegraphisches Bureau* durch einen erheblichen Kapitalzufluss i. H. v. 200.000 Talern, durch das in Art. 6 lit. a) Vertrag v. 1869 vereinbarte zinslose Darlehen i. H. v. 100.000 Talern sowie durch eine zusätzliche einmalige Leistung in gleicher Höhe. Damit konnte es sein Netzwerk an Auslandskorrespondenzen und -agenturen weiter ausbauen und musste dies nach Art. 2 Vertrag v. 1869 auch.

Bei der ersten Teilsumme von 100.000 Taler handelte es sich um ein zinsloses Darlehen, das mit einem Viertel des Reingewinns der Gesellschaft zu tilgen war, Art. 6 lit. a) Vertrag v. 1869. Neben der Darlehenssumme gehen die Parteien bei der zweiten vertraglich zugesicherten Leistung von 100.000 Talern an *Wolff's Telegraphisches Bureau* von einer Leistung „ohne Verpflichtung von Rückvergütungen" aus. Auf den ersten Blick könnte es sich nach dem reinen Wortlaut der Klausel um eine Schenkung des Staatsministeriums an *Wolff's Telegraphisches Bureau* handeln.

Im modernen Sinne versteht man unter einer Schenkung i. S. d. § 516 BGB eine Zuwendung, durch die jemand aus seinem Vermögen einen anderen bereichert, wenn beide Teile darüber einig sind, dass die Zuwendung unentgeltlich erfolgt, d. h. eine Schenkung ist die unentgeltliche dauerhafte Zuwendung eines Vermögenswertes eines Schenkers an den Beschenkten. Im Vertrag steht die Leistung des Staatsministeriums jedoch in direktem Bezug zu den vertraglichen Pflichten von *Wolff's Telegraphischem Bureau*, denn Art. 6 Vertrag v. 1869 beginnt mit den Worten „um die Continental-Telegraphen-Compagnie in den Stand zu setzen, die von ihr im Interesse des Staats übernommenen Verpflichtungen erfüllen zu können […]", gefolgt von den beiden Primärleistungen des Staatsministeriums unter den Buchstaben a (Darlehen über 100.000 Taler) und b (Leistung von 100.000 Taler). Die Einleitung zu beiden Leistungen des Staatsministeriums mit einer finalen Satzverbindung „um" verband die Zahlungen mit den vertraglichen Pflichten von *Wolff's Telegraphischem Bureau* zum Ausbau seiner Auslandsverbindungen sowie die Verbreitung von telegraphischen Mitteilungen des Staatsministeriums innerhalb und außerhalb des Norddeutschen Bundes.

Dies entsprach sowohl dem Sinn und Zweck des Vertrags als auch dem Willen der beiden Parteien, da *Wolff's Telegraphisches Bureau* ohnehin intendierte, sein Auslandsnetz auszubauen. Es würde darüber hinaus im Gesamtkontext des Vertrages keinen Sinn ergeben, wenn zuvor ein zinsloses Darlehen gewährt wird und dieselbe Summe noch einmal ohne jegliche Form der Gegenleistung resp. ohne Zweckbindung.

Insofern kommen sowohl eine subjektive und objektive Auslegung des Vertragstextes als auch eine textorientierte oder kontextorientierte Vertragsauslegung zu demselben Ergebnis. Es handelte sich nicht um keine Schenkung, sondern um eine Leistung mit dem Zweck der vertraglich determinierten Pflichterfüllung durch *Wolff's Telegraphisches Bureau.*

In diesem Kontext ist auffällig, dass das Staatsministerium *Wolff's Telegraphischem Bureau* bei der Vertragserfüllung eine größtmögliche Freiheit einräumte. Im Gegensatz zu den exakt geregelten Modalitäten zur Rückzahlung des Darlehens sowie zur Rückübereignung des Aktienpaktes sind hinsichtlich des Ausbaus der Auslandsinfrastruktur durch *Wolff's Telegraphisches Bureau* weder konkrete Zielvereinbarungen, etwa hinsichtlich anzubindender Länder oder Orte, noch Regelungen zu zeitlichen oder organisatorischen Aspekten des Ausbaus getroffen worden.

Es wurden in Art. 2 S. 1 Vertrag v. 1869 lediglich die Plichten „Vermehrung ihrer Correspondenten", „Erweiterung ihrer Agenturen im Auslande" sowie „für ein guten telegraphischen Correspondenzdienst [Sorge tragen]" genannt. Damit werden zwar Ergebnisziele definiert, jedoch abstrakt, d. h. ohne konkrete und damit messbare Ziele oder determinierte Prozesse. Es wurde nicht vereinbart, wie viele Korrespondenten wann in welchen Gebieten verfügbar sein mussten oder ab wann man übereinstimmend den Telegraphendienst als „gut" klassifizierte. Damit überlies das Staatsministerium die konkrete Ausgestaltung des „wie" der Zielerreichung *Wolff's Telegraphischem Bureau.*

Einen weiteren maßgeblichen wirtschaftlichen Vorteil gegenüber der Konkurrenz erhielt *Wolff's Telegraphisches Bureau* durch die in Art. 6 lit. b) Nr. 1 Vertrag v. 1869 vereinbarte Bevorzugung bei der Nutzung des staatlichen Telegraphennetzes. Ferner sicherte es sich zudem durch Art. 6 lit. b) Nr. 2 Vertrag v. 1869 die Pflicht der staatlichen Telegraphenverwaltungen, die ihnen bekannten politischen Nachrichten an *Wolff's Telegraphisches Bureau* übermitteln zu müssen.

Damit erhielt *Wolff's Telegraphisches Bureau* im Gegensatz zu seinen Konkurrenten wirtschaftlich verwertbare Informationen, die ihm ohne unmittelbare Gegenleistung zur Verfügung gestellt wurden. Gleichzeitig erhielt *Wolff's Telegraphisches Bureau* in der Regel schneller Kenntnis von den Nachrichten als seine Konkurrenten und konnte seine Kunden schneller informieren, wozu auch der Aufbau und Anmietung eines Büros im Hinterhaus des offiziellen Telegraphenamtes beitrug, s. Art. 6 lit. b) Nr. 3 Vertrag v. 1869. Die Einrichtung eines Büros bei der Haupttelegraphenstation in Berlin zeigt nicht nur sinnbildlich die Nähe und Verbindung zwischen den beiden Vertragsparteien, sondern hatte auch tatsächliche Vorteile, weil so Zeit für den Versand und die Kontrolle gespart werden konnte.

Es handelte sich dabei auch um die Erfüllung einer „öffentlichen Aufgabe" im Sinne der Ausübung eines staatlichen Tätigkeitsbereiches im Interesse der Allgemeinheit oder des Gemeinwohls.[597] Ein funktionstüchtiges staatliches ausländisches Kommunikationsnetzwerk, das an die Telegraphie angebunden war und zur Verbreitung von staatlichen Informationen und Korrespondenz genutzt werden konnte und sollte, stellte einen wesentlicher Bestandteil der Gestaltung und Ausübung von staatlicher „Diplomatie" als Teil der „Außenpolitik" dar.[598]

Es ging dem preußischen Staat in erster Linie aber nicht um eine wirtschaftliche Steuerung des Nachrichtenmarktes, indem er durch den Kauf von Aktien unmittelbaren Einfluss auf die wirtschaftlichen Entscheidungen des Unternehmens und dessen Marktverhalten ausüben konnte, wie er es später etwa im Rahmen der „Hibernia-Affäre" 1904/05 versuchte.[599]

Auch die im Laufe des 19. Jahrhunderts zunehmenden fiskalischen Gründe der Erzielung von zusätzlichen Staatseinnahmen, etwa bei der Beteiligung an Eisenbahngesellschaften,[600] spielten eine untergeordnete Rolle. Das Motiv des preußischen Staates zur wirtschaftlichen Beteiligung bei *Wolff's Telegraphischem Bureau* bestand primär aus politischen Gründen.[601] Zum einen wollte er im Sinne einer Informationspolitik ein funktionierendes staatliches Nachrichtensystem (im Ausland) sicherstellen und durch die Vorzensur die Distribution politischer Nachrichten im In- und Ausland steuern.

Zum anderen wollte er den Einfluss ausländischer Nachrichtenagenturen auf den deutschen Nachrichtenmarkt abwehren. Für die Erreichung beider Ziele wurde im Vertrag v. 1869 die Bevorzugung von *Wolff's Telegraphischem Bureau* bei der Nutzung der staatlichen telegraphischen Infrastruktur und den Zugang zu staatlichen Informationen vereinbart, was unmittelbare Auswirkungen auf die Wettbewerbssituation auf dem Nachrichtenmarkt hatte. Durch den exklusiven Zugang erhielt *Wolff's Telegraphisches Bureau* eine

[597] Vgl. dazu die Ausführungen unter A. V. 2.; zur rechtshistorischen Dimension des Begriffs s. *Collin*, Privat-staatliche Regelungsstrukturen, S. 41.

[598] Zur Unschärfe des Begriffs „Außenpolitik" und den verschiedenen wiss. Def. vgl. *Hellmann/Wagner/Baumann*, Außenpolitik, S. 14; eine moderne Definition lautet „Handlungen staatlicher Akteure, die auf die Ermöglichung und Herstellung von kollektiv bindenden Entscheidungen in den internationalen Beziehungen abzielen", s. *Hellmann/Wagner/Baumann*, Außenpolitik, S. 15, mit Bezug auf *Niklas Luhman* (1927–1998), der das Politische als „Ermöglichung und Herstellung von kollektiv bindenden Entscheidungen" definierte, s. *Luhmann*, Soziale Systeme, S. 103.

[599] Vgl. m. w. N. *Schmoeckel/Maetschke*, Rechtsgeschichte der Wirtschaft, S. 225.

[600] S. *Ambrosius*, Staat als Unternehmer, S. 26, 33, 53.

[601] Zu den unterschiedlichen Motiven staatlicher Wirtschaftstätigkeit s. *Schmoeckel/Maetschke*, Rechtsgeschichte der Wirtschaft, S. 216 ff.; insb. zu militärstrategischen Aspekten bei der Eisenbahn und Telegraphie s. *Schmoeckel/Maetschke*, Rechtsgeschichte der Wirtschaft, S. 219.

dominante Marktposition und begann andere Nachrichtenagenturen aufzukaufen. Im Gegenzug versuchten andere Nachrichtenagenturen der Marktmacht von *Wolff's Telegraphischem Bureau* mit Kooperationen und Zusammenschlüssen zu begegnen.[602]

Wolff's Telegraphisches Bureau hatte bei der konkreten Umsetzung einen großen Gestaltungsspielraum außerhalb einer staatlichen Konzession. Durch den vertraglich vereinbarten und teilfinanzierten Ausbau gewährleistete das preußische Staatsministerium die Funktionstüchtigkeit einer ausländischen staatlichen Informationspolitik und Staatskorrespondenz. Diese war notwendig, um gegenüber anderen Staaten die Interessen zunächst von Preußen im Norddeutschen Bund sowie (nach der Vertragsverlängerung) des Deutschen Reiches zu vertreten und insofern die internationalen Beziehungen zu gestalten. Zudem konnte *Wolff's Telegraphisches Bureau* nun auch zur internen behördlichen Kommunikation zwischen verschiedenen Dienstsitzen im In- und Ausland genutzt werden. So empfahl *Bismarck* seinen Ministern auf einer Kabinettssitzung in Berlin am 26. August 1869, *Wolff's Telegraphisches Bureau* für die Verbreitung von wichtigen Nachrichten an die Provinzialbehörden zu nutzen, da durch den Vertragsschluss die Übermittlung kostenlos sei.[603]

Die völkerrechtliche Vertretungsbefugnis des Königs als Vertreter des Bundespräsidiums und die damit verbundene Gestaltung der Außenpolitik war verfassungsrechtlich in Art. 11 Verfassung v. 1869 verankert:

> „Das Präsidium des Bundes steht der Krone Preußen zu, welche in Ausübung desselben den Bund völkerrechtlich zu vertreten, im Namen des Bundes Krieg zu erklären und Frieden zu schließen, Bündnisse und andere Verträge mit fremden Staaten einzugehen, Gesandte zu beglaubigen und zu empfangen berechtigt ist."

Dies wurde nahezu identisch in Art. 11 Verfassung v. 1871 normiert. Dieser Auftrag wurde auf Ebene der Ministerialbürokratie durch die Einrichtung des Ressorts „Außenministerium" verwirklicht. Die Außenpolitik war mithin ein staatlicher Tätigkeitsbereich, das im Interesse der Allgemeinheit lag. Die Verfassung gab dem Staat auf, die Außenpolitik zu gestalten, sodass dieses Thema den staatlichen Aufgaben zuzuordnen war.

---

[602] Vgl. die Ausführungen oben unter B. I. 3.

[603] In Acta Borussica, Bd. 81, Bl. 132–134, heißt es unter TOP 11 „Pressepolitik" wörtlich: „Der Herr Min. Präsident macht Mittheilung über den Vertrag welcher mit dem Wolffschen Telegraphen Bureau abgeschlossen ist u. empfiehlt den Herren Ministern die Benutzung des Bureaus zur Verbreitung wichtiger Nachrichten auf telegraphischem Wege an die Provinzialbehörden, da diese Verbreitung jetzt unentgeltlich geschehen kann".

d) Zusammenfassung und Zwischenergebnis

Der Abschluss des Vertrags zwischen dem preußischen Staatsministerium und *Wolff's Telegraphischem Bureau* im Jahr 1869 sowie dessen Verlängerung stellten eine frühe Form einer Public Private Partnership in Form eines Kooperationsmodells dar. Die vertraglichen Regelungen zeigen im Wesentlichen, dass die preußische Staatsregierung primär das Ziel verfolgte, die bisher nur informelle Möglichkeit der Einflussnahme auf den Betrieb und die Infrastruktur von *Wolff's Telegraphischem Bureau* durch einen Vertrag zu sichern und auszubauen. Damit wollte man sowohl innen- als auch außenpolitisch den Inhalt politischer Nachrichten steuern.

Insgesamt konnte die Staatsregierung aufgrund der noch relativ geringen Leistungskapazitäten des Telegraphennetzes neben einer finanziellen Unterstützung von *Wolff's Telegraphischem Bureau* auch den Zugang zur Infrastruktur der Nachrichtenübermittlung regulieren und sich damit einen entscheidenden Marktvorteil verschaffen und sichern. Aus heutiger Perspektive war damit keine Netzneutralität gegeben.[604]

Es lassen sich zwei kohärente Effekte erkennen: Erstens wurde der nun im Machtbereich des preußischen Staatsministeriums liegende politische Nachrichtenfluss an die Presse reguliert. Zweitens wurde durch die vielfältige Bevorzugung von *Wolff's Telegraphischem Bureau* in die wirtschaftliche Entwicklung des Nachrichtenmarktes eingegriffen und damit einem privatwirtschaftlichen Unternehmen zu einer Monopolstellung auf dem deutschen Nachrichtenmarkt verholfen.

Bei der Entstehung einer monopolartigen Stellung von *Wolff's Telegraphischem Bureau* auf dem deutschen Nachrichtenmarkt durch staatliche Intervention bediente sich der Staat nicht eines gesetzlichen Instrumentariums, sondern agierte durch die finanzielle Beteiligung und Unterstützung eines einzelnen Marktteilnehmers. Gerade die deutschen Filialen von Reuter bekamen den massiven Nachteil bei der telegraphischen Übertragung deutlich zu spüren. Die hoheitliche Beschränkung und Reglementierung der Telegrafie sowie die Subventionen ausschließlich für *Wolff's Telegraphisches Bureau* erschwerte für sowohl die anderen großen Agenturen aber auch kleinere lokale Mitbewerber den Markteintritt zum Nachrichtenmarkt, führte jedoch mindestens zu erheblichen Nachteilen für diese Mitbewerber.

Auch andere Agenturen konnten ohne eine Zusammenarbeit mit *Wolff's Telegraphischem Bureau* kaum mehr Gewinne erzielen.[605] Damit stellte der Vertrag zugleich auch ein Mittel der hoheitlichen Beeinflussung des Nachrichtenmarktes dar. Ein weiterer Grund für die Zusammenarbeit zwischen

---

[604] Zur heutigen Dimension der Netzneutralität in der Informationsgesellschaft vgl. m. W. N. *Kloepfer*, Netzneutralität, S. 9 ff.

[605] Vgl. *Basse*, WTB, S. 53.

Wolff's Telegraphischem Bureau und der preußischen Regierung war, dass die ausländische Konkurrenz aus Frankreich und England intendierte, den deutschen Nachrichtenmarkt zu übernehmen. Damit kam es zu einer Wechselwirkung: Die von der Regierung selbst geschaffene Marktzutritts- und Investitionshürde in deutsche Nachrichtenunternehmen konnte nur durch eine Beteiligung der Regierung selbst überwunden werden. Die Grundbedingungen mussten im Ergebnis auf eine wie auch immer ausgestaltete Zusammenarbeit mit den staatlichen Stellen hinauslaufen.

So regulierte der Staat durch seine inoffizielle Beteiligung sowohl den faktisch begrenzten Zugang anderer Unternehmen zum Telegraphennetz als auch die Preise für die Nutzung dieser Infrastruktur. Dabei bevorzugte der Staat *Wolff's Telegraphisches Bureau* und schuf sonach die Grundbedingungen für eine Monopolstellung der neuen Gesellschaft, die gleichzeitig in die Pressepolitik von *Bismarck* integriert wurde.

4. *Wolff's Telegraphisches Bureau und die Wahl der Rechtsformen als Reflektion des sich wandelnden Handels- und Gesellschaftsrechts*

a) Vorbemerkung

Das vierte Kapitel befasst sich mit der gesellschafts- und firmenrechtlichen Perspektive auf *Wolff's Telegraphisches Bureau* als Unternehmen im Wettbewerb.

Der hier verwendete Schlüsselbegriff des „Unternehmens" wurde weder in der hier untersuchten Periode zwischen 1849 und 1914 einheitlich verwendet,[606] noch unterliegt er in den heutigen Rechts- oder Wirtschaftswissenschaften einer einheitlichen begrifflichen oder semantischen Zuordnung.[607] Vielmehr wird der Unternehmensbegriff heutzutage nach seinen jeweiligen rechtlichen Handlungs- und Regelungskontexten differenziert verstanden und angewandt.[608]

Das „Unternehmen" als Rechtsbegriff in der Rechtswissenschaft und -praxis wird heutzutage auf nationaler Ebene i. d. R. ausgehend von seinem

---

[606] Der Begriff wurde weder im ALR noch im ADHGB verwendet, findet sich jedoch vereinzelt in der Lit. der 1860er Jahre, vgl. m. w. N. *Berghoff*, Moderne Unternehmensgeschichte, S. 214 f.; *Strauch*, Unternehmensrecht, S. 215; *Schmoeckel/Maetschke*, Rechtsgeschichte der Wirtschaft, S. 109.

[607] Zur Unschärfe des Unternehmensbegriffs s. *Rittner/Dreher*, Wirtschaftsrecht, § 8 Rn. 16; zum „Unternehmen" als Rechtsbegriff vgl. *Dilcher/Lauda*, Unternehmen 1860–1920, S. 542; *Duden*, Gesellschaftsrecht und Unternehmensrecht, S. 309 ff.; *Nörr*, Unternehmen 1880–1930, S. 21.

[608] Vgl. *Pahlow*, ZNR 2014, S. 85; z. T. wird auch eine Differenzierung zwischen Unternehmen, Unternehmer und Unternehmensträger vorgenommen, vgl. m. w. N. *Rittner/Dreher*, Wirtschaftsrecht, § 8 Rn. 15 ff.

Regelungszweck definiert.[609] Die Bedeutung orientiert sich dabei an der Stellung als Normadressat einer bestimmten Regelungsmaterie. So wird nach der Rspr. des BAG ein Unternehmen im Arbeitsrecht als „organisatorische Einheit, mit der der Unternehmer seine wirtschaftlichen oder ideellen Zwecke verfolgt" verstanden.[610] Im Umsatzsteuerrecht umfasst das Unternehmen nach § 2 Abs. 1 S. 2 UStG „die gesamte gewerbliche Tätigkeit des Unternehmers", also ein weites, vom Unternehmer ausgehendes Verständnis. Eine „selbstständige wirtschaftliche Produktionseinheit" stellt hingegen ein Unternehmen i.w.S. im Wirtschaftsrecht dar.[611] Das Unternehmen wird im heutigen Aktienrecht als gegeben vorausgesetzt, wie es im Kontext der verbundenen Unternehmen, vgl. §§ 3, 15 ff., 291 ff. AktG,[612] zum Ausdruck kommt. So kann schon in diesem Kontext nach der Rspr. des BGH eine natürliche Person ein Unternehmen darstellen, wenn sie innerhalb einer abhängigen Gesellschaft eine beherrschende Stellung einnimmt.[613] Im Strafrecht finden sich ebenfalls spezifische Unternehmensbegriffe, etwa beim Kreditbetrug nach § 265b StGB[614], wo Unternehmen in Abs. 3 Nr. 1 „unabhängig von ihrem Gegenstand solche [sind], die nach Art und Umfang einen in kaufmännischer Weise eingerichteten Geschäftsbetrieb erfordern." In der Wirtschaftsgeschichte wird das Unternehmen „als funktionale und soziale Organisation, in der Güter und Dienstleistungen für einen anonymen Markt im Rahmen einer spezifischen Arbeitsteilung produziert werden" bezeichnet.[615]

Die Begriffsgeschichte des Unternehmens reicht bis ins 18. Jahrhundert zurück.[616] Von einem „Unternehmen als solches" wurde in der deutschen Rspr. erstmals im Jahr 1927 gesprochen.[617] *Max Weber* (1864–1920) sah in Unternehmen eine „besondere Organisationform der modernen Wirtschaft".[618] *Julius von Gierke* (1875–1960) sah das Unternehmen systemüber-

---

[609] Vgl. nur die Rspr. des BGH zum Begriff des „Unternehmens" i. S. d. GWB, z. B. bei BGHZ 31, 105 (108 f.).

[610] BAGE 52, 325 (329); mit dem Fokus auf die personellen Verbindungen wird das Unternehmen z. T. auch als Sozialverband bewertet, s. *Fechner*, Unternehmen, S. 16.

[611] *Rittner/Dreher*, Wirtschaftsrecht, § 8 Rn. 20; zum Unternehmen als tatsächlicher Zustand vgl. *Lehmann*, Finanzinstrumente, S. 194.

[612] BGBl. 1965, S. 1089–1184.

[613] Vgl. BGHZ 69, 334 (337).

[614] BGBl. 1998, S. 3322–3410.

[615] *Plumpe*, Unternehmen, S. 61.

[616] Vgl. mit dem Bsp. Frankreich und England bei *Hesse*, Wirtschaftsgeschichte, S. 85 a. E.

[617] RGZ 119, 248 (256); das RG erkannte ein subj. Recht am eingerichteten und ausgeübten Gewerbebetrieb an, vgl. nur RGZ 22, 93; 28, 238; 51, 369, 373; 56, 271; vgl. insb. die Grundsatzentscheidung RGZ 58, 24 (29 f.) v. 27. Februar 1904 mit dem Übergang vom reinen Tätigkeitsbegriff zu einem Begriff des Unternehmens als einheitliches Rechtsobjekt.

[618] *Weber*, Agrarverhältnisse, S. 9.

greifend von gegenständlicher Qualität, wenn er dieses als einen „durch die Betriebstätigkeit geschaffenen Tätigkeitsbereich mit den ihm zugehörigen Sachen und Rechten“[619] definierte. Mit Bezug auf die im 19. Jahrhundert geschaffene „Juristische Person“ bezeichnete *Werner Flume* (1908–2009) das Unternehmen als eine als „juristische Person verfasste Wirkungseinheit“[620]. Auch von einem Funktionalitätsansatz ausgehend definiert *Karsten Schmidt* (geb. 1939) das Unternehmen als „organisierte Wirtschaftseinheit, mittels derer der Unternehmer am Markt auftritt“.[621] Einige Historiker sehen in modernen Unternehmen

> „Organisationen, in denen Güter und Dienstleistungen für einen anonymen Markt im Rahmen einer spezifischen utilitaristischen Form sozialer Arbeitsteilung produziert werden. Form und Funktion der sozialen Arbeitsteilung nehmen dabei maßgeblich Einfluss auf den wirtschaftlichen Erfolg eines Unternehmens“.[622]

Wirtschaftshistorisch wird z.T. der Fokus auf die Merkmale der Produktionsweise in Form der Arbeitsteilung, organisatorischer Hierarchien und dem Grad der Kapitalisierung gelegt.[623] Auf europäischer Ebene existiert ein eigener unionsrechtlicher Unternehmensbegriff, der von einem funktionalen Verständnis ausgeht.[624] So ist nach der st. Rspr. des EuGH unter einem Unternehmen jede „eine wirtschaftliche Tätigkeit ausübende Einheit unabhängig von Rechtsform oder Art der Finanzierung“[625] zu verstehen, mithin ein sehr weites Verständnis.[626]

Diese Beispiele zeigen, dass sich auf abstrakter Ebene drei Dimensionen des Unternehmensbegriffs extrahieren lassen, nämlich ein funktionaler, ein institutioneller und ein teleologischer Unternehmensbegriff. Danach liegt in funktioneller Hinsicht ein Unternehmen vor, wenn eine (natürliche oder juristische) Person unternehmerisch planend tätig wird, in institutioneller Hin-

---

[619] *Gierke*, Handels- und Schiffahrtsrecht, S. 71 ff.; als einheitlichen Begriff der Volkswirtschaft sprach *v. Gierke* von einem „Inbegriff von Tätigkeiten, die eine Wirtschaftseinheit bilden“ oder „Organisation von Produktionsmitteln und Arbeitskräften“, s. *Gierke*, ZHR 111 (1948), S. 1, 6; vgl. dazu *Hüffner*, in: Canaris/Schilling/Ulmer, HGB Großkommenrat, Bd. 1, 2, vor § 22 Rn. 2.

[620] *Flume*, Neues Unternehmensrecht, S. 17 f.; mit Bezug auf *Hans Oppikofer* (1901–1950) und der ab dem 20. Jahrhundert aufkommenden „Kategorie des Wirtschaftslebens“ und der Ausbildung von „Wirtschaftsorganisationen“ vgl. *Flume*, Vermögenstransfer und Haftung, S. 41; *Oppikofer*, Unternehmensrecht, S. 1 ff.

[621] *Schmidt*, Handelsrecht, S. 63 ff.

[622] So etwa *Plumpe*, Unternehmen, S. 61.

[623] Vgl. *Hesse*, Wirtschaftsgeschichte, S. 88.

[624] Es wird v. a. der Fokus auf die wirtschaftliche Tätigkeit und nicht auf eine Institutionalisierung gelegt, vgl. *Emmerich*, Kartellrecht, S. 31.

[625] S. nur EuGH, Rs. C-41/90, Rn. 21 (NJW 1991, 2891 ff.); Rs. C-244/94, Rn. 14 (EuZW 1996, 277 ff.).

[626] *Weiß*, in: Calliess/Ruffert, Kommentar EUV/AEUV, Art. 201, Rn. 26.

sicht bei einem Mindestmaß an institutioneller Einrichtung, und nach teleologischer Sicht bei einer sog. konzerntypischen Gefährdungslage mit dem maßgeblichen Einfluss einer natürlichen Person auf ein Unternehmen.

Aufgrund der Vielschichtigkeit und der verschiedenen Deutungszusammenhänge ist der Unternehmensbegriff für die vorliegende rechthistorische Untersuchung von den spezifischen einzelnen (juristischen) Definitionsansätzen zu lösen.[627] Es wird ein funktionaler Unternehmensbegriff in einer rein analytischen Funktion zugrunde gelegt, der mit Hinblick auf die Unternehmensrechtsgeschichte die „funktionelle und institutionelle Verankerung des Unternehmens im Mark in den Vordergrund rückt und in dieser rechtlichen Unvoreingenommenheit zum Ausgangspunkt der rechtlichen Analyse macht".[628] Im Übrigen wird auf den weiten unionsrechtlichen Begriff des Unternehmens rekurriert, der den Fokus auf eine wirtschaftliche Tätigkeit und nicht auf eine Institutionalisierung legt. Somit lassen sich die verschiedenen Formen und Handlungen der Nachrichtenagenturen und anderer Akteure über einen längeren historischen Zeitraum nachvollziehen und analysieren.

Aus diesem Grund wird in der vorliegenden Arbeit auch durchgehend von „*Wolff's Telegraphischem Bureau*" gesprochen, unabhängig von der jeweiligen Rechtsform oder dem Entwicklungsstadium des Unternehmens. Damit wird sichergestellt, dass die hier anhand des Unternehmens dargestellten Strukturmerkmale im Kontext der Wirtschafts- und Rechtsordnung klar hervortreten. Die verschiedenen Rechtsformen und daraus folgende Implikationen werden offengelegt und gekennzeichnet, sofern es für die jeweilige Untersuchungsfrage notwendig ist.

So wird untersucht, inwieweit die Wahl der unterschiedlichen Rechtsformen des Unternehmens und seine firmenrechtlichen Probleme eine Reflektion des sich in der zweiten Hälfte des 19. Jahrhunderts wandelnden Handels- und Gesellschaftsrechts darstellt.

Hierzu wird nach einer überblicksartigen Darstellung der unterschiedlichen Rechtsformen von *Wolff's Telegraphischem Bureau* (unter b) zunächst die Gründung der *Continental Telegraphen Compagnie* als KGaA und die Fusion mit dem *Telegraphischen Correspondenzbureau (B. Wolff)* im Jahr 1865 untersucht. Anschließend ist der Rechtsformwechsel des Unternehmens in eine AG im Jahr 1874 Gegenstand dieses Kapitels.

In diesem Zusammenhang wird auch ein firmenrechtlicher Rechtsstreit aus dem Jahr 1865 wegen einer abgelehnten Handelsregistereintragung untersucht (unter c).

---

[627] *Pahlow*, ZNR 2014, S. 87.
[628] *Pahlow*, ZNR 2014, S. 86.

b) Rechtsformen von Wolff's Telegraphischem Bureau

aa) Wandel

Wolff's Telegraphisches Bureau wurde zunächst am 27. November 1849 als *Telegraphisches Correspondenzbureau (B. Wolff)* in Berlin von *Wolff* gegründet.[629] Das Unternehmen wurde unter der Nr. 2351 ins Firmenregister beim Stadtgericht Berlin eingetragen.[630] Als Einzelunternehmer agierte *Wolff* zunächst auf Basis der in Preußen geltenden Gewerbefreiheit und unter dem Rechtsrahmen des ALR.[631]

Am 1. Mai 1865 verkaufte *Wolff* sein Unternehmen nach vorheriger Absprache und unter Vermittlung der preußischen Staatsregierung vollständig an die von mehreren Bankhäusern neu gegründete *Continental Telegraphen Compagnie – Commandit-Gesellschaft auf Aktien, Theodor Wimmel und Richard Wentzel* (im Folgenden: „Continental Telegraphen Compagnie") mit Sitz in der Jägerstr. 43 in Berlin.[632] Die *Continental Telegraphen Compagnie* führte die Nachrichtenagentur mit dem Nachrichtengeschäft von *Wolff* nach der Fusion vollständig fort.[633] Dafür wurde neben der *Continental Telegraphen Compagnie* KGaA eine eigene Gesellschaft „*Wolff's Telegraphisches Bureau.* Jetzt: Continental Telegraphen Compagnie KGaA" in das Berliner Handelsregister eingetragen.

Durch Eintragungen am 10. Oktober und am 2. November 1874 im Berliner Handelsregister wechselten die Gesellschaften ihre Rechtsform von einer KGaA in eine AG.

bb) Gründung der Continental Telegraphen Compagnie als KGaA und Fusion mit dem Telegraphischen Correspondenzbureau (B. Wolff) im Jahr 1865

(1) Die KGaA nach Art. 173 ff. ADHGB

Bei der Wahl der Rechtsform hatten die Parteien den jeweiligen Rechtsrahmen der seit dem Jahr 1861 vom ADHGB vorgegebenen Rechtsformen (Numerus Clausus) mit gesetzlich determinierten und präjudizierten Elementen,

[629] Zu den genauen Umständen vgl. die Darstellung oben unter B. I. 3. b).

[630] Vgl. s. Kgl. Pr. Staatsanzeiger Nr. 231 (1865), S. 3991.

[631] Vgl. die Darstellung oben unter B. I. 3. b); zum ALR und seinen Gesellschaftsformen vgl. *Baums*, Aktiengesetz von 1843, S. 88 f.; *Hadding/Kießling*, Anfänge deutschen Aktienrechts, S. 159 ff.; *Link*, Naturrecht und Gesetzgebung, S. 21 f., 40 ff.

[632] Vgl. *Moser* (Hg.), Zeitschrift für Kapital, S. 51; s. auch bei *Glagau*, Börsen- und Gründungsschwindel, S. 493 f.; *Schuller*, Agenturjournalismus, S. 21; *Wuttke*, Entstehung der öffentlichen Meinung, S. 173.

[633] *Moser* (Hg.), Zeitschrift für Kapital, S. 51.

wie etwa Gründungsvoraussetzungen, Haftung, Mitbestimmung oder Auflösung zu berücksichtigen.[634]

Das zweite Buch des ADHGB („Von den Handelsgesellschaften") sah die Gesellschaftsformen der OHG (Art. 85–149 ADHGB), der KG (Art. 150–172 ADHGB), der KGaA (Art. 173–206 ADHGB) sowie der AG (Art. 207–149 ADHGB) vor. Darüber hinaus gab es für die Beteiligung an Unternehmen die Form der stillen Gesellschaft (Art. 250–265 ADHGB). Dabei wählten die Beteiligten zur Gründung der *Continental Telegraphen Compagnie* als rechtliche Organisationsform ihrer wirtschaftlichen Tätigkeit eine KGaA.

Die KGaA, erstmalig 1807 in Art. 38 Code de Commerce[635] als „société en commandite par actions" kodifiziert, fand im Deutschen Bund im ADHGB 1861 eine erste länderübergreifende Regelung.[636]

Wie schon im Code de Commerce behandelte das ADHGB die KGaA als einen Sonderfall der in Art. 150 bis 172 ADHGB normierten Kommanditgesellschaft (KG).[637] Wie bei der KG wurde auch bei der KGaA unter persönlich haftenden Gesellschaftern (heute: Komplementäre) und Kommanditisten, deren Haftung auf ihre Vermögenseinlage beschränkt war, unterschieden. Die Kapitaleinlage der Kommanditisten wurde in Namensaktien oder Namensaktienteilen aufgeteilt, Art. 173 Abs. 1 ADHGB. Auf die Einlage der persönlich haftenden Gesellschafter durften keine Aktien ausgegeben werden, Art. 181 ADHBG. Namensaktien mussten einen Nennbetrag von mind. 200 Talern haben, Art. 173 Abs. 2 S. 2 ADHGB. Zu nicht aus Geld bestehenden Einlagen der Gesellschafter machte Art. 180 ADHGB besondere Vorgaben. Besondere Vorgaben zu den Aktien bzw. Aktienanteilen regelten Art. 182 bis 184 ADHGB.

Zur Gründung einer KGaA war nach dem Wortlaut des Art. 174 Abs. 1 ADHGB grundsätzlich eine staatliche Konzession erforderlich, d. h. die Errichtung der Gesellschaft hing von einer staatlichen Genehmigung ab. Den einzelnen Landesgesetzgebern war es gem. Art. 206 ADHGB vorbehalten, vom staatlichen Konzessionssystem abweichende Regelungen zur Errichtung der KGaA zu treffen. Eine solche abweichende Regelung normierte Art. 10 Preußisches Einführungsgesetz zum ADHGB vom 14. Juni 1861, wo es hieß: „Zur Errichtung einer KGaA ist die staatliche Genehmigung nicht

[634] Vgl. *Schünemann*, Existenzgründung und Recht, S. 123; *Schmoeckel/Maetschke*, Rechtsgeschichte der Wirtschaft, S. 99.

[635] Zit. nach *Erhard* (Hg.), Napoleons Handelsgesetzbuch 1808, S. 2 ff.

[636] Vgl. *Sethe*, Personalistische Kapitalgesellschaft, S. 51 ff.; *Fett*, Entwicklung KGaA, S. 1.

[637] S. *Schmidt*, 150 Jahre KGaA, S. 1188 ff.; *Spindler*, Entwicklung der Satzungsfreiheit, S. 995 ff.; zur Diskussion um die Aufnahme der KGaA in das ADHGB s. m. w. N. *Schubel*, Verbandssouveränität, S. 230 ff.; zur KG s. *Servos*, Personenhandelsgesellschaften, S. 276 ff.

erforderlich".[638] Somit war für die Gründung der *Continental Telegraphen Compagnie* in Berlin keine Konzession erforderlich. Es bedurfte aber einer gerichtlichen oder notariellen Beurkundung des Gesellschaftsvertrages, Art. 174 Abs. 2 ADHGB.[639]

Art. 175 Nr. 1 bis 8 ADHGB gaben die obligatorischen Bestandteile des Gesellschaftsvertrages vor, nämlich den Namen, Vornamen, Stand und Wohnort jedes persönlich haftenden Gesellschafters (Nr. 1). die Firma der Gesellschaft und den Firmensitz (Nr. 2), den Gegenstand des Unternehmens (Nr. 3), die Zeitdauer des Unternehmens im Falle einer Beschränkung (Nr. 4), die Zahl und den Betrag der Aktien oder Aktienanteile (Nr. 5), die Bestimmung, dass ein Aufsichtsrat von mindestens fünf Mitgliedern aus der Zahl der Kommanditisten durch Wahl derselben bestellt werden muss (Nr. 6), die Form, in der die Einberufung der Generalversammlung der Kommanditisten geschieht (Nr. 7), und schließlich die Form, in welcher die von der Gesellschaft ausgehenden Bekanntmachungen erfolgen, sowie die öffentlichen Blätter, in welche dieselben aufzunehmen sind (Nr. 8). Die Eintragung und Veröffentlichung des Gesellschaftsvertrages und der Genehmigungsurkunde (vgl. Art. 174 Abs. 2 ADHGB) regelte Art. 176 ADHGB.

Zudem musste eine Eintragung in das Handelsregister erfolgen, Art. 177 ADHGB, da die Gesellschaft ansonsten gem. Art. 178 ADHGB als (ex-tunc) nichtig erklärt wurde. Im Fokus der gesetzlichen Regelung der KGaA standen die persönlich haftenden Gesellschafter und ihr Verhältnis zu den anderen Organen der Gesellschaft, vgl. Art. 185–188 ADHGB. Die Gesellschaft wurde durch die persönlich haftenden Gesellschafter berechtigt, verpflichtet und vor Gericht vertreten, Art. 196 Abs. 1 ADHGB. Darüber hinaus wurden spezielle Regelungen für die Organe der Generalversammlung (Art. 189 f. ADHGB) und des Aufsichtsrats (Art. 191–195 ADHGB) erlassen. Ferner gab das ADHGB Regeln für die Änderung des Gesellschaftsvertrages (Art. 198 ADHGB), das Ausscheiden, den Konkurs oder den Tod eines persönlich haftenden Gesellschafters (Art. 199 f. ADHGB) sowie für die Auflösung und Liquidation der Gesellschaft (Art. 202–205) vor.

---

[638] So auch in Frankfurt, Anhalt und Hamburg, s. *Koberg*, Entwicklung Gesellschaftsrecht, S. 11; insoweit wird die Auffassung vertreten, dass die Weichen für eine Abkehr vom Konzessionssystem schon dort gestellt wurden, so *Hopt*, Grundlagen der Aktien-, Bank- und Börsenrechtsentwicklung, S. 128.

[639] Hierzu und zur weiteren Entwicklung in Preußen s. *Grossfeld*, Aktiengesellschaft im 19. Jh., S. 236 ff., *Martin*, VSWG Bd. 56 (1969), S. 499 ff.; *Wilhelm*, Kapitalgesellschaftsrecht, S. 23.

(2) Gesellschaftsvertrag der Continental Telegraphen Compagnie vom 20. Mai 1865 und Eintragung der neuen Gesellschaft in das Berliner Handelsregister am 6. Juli 1865

Laut Gesellschaftsvertrag vom 20. Mai 1865 der *Continental Telegraphen Compagnie* (im Folgenden: Gesellschaftsvertrag v. 1865) betrug das Grundkapital insgesamt zwei Mio. Taler, von denen aber zunächst nur 333.100 Taler emittiert wurden.[640]

Das Grundkapital wurde von den an der Unternehmensgründung beteiligten Bankhäusern *S. Bleichröder*, *F. Mart. Magnus*, *M. Oppenheim's Söhne* und *Gebr. Schickler* geleistet. Das emittierte Kapital wurde aufgeteilt in 500 Aktien zu je 266 Talern und 20 Silbergroschen („Littr. A") sowie 500 Aktien zu je 400 Talern („Littr. B"). Als persönlich haftende Gesellschafter der *Continental Telegraphen Compagnie* wurden der Geschäftsführer des *Telegraphischen Correspondenzbureau (B. Wolff) Richard Wentzel* sowie der Kaufmann *Theodor Wimmel* eingesetzt,[641] die allerdings keine eigenen Kapitaleinlagen leisteten.[642] Der Privatbankier *von Oppenfeld* wurde Vorsitzender des Aufsichtsrats, *Wolff* erhielt den Posten des technischen Generaldirektors im Aufsichtsrat der Gesellschaft.[643]

Der Gesellschaftsvertrag v. 1865 enumerierte in § 3 Nr. 1 bis 4 die vier unternehmerischen Zwecke der neuen Gesellschaft.[644] Nach § 3 Nr. 1 Gesellschaftsvertrag v. 1865 war die „Gewerbsmäßige Anschaffung, Lieferung und Verbreitung politischer, finanzieller und merkantiler Telegramme" primärer Unternehmenszweck. Darüber hinaus bestimmte § 3 Nr. 2 Gesellschaftsvertrag v. 1865 „den Ankauf und die Verwertung von Entdeckungen und Erfindungen auf dem Gebiete der Telegraphie" sowie § 3 Nr. 3 Gesellschaftsvertrag v. 1865 „die Anlegung neuer und der Ankauf resp. die Pachtung vorhandener Telegraphen-Linien und telegraphischer Korrespondenz-Büros und Institute". Schließlich wurde „die Übernahme von Operationen für In- und ausländische Telegraphen-Verwaltungen" in § 3 Nr. 4 Gesellschaftsvertrag v. 1865 als weiterer Unternehmenszweck festgelegt.[645]

Damit wurde der Unternehmenszweck gegenüber dem *Telegraphischen Correspondenzbureau (B. Wolff)* deutlich erweitert. Zwar wurde mit der Sammlung, Übermittlung und Verbreitung von Nachrichten weiterhin die gesamte Wertschöpfungskette einer Nachrichtenagentur im Kerngeschäft

---

640 Vgl. die Zahlen in den Primärquellen bei *Busch*, Archiv Handelsrecht Bd. 10 (1867), S. 304 und *Moser* (Hg.), Zeitschrift für Kapital, S. 51.

641 *Moser* (Hg.), Zeitschrift für Kapital, S. 51.

642 Vgl. *Basse*, WTB, S. 33.

643 Kgl. Pr. Staatsanzeiger Nr. 238 (1866), S. 3424; vgl. auch *Basse*, WTB, S. 31; *Stern*, Bismarck und Bleichröder, S. 375; *Wuttke*, Entstehung der öffentlichen Meinung, S. 178.

644 *Busch*, Archiv Handelsrecht Bd. 10 (1867), S. 305.

645 *Busch*, Archiv Handelsrecht Bd. 10 (1867), S. 305.

abgedeckt. Während *Wolff* sich als Einzelunternehmer jedoch auf das Geschäft mit Wirtschaftsinformationen konzentriert hatte, fügte der Gesellschaftsvertrag v. 1865 nun politische Nachrichten zum Kerngeschäft hinzu. Darüber sollten nun auch Innovationen auf dem Gebiet der Telegraphie und andere Nachrichtenagenturen erworben und verwertet werden. Der damit verbundene Netzausbau wurde durch das neue Ziel komplettiert, auch Dienstleistungen für Telegraphenverwaltungen im In- und Ausland anzubieten. So wurde im Ergebnis nicht nur das Spektrum der angebotenen Dienstleistungen, sondern auch der potenzielle Kundenkreis deutlich erweitert. Der enorme Kapitalzufluss durch das Grundkapital in Höhe von zwei Mio. Talern ermöglichte die Verfolgung der strategischen Interessen in finanzieller Hinsicht.

In § 14 Gesellschaftsvertrag v. 1865 wurden besondere Regelungen zum Ausscheiden eines der persönlich haftenden Gesellschafter *Wimmel* und *Wentzel* getroffen.[646] So legte § 14 S. 2 Gesellschaftsvertrag v. 1865 fest, dass durch Ausscheiden eines der beiden persönlichen Gesellschafter die Gesellschaft nicht aufgelöst wurde, sondern gem. § 14 S. 3 Gesellschaftsvertrag v. 1865 der andere persönlich haftende Gesellschafter das Geschäft bis zur Wiedereinsetzung eines neuen zweiten persönlich haftenden Gesellschafters alleine fortführte. Der verbleibende provisorische Gesellschafter stand jedoch gem. § 14 S. 4 Gesellschaftsvertrag v. 1865 unter spezieller Kontrolle des „ständigen Kommissars des Aufsichtsrathes", dem Generaldirektor. Im Übrigen regelte § 14 S. 5 bis 9 Gesellschaftsvertrag v. 1865 das Verfahren zur Einsetzung eines neuen Komplementärs. Der Aufsichtsrat hatte einen neuen Komplementär einzusetzen, wobei die Generalversammlung der Wahl zustimmen musste. Für den Fall, dass die Generalversammlung die Auswahl nicht bestätigte, musste sie einen neuen Kandidaten wählen, § 14 S. 6 Gesellschaftsvertrag v. 1865.

Die Regelung zeigt, dass die Vertragsparteien nicht nur Vorkehrungen für den Fortbestand der Gesellschaft im Falle eines Ausscheidens eines Komplementärs treffen wollten, sondern auch einen Mechanismus zur Machtbegrenzung und Kontrolle des verbleibenden Komplementärs einsetzten, indem dieser unter Kontrolle des Generaldirektors in Person von *Wolff* gestellt wurde. Die Wahl des neuen Komplementärs lag hingegen in den Händen der Generalversammlung und damit bei den Bankhäusern. Insofern zeigt die eingesetzte Doppelspitze, dass die Gründungspartner der Gesellschaft insbesondere eine Kontrolle und Limitierung von Entscheidungsmacht intendierten. Die Banken, die als Kommanditisten nur in Höhe ihrer Einlagen hafteten, dafür aber gesellschaftsrechtlich keine wesentlichen Mitbestimmungsrechte hatten, sicherten durch die Auswahl der Komplementäre ihren

[646] *Keyßner*, Handelsgesellschaft, S. 87.

Einfluss. Der Komplementär *Wimmel* wurde in allen öffentlichen Anzeigen zur Gesellschaftsgründung als „Kaufmann" bezeichnet, was eine Nähe zu den Bankhäusern und die Vertretung ihrer Interessen gegenüber *Wentzel* als ehemaligen Geschäftsführer des Telegraphischen Correspondenzbureaus von *Wolff* nahelegt.

Die übrigen Regelungen des Gesellschaftsvertrages wiesen keine Besonderheiten auf, sondern spiegelten die üblichen Standardregelungen einer KGaA wider.[647] Der Antrag auf Eintragung der neuen Gesellschaft in das Handelsregister wurde vermutlich direkt nach Abfassung des Gesellschaftsvertrages am 20. Mai 1865 gestellt und im Juli 1865 ohne Beanstandung vollzogen. So wurde die *Continental Telegraphen Compagnie* am 6. Juli 1865 unter der Nr. 1682 in das Handelsregister beim Stadtgericht Berlin eingetragen.[648]

(3) Fusion des Telegraphischen Correspondenzbureaus (B. Wolff) mit der Continental Telegraphen Compagnie

Wie zwischen allen Beteiligten vorab geplant, wurde parallel zur Gründung der *Continental Telegraphen Compagnie* die Fusion mit *Wolffs* Unternehmen durch Aufnahme in die neue Gesellschaft betrieben. Die Absprache zeigt sich sowohl in der Korrespondenz zwischen *Wolff* und *Wilhelm I.* als auch in der Ausgestaltung der neuen Gesellschaft, bei der *Wolff* die Position des Generaldirektors im Aufsichtsrat einnahm. Offiziell verkaufte *Wolff* am 1. Mai 1865 sein Unternehmen vollständig an die *Continental Telegraphen Compagnie.*[649] *Wolff* teilte den Verkauf noch im Juni 1865 *Wilhelm I.* in einem persönlichen Schreiben mit.[650] Das Stadtgericht Berlin veröffentlichte am 5. Dezember 1865 im preußischen Staatsanzeiger die Mitteilung, dass die unter der Nr. 2351 ins Firmenregister eingetragenen Firma von *Wolff* durch Kauf vollständig auf die *Continental Telegraphen Compagnie* übergegangen und damit erloschen sei.[651]

Die *Continental Telegraphen Compagnie* wollte ihrem Gesellschaftszweck entsprechend auch das Nachrichtengeschäft von *Wolff* nach der Fusion vollständig fortführen.[652] Hierfür sollte eine zweite Firma mit dem Namen

---

[647] *Keyßner*, Handelsgesellschaft, S. 87, mit einem Vergleich zu den Bestimmungen der Direktion der *Preußischen Hypotheken- Kredit- und Bank-Anstalt*, *Keyßner*, Handelsgesellschaft, S. 75.

[648] Kgl. Pr. Staatsanzeiger Nr. 231 (1865), S. 3991; *Busch*, Archiv Handelsrecht Bd. 10 (1867), S. 304.

[649] Möglicherweise wurde der Vertrag auf den 1. Mai 1865 zurückdatiert, oder aber der Vertrag wurde schon vor der offiziellen Gründung der *Continental Telegraphen Compagnie* geschlossen.

[650] III. HA MdA II Nr. 8117, Bl. 8.

[651] Kgl. Pr. Staatsanzeiger Nr. 231 (1865), S. 3991.

[652] *Moser* (Hg.), Zeitschrift für Kapital, S. 51.

Wolff's Telegraphisches Bureau. Continental-Telegraphen-Compagnie Kommanditgesellschaft auf Aktien. Theodor Wimmel. Richard Wentzel ins Berliner Handelsregister eingetragen werden. Dieser Antrag wurde jedoch am 13. Juni 1865 abgelehnt.[653]

cc) Wahl der Rechtsform der KGaA

Wie bereits dargestellt kam unter Anrufung und Vermittlung der preußischen Regierung eine Kooperation zwischen regierungsnahen Bankhäusern und *Wolff* zustande.[654] Die Parteien entschieden sich statt einer Kreditvergabe an *Wolff* als Einzelunternehmer zur Gründung einer Kapitalgesellschaft, die das Unternehmen von *Wolff* aufkaufen sollte. Die Involvierung der Regierung auf Bitten von *Wolff* im Vorfeld lässt den Schluss zu, dass die intendierte Kapitalerhöhung des Unternehmens in Höhe von 2 Mio. Talern durch externe Investitionen von Banken keine Aussicht auf Erfolg hatte. Möglicherweise war vielen Banken eine Investition in dieser Höhe in ein Unternehmen des neuen Nachrichtenmarktes, der zu diesem Zeitpunkt sowohl von einer staatlichen Monopolisierung der telegraphischen Infrastruktur als auch einer repressiven Haltung des Staates gegenüber der Presse als Kundengruppe geprägt war, zu riskant. Die Beteiligung der Regierung verringerte dieses Risiko, weil die Banken davon ausgehen konnten, dass die Existenz und Expansion von *Wolff's Telegraphischem Bureau* auch im Interesse der Regierung standen.

Bei der Kooperation diente das Unternehmen von *Reuter* als Vorbild für die Gründung der *Continental Telegraphen Compagnie*. *Reuter* hatte bereits im Februar 1865 sein Unternehmen in eine englische Kapitalgesellschaft in Form einer englischen Aktiengesellschaft („Ltd.") auf Grundlage des Limited Liability Act 1855[655] und des Joint Stock Companies Act 1856[656] umgewandelt und verfügte dadurch über weiteres Kapital für weitere Investitionen. Aufgrund der politisch strategischen Wichtigkeit der Telegraphie wurde das Thema zum Politikum.[657] Als Antwort auf die Bitte von *Wolff* zur Unterstützung antwortete *Wilhelm I.* in einem persönlichen Brief am 4. März 1865 unter anderem:

„Ihrem mir vorgelegten Plan, durch eine Actiengesellschaft Ihrem telegrafischen Institute eine ähnliche Ausdehnung zu geben, wie dies eine englische Actiengesellschaft zu thun im Begriff steht, kann ich nur meinen ganzen Beifall geben und würde es mich sehr freuen,

---

[653] *Busch*, Archiv Handelsrecht Bd. 10 (1867), S. 305.

[654] Im Detail s. B. I. 3.

[655] 18 & 19 Vict. c 133.

[656] 19 & 20 Vict. c.47.

[657] *Basse*, WTB, S. 30 mit Rekurs auf Quellen des Hofrats *Louis Schneider*, dem Vorleser von *Wilhelm I.*; vgl. auch die Ausführungen oben bei B. I. 3. b).

wenn bewährte patriotische Finanz-Männer, wie die Herren von Oppenfeld, von Magnus, Bleichröder, sich mit ihnen zu dem quest. Geschäfte einigen wollten. Es erscheint mir sehr wichtig und nothwendig, dass in Preußen ein dergleichen Institut creiert werden, um dem englischen entgegentreten zu können."[658]

Aus dem Schreiben wird deutlich, dass die Idee der Gründung einer Kapitalgesellschaft bereits an *Wilhelm I.* herangetragen worden war. Die anschließende Unterstützung des gesamten Vorhabens durch die preußische Regierung resultierte aus einem Interesse am Erhalt einer großen deutschen Nachrichtenagentur angesichts der Übernahmeangebote der europäischen Konkurrenz von *Havas* und *Reuter*. Zum anderen intendierte die Regierung, (mittelbaren) Einfluss auf die Nachrichtenagentur auszuüben und sie damit zu einem Bestandteil der staatlichen Pressepolitik zu machen.

Trotzdem entschieden sich die Bankhäuser nicht für eine AG, sondern für eine KGaA. Die Exzeption der KGaA vom staatlichen Konzessionssystem in Preußen im Gegensatz zur AG war sicherlich ein Hauptgrund, wieso die an der Gründung der *Continental Telegraphen Compagnie* beteiligten Bankhäuser diese Form der Kapitalgesellschaft gewählt hatten. Vor allem in Preußen war die konzessionsfreie Gründung ein häufiger Grund für die Wahl einer KGaA.[659] Die Gründung der *Continental Telegraphen Compagnie* und die anschließende Fusion mit dem Unternehmen von *Wolff* konnten so schneller vollzogen werden, ohne eine behördliche Entscheidung abwarten zu müssen, die bis zu einem Jahr dauern konnte. Zudem wurde das Risiko eines ablehnenden Bescheids umgangen.

Außerdem war ohne staatliche Konzession eine behördliche Kontrolle des Geschäftsbetriebs ausgeschlossen, die nicht nur die Genehmigung im Vorfeld der Gründung, sondern auch eine anschließende Staatsaufsicht bedeutete.[660] Die Kompetenzen der geschäftsführenden Komplementäre *Wentzel* und *Wimmel* wurden durch die Auswahl der Doppelspitze von den Banken einerseits und von *Wolff* als Generaldirektor im Aufsichtsrat der Gesellschaft anderseits in ihrer praktischen Ausübung limitiert. Der Passus in § 14 Gesellschaftsvertrag v. 1865 verdeutlicht dies.

Bei der konkreten Ausgestaltung dieser Kooperation verfolgten die Parteien unterschiedliche Interessen. *Wolff* strebte eine Kapitalerhöhung des Unternehmens, die Bankhäuser eine sichere Investition sowie (inoffiziell) eine Bevorzugung bei der Nachrichtenversorgung an.[661] Finanziell lohnte sich die Beteiligung an der neuen Gesellschaft. Am 27. September 1866 teilte der Aufsichtsrat der *Continental Telegraphen Compagnie* unter dem Vorsitz

---

[658] Zit. nach *Basse*, WTB, S. 31.

[659] *Koberg*, Entwicklung Gesellschaftsrecht, S. 11.

[660] Vgl. *Landwehr*, ZRG GA Bd. 99 (1982).

[661] Dazu im Detail *Basse*, WTB, S. 33; *Wuttke*, Entstehung der öffentlichen Meinung, S. 178.

von Oppenfeld im preußischen Staatsanzeiger mit, dass die Generalversammlung der *Continental Telegraphen Compagnie* am 11. Oktober 1866 stattfinden werde und für das Geschäftsjahr vom 1. Mai 1865 bis zum 30. April 1866 eine Dividende von 20 Talern für jeden Kommanditanteil festgesetzt wurde.[662]

Darüber hinaus konnte die Wahl einer KGaA die Eigentumsverhältnisse der neuen *Continental Telegraphen Compagnie* verschleiern. Wie bei jeder Kapitalgesellschaft kamen die Eigentumsverhältnisse nicht offensichtlich durch den Firmennamen zum Vorschein, sondern konnten nur durch eine Recherche im Handelsregister eingesehen werden. Durch die Wahl einer KGaA wurden auch zwei Komplementäre als natürliche Personen im Unternehmensnamen genannt, wodurch die beteiligten Banken weiter in den Hintergrund traten. Damit konnten negative Implikationen für das Nachrichtengeschäft der neuen Gesellschaft verhindert werden, da andere Kaufleute und Privatbankiers die neuen Eigentumsverhältnisse kritisch bewertet hätten.[663]

dd) Rechtsformwechsel in eine AG im Jahr 1874

(1) Exkurs und Kontext: Entwicklung der AG in Deutschland

Ein Vorläufer der AG war bereits 1807 im französischen Code de Commerce als „Société Anonyme" kodifiziert, das in den linksrheinischen Gebieten in der sog. Franzosenzeit bis 1814 galt.[664] In den deutschen Ländern können als erste Vorläufer einer AG die *Brandenburgisch-Afrikanische Kompagnie* aus dem Jahr 1682 und in Preußen die privatrechtliche *Berlinische Feuer-Versicherungs-Anstalt* von 1812 gesehen werden.[665] Dem Deutschen Bund kam keine Gesetzgebungskompetenz zu – es konnte aber gem. Art. 6 und 7 der DBA von 1815 eine einheitliche Partikulargesetzgebung betrieben werden. Deutsche Kodifizierungen im Aktienrecht begannen in den 1830er Jahren in Baden, Hamburg, Nassau, Sachsen und Württemberg.[666] Zuvor galt das Sys-

---

[662] S. Kgl. Pr. Staatsanzeiger Nr. 238 (1866), S. 3424; für das darauffolgende Geschäftsjahr 1866 wurde eine Dividende von 6 Prozent erzielt. s. Kgl. Pr. Staatsanzeiger Nr. 80 (1867), S. 1687; im Jahr 1871 lag die Dividende bei 18 Reichstalern pro Aktie, s. Arbeitgeber. Archiv für die gesammte Volkswirthschaft, 17. Jg. (1872), S. 9832.

[663] Vgl. *Wuttke*, Entstehung der öffentlichen Meinung, S. 178.

[664] Vgl. *Baums*, Aktiengesetz von 1843, S. 97; *Hesse*, Wirtschaftsgeschichte, S. 91; zur Entwicklung der AG in Frankreich in Beziehung zur dortigen Industrialisierung s. *Lefebvre-Teillard*, Développement des sociétés par actions en france, S. 51 ff.

[665] Vgl. *Grossfeld*, Aktiengesellschaft im 19. Jh., S. 236 ff.; *Landwehr*, ZRG GA Bd. 99 (1982), S. 4 ff.; zum Oktroisystem in Brandenburg-Preußen, s. *Baums*, Aktiengesetz von 1843, S. 84 ff.

[666] Hierzu und mit weiteren Bsp. aus der Rechtspraxis in Baden s. *Löhnig*, Kodifikation des Aktienrechts, S. 191 ff.

tem der Gesellschaftsformen des Preußischen Allgemeinen Landrechts von 1794.[667]

Von Beginn des 19. Jahrhunderts bis zum Jahr 1870 erfuhr das Aktienrecht in Preußen über den Norddeutschen Bund bis hin zum Deutschen Kaiserreich vier wesentliche gesetzgeberische Akte. Als erste, aber noch unvollständige gesetzliche Regelung zur AG entstand das „Preußische Gesetz über die Eisenbahnunternehmungen" vom 3. November 1838.[668] Bis dahin galt ein merkantilistisches Oktroisystem für die Errichtung einer AG, d. h. die Vergabe eines Privilegs durch obrigkeitliche Einzelanordnung mit entsprechenden tiefgreifenden Kontrollrechten des Staates.[669] Unter *Friedrich Carl von Savigny* als preußischem „Minister für die Revision der Gesetzgebung" (1842–1848) unter *Friedrich Wilhelm IV.* (1795–1861), wurde das preußische Aktiengesetz vom 9. November 1843 (im Folgenden: pr. AktienG v. 1843) eingeführt.[670] Dort war gem. § 1 Abs. 1 pr. AktienG v. 1843 eine Konzessionierung durch den Landesherrn zur Errichtung einer AG notwendig.[671]

Eine erste einheitliche und übergreifende Regelung der Rechtsverhältnisse in der AG wurde mit dem ADHGB von 1861 geschaffen, das im Wesentlichen die Regelungen des pr. AktienG v. 1843 übernahm.[672] Wie schon in Preußen sah auch das ADHGB ein Konzessionssystem als hoheitliche Kontrolle der AG vor.[673] Von der gem. Art. 249 S. 1 ADHGB eingerichteten Möglichkeit, einzelstaatliche Ausnahmen von der Konzessionspflicht für die Errichtung einer AG zu machen, machten Baden, Lübeck, Oldenburg, Bremen, Württemberg, Hamburg und Sachsen Gebrauch.[674] Eine Liberalisierung er-

---

[667] *Hadding/Kießling*, Anfänge deutschen Aktienrechts, S. 159, 164; zu den Rechtsverhältnissen der vor Geltung des ADHGB gegründeten AG unter dem ARL und dem Code des Commerce vgl. *Landwehr*, ZRG GA Bd. 99 (1982), S. 3; *Dölemeyer*, Code Civil, S. 1440 ff.

[668] Pr. GS 1838, S. 505 ff.; dazu *Landwehr*, ZRG GA Bd. 99 (1982), S. 19; zur mangelnden Rechtssicherheit bei der gesetzlichen Zulassung der Eisenbahnaktiengesellschaft vgl. *Patt*, Preußisches Eisenbahngesetz von 1838, S. 139 ff.

[669] *Grossfeld*, Aktiengesellschaft im 19. Jh., S. 237 f.

[670] Pr. GS. 1843 Nr. 31, S. 341–436; zur Diskussion über die Haftung als notwendiger Bestandteil der Wettbewerbsordnung s. *Maetschke*, Rechtliche Rahmenbedingungen der Industrialisierung, S. 31 ff.; in dem 30 Paragraphen umfassenden Aktienrecht von 1843 gab es keine Regelung zur inneren Organisation, s. *Grossfeld*, Aktiengesellschaft im 19. Jh., S. 236.

[671] Ein behördlicher Kommissar überprüfte die Einhaltung der Statuten und die Geschäftsführung, er nahm an Sitzungen teil, durfte die Bücher der Gesellschaft einsehen, hatte ein Auskunftsverlangen, konnte die Hauptversammlung einberufen und hatte teilweise auch ein Veto-Recht bei bestimmten Entscheidungen, s. m. w. N. *Grossfeld*, Aktiengesellschaft im 19. Jh., S. 237; s. auch *Hopt*, Grundlagen der Aktien-, Bank- und Börsenrechtsentwicklung, S. 135.

[672] Vgl. *Püttner*, FS Potthoff, S. 21 ff.; *Landwehr*, ZRG GA Bd. 99 (1982), S. 11.

[673] *Hadding/Kießling*, Anfänge deutschen Aktienrechts, S. 179.

[674] S. *Hopt*, Grundlagen der Aktien-, Bank- und Börsenrechtsentwicklung, S. 128.

fuhr das Aktienrecht im Norddeutschen Bund im Jahr 1870 mit der ersten Aktienrechtsnovelle mit der Abschaffung der Konzessionspflicht und Einführung des Normativsystems mit einem Registrierungszwang unter festgelegten formellen Voraussetzungen.[675] Nach der darauffolgenden Hochphase von Gründungen von Aktiengesellschaften in den Jahren 1870–1873 („Gründerzeit“) und dem anschließenden Zusammenbruch der Börsen („Gründerkrise“)[676] folgten weitere Reformen des Aktienrechts. Die Generalversammlung wurde in den Art. 221 ff. und 237 ff. ADHGB gestärkt und der Stimmenkauf verboten. Außerdem konnte der Vorstand der AG jederzeit abberufen und die Geschäftsführung auf den Aufsichtsrat übertragen werden.[677]

Weitere Reformen erfolgten im Deutschen Kaiserreich in den Jahren 1873 und 1884.[678] Die zweite Novelle des Aktienrechts vom 28. Juli 1884 wollte vor allem Instrumente gegen betrügerische Gesellschaftsgründungen, Spekulationen sowie Aktienschwindel einrichten.[679] Wesentliche Bestandteile dieser Reform waren stärkere Kontrollrechte der Aktionäre durch Bilanzierungspflichten und deren Auskunftsrechte in der Generalversammlung, die Sicherung des Grundkapitals und der Funktionsfähigkeit der Organe sowie eine Haftungsverschärfung.[680] Die Regelungen des ADHGB wurden durch Einführung des HGB am 10. Mai 1897 aufgehoben.

(2) Wahl der Rechtsform der AG nach Art. 207 ff. ADHGB

Durch Eintragungen am 10. Oktober und am 2. November 1874 im Berliner Handelsregister wechselte die *Continental Telegraphen Compagnie* die

[675] Vgl. *Grossfeld*, Aktiengesellschaft im 19. Jh., S. 236; *Hadding/Kießling*, Anfänge deutschen Aktienrechts, S. 181; *Hommelhoff*, Geschichtliche Rechtswissenschaft, S. 227; *Koberg*, Entwicklung Gesellschaftsrecht, S. 11; *Landwehr*, ZRG GA Bd. 99 (1982), S. 17 ff.; *Plumpe*, Krise des Liberalismus, S. 21.

[676] Dazu grundlegend *Schmoeckel*, ZRG KA 132 (2015), S. 521 ff.

[677] Eine Stärkung der Generalversammlung führte zu einem Machtzuwachs in der jeweiligen Gesellschaft als Gegengewicht zu Großaktionären, vgl. *Steinmann*, Großunternehmen , S. 19.

[678] „Gesetz, betreffend die KGaA und die AG“ v. 18. Juli 1884 (RGBl. 1884, S. 123 ff.), dazu s. *Landwehr*, ZRG GA Bd. 99 (1982), S. 19; *Koberg*, Entwicklung Gesellschaftsrecht, S. 16.

[679] Vgl. m. w. N. *Schmoeckel*, ZRG KA 132 (2015), S. 282.

[680] Vgl. *Koberg*, Entwicklung Gesellschaftsrecht, S. 16; die jur. Entwicklung führte in der Rechtswissenschaft zu einer Kommentierungskultur, s. *Hommelhoff*, Geschichtliche Rechtswissenschaft, S. 228; s. auch *Grossfeld*, Aktiengesellschaft im 19. Jh., S. 236; die Aktienrechtsnovelle v. 1884 diente v. a. dem Schutz der Aktionäre, z. B. durch eine verstärkte Kontrolle des Vorstandes durch den Aufsichtsrat und erweiterte Stimmrechte, s. *Wiethölter*, Organisation der Aktiengesellschaft, S. 74; der Aufsichtsrat ersetze die staatliche Aufsicht, so *Mertens*, Merkantilismus und Shareholder Value, S. 612, vgl. auch *Schmoeckel*, ZRG KA 132 (2015), S. 282.

Rechtsform von einer KGaA in eine AG: die „Continental-Telegraphen-Compagnie Actien-Gesellschaft (*Wolff's Telegraphisches Bureau*)".[681] Das Stammkapital der Gesellschaft betrug eine Mio. Mark, aufgeteilt in Aktien á 500 Mark. Für jede Aktie erhielt ein Aktionär eine Stimme. Die Couponverjährung, d. h. die Verjährungsfrist für die Auszahlung der Dividende, wurde auf vier Jahre festgelegt. Das Geschäftsjahr endete mit dem 30. September.[682]

Vier Jahre vor dem Rechtsformwechsel der *Continental Telegraphen Compagnie* wurde die AG von der Konzessionspflicht befreit und in ein Normativsystem überführt, was zu einer Gründungswelle in Preußen führte und die Gründung von KGaA unattraktiv machte.[683] So nutzte auch *Wolff's Telegraphisches Bureau* den Wandel von einer KGaA in eine AG. Einerseits war der Rechtsformwechsel aufgrund der neuen Rechtslage ohne Konzession unkompliziert möglich, andererseits konnte der Einfluss der Staatsregierung, der durch den Vertrag v. 1869 noch bestand, minimiert werden.

Die Regelungen dieses Vertrags stellten einen wesentlichen Grund für den Rechtsformwechsel in eine AG dar. Mit dem vier Jahre nach Gründung der *Continental Telegraphen Compagnie* geschlossenen Vertrag v. 1869 sicherte sich die Regierung rechtlich einen erheblichen Einfluss auf die größte deutsche Nachrichtenagentur.[684] Außerdem erhielt die Regierung neben dem Aktienpaket ein Mitspracherecht bei der Bestellung der geschäftsführenden Komplementäre. Durch die quasi-monopolistische Marktstellung durch den Vertrag v. 1869 mit dem preußischen Staatsministerium erzielte *Wolff's Telegraphisches Bureau* hohe Gewinne. Bereits im Geschäftsjahr 1869/70 zahlte es eine Summe von 25.000 Talern an die preußische Regierung zurück, sodass sich die Restschuld des Darlehens auf 25.000 Taler reduzierte. Im November 1872 tilgte *Wolff's Telegraphisches Bureau* die restliche Kreditsumme und erhielt damit auch das bei der Regierung hinterlegte Aktienpaket zurück.

Die im Rahmen des Vertrags v. 1869 an die Staatsregierung ausgegebenen Aktienpakete und damit verbundenen gesellschaftsrechtlichen Mitwirkungs- und Kontrollrechte wurden durch die Rückzahlung des Darlehens und die Rückgabe der Aktienanteile auf die vertraglich vereinbarten Mitspracherechte bei der Wahl der Komplementäre reduziert.[685] Mit dem Wechsel der

---

[681] *Nahmer*, Bismarcks Reptilienfonds, S. 116; eine namentliche Liste aller Mitglieder des Aufsichtsrats sowie des Vorstandes (ab dem Rechtsformwechsel in eine AG 1874) findet sich bei Continental-Telegraphen-Compagnie Wolff's Telegraphisches Bureau (Hg.), FS WTB 1924, S. 8 f.; *Basse*, WTB, S. 262 f. (Anhang IV).

[682] *Christians*, Deutsche Börsenpapiere, S. 559.

[683] Wurden in Preußen bis 1870 insgesamt 203 AG gegründet, waren es alleine im Jahr 1871 schon 203 AG; im Jahr 1872 wurden 162 AG gegründet, 1873 ebenfalls 162 AG, vgl. die Zahlen bei *Koberg*, Entwicklung Gesellschaftsrecht, S. 15; dazu auch *Landwehr*, ZRG GA Bd. 99 (1982), S. 21; *Fett*, Entwicklung KGaA, S. 320 ff.

[684] Vgl. ausführlich oben unter B. II. 3.

[685] Trotz der von der Regierung gehaltenen Aktienanteilen und vertraglich vereinbarten

Rechtsform in eine AG entfielen automatisch die Komplementäre und damit auch diese letzte Einflussmöglichkeit der Staatsregierung. Auf der Gegenseite blieben aber die Pflichten des Staatsministeriums aus dem Vertrag v. 1869 und damit die Vorteile für *Wolff's Telegraphisches Bureau* bestehen.

c) Wolff's Telegraphisches Bureau als Firma: Rechtsstreit im Rahmen der Handelsregistereintragung

aa) Ablehnung des Registereintrags durch das Handelsregister beim Stadtgericht Berlin

Die Wahl der Firma als Name eines Kaufmannes, unter dem er im Handel sein Geschäft betreibt und die Unterschrift abgibt (vgl. Art. 15 ADHGB) war neben der Wahl der Rechtsform eine wesentliche strategische Entscheidung für *Wolff's Telegraphisches Bureau.* Dies zeigt eine gerichtliche Auseinandersetzung um die Eintragung des Firmennamens im Jahr 1865.

Für die Gründung der KGaA war gem. Art. 176 f. ADHGB die Eintragung in das Handelsregister (Art. 12 bis 14 ADHGB) konstitutiv. Aufgrund der Hauptniederlassung der *Continental Telegraphen Compagnie* in Berlin war das Handelsregister beim Berliner Stadtgericht sachlich und örtlich für die Eintragung des neuen Unternehmens zuständig, vgl. Art. 19 ADHGB.

Die Eintragung der *Continental Telegraphen Compagnie* in das Berliner Handelsregister erfolgte am 6. Juli 1865 unter der Nr. 1682.[686] Entsprechend ihres in § 3 Gesellschaftsvertrag v. 1865 festgelegten Zwecks sollte die neue Gesellschaft unter anderem das vorhandene Nachrichtengeschäft erweitern. Hierzu wurde im ersten Schritt die Nachrichtenagentur von *Wolff* aufgekauft, die als „*Wolff's Telegraphisches Bureau*" bereits auf dem Nachrichtenmarkt bekannt und etabliert war.

Daher erschien es auch sinnvoll, den Firmennamen „*Wolff's Telegraphisches Bureau*" nach der Fusion weiterzuführen und damit im Handelsverkehr für das Nachrichtengeschäft aufzutreten. Der Name stand für die erste und inzwischen größte deutsche Nachrichtenagentur, sodass dem Firmennamen ein hoher immaterieller Wert, vergleichbar mit dem einer „Marke", zukam. Der Kundenstamm und auch potenzielle Vertragspartner assoziierten mit dem Namen eine verlässliche und hochqualitative Dienstleistung. Entsprechend wurde beim Berliner Stadtgericht die Eintragung einer weiteren Gesellschaft unter dem Firmennamen „*Wolff's Telegraphisches Bureau. Continental-Telegraphen-Compagnie Kommanditgesellschaft auf Aktien. Theodor Wimmel. Richard Wentzel.*" beantragt.[687]

Rechte, wurde die Regierung regelmäßig nicht zu den Sitzung der Gesellschaft eingeladen, vgl. m. w. N. *Basse*, WTB, S. 44.

[686] Kgl. Pr. Staatsanzeiger Nr. 231 (1865), S. 3991; *Busch*, Archiv Handelsrecht Bd. 10 (1867), S. 304.

[687] *Busch*, Archiv Handelsrecht Bd. 10 (1867), S. 305.

Jedoch lehnte die Handelsregisterabteilung des Stadtgerichts Berlin diesen Antrag mit einer Verfügung vom 13. Juni 1865 ab.[688] Zur Begründung führte sie im Wesentlichen aus, dass gem. Art. 17 Abs. 3 ADHGB kein anderer Name in die Firma einer Handelsgesellschaft aufgenommen werden dürfte als die der persönlich haftenden Gesellschafter.[689] Art. 17 Abs. 3 ADHBG normierte:

> „Die Namen anderer Personen, als der persönlich haftende Gesellschafter, dürfen in die Firma einer Handelsgesellschaft nicht aufgenommen werden; auch darf keine offene Handelsgesellschaft oder Kommanditgesellschaft als Aktiengesellschaft bezeichnet werden, selbst wenn das Kapital der Kommanditisten in Aktien zerlegt ist."

Daher sei ein Firmenname mit Nennung des Namens „*Wolff*" rechtlich unzulässig und eine Eintragung könne nicht erfolgen.

Außerdem sei der Ankauf anderer Telegraphenbüros gem. § 3 Nr. 3 des Gesellschaftsvertrages ein Gesellschaftszweck, sodass es unzulässig sei, „*Wolff's Telegraphisches Bureau*" als Spezialfirma für lediglich einen bestimmten Geschäftskreis in den Namen des neuen Unternehmens eintragen zu lassen. Damit würde die *Continental Telegraphen Compagnie* letztlich unter zwei Firmen im Rechtsverkehr auftreten. Dies verstoße zumindest gegen die Bestimmung des Gesellschaftsvertrags, der festlege, dass die Gesellschaft nur eine einzige Firma führe. Es bedürfe also zunächst einer entsprechenden Abänderung des Gesellschaftsvertrags der *Continental Telegraphen Compagnie* oder aber einer Abänderung des Firmennamens durch Hinzufügung des Wortes „jetzt" hinter der Bezeichnung „*Wolff's Telegraphisches Bureau*", d. h. es müsste „*Wolff's Telegraphisches Bureau. Jetzt: Continental Telegraphen Compagnie – Commandit-Gesellschaft auf Aktien, Theodor Wimmel und Richard Wentzel*" eingetragen werden.[690]

bb) Remonstration und Rechtsauffassung der Continental-Telegraphen-Compagnie

Gegen die genannte Verfügung der Handelsregisterabteilung des Stadtgerichts Berlin remonstrierte die *Continental Telegraphen Compagnie* form- und fristgerecht. Sie argumentierte im Wesentlichen, dass sie durch den Kauf von *Wolffs* Unternehmen innerhalb ihres im Gesellschaftsvertrag normierten Geschäftskreises geblieben sei. Der vom Stadtgericht Berlin zitierte § 3 Abs. 3 des Gesellschaftsvertrages sehe die Gründung und den Ankauf von vorhandenen Telegraphenlinien und Telegraphenbüros durch die *Continental Tele-*

---

[688] Verfügungen des Stadtgerichts zu Berlin vom 13/30. Juni 1865 und des Kammergerichts zu Berlin vom 10. September 1865, mitgeteilt in: Archiv für Theorie und Praxis des Allgemeinen deutschen Handelsrechts 10 (1867), S. 304–309.

[689] *Busch*, Archiv Handelsrecht Bd. 10 (1867), S. 305.

[690] *Busch*, Archiv Handelsrecht Bd. 10 (1867), S. 305.

graphen Compagnie vor, bei denen es sich auch stets um Handelsgeschäfte handele.[691]

Darüber hinaus argumentierte sie mit Art. 22 ADHGB, der bestimmte:

„Wer ein bestehendes Handelsgeschäft durch Vertrag oder Erbgang erwirbt, kann dasselbe unter der bisherigen Firma mit oder ohne einen das Nachfolgeverhältniß andeutenden Zusatz fortführen, wenn der bisherige Geschäftsinhaber oder dessen Erben oder die etwaigen Miterben in die Fortführung der Firma ausdrücklich willigen".

Daraus gehe eindeutig hervor, dass zum Kauf eines Handelsgeschäftes auch das Firmenrecht als wesentlicher Bestandteil gehöre. Die Generalversammlung der Gesellschaft habe den Erwerb von *Wolff's Telegraphischem Bureau* ausdrücklich und einstimmig genehmigt.[692]

In einem zweiten Schritt antizipierte die *Continental Telegraphen Compagnie* eventuelle Gegenargumente gegen die Eintragung unter dem beantragten Namen. Gegen die mögliche Replik, dass es unzulässig sei, wenn für einen Besitzer an einem Ort mehrere Niederlassungen verschiedener Firmen bestünden, führte die *Continental Telegraphen Compagnie* eine analoge Anwendung der Bestimmungen zum Firmenregister in §§ 30, 41 der zum ADHGB ausgegebenen Ministerial-Instruktion vom 12. Dezember 1861 auf das Gesellschaftsregister an.[693] § 30 der Instruktion vom 12. Dezember 1861 besagte:

„Wenn ein Kaufmann im Bezirke eines Gerichts mehrere Niederlassungen (Handelsetablissements) hat, für welche er verschiedene Firmen führt, so ist er in Bezug auf jede Niederlassung, für welche eine besondere Firma geführt wird, unter einer besonderen Nummer des Registers einzutragen".[694]

§ 41 der Instruktion vom 12. Dezember 1861 bestimmte:

„Wenn der Principal im Bezirke des Gerichts mehrere Niederlassungen hat, für welche er verschiedene Firmen führt, so ist bei der Anmeldung einer von ihm erteilten Procura ausdrücklich anzugeben, welche Firma oder welche Firmen der Procurist zu zeichnen befugt sein soll."[695]

Was dort für das Firmenregister bestimmt sei, finde auch für das Gesellschaftsregister entsprechende Anwendung.

Der Einwand, dass die Gesellschaft nun qua Name zwei Firmen führe, greife nicht. Eine KGaA, die aufgrund ihres Gesellschaftszwecks ein Handelsgeschäft in seiner Gesamtheit erworben habe, bliebe dieselbe Firma. Insofern sei die *„Continental-Telegraphen-Compagnie Kommanditgesellschaft*

---

[691] *Busch*, Archiv Handelsrecht Bd. 10 (1867), S. 306.

[692] *Busch*, Archiv Handelsrecht Bd. 10 (1867), S. 306.

[693] „Allgemeine Verfügung und Instruktion vom 12. Dezember 1861, betreffend die Ausführung des Gesetzes vom 24. Juni 1861, über die Einführung des Allgemeinen Deutschen Handelsgesetzbuches", Pr. MBl. 1861, S. 328 ff.

[694] *Busch*, Archiv Handelsrecht Bd. 9 (1866), S. 449.

[695] *Bürger*, ADHGB 1862, S. 2 ff.

auf Aktien. Theodor Wimmel. Richard Wentzel“ nunmehr Eigentümerin des Handelsgeschäfts der Firma „*Wolff's Telegraphisches Bureau*“.[696] Da das ADHGB für die KGaA keine speziellen Vorschriften für die Namensgebung enthalte, könne die allgemeine Vorschrift des Art. 17 ADHGB greifen. Diese sei jedoch ausschließlich für Neugründungen von Handelsgeschäften bestimmt und nicht für Fusionen. Folglich sei die Norm hier überhaupt nicht einschlägig.[697]

Vielmehr sei für den Erwerb bereits existierender Handelsgeschäfte die Regelung des Art. 22 ADHGB einschlägig. Durch die zusammengesetzte Bezeichnung beider Firmennamen gebe sich die *Continental Telegraphen Compagnie* klar als Nachfolgerin des Geschäfts zu erkennen, ohne dass es eines Zusatzes wie „jetzt“ brauche.[698] Der in § 3 Nr. 3 des Gesellschaftsvertrags statuierte Zweck, weitere Unternehmen erwerben zu wollen, sei im Einzelfall des Kaufs von *Wolff's Telegraphischem Bureau* durch einen Generalversammlungsbeschluss genehmigt worden.

Folglich sei kein Einwand erkennbar, wieso die KGaA als Eigentümerin der Firma „*Wolff's Telegraphisches Bureau*“ im Gesellschaftsregister eingetragen werden dürfte, aber zugleich der fortlaufende Geschäftsbetrieb unter diesem Namen nicht möglich sei. Weiterhin müsste auch die Eintragung der Firma „*Wolff's Telegraphisches Bureau. Continental-Telegraphen-Compagnie Kommanditgesellschaft auf Aktien. Theodor Wimmel. Richard Wentzel*“ zulässig sein. § 3 Nr. 3 des Gesellschaftsvertrags sehe vor, an verschiedenen Orten neue Büros zu gründen und diese mit der entsprechenden Ortsbezeichnung eintragen zu lassen, etwa als „Berliner Büro“ oder „Dresdner Büro“. Dabei handle es sich erkennbar auch stets um dieselbe KGaA. Nichts anderes dürfe für den Zusatz „*Wolff's Telegraphisches Bureau*“ gelten.[699]

cc) Verfügungen des Berliner Stadtgerichts vom 30. Juni 1865 und des Berliner Kammergerichts vom 16. September 1865

Das Stadtgericht Berlin folgte dieser Rechtsaufassung nicht und verfügte am 30. Juni 1865, dass die weitere Gesellschaft mit dem Wort „jetzt“ eingetragen werden müsse, nachdem die Führung der Firma „*Wolff's Telegraphisches Bureau*“ von der Generalversammlung per Beschluss genehmigt worden sei.[700]

Ein weiter Anwendungsbereich von Art. 22 ADHGB durch eine analoge Anwendung der Norm auf AG und KGaA sei rechtlich bedenklich. Jeden-

---

[696] *Busch*, Archiv Handelsrecht Bd. 10 (1867), S. 307.
[697] *Busch*, Archiv Handelsrecht Bd. 10 (1867), S. 307.
[698] *Busch*, Archiv Handelsrecht Bd. 10 (1867), S. 308.
[699] *Busch*, Archiv Handelsrecht Bd. 10 (1867), S. 307 a. E.
[700] *Busch*, Archiv Handelsrecht Bd. 10 (1867), S. 308.

falls bedürfe es eines vorherigen Beschlusses der Gesellschafter, eine zweite Firma in das Handelsregister einzutragen, aus deren Name die persönlich haftenden Gesellschafter klar hervorgehen, da diese auch die Gesellschaft rechtlich verpflichten.[701] Davon unabhängig sei schon zweifelhaft, ob eine solche Fortführung der Gesellschaft überhaupt zulässig sei. Die Genehmigung der Gesellschafter, eine andere Gesellschaft zu erwerben, schließe nicht die Genehmigung ein, dass das Geschäft unter einer von der im Gesellschaftsvertrag festgesetzten abweichenden Gesellschaft fortgeführt werden solle.[702]

Das KG Berlin bestätigte die Rechtsaufassung des Berliner Stadtgerichts mit einer Verfügung vom 16. September 1865. In seiner Begründung fügte es der Argumentation des Berliner Stadtgerichts hinzu, dass die persönlich haftenden Gesellschafter weder alleine noch gemeinsam die von der Gesellschaft erworbene Firma mit ihrer beiderseitigen Unterschrift ohne Zusatz zeichnen könnten, weil die Gesellschaft *Continental Telegraphen Compagnie* die Erwerberin von *Wolff's Telegraphischem Bureau* sei.[703] Die Anwendbarkeit von Art. 17 ADHGB sei zu Unrecht angezweifelt worden.[704] Danach müsse eine KG im Namen wenigstens eines persönlich haftenden Gesellschafters mit einem das Vorhandensein einer Gesellschaft andeutenden Zusatz enthalten. Im Ergebnis konnte die *Continental Telegraphen Compagnie* nicht mit ihrer Rechtsauffassung durchdringen und musste für die zweite Eintragung das Wort „jetzt" im Firmennamen führen.

dd) Analyse des Rechtsstreits

Der Rechtsstreit zeigt, wie die Rechtsprechung neue Rechtsfragen durch die neuen Gesellschaftsformen des ADHGB löste. Zu der hier maßgeblichen Frage, wie der Erwerb eines firmenberechtigten Handelsgeschäfts durch eine KGaA und die Fortführung der erworbenen Firma zu behandeln waren, gab das ADHGB keine eindeutige Antwort. Auch eine (höchstrichterliche) Rechtsprechung für die durch die *Continental Telegraphen Compagnie* aufgeworfene Rechtsfrage hatte es vorher noch nicht gegeben.

In der Argumentation der Gerichte wurde deutlich, dass es bei ihren Entscheidungen zum einen um den Schutz des Rechtsverkehrs durch eine eindeutige Identität der im Geschäftsverkehr agierenden Gesellschaft, zum anderen aber auch um den Schutz der Organe der Gesellschaft ging, die durch eine fehlerhafte Eintragung in ihren gesetzlich festgeschriebenen Kompetenzen beschnitten werden könnte.

---

[701] *Busch*, Archiv Handelsrecht Bd. 10 (1867), S. 308; *Busch*, Archiv Handelsrecht Bd. 18 (1869), S. 292.

[702] *Busch*, Archiv Handelsrecht Bd. 10 (1867), S. 309.

[703] *Busch*, Archiv Handelsrecht Bd. 10 (1867), S. 309.

[704] *Busch*, Archiv Handelsrecht Bd. 10 (1867), S. 309 a. E.

Das Konzept eines öffentlichen Katalogs oder Registers, in der bestimmte wirtschaftliche Informationen über einzelne Kaufleute und Unternehmen eingetragen werden mussten, war nicht vollkommen neu.[705] Schon in den mittelalterlichen „Gildenrollen“ wurde die Zugehörigkeit zu einer Gilde als Gemeinschaft eines handwerklichen Berufs verzeichnet. Dort wurden wichtige Informationen, wie etwa über die Lehr- und Gesellenzeit, die Meisterprüfung oder auch die Qualität der Produkte festgehalten.

Ein allgemeines vollständiges Handelsregister im gesamten Deutschen Bund wurde jedoch erst mit Verabschiedung des ADHGB am 24. Juni 1861 eingeführt und damit vier Jahre vor Gründung der *Continental Telegraphen Compagnie*. Gem. Art. 12 ADHGB war bei jedem Handelsgericht ein öffentliches Handelsregister zu führen, teilweise waren auch die Amtsgerichte zuständig. Der dargestellte Rechtsstreit der *Continental Telegraphen Compagnie* illustriert den Sinn und Zweck des Handelsregisters.

Aufgrund des von rein personalen Strukturen der Personengesellschaft losgelösten neuen Typs der Kapitalgesellschaft entschied der Gesetzgeber des ADHGB, dass die Eintragung von bestimmten, wesentlichen Informationen im Handelsregister ein notwendiger rechtlicher Schritt für Aktien emittierende Gesellschaften sein sollte, um den Handelsverkehrs zu schützen.[706] Neben der bloßen Einsicht in das Handelsregister gewährte Art. 12 Abs. 2 S. 3 ADHGB auch einen Anspruch auf eine (beglaubigte) Abschrift der dortigen Eintragungen (gegen Zahlung einer Gebühr). Der Handelsverkehr sollte durch öffentliche Einsichtnahme wirtschaftliche Informationen über bestehende oder potenzielle Geschäftspartner einsehen können und dadurch geschützt werden.[707]

Ein rechtlich obligatorischer Handelsregistereintrag als finaler Schritt für die Konstituierung bestimmter Gesellschaften hatte insbesondere den Vorteil, dass angesichts der neuen Gesellschaftsformen, bei denen der Einzelne nicht mehr unmittelbar sichtbar als Vertragspartner in Erscheinung trat, sondern Firmenstrukturen mit mehreren Kapitalgebern und Teilhabern z. T. unübersichtlich waren, eine offizielle und im Wesentlichen verlässliche Informationsquelle entstand, auf deren Basis geschäftliche Entscheidungen getroffen werden konnten. Die gesamte Eintragung in das Handelsregister musste nach Art. 13 ADHGB unverzüglich vom Handelsgericht durch eine Anzeige in sog. „öffentlichen Blättern“ bekannt gemacht werden. Hierzu bestimmte Art. 14 Abs. 1 ADHGB, dass jedes Handelsgericht für seinen Be-

[705] Vgl. zu „Gilden“, „Zünften“ und „Innungen“ s. *Schmoeckel/Maetschke*, Rechtsgeschichte der Wirtschaft, S. 30 ff.

[706] *Schäfer/Jahntz*, Gründungsverfahren und Gründungsmängel, S. 239; zur Entwicklung der Personengesellschaften bis zum HGB s. *Schmoeckel/Maetschke*, Rechtsgeschichte der Wirtschaft, S. 157 ff.

[707] So schon zeitgenössisch *Behrend*, Handelsrecht, S. 226.

zirk jedes Jahr im Dezember die „öffentlichen Blätter" zu bestimmen hatte, in denen im Laufe des nächsten Jahres die Bekanntmachungen erfolgen sollten. Im Jahr 1871 wurde das Konzept des allgemeinen Handelsregisters als Reichsgesetz im gesamten Deutschen Reich übernommen.

Der dargestellte Rechtsstreit verdeutlicht zudem die unterschiedlichen Interessen. Auf der einen Seite wollten die Vertragsparteien die Vorteile des etablierten Firmennamens nutzen, ohne ausschließlich die neue Gesellschaftsstruktur zu nennen, auf der anderen Seite stand der Schutz des Geschäftsverkehrs, der anhand der Firmenbezeichnung wissen sollte, wer ihm als Vertragspartner gegenüberstand.

d) Zusammenfassung und Zwischenergebnis

Die gesellschaftsrechtliche Geschichte von *Wolff's Telegraphischem Bureau* bildet einen wesentlichen Teil des sich im Zuge der Industriellen Revolution wandelnden Handels- und Gesellschaftsrechts ab. Die Sammlung von Kapital und ihre rechtliche Organisation war ein entscheidender Faktor der Industrialisierung,[708] wie man anhand der Unternehmensgeschichte von *Wolff's Telegraphischem Bureau* sehen kann. Durch die neuen Anforderungen an den Markt waren Unternehmen darauf angewiesen, Kapital von verschiedenen externen Finanzierungsquellen zu kumulieren.[709] Auch bei *Wolff's Telegraphischem Bureau* waren bei der Wahl der Rechtsform die Fragen der Finanzierung und staatlichen Konzessionierung zentral.

Zunächst noch als einzelnes Gewerbe unter der Gewerbefreiheit in Preußen gegründet, erforderten auch das Wachstum von *Wolff's Telegraphischem Bureau* hin zu einem Großunternehmen sowie ein steigender Konkurrenzdruck durch die europäische Öffnung des Nachrichtenmarktes eine erhebliche Kapitalerhöhung, die nicht mehr durch interne Finanzierungsquellen (z. B. Umsätze, Veräußerungen oder andere Desinvestitionen) gedeckt werden konnte. Die Investitionen waren aber zwingend notwendig, um gegen die starke europäische Konkurrenz auf dem industrialisierten Nachrichtenmarkt bestehen zu können und der drohenden Gefahr einer (feindlichen) Unternehmensübernahme zu begegnen. *Wolff* benötigte eine Außenfinanzierung, die unter Vermittlung der preußischen Staatsregierung durch Privatbankiers und Bankhäuser als externe Finanzierungsquellen gemeinsam geleistet wurde.

Außerdem benötigten die Wirtschaftsakteure für die Organisation der durch die Industrialisierung notwendigen hohen Investitionen eine rechtliche

---

[708] Die AG hatte bereits in ihren Frühformen die Funktion für ein Unternehmen Kapital zu sammeln und dafür eine Organisationsform anzubieten, s. *Wiethölter*, Organisation der Aktiengesellschaft, S. 53 ff.

[709] Vgl. dazu oben B. I. 4.

Infrastruktur, die der Staat durch die neuen Formen der Kapitalgesellschaften zur Verfügung stellte.[710] So bildete die zunächst für die Gründung der *Continental Telegraphen Compagnie* ausgewählte KGaA als Kapitalgesellschaft für den Deutschen Bund und später für den Norddeutschen Bund einen einheitlichen rechtlichen Rahmen für die kollektive Finanzierung von Unternehmen sowie für Beteiligungen an Unternehmen. Dabei diente den Beteiligten die Umwandlung des Konkurrenzunternehmens von *Reuter* in England in eine englische Aktiengesellschaft als Vorbild. Wurde durch das pr. AktienG v. 1843 bereits eine erste Vereinheitlichung des Rechts für die beginnende Industrialisierung in den deutschen Ländern vorgenommen, begann insbesondere der Wandel vom Merkantilismus hin zu einer von wirtschaftlicher Liberalisierung geprägten, korporativ verfassten Gesellschaft mit einem Konzessionssystem.[711]

Abseits einzelner Regelungen zur AG mangelte es aber an einer einheitlichen, landesübergreifenden Gesetzgebung, die einen geeigneten Rechtsrahmen für die spezifischen Anforderungen der neuen Unternehmenstypen der Industrialisierung bot.[712] Im Deutschen Bund und später im Norddeutschen Bund wurden mit den Gesellschaftstypen des ADHGB neue Formen für Investitionen in Form einer Akkumulation von Kapital verschiedener Akteure in eine Unternehmung geschaffen, wobei dabei bestimmte Merkmale, wie Rechtsfähigkeit, körperschaftliche Organisation oder Haftung, strukturell kombiniert wurden.[713]

Die notwendigen hohen Investitionen in große Unternehmungen, etwa im Bereich der Eisenbahn oder, wie im Falle von *Wolff's Telegraphischem Büro*, auf dem Nachrichtenmarkt, führten aber zu hohen Risiken einer persönlichen Haftung und wurden erst durch eine gesetzliche Haftungsbegrenzung wirtschaftlich attraktiv.[714] Zwar war sowohl bei der AG als auch bei der KGaA die Haftung der Investoren auf ihre Einlagen beschränkt und die beteiligten Bankhäuser konnten ihre hohen Investitionen innerhalb eines rechtlich abgesicherten Rahmens tätigen, wobei Mitspracherechte und Haftungsbeschränkung vom Gesetzgeber festlegt wurden. Allerdings bestand ein

---

[710] *Binder*, Regulierung im Kapitalgesellschaftsrecht, S. 406 spricht von „Kapitalgesellschaftsrechtsformen als Infrastruktur".

[711] So *Baums*, Aktiengesetz von 1843, S. 84, 97; zur handelsrechtlichen Kodifikation und m. w. N. vgl. *Schmidt*, Handelsrechtskodifkation, S. 8 ff.; zum Übergang von Oktroisystem zum Konzessionssystem s. *Baums*, Entwurf ADHGB (1848/48), S. 46; *Schubel*, Verbandssouveränität, S. 87 ff., 245 ff.

[712] Vgl. *Hadding/Kießling*, Anfänge deutschen Aktienrechts, S. 163; *Hesse*, Wirtschaftsgeschichte, S. 89.

[713] Vgl. *Schilling*, ZHR 144 (1980), S. 136 f.; *Hadding/Kießling*, Anfänge deutschen Aktienrechts, S. 190.

[714] Die Verbindung der Gesellschaftsformen zu einer „Kapitalgesellschaft & Co KG" wurde erst mit Entscheidung des RG vom 4. Juli 1922 zulässig (RGZ 105, S. 101 ff.).

wesentlicher Unterschied zwischen AG und KGaA darin, dass bei der KGaA die investierenden Kommanditisten rechtlich näher an die Gesellschaft gebunden waren und dass die geschäftsführenden Komplementäre einer vollen Haftung unterlagen.[715] Dies war der Grund, warum etwa Preußen für die KGaA im Gegensatz zur AG keine staatliche Konzessionspflicht festsetzte und einer der wesentlichen Gründe für die Wahl einer KGaA als Rechtsform für *Wolff's Telegraphisches Bureau*, die insoweit ebenfalls die bevorzugte Rechtsform in Preußen in dieser Zeit wiederspiegelt.

Preußen machte allerdings von der Möglichkeit des ADHGB, die AG von der Konzessionspflicht auszunehmen, keinen Gebrauch. Der preußische Gesetzgeber befürchtete aufgrund der Haftungsbeschränkung aller bei einer AG beteiligten Akteure und der möglichen wirtschaftlichen Macht einer Kapitalgesellschaft einen möglichen Missbrauch und unkontrollierte Spekulationen, sodass durch die staatliche Kontrolle in Form einer Konzession die Wirtschaft und Gesellschaft geschützt werden sollten. Erst nach der Abschaffung der Konzessionspflicht für die Gründung einer AG im Jahr 1870 wechselte *Wolff's Telegraphisches Bureau* die Rechtsform und steht damit exemplarisch für die „Gründerzeit".

Insofern war das Gesellschaftsrecht zugleich auch ein Mittel der Wirtschaftspolitik.[716] Der Übergang vom Oktroisystem, über das Konzessionssystem hin zum Normativsystem stellt einerseits einen sukzessiven Rückzug des Staates von seiner Einflussnahme auf die Wirtschaft dar,[717] auf der anderen Seite schuf der Staat aber erst durch die neuen Gesellschaftsformen aktiv einen Rahmen und rechtliche Handlungsformen für die wirtschaftliche Betätigung unter veränderten Marktbedingungen.[718]

Darüber hinaus zeigt die gesellschaftsrechtliche Unternehmensgeschichte von *Wolff's Telegraphischem Bureau* exemplarisch den Umgang der Rechtsordnung mit neu aufkommenden Rechtsfragen der neuen Kapitalgesellschaften im Rahmen von Unternehmenstransaktionen bzw. Fusionen. Im Gesellschaftsrecht des ADHGB wurde nicht jeder denkbare Einzelfall detailliert geregelt, sondern quasi abstrakt-generelle Normen geschaffen, welche den durch die Industrialisierung neu entstandenen Bedürfnissen der Wirtschaft eine größtmögliche Freiheit bei gleichzeitigem Schutz des Marktes gaben. Einerseits konnten Unternehmen anhand des Numerus Clausus der Gesellschaftsformen aus einer vom Gesetzgeber kategorisierten rechtlichen

[715] Vgl. mit Bsp. *Fett*, Entwicklung KGaA, S. 2; *Koberg*, Entwicklung Gesellschaftsrecht, S. 10.

[716] Vgl. *Binder*, Regulierung im Kapitalgesellschaftsrecht, S. 39 ff.; *Koberg*, Entwicklung Gesellschaftsrecht, S. 11 f.; mit einem Hinweis auf eine präventive Kontrolle möglicher Monopolbildungen s. *Grossfeld*, Aktiengesellschaft im 19. Jh., S. 235, 238 ff.

[717] *Spindler*, Entwicklung der Satzungsfreiheit, S. 998.

[718] *Binder*, Regulierung im Kapitalgesellschaftsrecht, S. 406. 409.

Form wählen und waren bei der weiteren Ausgestaltung der Details relativ frei. Anderseits limitierte der Gesetzgeber die Formen des Wirtschaftens auf die von ihm vorgegebenen Gesellschaftsformen zum Schutz des Rechtsverkehrs und des Marktes insgesamt.

Die firmenrechtliche Auseinandersetzung vor dem Berliner Stadtgericht und Kammergericht um die Eintragung des Firmennamens hat zwei wesentliche Punkte gezeigt. Zum einen zeigt sie allgemein die Handhabung der Judikative mit neuen rechtlichen Herausforderungen der Industrialisierung. Zum anderen zeigt es die für den Wirtschaftsverkehr wichtige Funktion der Firma, da der Name in der neuen Marktwirtschaft die Wiedererkennbarkeit im Wettbewerb stärkte, wie es sich auch in der Gesetzgebung zu den gewerblichen Schutzrechten spiegelt.[719]

5. *Wolff's Telegraphisches Bureau und die Abgrenzung des Marktes*

a) Vorbemerkung

Im folgenden Kapitel werden Verträge zwischen *Wolff's Telegraphischem Bureau* und anderen europäischen Nachrichtenagenturen analysiert, die in den Archiven des Auswärtigen Amtes und des Firmenarchivs von Thomson Reuters aufgefunden und anschließend transkribiert wurden. Anhand dieser vertraglich vereinbarten Kooperationen auf dem internationalen Nachrichtenmarkt wird insbesondere die Frage in den Mittelpunkt gestellt, wie die Abgrenzung und die Definition des Nachrichtenmarktes erfolgten.

Zunächst wird ein Vertrag zwischen der *Agence Havas*, *Reuter's Telegram Company* und *Wolff's Telegraphischem Bureau* vom 17. Januar 1870 und seine Neufassung im Juli 1909 untersucht (dazu unter b). Anschließend wird eine dokumentierte Verhandlung aus dem Jahr 1899 zwischen der *Russischen Telegraphen-Agentur* und den drei genannten Nachrichtenagenturen, vertreten durch *Wolff's Telegraphisches Bureau*, analysiert (dazu unter c). Darüber hinaus wird ein Vertrag vom 28. Februar 1900 zwischen der *Agence Havas*, *Reuter's Telegram Company* und *Wolff's Telegraphisches Bureau* auf der einen Seite und dem österreichischem *k.k. Telegraphen-Korrespondenz-Bureau* auf der anderen Seite sowie eine Verlängerung dieses Vertrags im Februar 1910 untersucht (dazu unter d). Am Ende des Kapitels wird eine Einbettung der Ergebnisse in die Geschichte des deutschen Kartellrechts unternommen (dazu unter e) und die gesamten Erkenntnisse des Kapitels zusammengefasst (dazu unter f).

---

[719] Etwa der Markenschutz im Jahr 1874, vgl. *Schmoeckel/Maetschke*, Rechtsgeschichte der Wirtschaft, S. 139 ff.

b) Verträge zwischen der Agence Havas, Reuter's Telegram Company und Wolff's Telegraphischem Bureau

aa) Vertrag vom 17. Januar 1870

(1) Präambel des Vertrages

Wolff's Telegraphisches Bureau (in Gestalt der *Continental Telegraphen Compagnie*), die *Agence Havas* und *Reuter's Telegram Company* schlossen am 17. Januar 1870 in Paris einen Vertrag (im Folgenden: Pariser Vertrag v. 1870) zur Kooperation auf dem Nachrichtenmarkt.

Der Pariser Vertrag v. 1870 bestand aus einer Präambel und 13 Artikeln. Die Präambel des Pariser Vertrags v. 1870 rekurrierte auf zwei existierende bilaterale Verträge, zum einen zwischen *Wolff's Telegraphischem Bureau* und der *Agence Havas* vom 27. Oktober 1869, zum anderen zwischen der *Agence Havas* und *Reuter's Telegram Company* vom 4. November 1869, die als Grundlage für die neue Vereinbarung als „Dreiparteienvertrag" herangezogen werden sollten.[720]

Havas verhandelte gemeinsam mit *Mathieu Laffite* (geb. 1808) und *Bullier* für die *Agence Havas*,[721] *Paul Julius Reuter* für die *Reuter's Telegram Company*, und *Wentzel* vertrat seinen Sozius *Wimmel* und verhandelte damit alleine für *Wolff's Telegraphisches Bureau*.[722]

(2) Aufteilung von Geschäfts- und Vertriebsgebieten auf dem Nachrichtenmarkt

In Art. 1 Abs. 1 S. 1 Pariser Vertrag v. 1870 wurde *Wolff's Telegraphisches Bureau* das „ausschließliche" Recht eingeräumt, das Geschäft mit politischen und wirtschaftlichen Nachrichten in Norddeutschland (ohne Hamburg), Süddeutschland, Schweden, Norwegen, Dänemark sowie in den Städten Petersburg und Moskau zu betreiben. *Reuter's Telegram Company* wurde dasselbe Recht gem. Art. 1 Abs. 2 Pariser Vertrag v. 1870 für England, Holland sowie für deren Kolonien zugesprochen.[723] Die *Agence Havas* erhielt das ausschließliche Recht für Frankreich, Spanien, Italien und Portugal, Art. 1 Abs. 3 Pariser Vertrag v. 1870. Die *Agence Havas* und *Reuter's Telegram Company* teilten sich gem. Art. 1 Abs. 4 Pariser Vertrag v. 1870 das Nachrich-

---

[720] Pariser Vertrag v. 1870, Bl. 1.

[721] Im Originalvertrag heißt es wörtlich: „M.M. Havas, Laffite, Bullier et Cie"; bei *Basse*, WTB, S. 254 wird dies fälschlicherweise als „Den Herren Havas, Laffite, Bullier und Cie" transkribiert, obwohl es sich bei „Cie" um die französische Abk. für „Compagnie" handelt.

[722] Pariser Vertrag v. 1870, Bl. 1.

[723] Pariser Vertrag v. 1870, Bl. 1.

tengeschäft auf dem Gebiet des Osmanischen Reiches sowie in Ägypten und Belgien.[724]

Hamburg fiel gem. Art. 2 Abs. 1 Pariser Vertrag v. 1870 dem Geschäftsgebiet von *Reuter's Telegram Company* zu, jedoch unter gemeinsamer Leitung mit *Wolff's Telegraphischem Bureau*. In Art. 2 Abs. 3 Pariser Vertrag v. 1870 wurde das Geschäftsgebiet auf das „Stadtgebiet von Hamburg" eingegrenzt. Spezifische Regeln für die Zusammenarbeit zwischen *Reuter's Telegram Company* und *Wolff's Telegraphischem Bureau* in Hamburg gaben Art. 2 Abs. 2 bis 4 Pariser Vertrag v. 1870 vor. In Art. 2 Abs. 2 S. 1 Pariser Vertrag v. 1870 wurde konkretisiert, dass die Geschäfte in Hamburg auf Kosten von *Reuter's Telegram Company* geführt wurden, jedoch *Wolff's Telegraphisches Bureau* das Recht bekam, durch einen Repräsentanten an der Leitung und Verwaltung der Büros mitzuwirken, indem diesem alle Rechnungen vorgelegt werden mussten und ein Genehmigungsvorbehalt für geschäftliche Entscheidungen eingeräumt wurde. Art. 2 Abs. 2 S. 2 Pariser Vertrag v. 1870 bestimmte, dass alle politischen Nachrichten aus anderen Ländern der „gemeinsamen Zustimmung" bedurften.[725]

Gemäß Art. 4 Pariser Vertrag v. 1870 wurden alle nicht in Art. 1 f. Pariser Vertrag v. 1870 genannten Gebiete als „neutrale Gebiete" betrachtet, in denen jede Vertragspartei geschäftlich tätig sein durfte. Zugleich wurde aber der Wunsch der Parteien geäußert, dass die geschäftliche Auswertung dieser Gebiete gemeinsam auf Grundlage noch zu schließender Verträge erfolgen sollte.[726]

Bezüglich der deutschen Gebiete bestimmte Art. 13 Abs. 1 S. 1 Pariser Vertrag v. 1870 die Ablösung der Geschäfte von *Reuter's Telegram Company* in Deutschland durch *Wolff's Telegraphisches Bureau* in einem „Geist des guten Einverständnisses und der Freundschaft".[727] *Wolff's Telegraphisches Bureau* übernahm gem. Art. 13 Abs. 1 S. 2 Pariser Vertrag v. 1870 alle Verträge bezüglich des Nachrichtendienstes von *Reuter's Telegram Company* und verpflichtete sich, diese fortzuführen. Die von den Abonnenten gezahlten Entgelte standen nunmehr *Wolff's Telegraphischem Bureau* zu. Nach Art. 13 Abs. 1 S. 3 Pariser Vertrag v. 1870 sollte ein von *Reuter's Telegram Company* und *Wolff's Telegraphischem Bureau* gemeinsam unterzeichnetes Rundschreiben an alle Abonnenten von *Reuter's Telegram Company* versendet werden, um über die Übernahme durch *Wolff's Telegraphisches Bureau* zu informieren. *Reuter's Telegram Company* hingegen verpflichtete sich gem. Art. 13 Abs. 2 S. 1 Pariser Vertrag v. 1870 bis zum Ende des nächsten März den Nachrichtendienst für die Abonnenten von *Wolff's Telegraphischem Bu-*

[724] Pariser Vertrag v. 1870, Bl. 2.
[725] Pariser Vertrag v. 1870, Bl. 2.
[726] Pariser Vertrag v. 1870, Bl. 3.
[727] Pariser Vertrag v. 1870, Bl. 9.

reau in England zu leisten. Für den Fall, dass *Reuter's Telegram Company* diesen Dienst nicht übernehmen konnte, sah Art. 13 S. 2 Pariser Vertrag v. 1870 vor, dass *Wolff's Telegraphisches Bureau* seine Dienstleistung in England weiterführen durfte, ohne dass dies als Verstoß gegen den Pariser Vertrag v. 1870 gewertet wurde.[728]

(3) Gegenseitiger Nachrichtenaustausch

Darüber hinaus verpflichteten sich die Parteien in Art. 1 Pariser Vertrag v. 1870, alle Nachrichten aus ihren exklusiven Geschäftsgebieten gegen Erstattung der Übermittlungskosten den anderen Vertragsparteien zur Verfügung zu stellen.[729] Alle Nachrichten sollten nach Hamburg gesendet und von dort kostenfrei an die jeweils anderen Vertragsparteien weitergegeben werden, Art. 2 Abs. 2 S. 3 Pariser Vertrag v. 1870. *Reuter's Telegram Company* verpflichtete sich zudem, die ihm aus den USA vorliegenden Nachrichten an die Vertragsparteien zu verteilen, s. Art. 1 Abs. 1 a. E. Pariser Vertrag v. 1870.[730]

(4) Verteilung der Einnahmen aus dem Nachrichtengeschäft

Nach Art. 6 S. 1 Pariser Vertrag v. 1870 verpflichtete sich *Wolff's Telegraphisches Bureau*, an die *Agence Havas* und *Reuter's Telegram Company* insgesamt 25 Prozent seiner Einkünfte aus dem Nachrichtengeschäft zu überlassen, mit Ausnahme von Einnahmen aus dem Nachrichtengeschäft aus den USA, aus Hamburg und aus einem (möglichen) Vertrag mit dem *k.k. Telegraphen-Korrespondenz-Bureau*.[731] Die Summe sollte als Entschädigung für den Nachrichtendienst aus den USA und den Verzicht von *Reuter's Telegram Company* auf die Konkurrenz in den von *Wolff's Telegraphischem Bureau* reservierten Gebieten gelten, s. Art. 6 Abs. 2 Pariser Vertrag v. 1870.[732] Darüber hinaus steuerte die *Agence Havas* mehr Nachrichten aus Übersee zum Ringtausch der Nachrichten zu als *Wolff's Telegraphisches Bureau*.

Die 25-Prozent-Regelung galt allerdings nicht für die Erträge aus Hamburg, die gem. Art. 2 Abs. 4 Pariser Vertrag v. 1870 hälftig zwischen *Reuter's Telegram Company* und *Wolff's Telegraphischem Bureau* aufzuteilen waren.[733] Schließlich galt die Regelung nicht für die Erträge aus Art. 5 des zwischen *Reuter's Telegram Company* und der *Agence Havas* am 30. Mai 1869 mit dem

---

[728] Pariser Vertrag v. 1870, Bl. 9 f.
[729] Pariser Vertrag v. 1870, Bl. 2.
[730] Pariser Vertrag v. 1870, Bl. 2.
[731] Pariser Vertrag v. 1870, Bl. 6.
[732] Pariser Vertrag v. 1870, Bl. 6.
[733] Pariser Vertrag v. 1870, Bl. 3.

k.k. Telegraphen-Korrespondenz-Bureau in Wien abgeschlossenen Vertrages (dazu auch Art. 5 Pariser Vertrag v. 1870).[734]

(5) Wettbewerbsverbot und Vertragsstrafen

Die Vertragsparteien verpflichteten sich, weder „direkt noch indirekt" irgendwelche Nachrichten in die vertraglich zugesicherten Gebiete der anderen Vertragsparteien zu versenden, es sei denn, es erfolgte im Auftrag und auf Rechnung der jeweils berechtigten Partei, Art. 1 S. 4 Pariser Vertrag v. 1870.[735] Das für alle drei Vertragsparteien geltende Verbot, auf den vertraglich genannten Geschäftsgebieten der anderen Parteien geschäftlich tätig zu sein, war gem. Art. 3 Pariser Vertrag v. 1870 „absolut".[736]

Im Falle einer Weiterleitung einer Nachricht durch das Geschäftsgebiet eines Vertragspartners verpflichteten sich alle Parteien, von dieser Nachricht keinen Gebrauch zu machen, Art. 3 S. 2 Pariser Vertrag v. 1870.[737]

Für jeden Verstoß gegen die Vertragsbestimmungen wurde gem. Art. 7 Abs. 1 Pariser Vertrag v. 1870 eine Geldstrafe i. H. v. 5.000 Franc festgelegt, die an die geschädigte Partei zu zahlen war, vorbehaltlich eventuell darüberhinausgehender Schäden. Sollte der Pariser Vertrag v. 1870 aufgrund von Vertragsverletzungen aufgehoben werden, bestimmte Art. 7 Abs. 4 Pariser Vertrag v. 1870, dass die geschädigte Partei, wenn sie selbst keine Mitschuld hatte, eine Summe von 100.000 Franc vom Schädiger fordern konnte, die auch gerichtlich nicht gemindert werden konnte.[738]

(6) Vereinbarungen zu bestehenden Vertragsverhältnissen

Die Verträge zwischen *Wolff's Telegraphischem Bureau* und der *Agence Havas* vom 30. Juni 1867 und vom 27. Oktober 1869 wurden gem. Art. 11 Pariser Vertrag v. 1870 annulliert und ersetzt. Der zwischen der *Agence Havas* und *Reuter's Telegram Company* am 4. November 1869 geschlossene Vertrag sollte gem. Art. 12 Pariser Vertrag v. 1870 bestehen bleiben, da dort eine gemeinsame Auswertung von bestimmten Gebieten geregelt war.[739]

Die *Agence Havas* und *Reuter's Telegram Company* erklärten in Art. 5 Abs. 1 Pariser Vertrag v. 1870, dass sie gemeinsam am 30. Mai 1869 mit dem *k.k. Telegraphen-Korrespondenz-Bureau* in Wien einen Vertrag geschlossen hatten, der *Wolff's Telegraphischem Bureau* im Zuge des Vertragsschlusses ausgehändigt wurde. *Wolff's Telegraphisches Bureau* sollte gem. Art. 5 Abs. 2

[734] Pariser Vertrag v. 1870, Bl. 5.
[735] Pariser Vertrag v. 1870, Bl. 1 f.
[736] Pariser Vertrag v. 1870, Bl. 5.
[737] Pariser Vertrag v. 1870, Bl. 5.
[738] Pariser Vertrag v. 1870, Bl. 6 f.
[739] Pariser Vertrag v. 1870, Bl. 9.

Pariser Vertrag v. 1870 dem Vertrag vom 30. Mai 1869 beitreten, sofern das *k.k. Telegraphen-Korrespondenz-Bureau* dem zustimmen sollte.[740]

Für den Fall einer Vertragserweiterung verpflichtete sich *Wolff's Telegraphisches Bureau* gem. Art. 5 Abs. 3 Pariser Vertrag v. 1870, die Einschränkungen der österreichisch-ungarischen Regierung durch den Vertrag vom 30. Mai 1869 zu akzeptieren. Im Gegenzug wurde *Wolff's Telegraphischem Bureau* in Art. 5 Abs. 4 Pariser Vertrag v. 1870 das Recht eingeräumt, alle Nachrichten aus den Ländern der österreichisch-ungarischen Monarchie und ein Drittel der Einnahmen aus dem Vertrag vom 30. Mai 1869 zu erhalten.[741]

Falls das *k.k. Telegraphen-Korrespondenz-Bureau* der Vertragserweiterung nicht zustimmen sollte, verpflichtete sich *Wolff's Telegraphisches Bureau*, während der Dauer des Vertrages vom 30. Mai 1869 auf Rechnung der *Agence Havas* und *Reuter's Telegram Company* den Nachrichtendienst für das österreichisch-ungarische Gebiet vorzunehmen. Die Vertrauenswürdigkeit des *k.k. Telegraphen-Korrespondenz-Bureaus* wurde durch die *Agence Havas* und *Reuter's Telegram Company* garantiert, Art. 5 Abs. 5 a. E. Pariser Vertrag v. 1870.[742]

Sollte der Vertrag vom 30. Mai 1869 nicht aufrechterhalten werden, verpflichteten sich die Vertragsparteien in Art. 5 Abs. 6 Pariser Vertrag v. 1870, weder direkt noch indirekt mit dem *k.k. Telegraphen-Korrespondenz-Bureau* oder anderen Akteuren des Nachrichtenmarktes Nachrichtengeschäfte zu betreiben.[743]

(7) Gerichtsstand, Geltung und Laufzeit

Als Gerichtsstand für Forderungen gegenüber den Parteien wurde der jeweilige Hauptsitz der Vertragsparteien vereinbart, nämlich Berlin für *Wolff's Telegraphisches Bureau*, London für *Reuter's Telegram Company* London und Paris für die *Agence Havas*, Art. 8 Pariser Vertrag v. 1870.[744]

In Art. 9 Pariser Vertrag v. 1870 wurde eine 20-jährige Vertragslaufzeit, beginnend mit dem 1. Februar 1870 und endend am 31. Januar 1890, vereinbart.[745] *Wolff's Telegraphisches Bureau* und *Reuter's Telegram Company* begannen ihre Zusammenarbeit abweichend von diesem Datum bereits mit Vertragsschluss, Art. 10 Pariser Vertrag v. 1870.[746]

[740] Pariser Vertrag v. 1870, Bl. 5.
[741] Pariser Vertrag v. 1870, Bl. 5.
[742] Pariser Vertrag v. 1870, Bl. 5.
[743] Pariser Vertrag v. 1870, Bl. 6.
[744] Pariser Vertrag v. 1870, Bl. 7 f.
[745] Pariser Vertrag v. 1870, Bl. 8.
[746] Pariser Vertrag v. 1870, Bl. 8.

(8) Analyse

Der Pariser Vertrag v. 1870 zwischen der *Agence Havas*, *Reuter's Telegram Company* und *Wolff's Telegraphischem Bureau* weist aus heutiger juristischer Perspektive typische Merkmale einer horizontalen Wettbewerbsbeschränkung in Form eines (verbotenen) Gebietskartells i. S. d. § 1 GWB, Art. 101 Abs. 1 2. HS lit. c) AEUV auf, deren Merkmale im Folgenden näher analysiert werden.[747] Es handelte sich insoweit um ein erstes dokumentiertes Kartell auf dem europäischen Nachrichtenmarkt, der durch drei Unternehmen über Jahrzehnte dominiert wurde.[748] Daher wird der Zusammenschluss in den folgenden Ausführungen auch als „Nachrichtenkartell" bezeichnet.

Bei allen drei Vertragsparteien handelte es sich um Nachrichtenagenturen, die von der Nachrichtensammlung bis zum Vertrieb der Nachrichten an den Endkunden auf der gleichen Marktseite bzw. Produktionsstufe (horizontal) standen. Durch den Abschluss eines formellen Vertrages vereinbarten die drei Unternehmen unter Beibehaltung ihrer wirtschaftlichen und rechtlichen Selbstständigkeit eine Beschränkung des Nachrichtenmarktes. Unter der Annahme, dass ein sachlich relevanter Markt alle Waren und Leistungen umfasst, die mit ihren Eigenschaften und ihrem Verwendungszweck von der Marktgegenseite als substituierbar bewertet werden, wurde der Nachrichtenmarkt im Pariser Vertrag v. 1870 weit gefasst. Als den aufzuteilenden sachlichen Markt definierten die drei Vertragsparteien zu Beginn in Art. 1 Pariser Vertrag v. 1870 nämlich das „Geschäft mit politischen und wirtschaftlichen Nachrichten".

Diesen sachlichen Nachrichtenmarkt teilten sich die drei Vertragsparteien in §§ 1 ff. Pariser Vertrag v. 1870 untereinander geographisch nach einzelnen Ländern und Städten gegliedert auf, indem jeder Vertragspartei ein explizit abgegrenztes Gebiet zur exklusiven wirtschaftlichen Tätigkeit zugewiesen wurde. Umgekehrt verpflichteten sich die anderen Vertragsparteien, die den anderen Vertragsparteien zugewiesenen Märkte zu respektieren, indem sie dort wirtschaftlich nicht agierten. Damit wurde ein gegenseitiger Wettbewerb auf den Nachrichtenmärkten durch die vertragliche Zuteilung ausgeschlossen.

Wolff's Telegraphisches Bureau sollte zudem in den bestehenden Vertrag zwischen der *Agence Havas*, *Reuter's Telegram Company* und mit dem *k.k. Telegraphen-Korrespondenz-Bureau* aufgenommen werden. Der Fokus des Pariser Vertrags v. 1870 lag auf der Aufteilung der europäischen Länder so-

[747] Vgl. auch *Storey*, Reuters, S. 53; eine übersichtliche Graphik über die Zusammenarbeit der Agenturen durch den Pariser Vertrag v. 1870 bei *Höhne*, Geschichte der Nachricht, S. 51; zum Gebietskartell als Aufteilung von Verkehrsmitteln im Jahr 1920 s. *Sax*, Verkehrsmittel in Volks- und Staatswirtschaft, S. 237.

[748] So auch *Basse*, WTB, S. 49.

wie der dazugehörigen Kolonien. Die Gebietsaufteilung entsprach auch den Gesellschaftssitzen sowie den bisherigen tatsächlichen Tätigkeitsschwerpunkten der drei Unternehmen.

Trotzdem wurde der globale Nachrichtenmarkt durch die Einbeziehung aller nicht explizit im Vertrag genannten Länder in neutrale Gebiete aufgeteilt. Der Rückzug von *Reuter's Telegram Company* aus den deutschen Gebieten, mit Ausnahme von Hamburg,[749] wurde durch *Wolff's Telegraphisches Bureau* mit einer dauerhaften prozentualen Beteiligung an den Gewinnen vergütet. Insgesamt hatten die oftmals erfolglosen Versuche von *Reuter's Telegram Company*, sich auf dem deutschen Nachrichtenmarkt zu etablieren, einen Verlust von ca. 1 Mio. Talern zur Folge.[750]

Wolff's Telegraphisches Bureau ging durch den Vertrag v. 1869 mit dem preußischen Staatsministerium mit einer starken Position in die Vertragsverhandlungen mit *Reuter's Telegram Company* und der *Agence Havas*. Die Unterstützung der preußischen Regierung, insbesondere der exklusive Zugang zu amtlichen Nachrichten und den staatlichen Telegraphenlinien, erschwerte den Markteintritt für andere Wettbewerber.

Auf der anderen Seite hatte *Wolff's Telegraphisches Bureau* zugleich seine vertraglichen Verpflichtungen gegenüber dem preußischen Staatsministerium aus dem Vertrag v. 1869 zu berücksichtigen. Hierbei stimmten die Regelungen des Pariser Vertrags v. 1870 mit den Verpflichtungen von *Wolff's Telegraphischem Bureau* aus dem Vertrag v. 1869 im Wesentlichen überein. Durch den Pariser Vertrags v. 1870 konnte es nun (fast) das gesamte deutsche Gebiet für sich alleine beanspruchen, sodass die im Vertrag v. 1869 vereinbarte staatliche Kontrolle politischer Nachrichten nicht nur gewährleistet, sondern noch engmaschiger wurde. Hinsichtlich des Hamburger Standorts vereinbarten *Reuter's Telegram Company* und *Wolff's Telegraphisches Bureau* explizit eine gemeinsame Freigabe von politischen Nachrichten. Zudem erweiterte *Wolff's Telegraphisches Bureau* sein Informationsnetz und die Netzabdeckung im Ausland durch den Abschluss des Pariser Vertrags v. 1870 ganz erheblich und erfüllte damit zugleich eine seiner Primärpflichten aus dem Vertrag v. 1869, ohne hierfür besondere finanzielle Aufwendungen machen zu müssen, für die das preußische Staatsministerium eigentlich einen hohen Geldbetrag leistete.

Das Informationsnetz wurde durch den im Vertrag vereinbarten Ringtausch von Nachrichten aus dem Geschäftsgebiet der jeweiligen anderen beiden Vertragsparteien erheblich erweitert. Alle drei Unternehmen konnten so innerhalb ihrer exklusiven Vertriebsgebiete einen umfassenden Nachrichtenservice anbieten, ohne dass hierfür besondere Kosten entstanden.

---

[749] Das Stadtgebiet von Hamburg wurde ausgenommen, da *Reuter* dort zahlreiche Kunden hatte, s. *Basse*, WTB, S. 51.

[750] Vgl. *Basse*, WTB, S. 48; *Dörfler/Pensold*, Nachrichtenagenturen, S. 189.

Durch das Ende der gegenseitigen Konkurrenz wurde die ohnehin schon bestehende Dominanz der drei Unternehmen auf dem (europäischen) Nachrichtenmarkt weiter gestärkt und ausgebaut. Alle anderen privatwirtschaftlichen Akteure waren durch die Marktsituation nach dem Abschluss des Pariser Vertrags v. 1870 gezwungen, mit den drei Nachrichtenagenturen zu kooperieren.[751]

bb) Neufassung des Vertrages im Juli 1909

(1) Modifikationen und Neuregelungen im Vergleich zum Pariser Vertrag v. 1870

Nach einer ersten Verlängerung des Pariser Vertrags v. 1870 vereinbarten die drei Unternehmen angesichts der im Dezember 1909 auslaufenden vertraglichen Zusammenarbeit im Juli 1909 in Paris den Abschluss einer neuen Fassung des Vertrags (im Folgenden: Pariser Vertrag v. 1909). Die drei Nachrichtenagenturen (inzwischen alle in Form einer AG) wurden in Paris durch ihre Vorstandsvorsitzenden („Direktoren") *Henri Houssaye* (1853–1919) (*Agence Havas*), *Herbert Reuter* (*Reuter's Telegram Company*) und *Dr. Heinrich Mantler* (1861–1937) (*Wolff's Telegraphisches Bureau*) vertreten.

Laut Präambel des Pariser Vertrags v. 1909 basierte der Vertrag auf den bisherigen Vereinbarungen zur „Bewirtschaftung der Neuigkeiten der ganzen Welt". Der Vertrag umfasste 23 Artikel, in denen wie schon in den vorherigen Verträgen im Wesentlichen eine Aufteilung von geographischen Gebieten zur „exklusiven Bewirtschaftung" mit Nachrichten durch die Vertragsparteien geregelt wurde.[752]

Nach Art. 1 Pariser Vertrag v. 1909 wurden der *Agence Havas* Frankreich, Spanien, Marokko, Portugal, Italien, Südamerika, sowie die Besitztümer, Kolonien und Protektorate dieser Länder zugeordnet.[753] *Reuter's Telegram Company* bekam England, Holland, Australien, Indien, China, Japan, les Détroits, sowie die Besitztümer, Kolonien und Protektorate dieser Länder zugesprochen, Art. 2 Pariser Vertrag v. 1909. Zugleich wurde *Reuter's Telegram Company* auch Kanada zugeordnet, sofern die kanadische *Presse Associé* nicht wiederspreche.[754] *Wolff's Telegraphisches Bureau* erhielt nach Art. 3 Pariser Vertrag v. 1909 ein exklusives Recht zur „Bewirtschaftung" von Deutschland, Schweden, Norwegen und Dänemark sowie für die Städte St. Petersburg und Moskau, einschließlich der Besitztümer, Kolonien und Protektorate dieser Gebiete.[755]

[751] Vgl. s. *Basse*, WTB, S. 53; *Chapman*, Comparative Media History, S. 65.

[752] Pariser Vertrag v. 1909, Bl. 1.

[753] Pariser Vertrag v. 1909, Bl. 1 f.

[754] Pariser Vertrag v. 1909, Bl. 2.

[755] Pariser Vertrag v. 1909, Bl. 2.

Nach Art. 4 Abs. 1 Pariser Vertrag v. 1909 sollte die „Bewirtschaftung" Nordamerikas von allen drei Parteien gemeinsam betrieben und die dort erwirtschafteten Erträge gedrittelt werden.[756] Auf einen laufenden Vertrag mit der *Associated Press* (AP) wies Art. 4 Abs. 2 Pariser Vertrag v. 1909 hin. Sollte dieser Vertrag auslaufen, verständigten sich die drei Vertragsparteien dazu, bei einer Vertragsverlängerung mit der AP die gleichen Konditionen aushandeln zu wollen. Falls ein neuer Vertrag mit der AP nicht zustande kommen sollte, erklärten die drei Vertragsparteien eine gemeinsame Erschließung Nordamerikas ohne AP.[757]

Für Belgien wurde in Art. 5 Pariser Vertrag v. 1909 eine gemeinsame Bewirtschaftung durch *Reuter's Telegram Company* und der *Agence Havas* festgelegt, die sich die dort erzielten Beträge entsprechend hälftig teilen mussten.[758] Die Schweiz wurde in Art. 6 Pariser Vertrag v. 1909 als „reserviertes Gebiet" für die *Agence Havas* und *Wolff's Telegraphisches Bureau* eingestuft, wobei die Bewirtschaftung unabhängig voneinander geführt werden durfte. *Wolff's Telegraphisches Bureau* hatte der *Agence Havas* aber zwei Drittel des eigenen Ertrags abzugeben, Art. 6 S. 2 Pariser Vertrag v. 1909.[759] Art. 7 Pariser Vertrag v. 1909 bestimmte, dass Ägypten als „neutrales Gebiet" für *Reuter's Telegram Company* und die *Agence Havas* galt, sodass beide Parteien das Recht hatten, das Land „separat zu erschließen". Griechenland wurde gem. Art. 8 S. 1 Pariser Vertrag v. 1909 gemeinsam von *Reuter's Telegram Company* und der *Agence Havas* bewirtschaftet. Vom Ertrag erhielt *Reuter's Telegram Company* ein Drittel und die *Agence Havas* zwei Drittel, Art. 8 S. 2 Pariser Vertrag v. 1909.[760]

Mit Bezug auf Art. 3 Pariser Vertrag v. 1909 wurde auch Hamburg *Wolff's Telegraphischem Bureau* zugeordnet, Art. 9 S. 1 Pariser Vertrag v. 1909.[761] Hierfür verpflichtete sich *Wolff's Telegraphisches Bureau* an *Reuter's Telegram Company* bis zum 31. Januar 1920 zusätzlich zu Gewinnanteilen i. H. v. 22.500 Mark (vgl. Art. 17 Pariser Vertrag v. 1909) einen einmaligen Betrag i. H. v. 12.000 Mark für den „Verkauf dieser Stadt" zu zahlen, Art. 9 S. 2 Pariser Vertrag v. 1909.[762] Das österreichisch-ungarische Reich, Serbien und Montenegro wurden zu gemeinsamen Gebieten der drei Vertragsparteien erklärt, und der Ertrag war unter ihnen zu dritteln, Art. 10 Abs. 1 Pariser Vertrag v. 1909.

---

[756] Pariser Vertrag v. 1909, Bl. 2.
[757] Pariser Vertrag v. 1909, Bl. 2 a. E.
[758] Pariser Vertrag v. 1909, Bl. 3.
[759] Pariser Vertrag v. 1909, Bl. 3.
[760] Pariser Vertrag v. 1909, Bl. 3 a. E.
[761] Pariser Vertrag v. 1909, Bl. 4.
[762] Pariser Vertrag v. 1909, Bl. 4.

Hinsichtlich des Vertrags mit dem österreichischen *k.k. Telegraphen-Korrespondenz-Bureau* bestimmte Art. 10 Abs. 2 bis 4 Pariser Vertrag v. 1909, dass sich die drei Vertragsparteien vor Verhandlungen über eine Vertragsverlängerung intern über die Konditionen einigen sollten.[763] Sollte keine Einigung mit dem *k.k. Telegraphen-Korrespondenz-Bureau* zustande kommen, vereinbarten die drei Parteien eine gemeinsame Erschließung von Österreich-Ungarn. Rumänien, Bulgarien, Roumelie[764] und die Türkei waren gem. Art. 11 Abs. 1 Pariser Vertrag v. 1909 reservierte Gebiete für die *Agence Havas* und *Wolff's Telegraphisches Bureau.* Von den Erträgen aus Rumänien erhielt die *Agence Havas* zwei Drittel und *Wolff's Telegraphisches Bureau* ein Drittel, während die Erträge aus Bulgarien, Roumelie und der Türkei hälftig geteilt wurden.[765]

Alle anderen, nicht in dem Vertrag genannten Länder bezeichnete Art. 12 Pariser Vertrag v. 1909 als „neutrale Territorien", die jede der Vertragspartien eigenständig nutzen durfte.[766] Sollte ein Gebiet während der Dauer des Vertrages zu einer Kolonie von Frankreich, Deutschland oder England werden oder unter das Protektorat eines dieser Ländern fallen, sollte es automatisch vom jeweiligen Land bewirtschaftet werden, Art. 13 Pariser Vertrag v. 1909.[767]

Gem. Art. 14 Abs. 1 Pariser Vertrag v. 1909 verpflichteten sich die Parteien, alle Nachrichten an die jeweils anderen beiden Parteien sowie an von ihnen angegebene Adressen in ihren Gebieten weiterzuleiten.[768] Für diese Dienstleistung durfte, mit Ausnahme besonderer Leistungen, etwa im Kriegsfall gem. Art. 15 und 16 Pariser Vertrag v. 1909, keine Provision erhoben werden, Art. 14 Abs. 2 Pariser Vertrag v. 1909.[769] Sollten für die Weiterleitung extra Kosten entstehen, waren diese aber nach Art. 14 Abs. 3 zu ersetzen.[770]

Es wurde in Art. 14 Abs. 4 klargestellt, dass die provisionsfreie Weiterleitung von Nachrichten nicht für Orte galt, die außerhalb der vertraglich vereinbarten Gebiete lagen. Etwaige zusätzliche Kosten einer Berichterstattung über besondere Ereignisse konnten auf die anderen Parteien umgelegt werden, Art. 14 Abs. 5. Als Beispiele hierfür wurden die Konferenz von Algeciras, die Haager Friedenskonferenz, die Reise eines Staatsoberhaupts oder die Berichterstattung über militärische Aktionen und Kriege genannt.[771] Weitere

[763] Pariser Vertrag v. 1909, Bl. 4.
[764] Damalige Bezeichnung der Balkanregion unter osmanischer Herrschaft.
[765] Pariser Vertrag v. 1909, Bl. 5.
[766] Pariser Vertrag v. 1909, Bl. 5.
[767] Pariser Vertrag v. 1909, Bl. 5 f.
[768] Pariser Vertrag v. 1909, Bl. 6.
[769] Pariser Vertrag v. 1909, Bl. 6.
[770] Pariser Vertrag v. 1909, Bl. 6 f.
[771] Pariser Vertrag v. 1909, Bl. 7.

Spezialfälle und Details zur Zusammenarbeit und Kostenteilung von Dienstleitungen zwischen den Vertragsparteien wurden in Art. 14 Abs. 6 bis 11 Pariser Vertrag v. 1909 geregelt.[772]

Besondere Dienstleistungen der Nachrichtenagenturen untereinander, die gem. Art. 14 Abs. 1 Pariser Vertrag v. 1909 von der Pflicht zur provisionsfreien Bearbeitung ausgenommen waren, bestimmten Art. 15 und 16 Pariser Vertrag v. 1909. Für den Fall, dass durch den Ausbruch eines Krieges der Nachrichtendienst eines der Vertragspartner ausgebaut werden musste, legte Art. 15 Pariser Vertrag v. 1909 ausführliche Regeln und exakte Konditionen fest, wie der Nachrichtenaustausch und die Abrechnung der zusätzlichen Kosten zwischen den Vertragsparteien zu erfolgen hatte.[773] Für die Verbreitung von politischen und allgemeinen Nachrichten (mit expliziter Ausnahme von Nachrichten aus den Bereichen Politik, Wirtschaft und Sport) in einem Land durch die anderen Vertragspartner sah Art. 16 Abs. 1 bis 11 Pariser Vertrag v. 1909 besondere Regeln zu Grundsätzen, Verfahren und Abrechnungen vor.[774]

Wolff's Telegraphisches Bureau verpflichtete sich nach Art. 17 Abs. 1 Pariser Vertrag v. 1909 weiterhin, jährlich einen Fixbetrag i. H. v. 45.000 Mark an *Reuter's Telegram Company* und die *Agence Havas* zu leisten, der hälftig aufgeteilt wurde.[775] *Reuter's Telegram Company* erhielt gem. Art. 17 Abs. 2 Pariser Vertrag v. 1909 von der *Agence Havas* einen jährlichen Betrag von 400 Pfund für die Weiterleitung der politischen und finanzwirtschaftlichen Nachrichten aus Nordamerika und den Westindischen Inseln.[776] Genaue Regeln zur möglichen Kostenerstattung sah Art. 17 Abs. 3 und 4 Pariser Vertrag v. 1909 vor.

Gem. Art. 18 Abs. 1 Pariser Vertrag v. 1909 durften die Vertragsparteien eigene Korrespondenten in den Ländern der anderen Vertragsparteien beschäftigen, sofern diese Korrespondenten die dort gesammelten Nachrichten ausschließlich an die vertraglich vereinbarten Adressaten übersandten.[777] Dazu erklärten alle Parteien „ihren guten Willen", ihr Personal auch als „Sonderberichterstatter" einzusetzen, die auch von den anderen Parteien in Anspruch genommen werden konnten.[778]

Die Abrechnung zwischen den Agenturen hatte gem. Art. 19 Pariser Vertrag v. 1909 monatlich zu erfolgen.[779]

[772] Pariser Vertrag v. 1909, Bl. 7 f.
[773] Pariser Vertrag v. 1909, Bl. 8 ff.
[774] Pariser Vertrag v. 1909, Bl. 10–13.
[775] Pariser Vertrag v. 1909, Bl. 13.
[776] Pariser Vertrag v. 1909, Bl. 13.
[777] Pariser Vertrag v. 1909, Bl. 14.
[778] Pariser Vertrag v. 1909, Bl. 14 f.
[779] Pariser Vertrag v. 1909, Bl. 15.

Art. 20 Abs. 1 Pariser Vertrag v. 1909 bestimmte, dass die Parteien für Geschäfts- und Finanzdienstleistungen grundsätzlich auch mit anderen Agenturen oder sonstigen Organisationen auf dem Gebiet der drei Vertragsparteien zusammenarbeiten durften. Allerdings durfte dies nur zu rein internen Zwecken und nicht entgegen den Regelungen und dem „Geist" der vorliegenden Vereinbarungen geschehen. Es durfte insbesondere nicht dazu führen, dass eine der Vertragsparteien eine konkurrierende Organisation so unterstützte, dass ihr Handeln in den Gebieten der anderen beiden Länder erleichtert wurde, Art. 20 Abs. 2 Pariser Vertrag v. 1909.[780]

Die Weiterleitung von Kursen oder Wirtschafts- und Finanzinformationen an diese Organisation wurde untersagt. Umgekehrt waren die Parteien aber auch nicht verpflichtet, Informationen, die sie von dieser Organisation erhielten, an die Vertragsparteien weiterzuleiten, Art. 20 Abs. 3 Pariser Vertrag v. 1909.[781] Zudem wurde noch einmal explizit festgelegt, dass die Kooperationserlaubnis streng auf kommerzielle und finanzielle Dienstleistungen beschränkt war und Vereinbarungen mit Dritten, die politische Dienste in einem der Gebiete der anderen beiden Vertragsparteien anboten, vollständig verboten waren, Art. 20 Abs. 4 Pariser Vertrag v. 1909.[782]

Für den Streitfall zwischen zwei Vertragsparteien regelte Art. 21 Abs. 1 Pariser Vertrag v. 1909 den Einsatz eines Schiedsgerichts. Jede Vertragspartei benannte dazu jeweils einen Schiedsrichter, und die beiden Schiedsrichter benannten einen „Ober-Schiedsrichter". Das Schiedsgericht bestimmte seinen Verhandlungsort selbst und traf eine von den Parteien unanfechtbare Entscheidung, Art. 21 Abs. 2 Pariser Vertrag v. 1909.[783]

Die *Agence Havas* und *Reuter's Telegram Company* behielten sich weiterhin das Recht vor, ihre Kooperation bzgl. der Bewirtschaftung ihrer Gebiete entsprechend der aktuellen Gebietsaufteilung fortzuführen, Art. 22 Pariser Vertrag v. 1909.[784]

Art. 23 Pariser Vertrag v. 1909 regelte die Vertragslaufzeit von 10 Jahren, beginnend ab dem 1. Januar 1910, bis zum 31. Dezember 1929.[785]

Der Vertrag wurde am 8. Juli 1909 von *Wolff's Telegraphischem Bureau*, am 21. Juli 1909 von *Reuter's Telegram Company* und am 22. Juli 1909 von der *Agence Havas*, jeweils von den vertretungsberechtigten Organen, unterzeichnet.[786]

[780] Pariser Vertrag v. 1909, Bl. 15.
[781] Pariser Vertrag v. 1909, Bl. 16.
[782] Pariser Vertrag v. 1909, Bl. 16.
[783] Pariser Vertrag v. 1909, Bl. 16.
[784] Pariser Vertrag v. 1909, Bl. 16.
[785] Pariser Vertrag v. 1909, Bl. 17.
[786] Pariser Vertrag v. 1909, Bl. 17.

(2) Analyse

Mit dem Pariser Vertrag v. 1909 setzten die *Agence Havas*, *Reuter's Telegram Company* und *Wolff's Telegraphisches Bureau* ihr durch den Pariser Vertrag v. 1870 gegründetes Nachrichtenkartell fort. Daher entsprachen auch Aufbau und Struktur sowie die wesentlichen Regelungspunkte des Dreiparteienvertrags v. 1909 im Wesentlichen denen des Pariser Vertrags v. 1870.

Abseits formeller Änderungen, wie der Anpassung der Rechtsformen und der vertretungsberechtigten Personen, veränderten sich in materieller Hinsicht zwei wesentliche Aspekte.

Zum einen wurden die zwischen den drei Nachrichtenagenturen aufgeteilten Gebiete deutlich erweitert und umfassten nun einen Großteil der Welt. Die Anzahl der als neutral bezeichneten Gebiete hingegen war gesunken. Dies zeigt, dass die drei Unternehmen 29 Jahre nach dem ersten Vertragsschluss im Jahr 1870 ihre Geschäftsgebiete territorial erheblich ausgeweitet hatten, sodass nun das Bedürfnis nach einer vertraglichen Fixierung der Exklusivität dieser Gebiete bestand. Durch den Zusammenschluss zum Nachrichtenkartell 1870 erhielten die drei Unternehmen eine dominante Position auf dem Nachrichtenmarkt, die eine Ausweitung begünstigte.

Zum anderen wuchs die vertragliche Regelungsdichte mit dem Pariser Vertrag v. 1909 signifikant an. Nicht nur die Anzahl der Artikel stieg von 13 auf 23 Artikel an, auch wurden die darin geregelten Sachverhalte und konkreten Arbeitsabläufe detaillierter geregelt. Dies betraf insbesondere die Kostenverteilung für die Berichterstattungen über außergewöhnliche, in einem der vertraglich zugeteilten Territorien stattfindenden Ereignisse und die Kosten für die Weiterleitung und Verbreitung von Nachrichten. Auch das Wettbewerbsverbot und die Zusammenarbeit mit Dritten wurden umfangreicher geregelt. Es ist naheliegend, dass es in der Vergangenheit zu Konflikten zwischen den Parteien gekommen war, die durch eine explizite Regelung in der Neufassung des Vertrages nun für die Zukunft geklärt werden sollten. Dafür spricht etwa, dass im Vertragstext z. T. auf Ereignisse in der Vergangenheit rekurriert wird, z. B. auf die Berichterstattung über Konferenzen. Besonders deutlich aber wird diese Intention durch die vertragliche Installation eines Schiedsgerichts als Form der alternativen Streitbeilegung abseits staatlicher Gerichte.

c) Verhandlung mit der Russischen Telegraphen-Agentur

aa) Angebot der Russischen Telegraphen-Agentur zu Nachverhandlungen im Oktober 1899

Die Direktion von *Wolff's Telegraphischem Bureau* erhielt im Oktober 1899 ein Schreiben des Geschäftsführers der *Russischen Telegraphen-Agentur Robert Paetz* sowie der beiden Mitglieder des Verwaltungsrats *W. W. Komaroff* und *Paul von Kugelgen* aus St. Petersburg, in dem diese eine Nachverhandlung eines bestehenden Vertrages anboten.[787]

Es handelte sich dabei um die von russischen Zeitungsherausgebern gegründete *Russische Telegraphen-Agentur*, die aus der Internationalen Telegraphen-Agentur in St. Petersburg hervorging und vollständig unter staatlicher Kontrolle stand.[788] In dem Schreiben unterbreiteten sie *Wolff's Telegraphischem Bureau*, der *Agence Havas* und *Reuter's Telegram Company* („ausländische Agenturen") den Vorschlag eines neuen Abrechnungssystems. Grund für den Vorschlag sei die schlechte „Behandlung der russischen Nachrichten" gewesen, die keine Verbreitung in Europa finden würden. Als Beispiel wurde angeführt, dass in den letzten 14 Tagen von allen ausländischen Agenturen nur ca. 1.000 Worte der russischen Agenturen verbreitet worden seien. Zur Abhilfe unterbreiteten sie einen Vorschlag mit fünf Punkten, der ab dem 1. Januar 1900 gelten sollte.[789]

Erstens sollten die Kommissionszahlungen an *Wolff's Telegraphisches Bureau* vollständig eingestellt werden, da auch die russische Seite keine Zahlungen erhalte. Im Gegenzug würde die russische Nachrichtenagentur dieselben Nachrichten nach Wien und Rom senden, die *Wolff's Telegraphisches Bureau* bereits erhalte und dafür keine Kosten in Rechnung stellen. Die mit den russischen Nachrichten erzielten Einnahmen aus Wien und Rom sollten *Wolff's Telegraphischem Bureau* zustehen.[790] Zweitens wollte die russische Nachrichtenagentur alle Nachrichten, deren Publikation sie als wünschenswert einstufte, an *Wolff's Telegraphisches Bureau* senden, aber nur eine Bezahlung für diejenigen Nachrichten beanspruchen, die tatsächlich veröffentlicht würden.[791] Die nicht akzeptierten Nachrichten sollten von der russischen Nachrichtenagentur durch eigene Korrespondenten selbst verbreitet werden dürfen, wie es der dritte Punkt des Angebots vorsah.[792] Als vierten Punkt schlug die russische Nachrichtenagentur vor, im „Orient", d. h. in den Städten Konstantinopel, Sofia, Belgrad, Athen, Alexandria, Teheran und Peking, selbst entscheiden zu dürfen, russische Nachrichten zu verbreiten.[793] Als fünften und letzten Punkt sollte ein für die Änderungen mit *Wolff's Telegraphischem Bureau* abzuschließender Vertrag auf maximal zwei Jahre befristet werden.[794]

---

[787] PA AA Europa Generalia 86, Bd. 10, Bl. 8 ff.; der urspr. Vertrag wurde nicht aufgefunden, jedoch kann aus dem Aktenstück entnommen werden, dass es vorher zu einem Vertragsschluss gekommen sein muss.

[788] Vgl. *Wunderlich*, Telegraphenbüros und Nachrichtenagenturen, S. 55.

[789] PA AA Europa Generalia 86, Bd. 10, Bl. 8.

[790] PA AA Europa Generalia 86, Bd. 10, Bl. 8.

[791] PA AA Europa Generalia 86, Bd. 10, Bl. 8.

[792] PA AA Europa Generalia 86, Bd. 10, Bl. 8 f.

[793] PA AA Europa Generalia 86, Bd. 10, Bl. 9.

[794] PA AA Europa Generalia 86, Bd. 10, Bl. 9.

bb) Reaktion von Wolff's Telegraphischem Bureau im November 1899

Dr. *Heinrich Mantler*, Direktor von *Wolff's Telegraphischem Bureau*, leitete diesen Vorschlag als Abschrift an den Geheimrat im AA Dr. *Hammann* als Anlage eines Schreibens vom 3. November 1899 weiter. In diesem Schreiben stellt *Mantler* fest, dass es für *Wolff's Telegraphisches Bureau*, die *Agence Havas* und *Reuter's Telegram Company* „unmöglich" sei, auch nur in einem der fünf genannten Punkte irgendein Zugeständnis zu machen.[795]

Die russische Nachrichtenagentur wolle durchsetzen, dass alle ihre Auslandstelegramme tatsächlich veröffentlich werden, so *Mantler*. Ein solches „Instruktionsrecht" solle aber bei den bisherigen Agenturen verbleiben und nicht auf die russische Nachrichtenagentur übergehen.[796] Es sei üblich, dass die von einer Nachrichtenagentur an eine andere Nachrichtenagentur gesendete Nachricht auch bezahlt werde. Daher habe jede Nachrichtenagentur ein gewisses Interesse, die ihr zugegangenen Nachrichten auch zu veröffentlichen, damit die Gebühren hierfür nicht umsonst gezahlt werden.[797] Daher sei es kein Affront gegenüber den Russen, wenn ihre Nachrichten nur selten veröffentlicht würden, sondern lediglich eine Folge der Tatsache, dass diese Nachrichten für das Inland nicht interessant seien und daher auch eine Verbreitung in Deutschland, Frankreich und England nicht in Frage komme. Die russische Nachrichtenagentur dürfe ihre Nachrichten gebührenfrei befördern, ließe sich aber von anderen Nachrichtenagenturen anfallende Gebühren vergüten. Es würden keine Kommissionen an die russische Nachrichtenagentur gezahlt, da diese von *Wolff's Telegraphischem Bureau*, *Reuter's Telegram Company* und der *Agence Havas* alle gewünschten Nachrichten aus „Übersee" erhalten und nur einen Teil der dadurch entstandenen Telegraphengebühren zu erstatten habe.[798] Mit Ausnahme von Russland und Sibirien erhalte die russische Nachrichtenagentur von *Wolff's Telegraphischem Bureau* weltweite Nachrichten, da sie von allen Orten, an denen *Wolff's Telegraphisches Bureau*, die *Agence Havas* und *Reuter's Telegram Company* einen Sitz haben, Nachrichten beanspruchen könne. Allein im Deutschen Reich verfüge *Wolff's Telegraphisches Bureau* über 23 Büros. Im Gegensatz dazu verfüge die russische Nachrichtenagentur über kein eigenes Netzwerk aus Agenturen und Korrespondenten, sondern verbreite lediglich Nachrichten, die sie aus den Zeitungen kopiere. Die zu zahlende Kommission sei also lediglich ein Ausgleich für die unterschiedlichen Leistungen.

Der Vorschlag der russischen Nachrichtenagentur, Nachrichten selbst verbreiten zu dürfen, sei „vollständig unannehmbar".[799] Dies sei politisch

---

[795] PA AA Europa Generalia 86, Bd. 10, Bl. 1.

[796] PA AA Europa Generalia 86, Bd. 10, Bl. 2.

[797] PA AA Europa Generalia 86, Bd. 10, Bl. 2.

[798] PA AA Europa Generalia 86, Bd. 10, Bl. 3.

[799] PA AA Europa Generalia 86, Bd. 10, Bl. 4.

höchst bedenklich, weil damit die Einrichtung eigener russischen Büros in den entsprechenden Gebieten verbunden sei. Eine Verbreitung im „Orient" stehe im Widerspruch mit den Verträgen mit *Reuter's Telegram Company*, der *Agence Havas* und dem Wiener *k.k. Telegraphen-Korrespondenz-Bureau*. Sollte die russische Nachrichtenagentur ihre Vorschläge nicht vollständig aufgeben, so seien die drei Nachrichtenagenturen bereit, einen „entschiedenen Kampf" gegen die Russen „auf deren eigenen Geschäftsgebieten" zu führen.[800]

Im Ergebnis wurde der Vorschlag der *Russischen Telegraphen-Agentur* vollständig abgelehnt.

cc) Analyse

Der Fall zeigt exemplarisch die Marktmacht des Nachrichtenkartells auf dem europäischen Nachrichtenmarkt. Die *Russische Telegraphen-Agentur* befand sich bereits in vertraglichen Beziehungen mit dem Kartell aus der *Agence Havas*, *Reuter's Telegram Company* und *Wolff's Telegraphischem Bureau*, war aber, wie aus dem Angebot hervorgeht, mit den Konditionen der Abrechnung sowie mit der Verbreitung und Veröffentlichung ihrer eigenen Nachrichten unzufrieden. Daher wandte sie sich für die beabsichtigte Vertragsänderung an *Wolff's Telegraphisches Bureau* als zuständigen Ansprechpartner, da diesem gem. Art. 1 Abs. 1 S. 1 Pariser Vertrag v. 1870 innerhalb des Nachrichtenkartells die Städte St. Petersburg und Moskau zugewiesen waren.

Ob es sich dabei bereits um einen verbotenen Missbrauch einer marktbeherrschenden Stellung im heutigen kartellrechtlichen Sinne handelte, kann aufgrund des vorliegenden lückenhaften Quellenmaterials nicht mit Sicherheit beurteilt werden. Allerdings zeigt das dokumentierte Angebot der russischen Nachrichtenagentur, dass aus ihrer Sicht ein Eintritt in den europäischen Nachrichtenmarkt ohne Mitwirkung von *Wolff's Telegraphischem Bureau* und den anderen Kartellmitgliedern nicht möglich oder (ökonomisch) sinnvoll war.

Die Ablehnung aller fünf unterbreiteten Vorschläge ohne ein Entgegenkommen zeigt die starke Verhandlungsposition von *Wolff's Telegraphischem Bureau* im Vergleich zur *Russischen Telegraphen-Agentur*. In seinem Schreiben machte *Mantler* deutlich, dass sich die russische Agentur entweder den Vorstellungen des Kartells zu beugen habe oder man mit aller Macht auf den russischen Nachrichtenmarkt drängen würde. Hinzu kam, dass der deutsche Staat noch immer maßgeblicher Faktor des Zugangs zur telegraphischen Infrastruktur war.

[800] PA AA Europa Generalia 86, Bd. 10, Bl. 5.

Die seit dem Vertrag v. 1869 auch in rechtlich-formeller Hinsicht enge Verbindung zwischen *Wolff's Telegraphischem Bureau* und der (preußischen) Staatsregierung führte neben den Wirkungen des Kartells zu einer zusätzlichen Benachteiligung von (ausländischen) Wettbewerbern. Die enge Verbindung zeigt sich daran, dass das Angebot von *Mantler* an die Presseabteilung des AA weitergeleitet wurde. Offenbar sah *Mantler* durch die Forderungen einer (de facto) staatlichen Nachrichtenagentur des Auslands auch die außenpolitischen Interessen berührt. Das politische Interesse einer Kontrolle der führenden deutschen Nachrichtenagentur ohne ausländische Wettbewerber deckte sich mit den wirtschaftlichen Interessen von *Wolff's Telegraphischem Bureau*, wie der dokumentierte Fall zeigt.

d) Verträge mit dem k.k. Telegraphen-Korrespondenz-Bureau

aa) Vertrag vom 28. Februar 1900

(1) Vertragsparteien und Vertretungsverhältnisse

Am 28. Februar 1900 schlossen *Wolff's Telegraphisches Bureau* (in Gestalt der *Continental Telegraphen Compagnie* AG), *Reuter's Telegram Company* und die *Agence Havas* als eine Partei (im Folgenden „Kartell") mit dem staatlichen *k.k. Telegraphen-Korrespondenz-Bureau* als zweite Partei in Wien einen aus zehn Artikeln (exkl. Annex) bestehenden Vertrag zur Kooperation auf dem Nachrichtenmarkt (im Folgenden: Wiener Vertrag v. 1900).

Wolff's Telegraphisches Bureau wurde durch die Direktoren *Banse* und *Mantler*,[801] die *Agence Havas* durch *Edouard Lebey* (1849–1922),[802] *Reuter's Telegram Company* durch den Direktor *Herbert Reuter*[803] und das *k.k. Telegraphen-Korrespondenz-Bureau* durch seinen Direktor *Ludwig Benedict Hahn* (1844–1925) vertreten.

(2) Primärpflichten der Parteien

Das Kartell verpflichtete sich gegenüber dem *k.k. Telegraphen-Korrespondenz-Bureau*, alle ihnen vorliegenden politischen, finanziellen und wirtschaftlichen Neuigkeiten an das *k.k. Telegraphen-Korrespondenz-Bureau* selbst und an vom *k.k. Telegraphen-Korrespondenz-Bureau* genannte Büros in Österreich-Ungarn, Serbien und Montenegro zu telegraphieren, Art. 1 S. 1 Wiener Vertrag v. 1900.[804] Außerdem wurde dem *k.k. Telegraphen-Korrespondenz-Bureau* das Recht eingeräumt zu verlangen, dass die Nachrichten unmittel-

---

[801] Durch Beschluss des Verwaltungsrats vom 24. Februar 1900 für die Verhandlungen und den Abschluss des Vertrags bevollmächtigt.

[802] Durch Beschluss des Verwaltungsrats vom 24. Februar 1900 bevollmächtigt.

[803] Bevollmächtigt durch Beschluss des Verwaltungsrats vom 31. Januar 1900.

[804] Vertrag vom Februar 1900, Bl. 1 f.

bar von den Büros und den Außenstellen des Kartells telegraphiert werden, ebenso von allen anderen Agenturen, mit denen das Kartell kooperierte, und schließlich auch von allen festen Korrespondenten. Außerdem verpflichtete sich das Kartell durch Art. 1 S. 3 Wiener Vertrag v. 1900, keine Nachrichten aus den genannten Gebieten zu telegraphieren, es sei denn auf Anweisung und auf Rechnung des *k.k. Telegraphen-Korrespondenz-Bureaus*.[805]

Jedoch war es dem *k.k. Telegraphen-Korrespondenz-Bureau* laut Art. 2 Wiener Vertrag v. 1900 untersagt, die in Art. 1 Wiener Vertrag v. 1900 genannten Nachrichten außerhalb von Österreich-Ungarn, Serbien und Montenegro zu verbreiten.[806] Als Ausnahme hiervon wurde in Art. 5 S. 1 Wiener Vertrag v. 1900 die gemeinsame Erschließung von Rumänien, Bulgarien und der Türkei durch die *Agence Havas* und *k.k. Telegraphen-Korrespondenz-Bureau* statuiert.[807] Hierzu vereinbarten die *Agence Havas* und das *k.k. Telegraphen-Korrespondenz-Bureau* in Art. 5 S. 2 Wiener Vertrag v. 1900 sogleich die Aufteilung der Kosten und Gewinne der Erschließung. Danach standen der *Agence Havas* in Rumänien zwei Drittel und dem *k.k. Telegraphen-Korrespondenz-Bureau* ein Drittel zu; in Bulgarien und der Türkei einigten sie sich auf eine hälftige Teilung.[808] Zugleich oblag gem. Art. 5 S. 3 Wiener Vertrag v. 1900 dem *k.k. Telegraphen-Korrespondenz-Bureau* und *Reuter's Telegram Company* die Übermittlung aller Neuigkeiten, die sie aus den drei Ländern erhielten.[809]

Im Gegenzug verpflichtete sich das *k.k. Telegraphen-Korrespondenz-Bureau* in Art. 3 S. 1 Wiener Vertrag v. 1900, dem Kartell alle Information, vor allem politischer, finanzieller und wirtschaftlicher Natur, aus Österreich-Ungarn, Serbien und Montenegro von eigenen oder kooperierenden Stationen oder von fest angestellten Korrespondenten zukommen zu lassen. Hierbei hatte das Kartell gem. Art. 3 S. 3 Wiener Vertrag v. 1900 das Recht zu verlangen, dass die Nachrichten an jede von ihnen angegebene Adresse telegraphiert wurden.[810] Seinerseits verzichtete das *k.k. Telegraphen-Korrespondenz-Bureau* in Art. 3 S. 4 Wiener Vertrag v. 1900 auf die Weitergabe von Nachrichten an Dritte außerhalb von Österreich-Ungarn, Serbien und Montenegro, es sei denn, es geschah auf Anweisung und auf Rechnung von einer der drei Kartellparteien.[811] Als Ausnahme wurde auf Art. 5 Wiener Vertrag v. 1900 verwiesen (s.o.), also auf die Erschließung von Rumänien, Bulgarien und der Türkei durch die *Agence Havas* und das *k.k. Telegraphen-Korrespondenz-Bureau*.

---

[805] Wiener Vertrag v. 1900, Bl. 2.

[806] Wiener Vertrag v. 1900, Bl. 2.

[807] Wiener Vertrag v. 1900, Bl. 2, 3 a. E.

[808] Wiener Vertrag v. 1900, 4.

[809] Wiener Vertrag v. 1900, 4.

[810] Wiener Vertrag v. 1900, 2.

[811] Wiener Vertrag v. 1900, Bl. 3.

(3) Kommissionen und Rückerstattung von Übertragungskosten

In Art. 6 S. 1 Wiener Vertrag v. 1900 wurde statuiert, dass das *k.k. Telegraphen-Korrespondenz-Bureau* monatlich die Übertragungskosten der von den Agenturen auf Anweisung und auf Rechnung des *k.k. Telegraphen-Korrespondenz-Bureaus* gesendeten Meldungen an die Mitglieder des Kartells zurückerstatten musste.[812] Im Gegenzug musste das Kartell gem. Art. 6 S. 3 Wiener Vertrag v. 1900 monatlich an das *k.k. Telegraphen-Korrespondenz-Bureau* die Übertragungskosten der auf Anweisung und auf Rechnung jeder der drei Agenturen gesendeten Meldungen an das *k.k. Telegraphen-Korrespondenz-Bureau* zurückerstatten.[813]

Das *k.k. Telegraphen-Korrespondenz-Bureau* wurde in Art. 6 S. 2 Wiener Vertrag v. 1900 verpflichtet, jeweils an die Mitglieder des Kartells in monatlicher Rate eine Kommission von 20.000 österreichischen Kronen pro Jahr zu leisten.[814]

(4) Anwendungserweiterung und Vertragslaufzeit

Alle Regelungen des Vertrages mit Bezug zur Telegraphie waren gem. Art. 7 Wiener Vertrag v. 1900 analog auf telefonische und andere elektronische Übertragungsformen anzuwenden.[815]

Die Laufzeit wurde gem. Art. 8 Wiener Vertrag v. 1900 auf 9 Jahre und 11 Monate festgelegt, der Beginn des Vertrages wurde rückwirkend auf den 1. Februar 1900 fingiert und das Ende auf den 31. Dezember 1909 gelegt.[816]

(5) Installation eines Schiedsgerichtes

Für den Fall, dass zwischen den Vertragsparteien Uneinigkeit über die Anwendung einzelner Regelungen des Vertrages entstehen sollte, sah Art. 9 S. 1 Wiener Vertrag v. 1900 die Installation eines Schiedsgerichts vor. Das Schiedsgericht sollte erste und einzige Instanz sein, d. h. es gab keine Berufungs- oder Revisionsmöglichkeiten, Art. 9 S. 2 Wiener Vertrag v. 1900.[817] Das Schiedsgericht bestand aus vier Personen. Jede Partei konnte einen Schiedsmann bestimmen, der wiederum selbst einen Obmann wählte, Art. 9 S. 2 Wiener Vertrag v. 1900.[818]

[812] Wiener Vertrag v. 1900, Bl. 4.
[813] Wiener Vertrag v. 1900, Bl. 5.
[814] Wiener Vertrag v. 1900, Bl. 4.
[815] Wiener Vertrag v. 1900, Bl. 5.
[816] Wiener Vertrag v. 1900, Bl. 5.
[817] Wiener Vertrag v. 1900, Bl. 5 f.
[818] Wiener Vertrag v. 1900, Bl. 5 f.

(6) Analyse

Mit dem Wiener Vertrag v. 1900 schloss das durch den Pariser Vertrag v. 1870 von der *Agence Havas*, *Reuter's Telegram Company* und *Wolff's Telegraphischem Bureau* gegründete Nachrichtenkartell als Vertragspartei einen weiteren Kartellvertrag bezüglich des europäischen Nachrichtenmarkts durch Einbeziehung des österreichischen *k.k. Telegraphen-Korrespondenz-Bureau*s. Damit wurde faktisch Art. 5 Pariser Vertrag v. 1870, der den Beitritt von *Wolff's Telegraphischem Bureau* zu dem Vertrag zwischen *Reuter's Telegram Company*, der *Agence Havas* und dem *k.k. Telegraphen-Korrespondenz-Bureau* vom 30. Mai 1869, vollzogen.

Das Kartell war auf eine Kooperation mit dem *k.k. Telegraphen-Korrespondenz-Bureau* zwingend angewiesen, wollte es auf den Nachrichtenmärkten der Territorien der Österreichisch-Ungarischen Monarchie tätig sein. Als offizielle staatliche Nachrichtenagentur wurde das *k.k. Telegraphen-Korrespondenz-Bureau* politisch protegiert, und auch der Zugang zur telegraphischen Infrastruktur in diesen Ländern war entsprechend reguliert.[819]

So überließ das Kartell dem *k.k. Telegraphen-Korrespondenz-Bureau* die exklusive Bewirtschaftung des Nachrichtenmarkts von Territorien, die von der Österreichisch-Ungarischen Monarchie beherrscht wurden oder in denen sie ihren Einfluss mit einem entsprechenden Informationsfluss sicherstellen wollte. Darüber hinaus wurde die bilaterale Erschließung bestimmter Länder zwischen Mitgliedern des Nachrichtenkartells und dem *k.k. Telegraphen-Korrespondenz-Bureau* vereinbart. Auf der anderen Seite musste das *k.k. Telegraphen-Korrespondenz-Bureau* für einen Zugang zum weltweiten Nachrichtennetz mit dem Kartell zusammenarbeiten, da diese den Markt aufgrund der Kartellgründung dominierten.

Der vereinbarte Ringtausch von Nachrichten zwischen den Parteien und eine entsprechende Kostenteilung stärkte die Marktposition der einzelnen Vertragsmitglieder sowie des Kartells weiter. Das *k.k. Telegraphen-Korrespondenz-Bureau* musste jedoch einen hohen Betrag an das Kartell zahlen, da es deutlich weniger zum Nachrichtenaustausch beitragen konnte.

Angesichts des technischen Fortschritts wurde nicht nur die telegraphische Übermittlung, sondern auch die telefonische sowie alle weiteren technischen Übertragungstechniken abgedeckt. Diese Vertragsklausel zeigt, dass die Parteien schon die analoge Anwendung auf weitere Technologien bedachten und damit den Anwendungsbereich des Vertrags präventiv erweiterten, womit zugleich einer Umgehung des Vertrages vorgebeugt wurde. Zudem installierten die Parteien ein Schiedsgericht und damit eine Form der alternativen, außergerichtlichen Streitbeilegung. Damit konnten Konflikte schneller und ohne eine eventuelle öffentliche Aufmerksamkeit gelöst werden.

---

[819] Vgl. *Dörfler/Pensold*, Nachrichtenagenturen, S. 139 ff.

bb) Vertragsverlängerung im Februar 1910

(1) Modifikationen und Neuregelungen im Vergleich zum Wiener Vertrag v. 1900

Mit dem Abschluss eines neuen Vertrages mit Wirkung zum 1. Januar 1910 (im Folgenden: Wiener Vertrag v. 1910) verlängerten und modifizierten das Kartell und das *k.k. Telegraphen-Korrespondenz-Bureau* den auslaufenden Wiener Vertrag v. 1900.

Zunächst wurden die dem *k.k. Telegraphen-Korrespondenz-Bureau* zustehenden exklusiven Gebiete für das Nachrichtengeschäft um Bosnien und Herzegowina erweitert.[820]

In Art. 3 Wiener Vertrag v. 1910 wurden im Vergleich zum vorherigen Vertrag zwei neue Absätze hinzugefügt. Art. 3 Abs. 2 Wiener Vertrag v. 1910 regelte nun die Kostenverteilung für den Fall, dass das *k.k. Telegraphen-Korrespondenz-Bureau* an Orten, von denen das Kartell Informationen anfragte, nur einen mit einer festen Kommission pro Meldung bezahlten Korrespondenten hatte. Für diesen Fall verpflichteten sich die Mitglieder des Kartells, die anfallende Kommission plus die Kosten, die bei der Übertragung anfallen konnten, zu tragen.[821] Der neu eingefügte Art. 3 Abs. 4 Wiener Vertrag v. 1910 stellte klar, dass alle Vertragsparteien dazu befugt waren, zur persönlichen Information und für den Botschafter oder diplomatischen Repräsentanten ihres Landes auf dem Territorium einer anderen Agentur kurze Telegramme zu senden, um ihn über einige Fakten oder eine politische Situation in Kenntnis zu setzen.[822]

Art. 4 Wiener Vertrag v. 1910 wurde vollständig neu gefasst, zudem wurden fünf neue Artikel (Art. 5 bis 9 Wiener Vertrag v. 1910) eingefügt. In Art. 4 S. 1 Wiener Vertrag v. 1910 verpflichteten sich alle Vertragsparteien, sich gegenseitig einen „so vollständigen Service" wie möglich anzubieten und gem. Art. 4 S. 2 Wiener Vertrag v. 1910 keine Nachrichten zurückzuhalten, die für eine der anderen Vertragspartner von Interesse sein konnten.[823] Art. 5 Abs. 1 S. 1 Wiener Vertrag v. 1910 legte fest, dass die Verpflichtung, von allen Orten zu telegraphieren, an denen eine Vertragspartei über eine Station oder einen Korrespondenten verfügte, sich nicht auf Orte außerhalb der im Vertrag genannten und vorbehaltenen Territorien bezog.[824] Art. 5 Abs. 2 S. 1 Wiener Vertrag v. 1910 nannte besondere Umstände, in denen eine Vertragspartei innerhalb der ihr zugewiesenen Gebiete einen Repräsentanten schickte. Als Beispiele wurden der Ausbruch eines Krieges, internationale Konferenzen

---

[820] S. Wiener Vertrag v. 1910, Bl. 1, 2, 3.
[821] Wiener Vertrag v. 1910, Bl. 2 f.
[822] Wiener Vertrag v. 1910, Bl. 3.
[823] Wiener Vertrag v. 1910, Bl. 3.
[824] Wiener Vertrag v. 1910, Bl. 3.

(wie die von Algeciras und Den Haag) und eine Reise bzw. ein Aufenthalt eines Staatsoberhauptes eines Landes der Vertragspartner genannt. Unter diesen besonderen Umständen war die betroffene Vertragspartei nicht gehalten, einen direkten Service für die anderen Vertragspartner anzubieten, Art. 5 Abs. 2 Wiener Vertrag v. 1910.[825] Nachrichten, die von Informanten ausschließlich aus politischen Gründen an eine Vertragspartei gesendet wurden, wurden nicht als Teil des vertraglichen Nachrichtenaustausches bewertet, Art. 5 Abs. 3 Wiener Vertrag v. 1910.[826] Art. 5 Abs. 4 Wiener Vertrag v. 1910 stellte klar, dass die genannten Vorbehalte nur für die Übermittlung von anderen Orten als Paris, London, Berlin und Wien gelten sollten. Es wurde betont, dass jede Partei, mit Ausnahme des Kriegsfalles, die Plicht hatte, ohne Berechnung einer Sonderkommission von ihrem Gesellschaftssitz alle Nachrichten an die anderen Vertragsparteien weiterzuleiten.[827]

Die Rechte und Pflichten der Vertragsparteien im Kriegsfalle wurden im neu eingefügten Art. 6 Abs. 1 bis 5 Wiener Vertrag v. 1910 geregelt. So legte Art. 6 Abs. 1 S. 1 Wiener Vertrag v. 1910 fest, dass die Kriegsberichterstattung nicht Teil der Vereinbarung zum Nachrichtenaustausch war, es sei denn, die anderen Parteien stimmten zu, sich an den Kosten für die Kriegskorrespondenten zu beteiligen.[828] Sofern sich eine der Vertragsparteien an den Kosten beteiligte, durfte diese gem. Art. 6 Abs. 2 Wiener Vertrag v. 1910 frei über die angeforderten Sondertelegramme verfügen und diese Nachrichten selbst innerhalb der ihr zugewiesenen Territorien verbreiten.[829]

Jedoch konnte sie nach Art. 6 Abs. 3 Wiener Vertrag v. 1910 nur eine Weiterleitung der Sondertelegramme an ihren Hauptsitz verlangen.[830] Wollte eine Vertragspartei, dass die Nachrichten an einen anderen Ort gesendet werden, hatte sie sich mit 5 Prozent der Übertragungsgebühren zu beteiligen.[831] Jede Vertragspartei hatte die Wahl, sich zu beteiligen, indem sie entweder die vollständige Weiterleitung oder aber eine Zusammenfassung mit einer festgelegten Anzahl von Wörtern anforderte, Art. 6 Abs. 4 S. 1 Wiener Vertrag v. 1910. Hierbei verpflichteten sich die Parteien, die Beteiligung an den Übertragungsgebühren auf die Anzahl der Wörter zu beschränken, die angefordert und tatsächlich weitergeleitet wurden, Art. 6 Abs. 4 S. 2 Wiener Vertrag v. 1910.[832] Schließlich vereinbarten die Parteien als „Solidaritätsprinzip", dass alle wichtigen Nachrichten aus den Telegrammen dieser speziellen Kor-

[825] Wiener Vertrag v. 1910, Bl. 4.
[826] Wiener Vertrag v. 1910, Bl. 4.
[827] Wiener Vertrag v. 1910, Bl. 4.
[828] Wiener Vertrag v. 1910, Bl. 4.
[829] Wiener Vertrag v. 1910, Bl. 5.
[830] Wiener Vertrag v. 1910, Bl. 5.
[831] Wiener Vertrag v. 1910, Bl. 5.
[832] Wiener Vertrag v. 1910, Bl. 5.

respondenten immer vom Hauptsitz der Vertragspartei, die sie erhalten hatte, zumindest zusammengefasst und ohne Verzögerung oder zusätzliche Kosten an die anderen Vertragsparteien weitergeleitet werden mussten.[833]

Im neu eingefügten Art. 7 Wiener Vertrag v. 1910 wurde in neun Absätzen die Verbreitung von bestimmten Informationen durch die Vertragspartner geregelt. So sagten sich die Vertragsparteien in Art. 7 Abs. 1 Wiener Vertrag v. 1910 gegenseitig zu, von den Vertragspartnern zugesandte politische und allgemeine Telegramme (mit Ausnahme von Finanz-, Wirtschafts- und Sportnachrichten) zu veröffentlichen. Dabei wurde aber jeder Vertragspartei das Recht eingeräumt zu prüfen, ob die zu verbreitende Information die Interessen des eigenen Landes oder der eigenen geschäftlichen Interessen berührte.[834] Der Absender der für die Veröffentlichung vorgesehenen Information hatte nach Art. 7 Abs. 2 Wiener Vertrag v. 1910 einen entsprechenden Hinweis auf die Nachricht anzubringen. Ab diesem Moment sollte der Absender automatisch (*ipso facto*) das Recht erwerben, die Nachricht selbst durch die im Gebiet der Empfängeragentur erscheinenden Zeitungen zu verbreiten, sofern der Text noch nicht veröffentlicht worden war.[835] Allerdings durfte die Absenderagentur keine Zeitung, die zum Gebiet der Empfängeragentur gehörte, direkt kontaktieren, Art. 7 Abs. 4 Wiener Vertrag v. 1910.[836] In Art. 7 Abs. 5 Wiener Vertrag v. 1910 wurde klargestellt, dass diese Art von Telegrammen niemals Gegenstand einer Vermittlungsgebühr oder Bezahlung sein durfte.[837] Außerdem wurde vereinbart, dass diese Nachrichten pro Monat niemals mehr als 20 Prozent der gesamten, von der Empfängeragentur monatlich aus dem Ausland empfangenen Worte ausmachen durften, Art. 7 Abs. 6 Wiener Vertrag v. 1910. Für alle anderen Orte außerhalb von Berlin, Paris, London oder Wien konnte der Umfang auf Wunsch von 20 Prozent auf 5 Prozent reduziert werden, Art. 7 Abs. 7 Wiener Vertrag v. 1910.[838] Schließlich hatte jede Vertragspartei, die eine Nachricht verbreiten sollte, gem. Art. 7 Abs. 8 Wiener Vertrag v. 1910 das Recht, die Veröffentlichung mit der Herkunftsquelle zu versehen, damit die publizierte Nachricht nicht mit der normalen Dienstleistung verwechselt werden konnte.[839]

Im neu eingefügten Art. 8 Abs. 1 Wiener Vertrag v. 1910 wurde das Recht der Vertragsparteien festgehalten, in jedem ihnen vertraglich zugeschriebenen Territorium Korrespondenten zu haben, sofern sich diese Korrespondenten auf die im Vertrag autorisierten Nachrichten beschränkten.[840] Alle

---

[833] Wiener Vertrag v. 1910, Bl. 5 f.
[834] Wiener Vertrag v. 1910, Bl. 6.
[835] Wiener Vertrag v. 1910, Bl. 6 f.
[836] Wiener Vertrag v. 1910, Bl. 7.
[837] Wiener Vertrag v. 1910, Bl. 7.
[838] Wiener Vertrag v. 1910, Bl. 7.
[839] Wiener Vertrag v. 1910, Bl. 8.
[840] Wiener Vertrag v. 1910, Bl. 8.

Vertragsparteien äußerten ihren „guten Willen", die Arbeit der Korrespondenten zu erleichtern, sofern diese exklusiv für den jeweiligen Vertragspartner arbeiteten. Ferner wurde jedwede Korrespondenz zwischen einer Vertragspartei mit den Mitarbeitern oder Korrespondenten einer anderen Agentur untersagt, d. h. jegliche Kommunikation musste unmittelbar zwischen den Direktionen ausgetauscht werden, Art. 8 Abs. 3 und 4 Wiener Vertrag v. 1910.[841]

Der neu in den Vertrag aufgenommene Art. 9 Wiener Vertrag v. 1910 formulierte den Wunsch einer gemeinsamen und abgestimmten Verhaltensweise unter den Vertragsparteien. Trotzdem behielten sich alle Parteien in Art. 9 Abs. 1 Wiener Vertrag v. 1910 das Recht vor, separate Verträge mit dritten Unternehmen zu schließen, die zu rein internen Zwecken finanzielle oder wirtschaftliche Dienstleistungen anboten, Art. 9 Abs. 2 S. 1 Wiener Vertrag v. 1910.[842] Diese Verträge mit Dritten durften aber nicht dazu führen, dass die Interessen der Vertragsparteien oder der Sinn und Zweck des Wiener Vertrags v. 1910 gestört wurden. Eine Absprache mit einem konkurrierenden Unternehmen durfte gem. Art. 9 Abs. 3 S. 3 Wiener Vertrag v. 1910 nur unter der Bedingung geschlossen werden, dass auch die übrigen Vertragsparteien des Wiener Vertrags v. 1910 beitraten.[843]

Art. 10 Wiener Vertrag v. 1910 (ex. Art. 5) verwies durch einen Einschub nach Abs. 1 auf den Annex des Vertrages, der die Details zur gemeinsamen Erschließung von Rumänien, Bulgarien und der Türkei durch die *Agence Havas* und das *k.k. Telegraphen-Korrespondenz-Bureau* regelte.[844] Der Wiener Vertrag v. 1910 sollte am 1. Januar 1910 in Kraft treten und über zehn Jahre bis zum 31. Dezember 1919 gelten, Art. 13 Wiener Vertrag v. 1910.[845] Die Regelung des Art. 14 (ex Art. 9) Wiener Vertrag v. 1910 über ein im Fall von Differenzen über den Vertrag einzusetzendes Schiedsgericht wurde um einen neuen Absatz 3 ergänzt. Dort wurde geregelt, dass das Schiedsgericht selbst Datum und Ort seines Treffens festlegen durfte und möglichst schnell ein verpflichtendes Urteil sprechen sollte.[846]

Schließlich vereinbarten die Parteien am Ende des Vertrages eine Frist zur Ratifizierung dieses Vertrages bis spätestens 15. Februar 1910.[847]

---

841 Wiener Vertrag v. 1910, Bl. 8.
842 Wiener Vertrag v. 1910, Bl. 9.
843 Wiener Vertrag v. 1910, Bl. 9 f.
844 Wiener Vertrag v. 1910, Bl. 10.
845 Wiener Vertrag v. 1910, Bl. 11.
846 Wiener Vertrag v. 1910, Bl. 11.
847 Wiener Vertrag v. 1910, Bl. 11.

(2) Analyse

Die Verlängerung der Zusammenarbeit durch den Wiener Vertrag v. 1910 zeigt zunächst, dass alle Vertragsparteien an einer Kooperation auf dem Nachrichtenmarkt festhalten wollten. So blieben die Primärpflichten der Parteien grundsätzlich gleich, wurden jedoch um einige Detailregelungen ergänzt. Die Gebietserweiterung im Vertrag um Bosnien und Herzegowina ist auf die Annexion dieser Länder durch Österreich-Ungarn im Jahr 1908 zurückzuführen.[848]

Auffällig ist die hohe Zahl völlig neu eingefügter Artikel, die insgesamt 50 Prozent des neuen Vertrages ausmachten. Dies spricht dafür, dass sich im Laufe der zehnjährigen Kooperation sowohl neu zu regelnde Sachverhalte ergeben hatten als auch Interessendivergenzen bestanden, die bei mindestens einer der Parteien ein Bedürfnis für eine entsprechende Regelung hervorrief. Insgesamt wurden viele Auslegungsfragen und Ausnahmen nun explizit reglementiert oder konkretisiert.

Die Aufnahme von zwei neuen Absätzen in Art. 3 des Vertrages impliziert, dass die bisherigen Regelungen zur Kostenverteilung beim Versand der Nachrichten zu unterschiedlichen Auslegungsergebnissen geführt hatten. Der Wiener Vertrag v. 1900 regelte diesbezüglich lediglich in Art. 6 (Art. 11 n. F.) grundsätzliche Kostenverteilungspflichten, allerdings ohne Details und atypische Fälle zu regeln. So überrascht es nicht, dass nunmehr für Ausnahmen vom Regelfall Regeln festgelegt wurden. Außerdem schien es ein Bedürfnis gegeben zu haben, den Versand von Nachrichten für den persönlichen Gebrauch oder zu politischen Zwecken zu regeln. Dies betraf Sachverhalte, bei denen der Nachrichtenversand nicht dem wirtschaftlichen Unternehmenszweck (Verkauf von Nachrichten als Abonnement) diente.

Zur Regelung bedienten sich die Parteien einer Kombination aus einer unbestimmten Formulierung („besondere Umstände") mit der Aufzählung konkreter Situationen („persönliche Information" und „für den Botschafter oder diplomatischen Repräsentanten seines Landes"). Dabei handelte sich bei den aufgezählten Sachverhalten jedoch nicht um Regelbeispiele zur Exemplifizierung der „besonderen Umstände", sondern um davon unabhängige Sachverhalte. Insoweit wurde die Vertragsklausel bewusst weit formuliert, um auch weitere Fälle abzudecken. Die Neufassung von Art. 4 Wiener Vertrag v. 1910 zeigt, dass es in der Vergangenheit zu Situationen gekommen sein musste, in denen bestimmte Nachrichten (vorsätzlich) zurückgehalten wurden, obwohl ein Vertragspartner ein Interesse daran hatte. Der Artikel hat aufgrund seiner unbestimmten Formulierungen im Konjunktiv („sein könnte") jedoch einen eher deklaratorischen Charakter. So bleibt auch un-

---

[848] Diese Annexion führte sodann zur „Bosnischen Annexionskrise"; vgl. *Hösch*, Geschichte der Balkanländer, S. 182 *Hildebrand*, Deutsche Außenpolitik 1871–1945, S. 244.

klar, was genau mit „geeigneten Neuigkeiten" gemeint ist. Besonders die ausführliche Regelung zur Kriegsberichterstattung in Art. 6 Wiener Vertrag v. 1910 lässt den Schluss zu, dass es dazu in der Vergangenheit zu Unstimmigkeiten zwischen den Parteien gekommen war.

Zahlreiche Regelungen des Wiener Vertrags v. 1910 entsprachen im Wesentlichen denen des erst ein Jahr zuvor zwischen *Reuter's Telegram Company*, der *Agence Havas* und *Wolff's Telegraphisches Bureau* geschlossenen Pariser Vertrages v. 1909 als Verlängerung des Pariser Vertrages v. 1870. Die drei Mitglieder des Kartells übernahmen Regelungen für die Erweiterung des Kartells mit dem *k.k. Telegraphen-Korrespondenz-Bureau* und schufen so eine vergleichbare Rechtslage trotz zweier unterschiedlicher Verträge.

e) Rechtliche Einordnung der Verträge

Bei der Analyse der zitierten Verträge wird in analytischer Funktion auf den Begriff des „Kartells" in seiner modernen Ausprägung als wettbewerbsbeschränkende Absprache zwischen Unternehmen rekurriert.[849] Damit soll ein besseres Verständnis für die im Rahmen dieser Arbeit herausgearbeiteten Strukturen des Nachrichtenmarktes im 19. und 20. Jahrhundert geschaffen werden, zumal der Begriff des Kartells in Deutschland erst ab den 1880er Jahren aufkam.[850]

Mit der Bezeichnung einer vertraglichen Konstruktion bzw. einer bestimmten Art einer Zusammenarbeit zwischen Unternehmen als „Kartell" ist explizit nicht der heute mit dem Kartellrecht verfolgte wirtschaftspolitische Regelungszweck des Schutzes des Wettbewerbs einer Wirtschaftsordnung als Organisationsprinzip gemeint.[851] Vielmehr sollen stattdessen bestimmte Unternehmensstrukturen auf einem Markt aufgezeigt werden.[852] Dabei wird auf den aktuell geltenden Kartellbegriff des deutschen Gesetzes gegen Wettbewerbsbeschränkungen (GWB)[853] und auf unionsrechtlicher Ebene auf die Art. 101–106 AEUV[854] zurückgegriffen.[855] Als Kartell wird dabei im Wesent-

[849] S. zum Kartellbegriff m. w. N. *Maetschke*, Zwangskartellgesetzgebung, S. 11; *Schmoeckel/Maetschke*, Rechtsgeschichte der Wirtschaft, S. 279.

[850] Mit Bezug auf die Kartelldebatte des RT im Jahr 1879 s. *Pohl*, Kartelle und Kartellgesetzgebung, S. 12.

[851] Vgl. *Emmerich*, Kartellrecht, S. 3 f.; *Ewald*, Wettbewerbsökonomie, Rn. 1.

[852] Vgl. z. B. die Beurteilung eines Vertrages aus dem Erzstift Trier aus dem Jahr 1717 nach aktuellem Kartellrecht bei *Baums*, Kartellvertrag 1717, S. 197.

[853] BGBl. 1957, S. 1081–1102.

[854] Amtsbl. der Europäischen Union Nr. C 326 vom 26.10.2012, S. 0001–0390.

[855] I. V. m. der VO Nr. 1/2003 zur Durchsetzung der Art. 101 f. AEUV (Amtsbl. der Europäischen Union Nr. L 001 vom 04.01.2003, S. 0001–0025) und von der EU-KOM erlassenen Fusionskontrollverordnungen sowie mit der Ausführungsverordnung, den Berichten und Verwaltungsgrundsätzen des BKartA sowie den allg. Weisungen des BMWi auf nationaler Ebene in Deutschland.

lichen eine Beschränkung des Wettbewerbs durch eine zwischen selbständig bleibenden Unternehmen oder sonstigen Marktakteuren abgestimmte Verhaltensweise zur Beschränkung ihres Wettbewerbs, oder eine wettbewerbsbeschränkende horizontale oder vertikale Vereinbarung verstanden, vgl. Art. 101 AEUV, §§ 1 ff. GWB.[856] Darüber hinaus wird gem. Art. 102 AEUV, §§ 19 f. GWB auch der Missbrauch einer marktbeherrschenden Stellung gefasst, der als Wettbewerbsbeschränkung heute verboten ist.

Im Kontext der vorliegenden Arbeit ist insbesondere das Verständnis von horizontalen Wettbewerbsbeschränkungen durch Unternehmen der gleichen Produktionsstufe relevant. Dabei stellt eine Aufteilung bzw. Aufspaltung von Märkten, etwa in Form von exklusiven Absatzgebieten, gem. Art. 101 Abs. 1 lit. c) AEUV eine den Wettbewerb beeinträchtigende Maßnahme in Form eines Gebietskartells dar.[857] Eine solche geographische Marktaufteilung durch Zuordnung der Absatzgebiete an einzelne Unternehmen bei gleichzeitigem Verbot anderer Unternehmen, in diesen Gebieten wirtschaftlich zu agieren, kann verschiedene Ausprägungen haben: Marktanteilsquoten; Einschränkung des Marktzutritts, Absprache von Höchstmengen, Preisgrenzen oder der Ausschluss bestimmter Kunden.[858]

Die *Agence Havas*, *Reuter's Telegram Company* und *Wolff's Telegraphisches Bureau* verpflichteten sich durch die zitierten Verträgen, die exklusiven Auswertungsrechte in den vertraglich zugeteilten Gebieten der jeweils anderen Vertragsparteien zu respektieren und vereinbarten hierfür ein umfassendes Wettbewerbsverbot unter Androhung von hohen Vertragsstrafen bei diesbezüglichen Verstößen. Damit schalteten die Vertragspartner ihren Wettbewerb untereinander ab und beschränkten zugleich den Wettbewerb mit dritten Nachrichtenunternehmen. Wie aus der Präambel des Pariser Vertrags v. 1870 hervorgeht, existierten bereits zuvor bilaterale vertragliche Absprachen zwischen den drei Nachrichtenagenturen zur Kooperation im Nachrichtengeschäft, die nun zu einem Vertrag zwischen allen drei Unternehmen zusammengeführt werden sollten. Erste bilaterale Verträge zwischen den Unternehmen über den Austausch von bestimmten Nachrichten und der Aussetzung des Wettbewerbs untereinander wurden bereits in den Jahren 1856 und 1859 geschlossen.[859]

Aus industrieökonomischer Perspektive stellt der Pariser Vertrag v. 1870 damit eine vertragliche, horizontale Kollusion in Form eines Kartells der drei

---

[856] *Basedow*, Kartellrecht als Unternehmensrecht, S. 1.

[857] *Pierenkemper*, Kartellbußen, S. 69; *Seyfert*, Kartellgesetz, S. 1962; zu dieser Kartellform vgl. *Jung*, BWL, S. 138; *Schmoeckel/Maetschke*, Rechtsgeschichte der Wirtschaft, S. 279.

[858] Vgl. *Geister*, Wettbewerbs- und Industriepolitik, S. 47 ff.; *Pierenkemper*, Kartellbußen, S. 69 m. W. N.

[859] Vgl. *Basse*, WTB, S. 36; *Dörfler/Pensold*, Nachrichtenagenturen, S. 182 ff. (189).

Nachrichtenagenturen dar, die auf ihren vertraglich abgegrenzten Absatzgebieten jeweils eine Monopolstellung anstrebten.

Der Vertragsschluss zwischen den drei Nachrichtenagenturen war ökonomisch sinnvoll, da ein vertraglich nicht abgesichertes kollusives Marktverhalten aus Sicht der Spieltheorie zu einer dem „Gefangenendilemma" vergleichbaren Situation geführt hätte, da jedes Unternehmen einen Anreiz hatte, vom für die Gruppe insgesamt optimalen Verhalten abzuweichen und einerseits in den jeweils anderen Gebieten Geschäfte zu betreiben, andererseits Informationen im Rahmen des Ringtauschs zurückzuhalten. Die hohe Vertragsstrafe bei Abweichungen vom vereinbarten, kollusiven Verhalten stellte einen glaubwürdigen Bestrafungsmechanismus dar und erfüllte somit eine grundlegende Bedingung für eine kollektive Marktbeherrschung.[860]

f) Einbettung in die Geschichte des deutschen Kartellrechts

Die analysierten Verträge lassen sich in die Geschichte des deutschen Kartellrechts einordnen. In den deutschen Ländern schlossen sich Unternehmen vermehrt seit Gründung des Deutschen Bundes zusammen,[861] obschon die Geschichte kartellartiger Absprachen zwischen Wirtschaftsakteuren in unterschiedlichen Formen und Ausprägungen bis in die Antike zurückreicht.[862] Mit dem Beginn der deutschen Industrialisierung bildeten sich Kartelle zunächst in der eisenschaffenden Industrie ab dem Jahr 1844.[863] Die Zahl der Kartelle in Deutschland wuchs im Laufe des 19. Jahrhunderts stetig an; im Jahr 1865 soll es bereits 54 Kartelle und im Jahr 1911 zwischen 550 und 600 Kartelle gegeben haben.[864] Insbesondere zum Ende des 19. Jahrhunderts hin bildeten sich in Deutschland immer mehr (produkt-)spezifische kartellartige Kooperationen, z. B. das „Rheinisch-Westfälische Kohlen-Syndikat" im Jahr 1893, die „Deutsche Ammoniak-Verkaufsvereinigung" im Jahr 1895, die „Deutsche Teer-Verkaufsvereinigung" im Jahr 1897, die „Oberschlesische

---

[860] Vgl. dazu vgl. *Schwalbe/Zimmer*, Kartellrecht und Ökonomie, S. 295 ff. (308 ff.).

[861] Vgl. *Barnikel*, Kartelle in Deutschland, S. 1 ff.; *Baums*, Kartellrecht in Preußen, S. 5 ff.; *Fischer*, IRSS 13 (1961), S. 337 ff.; *Fischer*, Wirtschaft und Gesellschaft, S. 60 ff. (70); *Lammel*, ZNR Bd. 3 (1987), S. 51 ff.; *von Rohrscheidt*, Gewerbefreiheit, S. 183 ff.

[862] Vgl. mit historischen Bsp. die Darstellungen bei *Baums*, Kartellvertrag 1717, S. 187 ff.; *Emmerich*, Kartellrecht, S. 14 ff.; *Pohl*, Kartelle und Kartellgesetzgebung im 19. Jh., S. 12; *Wegenroth*, Entwicklung der Kartellbewegung, S. 15; zur Geschichte der Kartelle insgesamt vgl. m. w. N. *Schmoeckel/Maetschke*, Rechtsgeschichte der Wirtschaft, S. 279 ff.

[863] *Barnikel*, Kartelle in Deutschland, S. 8 ff.

[864] Eine Auflistung nach Branchen findet sich z. B. als Tabelle m. w. N. bei *Barnikel*, Kartelle in Deutschland, S. 13; Deutschland als „klassisches Land der Kartelle" sieht u. a. *Emmerich*, Kartellrecht, S. 14.

Kohlenkonvention" im Jahr 1898, oder die „Westdeutsche Benzol-Verkaufsvereinigung" im Jahr 1899.[865]

Das beschriebene Nachrichtenkartell unter Beteiligung von *Wolff's Telegraphischem Bureau* fügt sich teilweise in diese Entwicklung ein. Als ein aus der Industriellen Revolution (des Nachrichtenmarkts) hervorgegangenes Unternehmen galten auch für *Wolff's Telegraphisches Bureau* die Marktbedingungen und Marktmechanismen, unter denen eine Kartellgründung wirtschaftlich sinnvoll war. Es wurde bereits gezeigt, dass es durch die öffentlichrechtliche Ausgestaltung der Telegraphie und einen diskriminierungsfreien Zugang zur staatlichen Telegraphie für die Unternehmen des Nachrichtenmarkts zunächst nicht notwendig war, eine eigene telegraphische Infrastruktur, bestehend aus Telegraphennetz und Verwaltung, aufzubauen. Der Zugang zur staatlich organisierten Infrastruktur stand (in Europa) grundsätzlich jedermann offen und konnte auch für gewerbliche Zwecke genutzt werden. Erst gegen Ende des 19. Jahrhunderts begannen die ersten Nachrichtenagenturen mit dem Aufbau zusätzlicher, eigener Netze. Zuvor war der Marktzugang- und eintritt bezüglich der technischen Seite für neue Teilnehmer ohne zusätzliche Transaktionskosten unkompliziert möglich. Dadurch entstand eine Wettbewerbssituation mit initial hohem Wettbewerbsdruck auf dem Nachrichtenmarkt, der durch Fusionen und Kartellierungen verringert wurde.[866]

Darüber hinaus zeigt sich in der Gründung des Nachrichtenkartells exemplarisch sowohl die deutsche Rechtslage, die kartellartige Absprachen als Ausdruck der Gewerbefreiheit erlaubte, als auch der wirtschaftsliberale Zeitgeist, der Kartelle als positiv bewertete, da Unternehmen dadurch kooperativ und nicht egoistisch agierten.[867] Waren kartellartige Absprachen in Preußen noch im Jahr 1813 zumindest deklaratorisch verboten,[868] wandelte sich im Rahmen der Entwicklung der Gewerbefreiheit auch die wirtschafts- und rechtspolitische Einstellung zu unternehmerischen Zusammenschlüssen und Absprachen.[869] Diese veränderte Auffassung wurde insbesondere von der Ideengeschichte der klassischen Industrieökonomie durch *Adam Smith* (1723–1790) und der französischen Physiokratie geprägt.[870] Nach Ansicht des

---

[865] S. *Barnikel*, Kartelle in Deutschland, S. 7.

[866] Vgl. dazu auch die deskriptiven Ausführungen zu ersten Unternehmenskäufen und Zusammenschlüssen auf dem Nachrichtenmarkt oben unter B. I. 3.

[867] Vgl. *Nörr*, Privatrecht, S. 29.

[868] „Preußische Kabinettordre vom 19. April 1813 betreffend die zwischen verschiedenen Kontrahenten bestehenden Verträge, welche die gesetzlich gegebene Gewerbefreiheit beschränken", Pr. GS 1813, S. 69.

[869] Zur pr. Gewerbepolitik in Berlin bis 1844 s. *Mieck*, Pr. Gewerbepolitik, S. 2 ff.

[870] Vgl. die 1776 erschienene Monographie von *Adam Smith* „An Inquiry into the Nature and Causes of the Wealth of Nations", dazu *Ewald*, Wettbewerbsökonomie, Rn. 4; *Michalczyk*, Regulierung, S. 11 f.; *Schmoeckel*, 2000 Jahre Recht, S. 364; *Schmoeckel/Ma-*

Nationalökonomen *Lujo Brentano* (1844–1931)[871], einem Vertreter der historischen Schule innerhalb der klassischen Kartellrechtslehre, wie auch *Gustav von Schmoller* (1838–1917)[872] oder *Karl Bücher* (1847–1930)[873], stärkte der Zusammenschluss deutscher Unternehmen ihre Stellung im internationalen Wettbewerb.[874] So begann auch *Wolff's Telegraphisches Bureau* durch den hohen Wettbewerbsdruck auf dem deutschen und europäischen Nachrichtenmarkt frühzeitig mit Unternehmenskäufen zunächst auf dem deutschen Nachrichtenmarkt, etwa im Jahr 1860 durch den Kauf von *Wagners Telegraphischem Korrespondenz-Büro* und dem *Süddeutschen Korrespondenzbüro*. Auf dem internationalen Nachrichtenmarkt konnte *Wolff's Telegraphisches Bureau* durch die Gründung des Nachrichtenkartells im Jahr 1870 seine Position tatsächlich stärken. Die Marktmacht zeigt sich exemplarisch bei der analysierten Vertragsverhandlung zwischen *Wolff's Telegraphischem Bureau* und der russischen Nachrichtenagentur.

Nach dem Zusammenbruch der Berliner Börse im Jahr 1873 mit der damit verbundenen zweiten wirtschaftlichen Abschwungphase („Große Depression", „Gründerkrise" oder auch „Gründerkrach")[875] wurden Kartelle u. a. vom österreichischem Nationalökonomen *Friedrich von Kleinwächter* (1838–1927)[876] als „Kinder der Noth"[877] bezeichnet, die sich zur Überwindung von wirtschaftlichen Krisen zusammenschließen mussten.[878]

---

etschke, Rechtsgeschichte der Wirtschaft, S. 48 ff.; zum Einfluss von *Adam Smith* und französischer Denker auf das preußische Beamtentum s. *Baums*, Kartellrecht in Preußen, S. 3, 203 f.

[871] *Zahn*, NDB Bd. 2 (1955), S. 596 f.; nach *Brentano* waren Kartelle „Vereinigungen von Produzenten, um durch planmäßige Anpassung der Produktion an den Bedarf einer Überproduktion und den sie begleitenden verhängnisvollen Folgen: Preissturz, Bankrott, Kapitalentwertung, Arbeiterentlassung und Brotlosigkeit vorzubeugen", *Brentano*, Morphologie der Volkswirtschaft, S. 23; dazu *Grossfeld*, Kartellrechtsdiskussion, S. 259 f.

[872] *Borchardt*, NDB Bd. 23 (2007), S. 260 ff.

[873] S. *Braeuer*, NDB Bd. 2 (1955), S. 719 f.; nach *Bücher* ist ein Kartell „jede vertragsmäßige Vereinigung von selbstständigen Unternehmen […], welche den Zweck verfolgt, durch dauernde monopolistische Beherrschung des Marktes den höchstmöglichen Kapitalprofit zu erzielen", *Bücher*, Wirtschaftliche Kartelle, S. 145.

[874] *Brentano*, Mitteilungen 1 (1889), S. 88.

[875] Dazu *Schmoeckel*, ZRG KA 132 (2015), S. 251 ff.

[876] Vgl. *Maetschke*, Zwangskartellgesetzgebung, S. 57 ff.

[877] *Kleinwächter*, Kartelle, S. 126, 143; vgl. die Rezension dazu von *Schäffle*, ZgS 54 (1898), S. 493 ff.; zustimmend *Grossfeld*, Kartellrechtsdiskussion, S. 255. 259; krit. *Fischer*, Wirtschaft und Gesellschaft, S. 71.

[878] *Kleinwächter* definierte Kartelle als „Übereinkommen der Produzenten, und zwar der Unternehmer der nämlichen Branche, deren Zweck dahin geht, die schrankenlose Konkurrenz der Unternehmer untereinander einigermaßen zu beseitigen und die Produktion mehr oder weniger derart zu regeln, daß dieselbe wenigstens annährend dem Bedarfe angepaßt werde, speziell beabsichtigen die Kartelle eine etwaige Überproduktion zu ver-

Auch die höchstrichterliche Rechtsprechung im Deutschen Kaiserreich bewertete kartellartige Zusammenschlüsse als zivilrechtlich zulässig und wirksam,[879] wie die Entscheidungen des RG zum „Börsenverein der deutschen Buchhändler" aus dem Jahr 1890[880] oder zum „Sächsischen Holzstoffkartell" aus dem Jahr 1897 zeigen.[881] Das RG sah das Kartell als Gegenform zu den (unerwünschten) Folgen einer freien Wirtschaft an, wobei der Kartellvertrag eine wirksame zivilrechtliche Rechtsgrundlage darstellte.[882] Mit Inkrafttreten des BGB am 1. Januar 1900[883] wurden die Zulässigkeit von Kartellen und damit verbundene Boykottmaßnahmen am Maßstab der Sittenwidrigkeit i. S. d. §§ 138 Abs. 1, 826 BGB bewertet, wobei ein sehr strenger Maßstab für ein Verbot angelegt wurde.[884]

Auch der Zusammenschluss von *Wolff's Telegraphischem Bureau* mit anderen europäischen Nachrichtenagenturen wurde nicht als rechtswidrige Kartellierung kritisiert. Dies verwundert insoweit nicht, als dass die kartellrechtlichen Diskussionen in Deutschland sich erst ab den 1880er Jahren intensivierten. Zudem handelte es sich um eine besondere Form des Zusammenschlusses als internationales Kartell durch den multinationalen und grenzüberschreitenden Charakter der vertraglich vereinbarten Kooperation.

hindern", *Kleinwächter*, Kartelle, S. 126 f.; weitere zeitgenossische Karteldefinitionen u. a. bei *Pohle*, Kartelle der gewerblichen Unternehmen, S. 11 und *Schäffle*, ZgS 54 (1898), S. 468 f.

[879] Zur preußischen Rspr. vgl. *Baums*, Kartellrecht in Preußen, S. 16 f.; *Grossfeld*, Kartellrechtsdiskussion, S. 256 f.; die Rspr. bis 1897 zeichnet nach *Richter*, Wirkungsgeschichte des Kartellrechts, S. 60 ff.

[880] RGZ 28, 238; es ging um die Frage der Zulässigkeit eines Rabattkartells; *Karl Bücher* (1847–1930) argumentierte 1903, dass ein solches Kartell unzulässig sei, s. *Bücher*, Börsenverein des Buchhandels, S. 5 ff.; zur Kontroverse namens „Bücher-Streit" vgl. *Epple*, Preisbindung in Deutschland, S. 37 ff.; *Winterhoff*, Buchhandel und Kartell, S. 18 ff.

[881] RGZ 38, 155 ff.; vgl. dazu *Baums*, Kartellrecht in Preußen, S. 24 ff.; die Rspr. des RG v. 1890 und 1897 wurde von der Rechtswissenschaft erst auf dem 26. und 28. Deutschen Juristentag 1902 und 1904 aufgenommen, s. *Pohl*, Kartelle und Kartellgesetzgebung, S. 13; *Richter*, Wirkungsgeschichte des Kartellrechts, S. 71 ff.

[882] RGZ 38, 155.

[883] RGBl. 1896, Nr. 21, S. 195 ff.

[884] Vgl. RGZ 48, 114; 62, 265; vgl. *Lammel*, ZNR Bd. 3 (1987), S. 51 ff.; angestoßen durch Diskussionen auf der Tagung des österreichischen *Vereins für Socialpolitik* 1894 wurde zunehmend in den dt. rechtswissenschaftlichen und rechtspolitischen Debatten die Kartellbildung kritischer bewertet, vgl. *Hermann*, Nationalökonomie und Kartelle, S. 42 ff.; *Pohl*, Kartelle und Kartellgesetzgebung, S. 13; als Wendepunkt gilt der Aufsatz von *Schäffle*, ZgS 54 (1898), S. 467 ff.; der dt. Gesetzgeber befasste sich in unregelmäßigen Abständen mit wirtschaftlichen Kartellen, jedoch oftmals ohne konkrete legislatorische Maßnahmen, s. *Blaich*, Kartell- und Monopolpolitik im kaiserlichen Deutschland, S. 51–60; *Maetschke*, Zwangskartellgesetzgebung, S. 145 ff.; *Pohl*, Kartelle und Kartellgesetzgebung, S. 12; *Wegenroth*, Entwicklung der Kartellbewegung, S. 21, 25.

Im Jahr des Vertragsschlusses 1870 waren internationale Kartellierungen weder Gegenstand der nationalen Kartellrechtsdebatte noch waren sie rechtlich erfasst. Es mangelte an einer entsprechend notwendigen zwischenstaatlichen und internationalen Zusammenarbeit.

g) Zusammenfassung und Zwischenergebnis

Der Pariser Vertrag v. 1870 zeigt, wie die drei Parteien den Nachrichtenmarkt definierten und abgrenzten. Nach außen hin handelte es sich um ein Geschäft mit politischen und wirtschaftlichen Nachrichten, das in geographische Geschäfts- und Vertriebsgebiete aufgeteilt wurde. Die Durchsetzung der im Vertrag aufgestellten Marktregeln erfolgte durch vertragliche Sanktionsinstrumente.

Analytisch lässt sich diese Vereinbarung in die Geschichte des deutschen Kartellrechts im 19. Jahrhundert einfügen. Es wurde untersucht, wie die drei größten europäischen Nachrichtenagenturen *Agence Havas*, *Reuter's Telegram Company* und *Wolff's Telegraphisches Bureau* ein Gebietskartell auf dem Nachrichtenmarkt gründeten, indem sie mit dem Pariser Vertrag v. 1870 diesen Markt in geographisch abgegrenzte Gebiete (Länder und Städte) aufspalteten, die jeder Vertragspartner unter Beibehaltung seiner (rechtlichen und wirtschaftlichen) Selbstständigkeit exklusiv wirtschaftlich auswerten konnte. *Wolff's Telegraphisches Bureau* war insofern Mitglied einer ersten dokumentierten Gründung eines internationalen Kartells auf dem Nachrichtenmarkt.

Ferner wurde die Erweiterung des Kartells durch Aufnahme der staatlichen österreichischen Nachrichtenagentur *k.k. Telegraphen-Korrespondenz-Bureau* in der Analyse des Wiener Vertrags v. 1900 belegt. Im Rahmen des Wiener Vertrags v. 1910 wurde die Kooperation auf dem Nachrichtenmarkt verlängert, und die Untersuchung zeigte, dass viele Sachverhalte des Kartells nun noch expliziter reglementiert oder konkretisiert wurden als in den Verträgen zuvor.

C. Ergebnisse und Fazit

Die Genese des Nachrichtenmarktes im 19. Jahrhundert ist im Wesentlichen gekennzeichnet durch eine Marktkonzentration mit der Herausbildung von Netzwerken bei gleichzeitiger Marktabgrenzung nach Außen durch vertragliche Absprachen der Anbieter. Darüber hinaus war die Anerkennung des Marktes durch den Staat essentiell, da durch die Schaffung von rechtlichen Normen, Strukturen und Instrumenten die Durchsetzbarkeit im Inneren des Marktes sichergestellt wurde.

Der beobachtete radikale Wandel des deutschen, europäischen und später auch globalen Nachrichtenmarktes zwischen 1789 bis 1914, der als „Industrielle Revolution des Nachrichtenmarktes" bezeichnet werden kann, basierte auf einer Wechselbeziehung politischer, wirtschaftlicher und technischer Faktoren, durch die sich die einzelne Information zu einer volkswirtschaftlichen Ressource und einem handelbaren Gut im Sinne einer marktfähigen Massenware (Wirtschaftsgut) verdichtete und somit ihre Sammlung, Aufbereitung und Vermittlung zum Gegenstand von Dauerschuldverhältnissen werden konnte.[1]

Als Anbieter auf diesem Nachrichtenmarkt bildeten sich erstmalig Unternehmen vom Typ „Nachrichtenagentur" heraus, die analoge Strukturmerkmale wie industrielle Unternehmen aufwiesen, indem sie sich durch Wachstum und horizontale Fusionen zu arbeitsteilig agierenden Großunternehmen entwickelten, die auf externes Kapital angewiesen waren. Sie nutzten die disruptive Technologie der elektro-magnetischen Telegraphie, sodass vergleichbar mit der industriellen Produktion von Gütern durch Maschinen auch auf dem Nachrichtenmarkt enorme Produktivitätszuwächse bei gleichzeitig sinkenden Stückkosten möglich waren. Die Transaktionskosten für die einzelne Informationsübermittlung konnten nach Öffnung der staatlichen Telegraphie für Private deutlich reduziert werden. Zunächst ausschließlich von Privatbankiers und Bankhäusern nachgefragt, entwickelte sich die ab Mitte des 19. Jahrhunderts aufgrund einer Kombination aus einer Industrialisierung des Pressewesens und einer hohen Nachfrage der Konsumenten

[1] Vgl. zu den heutigen Dimensionen der Frage, inwieweit Technik das Potenzial hat, das Recht zu beeinflussen (und sogar zu ersetzen) und in welchem Wechselwirkungsprozess Technik und Recht stehen, s. statt vieler *Specht-Riemenschneider*, GRUR 2019, S. 253 ff.

nach Printmedien wachsende Presselandschaft zu Abnehmern auf dem Nachrichtenmarkt.

Diese Entwicklung stand in unmittelbaren Zusammengang mit der Industriellen Ordnung des Nachrichtenmarktes, die den Markt rechtlich reguliert, aber auch absicherte. Die deutschen Staaten erfassten, organisierten und gestalteten die Telegraphie mit dem Instrument des öffentlichen Rechts und ordneten die neue Übertragungstechnik als staatliches Regal ein. Neben den fiskalischen Interessen des Staates wurden hierfür insbesondere staatliche Fürsorgepflichten, auch im Sinne der Daseinsvorsorge, als ordnungspolitische Gründe angeführt. Deswegen betrieben die Staaten die Telegraphie als gewerbliches, staatliches Ausschließlichkeitsrecht im Sinne eines Verwaltungsmonopols und fügten sie zunächst in den vorhandenen Verwaltungsaufbau ein. Erst als Konsequenz vermehrter gerichtlicher Auseinandersetzungen wurde das Telegraphenregal im Deutschen Reich einfachgesetzlich normiert. Mit der zunehmenden staatsrechtlichen Einigung Deutschlands wurden auch übergreifende verfassungsrechtliche Grundlagen und einheitliche einfachgesetzliche Rahmenbedingungen für Investitionen in die telegraphische Infrastruktur geschaffen. Die Staaten öffneten die Telegraphie gebührenpflichtig für die Nutzung durch die Öffentlichkeit und arbeiteten beim Ausbau der Infrastruktur mit privaten Unternehmen zusammen.

Zugleich sicherte der Staat die Vertraulichkeit der Kommunikation als wesentlichen Teil des Werts von Informationen durch verwaltungsrechtliche Instrumente rechtlich-organisatorisch ab. Trotzdem wurde eine staatliche Haftung für fehlerhaft übersandte Nachrichten vollumfänglich ausgeschlossen. Die staatliche Monopolisierung führte indes dazu, dass der Aufbau einer umfassenden privaten Telegrapheninfrastruktur zunächst unmöglich und selbst bei Vergabe entsprechender staatlicher Konzessionen zu teuer und aufwändig war. Als Intermediäre nutzten Nachrichtenagenturen diese Marktsituation zu ihrem Vorteil, indem sie als Schnittstelle zwischen dem regulierten Transportmittel und den auf die Informationen angewiesenen Akteuren agierten.

Darüber hinaus führte die als natürliches Monopol faktisch limitierte Übertragungskapazität der Telegraphie mit einem staatlich kontrollierten Zugang zur Infrastruktur grds. zu einem relativ günstigen und diskriminierungsfreien Zutritt zum Nachrichtenmarkt, sodass die Gründung von Nachrichtenagenturen einfach und der Wettbewerbsdruck initial hoch war. Da der Marktzugang zunächst ausschließlich in staatlicher Hand lag, konnten private Unternehmen nicht auf die Verwendung der Infrastruktur einwirken. Erst gegen Ende des 19. Jahrhunderts bauten große Unternehmen wie *Wolff's Telegraphisches Bureau* eigene Telegraphennetze auf, die sie zusätzlich zum staatlichen System nutzten. Ein europäischer und internationaler Wettbewerb auf dem Nachrichtenmarkt wurde erst durch bilaterale und multilaterale Verträge geschaffen, etwa im Rahmen des Deutsch-Österreichischen Telegraphenvereins.

Ferner führte der deutsche Gesetzgeber in ausgewählten Aspekten der Telegraphie neue Straftatbestände ein, wobei er primär generalpräventive Zwecke verfolgte. Der strafrechtliche Schutz stellte einen wesentlichen Baustein staatlicher Gestaltung dar, der das Kommunikationsmittel „Telegraphie“ schützte, sodass sich hierauf basierende Geschäftsmodelle etablieren konnten. Die Strafbarkeit des Verstoßes gegen das Telegraphenregal stellte sicher, dass neben dem Staat keine privaten Anbieter für telegraphische Dienstleistungen existieren konnten. Durch strafrechtlichen Schutz stellte er eine funktionierende telegraphische Infrastruktur als Basis der Informationsübermittlung sowie das Vertrauen in die staatlich ausgegebenen telegraphischen Wertzeichen sicher. Damit schützte der Staat nicht nur sein Eigentum, sondern auch (mittelbar) ein von Privaten genutztes Kommunikationsmittel und deren damit verbundenes wirtschaftliches Interesse. Das Vertrauen des Einzelnen in eine verlässliche Technik und in die Integrität der Telegraphenbeamten war zwingend notwendig, damit sich der Telegraph als Kommunikationsmittel durchsetzen konnte.

Zudem wurde dadurch etwaigen politischen Forderungen nach einer Reformierung oder Privatisierung des staatlichen Systems entgegengewirkt. Sonderdelikte für Beamte sollten das Depeschengeheimnis als zentrales Element für einen funktionierenden Nachrichtenmarkt schützen. Die Nutzung eines einzigen Kommunikationsnetzes durch mehrere, miteinander in Konkurrenz stehende Unternehmen bedurfte nämlich zwingend der Vertraulichkeit der übermittelten Inhalte.

Die Übertragung von Willenserklärungen durch den Telegraphen führte zu neuen Herausforderungen im Rechtsverkehr, etwa bei Auslegung und Haftung. Die Rezeption und Wirkungsgeschichte des „Kölner Telegraphenfalls“ zeigt, dass der Gesetzgeber zunächst keine Notwendigkeit für neue gesetzliche Regelungen sah, sodass der Rechtsverkehr im Kontext der Telegraphie auf die allgemeinen zivilrechtlichen Regelungen zurückgreifen musste.

Die Unternehmensgeschichte von *Wolff's Telegraphischem Bureau* zeigt darüber hinaus, dass die preußische Staatsregierung mit dem Mittel des privatrechtlichen Vertrages Einfluss auf den Nachrichtenmarkt nahm. So wurde gezeigt, dass der Vertrag zwischen *Wolff's Telegraphischem Bureau* und dem preußischen Staatsministerium vom 10. Juni 1869 eine frühe Form einer Public Private Partnership in Form eines Kooperationsmodells darstellt. Die Regelungen des Vertrages zeigen, dass die preußische Staatsregierung primär das Ziel der Einflussnahme auf den Betrieb und die Infrastruktur von *Wolff's Telegraphischem Bureau* verfolgte, um sowohl innen- als auch außenpolitisch den Inhalt politischer Nachrichten steuern zu können. Dazu bediente sich der Staat aber nicht eines gesetzlichen Instrumentariums, sondern agierte auf Basis eines privatrechtlichen Vertrages. Darin wurden insbesondere eine staatliche Vorzensur politischer Informationen und eine Privilegierung von *Wolff's Telegraphischem Bureau* bei der Nutzung der staatlichen Infrastruktur vereinbart. Letztlich wurde *Wolff's Telegraphisches Bureau* auch für einen Teil der öffentlich-rechtlichen Infrastrukturaufgaben eingesetzt.

Zugleich erwarb der preußische Staat Unternehmensanteile und sicherte sich damit formell gesellschaftsrechtliche Mitbestimmungs- und Kontrollrechte. Der Staat regulierte durch den Vertrag sowie die staatliche Monopolstellung bei der Telegraphie indirekt den Zugang von Unternehmen zum deutschen Nachrichtenmarkt. Durch die staatliche Bevorzugung von *Wolff's Telegraphischem Bureau* schuf der Staat die Grundbedingungen für die dominante Marktstellung des Unternehmens, das zugleich in die Pressepolitik von *Bismarck* integriert wurde.

Die gesellschafts- und firmenrechtliche Geschichte von *Wolff's Telegraphischem Bureau* reflektiert einen Teil des sich im Zuge der Industriellen Revolution ab Mitte des 19. Jahrhunderts wandelnden Handels- und Gesellschaftsrechts. So erforderte das Wachstum von *Wolff's Telegraphischem Bureau* die Kumulierung von Kapital aus verschiedenen externen Finanzierungsquellen und eine hierzu passende rechtliche Organisation. Diese stellte der Staat durch die neuen Formen der Kapitalgesellschaften mit rechtlichen Regelungen für eine vorgegebene Infrastruktur für die kollektive Finanzierung von Unternehmen sowie für Beteiligungen an Unternehmen bereit, die auch *Wolff's Telegraphisches Bureau* durch die Wahl der Kapitalgesellschaft einer neuen KGaA nutzte. Erst nach der Abschaffung der Konzessionspflicht in Preußen für die Gründung einer AG im Jahr 1870 wechselte auch *Wolff's Telegraphisches Bureau* die Rechtsform und fügt sich damit zugleich exemplarisch in die „Gründerzeit" ein. Der Übergang vom Oktroisystem, über das Konzessionssystem hin zum Normativsystem stellt auf der einen Seite den sukzessiven Rückzug des Staates von seiner Einflussnahme auf die Wirtschaft dar; auf der anderen Seite schuf der Staat aber erst durch die neuen Gesellschaftsformen aktiv einen Rahmen und rechtliche Handlungsformen für die wirtschaftliche Betätigung unter veränderten Marktbedingungen.

Eine Aufteilung des Nachrichtenmarktes wird deutlich durch den Abschluss des Pariser Vertrags v. 1870 zwischen *Wolff's Telegraphisches Bureau* mit den beiden anderen europäischen Gründeragenturen *Agence Havas* und *Reuter's Telegram Company*. So war *Wolff's Telegraphisches Bureau* Mitglied einer der ersten dokumentierten, vertraglichen horizontalen Kollusionen in Form eines Gebietskartells auf dem Nachrichtenmarkt, das den internationalen Nachrichtenmarkt in geographisch abgegrenzte Gebiete aufspaltete, die jeder Vertragspartner unter Beibehaltung seiner Selbstständigkeit exklusiv wirtschaftlich auswerten konnte. Das Kartell wurde durch den Wiener Vertrag v. 1900 durch Aufnahme der staatlichen österreichischen Nachrichtenagentur *k.k. Telegraphen-Korrespondenz-Bureau* erweitert.

Zusammenfassend lässt sich konstatieren, dass der interdisziplinäre methodische Ansatz neue Erkenntnisse hervorgebracht hat. Die Auswertung bisher unveröffentlichter Primärquellen in Form von Vertragsdokumenten zwischen *Wolff's Telegraphischem Bureau*, dem Staat und anderen Nachrichtenagenturen ermöglichte eine Erweiterung der Perspektive auf das rechtliche Umfeld von *Wolff's Telegraphischem Bureau* als Unternehmen und gleichzeitig als öffentlich-rechtliche Infrastruktureinrichtung. Damit umfasst die Arbeit eine besonders umfassende rechtshistorische Perspektive auf die Genese des Nachrichtenmarktes zur Zeit der Industriellen Revolution in Deutschland. So konnte die zu Beginn dieser Arbeit skizzierte wissenschaftliche Lücke der rechtlichen Gestaltung des Nachrichtenmarktes in der Industriellen Revolution im Kontext von *Wolff's Telegraphischem Bureau* von 1849 bis 1914 als Gegenstand dieser Arbeit geschlossen werden.

Quellen- und Literaturverzeichnis

I. Archivarische Quellen

1. Geheimes Staatsarchiv Preußischer Kulturbesitz (Berlin-Dahlem)

Ministerium der auswärtigen Angelegenheiten, Schreiben von Wolff an Wilhelm I. v. Juni 1865, III. HA MdA II Nr. 8117, Bl. 8.
Ministerium der auswärtigen Angelegenheiten, Acta betreffend die Errichtung eines telegraphischen Depeschen Büreaus durch den Eli Samter, desgleichen das telegraphische Depeschen Bureau des Dr. B. Wolff; desgl. Büreau Tell; desgl. der Actiengesellschaft Globus zu Wien u. a. Telegraphen-Büreaus, III. HA, MdA II., Nr. 8117, Bl. 8, 15–19v. *Eine Transkription des Vertrages befindet sich im Appendix dieser Arbeit.*
Ministerium der auswärtigen Angelegenheiten, Acta betreffend das zwischen dem Staatsministerium u. der Continental-Telegraphen-Compagnie bestehende Vertragsverhältniß. Generalia vom 29. Mai 1879, III. HA, MdA II., Nr. 8125.
Acta Borussica (neue Folge), 1. Reihe, Die Protokolle des Preußischen Staatsministeriums Nr. 168, Sitzung des Staatsministeriums am 23. Juni 1869, Reinschr. mit Korrekturen, Bd. 81, Bl. 132–134v.

2. Politisches Archiv des Auswärtigen Amtes (Berlin-Mitte)

PA AA Europa Generalia 86, Bd. 1, Vertrag vom 17. Januar 1870 zwischen der Continental Telegraphen-Compagnie, der Agence Havas und Reuter's Telegram Company.
PA AA Europa Generalia 86, Bd. 10, Schreiben aus St. Petersburg vom Oktober 1899 der Geschäftsführer der russischen Telegraphen-Agentur Robert Paetz und der Verwaltungsratmitglieder W.W. Komaroff und Paul von Kugelgen an die Direktion der CTC.

3. Thomson Reuters Archive (London, UK)

Vertrag zwischen dem k.k. Telegraphen-Korrespondenz-Bureau auf der einen Seite und der Continental Telegraphen-Compagnie, der Agence Havas und Reuter's Telegram Company auf der anderen Seite vom Februar 1900, Sig. R1/8714502.
Vertrag zwischen dem k.k. Telegraphen-Korrespondenz-Bureau auf der einen Seite und der Continental Telegraphen-Compagnie, der Agence Havas und Reuter's Telegram Company auf der anderen Seite vom Februar 1910, Sig. R1/880219.
Vertrag zwischen Reuters, Continental Telegraphen Compagnie, Havas, Juli 1909, Sig. R1/865213.

II. Gedruckte Quellen

1. Zeitgenössische Publikationen

Behrend, Jakob Friedrich, Lehrbuch des Handelsrechts. Bd. 1, Berlin/Leipzig 1886.

Beseler, Georg, System des gemeinen deutschen Privatrechts. Bd. 1, 2. Aufl. Leipzig 1866.

Bettelheim, Anton (Hg.), Biographisches Jahrbuch und Deutscher Nekrolog, Bd. 5, Berlin 1903.

Bluntschli, Johann Caspar, Allgemeines Staatsrecht. Bd. 2, 2. Aufl. München 1857.

Bolza, Albrecht, Die Erfindung der Druckmaschine durch Friedrich Koenig, Berlin 1927.

Brentano, Lujo, Ueber die Ursachen der heutigen socialen Noth – ein Beitrag zur Morphologie der Volkswirtschaft. Vortrag gehalten beim Antritt des Lehramts an der Universität Leipzig am 27. April 1889, Leipzig 1889.

Ders., Über Kartelle. Vortrag am 29. Oktober 1888 in der Plenarversammlung der Gesellschaft österreichischer Volkswirte, in: Mitteilungen der Gesellschaft österreichischer Volkswirte 1 (1889), S. 76–91.

Bücher, Karl, Die wirtschaftlichen Kartelle, Referat für den Verein für Socialpolitik, Tagung 1894 in Wien, in: Schriften des Vereins für Socialpolitik, Bd. 61, Leipzig 1895, S. 138–157.

Ders., Der deutsche Buchhandel und die Wissenschaft. Denkschrift im Auftrag des Akademischen Schutzvereins, Leipzig 1903.

Bornemann/Waldeck/Strohn/Bürger, Das allgemeine Deutsche Handels-Gesetzbuch mit Erläuterungen nach den Materialien und Benutzung der sämmtichen Vorarbeiten von Bornemann, Waldeck, Strohn und Bürger nebst Preußischem Einführungs-Gesetz vom 24. Juni 1861 (...), Berlin 1862.

Busch, F. B., Noch ein Beitrag zum Telegraphenrechte, in: Archiv für die civilistische Praxis, Bd. 45 (1862), S. 1–26.

Ders. (Hg.), Archiv für Theorie und Praxis des Allgemeinen deutschen Handelsrechts, Leipzig Bd. 9 (1866).

Ders. (Hg.), Archiv für Theorie und Praxis des Allgemeinen deutschen Handelsrechts, Leipzig Bd. 10 (1867).

Ders. (Hg.), Archiv für Theorie und Praxis des Allgemeinen deutschen Handelsrechts, Leipzig Bd. 15 (1869).

Christians, Wilhelm (Hg.), Christians' Deutsche Börsenpapiere. Darstellung der Personal- und Finanz-Verhältnisse der deutschen und ausländischen Bank-, Versicherungs-, Industrie- und Eisenbahn-Gesellschaften auf Actien, Berlin/Heidelberg 1880.

Continental-Telegraphen-Compagnie Wolff's Telegraphisches Bureau (Hg.), Vom 75. Geburtstag des W.T.B. 27. November 1924, Berlin 1924.

Dambach, Otto, Das Telegraphen-Strafrecht, in: Der Gerichtssaal Jg. 23 (1871), S. 241–298.

Ders., Das Telegraphen-Strafrecht nach der Deutschen Gesetzgebung, Berlin 1897.

Delbrück/Klefeker (Hg.), Handels-Archiv. Sammlung der neuen auf Handel und Schiffahrt bezüglichen Gesetze und Verordnungen und statistische Mittheilungen über den Zustand und die Entwicklung des Handels und der Industrie in der Preußischen Monarchie. Nach amtlichen Quellen, Berlin Jg. 1849 (2. Hälfte).

Fischer, Die Verkehrsanstalten des Reichs, in: Jahrbuch für Gesetzgebung, Verwaltung und Rechtspflege des Deutschen Reichs Bd. 1 (1871), S. 409–451.

Fischer, P. D., Das neue deutsche Telegraphengesetz, in: Jahrbuch für Gesetzgebung, Verwaltung und Volkswirtschaft im Deutschen Reich Bd. 16 (1893), S. 645–688.

Friehe, Ernst Gerhard, Geschichte der National-Zeitung 1848–1878, Leipzig 1933.

Glagau, Otto, Der Börsen- und Gründungsschwindel in Deutschland. Zweiter Theil, Leipzig 1877.

Heerdegen, Ernst, Der Nachrichtendienst der Presse, 1920 Leipzig.

Heller, Alfred, Der Deutsche Buchdruckerverein und sein Werden in fünfzig Jahren (1869–1919). Ein Versuch zu einer Geschichte seines geistigen Gehaltes, und ein Beitrag zur Entstehung gewerblicher Organisation. Zur 50. Wiederkehr des Gründungstages, Leipzig 1919.

Heyck, Eduard, Die Allgemeine Zeitung 1798–1898. Beiträge zur Geschichte der deutschen Presse, München 1898.

Horch, Die verwaltungsrechtlichen Grundlagen des Telephonrechtes, in: Archiv für öffentliches Recht Bd. 5 (1891), S. 138–155.

Jhering, Rudolf von, Culpa in contrahendo oder Schadenersatz bei nichtigen oder nicht zur Perfektion gelangten Verträgen, in: Jhehrings Jahrbücher für die Dogmatik des heutigen römischen Bd. 4 (1861), S. 1–112.

Keyßner, Hugo, Die Erhaltung der Handelsgesellschaft gegen die Auflösungsgründe des Allgemeinen Deutschen Handelsgesetzbuchs. Eine handelsrechtliche Abhandlung, Berlin 1870.

Kleinwächter, Friedrich, Die Kartelle, ein Beitrag zur Frage der Organisation der Volkswirthschaft, Innsbruck 1883.

Knies, Karl, Der Telegraph als Verkehrsmittel. Mit Erörterungen über den Nachrichtenverkehr überhaupt, Tübingen 1857.

Krüger, Alfred, Das Kölner Bankiersgewerbe vom Ende des 17. Jahrhunderts bis 1875, Essen 1915.

Laband, Paul, Das Staatsrecht des Deutschen Reiches. Bd. 2, 2. Aufl. Tübingen 1890.

Lehmann, Heinrich, Grundlinien des deutschen Industrierechts, in: Festschrift für Ernst Zitelmann. Zu seinem 60. Geburtstage überreicht von Verehrern und Schülern, München und Leipzig 1913, S. 1–46.

Leske, Zur Frage des Telegraphenmonopols. Urteil des Kgl. Landgerichts I zu Berlin v. 10. Juli 1890 in Sachen der Aktiengesellschaft Mix und Genest, Telephon-, Telegraphen- und Blitzableiter-Fabrik zu Berlin gegen den Reichsfiskus, in: Archiv für öffentliches Recht Bd. 6 (1891), S. 535–555.

Löning, Edgar, Lehrbuch des Deutschen Verwaltungsrechts, Leipzig 1884.

Ludewig, Julius, Die Telegraphie in staats- und privatrechtlicher Beziehung vom Standpunkt der Praxis und des geltenden Rechtes. Zur Orientierung für ausübende Beamte und das den Telegraphen benutzende Publikum, Leipzig 1872.

Ludewig, Werner, Die Regalität der Telegraphie im Allgemeinen und in Deutschland insbesondere, in: Zeitschrift für das gesamte Handelsrecht und Wirtschaftsrecht Bd. 31 (1885), S. 63–124.

Maas, G., Der staats- und verwaltungsrechtliche Inhalt des Reichtstelegraphengesetzes, in: Archiv für öffentliches Recht 1892, S. 479–508.

Matschoss, Conrad, Geschichte der Dampfmaschine. Ihre kulturelle Bedeutung, technische Entwicklung und ihre grossen Männer, Hamburg 1901 (*Nachdruck aus dem Jahr 2013*).

Mayer, Otto, Deutsches Verwaltungsrecht. Bd. 1, Leipzig 1895.

Meili, Friedrich, Das Telegraphen-Recht. Eine civilistische Abhandlung, Zürich 1871.

Ders., Das Telephonrecht. Eine rechtsvergleichende Abhandlung, Berlin 1885.

Mittermaier, Karl Josef Anton, Ueber die rechtliche Bedeutung telegraphischer Mittheilungen und die Anwendung der Grundsätze vom Urkundenbeweise auf dieselben in Rechtsstreitigkeiten, in: Archiv für die civilistische Praxis 42 (1859), S. 278–288.

Ders., Das Telegraphenrecht nach dem Ergebnisse der neuesten Forschungen, mit besonderer Rücksicht auf die Schrift von Serafini, in: Archiv für die civilistische Praxis 46 (1863), S. 1–48.

Ders., Nachtrag zu dem Aufsatze Nr. XII über Telegraphenrecht, in: Archiv für die civilistische Praxis 47 (1864), S. 289–290.

Mohl, Robert von, Encyklopädie der Staatswissenschaften, Tübingen 1859.

Moser, Justus (Hg.), Zeitschrift für Kapital und Rente. Systematische Mittheilungen aus den Gebieten der Statistik, Nationalökonomie, Börse, Finanz- und Kreditgesetzgebung, Stuttgart 1867.

N. N., Prozeß wegen Verraths telegraphischer Depeschen gegen die Telegraphenbeamten Janck und Eichmann, die Banquiers Louis Meyer und Goldberg und die Buchhalter Gebrüder Julius und Isidor Reichenheim. Mit den wohlgetroffenen Portraits der Angeklagten, (Gebauer'sche Buchhandlung J. Petsch), Berlin 1855 (?).

Oppikofer, Hans, Das Unternehmensrecht in geschichtlicher, vergleichender und rechtspolitischer Betrachtung, Tübingen 1927.

Pohle, Ludwig, Die Kartelle der gewerblichen Unternehmen, Leipzig 1898.

Reyscher, August Ludwig, Das Telegraphenrecht, insbesondere die Haftpflicht aus unrichtiger oder verspäteter Telegraphirung, in: Zeitschrift für deutsches Recht und deutsche Rechtswissenschaft Bd. 19 (1859), S. 271–320.

Ders., Anmerkung zum Urteil des Landgerichts zu Köln von 29. Juli 1856, die Haftpflicht bei telegraphischen Briefen betreffend, in: Zeitschrift für deutsches Recht und deutsche Rechtswissenschaft Bd. 19 (1859), S. 456–477.

Roesler, Hermann, Lehrbuch des Deutschen Verwaltungsrechts. Bd. 2, Erlangen 1873.

Rönne, Ludwig von, Staats-Recht des Deutschen Reiches. Bd. 2, 2. Aufl. Leipzig 1877.

Rohrscheidt, Karl von, Vom Zunftzwang zur Gewerbefreiheit, Berlin 1898.

Roscher, Wilhelm, System der Volkswirtschaft, Bd. 3/1 Nationalökonomik des Gewerbefleißes und Handels. Ein Hand- und Lesebuch für Geschäftsmänner und Studierende, 8. Aufl. Stuttgart 1917.

Sax, Emil, Die Verkehrsmittel in Volks- und Staatswirtschaft, Bd. 2: Land- und Wasserstrassen, Post, Telegraph und Telephon, 2. Aufl. Berlin/Heidelberg 1920.

Schäffle, Albert, Zum Kartellwesen und zur Kartell-Politik, in: Zeitschrift für die gesamte Staatswissenschaft 54 (1898), S. 468–528.

Schmidt, Gustav, Theorie der Dampfmaschine, Freiberg 1861.

Schott, Die Telegraphen, in: Endemann, Wilhelm (Hg.), Handbuch des deutschen Handels-, See- und Wechselrechts, Bd. 3, Leipzig 1855, S. 584–615.

Schulze, Hermann, Das preussische Staatsrecht auf Grundlage des deutschen Staatsrechts. Bd. 2, Leipzig 1890.

Sielcken, Willy, Die deutsche Telephon- und Telegraphen-Industrie, Hamburg 1929.

Springer, Robert, Berlin. Ein Führer durch die Stadt und ihre Umgebung, Leipzig 1861.

Stein, Lorenz von, Handbuch der Verwaltungslehre m. Vergleichung d. Literatur u. Gesetzbegung von Frankreich, England, Deutschland und Österreich, 3. Aufl. Stuttgart 1888.

Sydow, Reinhold von, in: Stengel, Karl von (Hg.), Wörterbuch des Deutschen Verwaltungsrechts. 2 Bände nebst Ergänzungsbänden, Bd. 2 (1890), Freiburg i. B. S. 617–619.

Wagner, Adolph, Der Staat und das Versicherungswesen, In: Zeitschrift für die gesamte Staatswissenschaft 1881, S. 102–172.

Winterhoff, Edmund, Die Krisis im deutschen Buchhandel als Folge seiner Kartellierung, Karlsruhe 1927.

Wolcke, Alfred, Telegraphenrecht Bd. 1. Einleitung, geschichtliche Entwicklung, die Stellung des deutschen Telegraphenwesens im öffentlichen Rechte. Allgemeiner Teil, Leipzig 1911.

Wuttke, Heinrich, Die deutschen Zeitschriften und die Entstehung der öffentlichen Meinung. Ein Beitrag zur Geschichte des Zeitungswesesn, Leipzig 1875.

Zeigermann, K. F., Der Telegraph als Mittel der Vertragsschließung nach Preußischem Rechte. Mit vergleichenden Bemerkungen aus dem Gemeinen Rechte und aus neuern

Gesetzgebungen, In: Archiv für deutsches Wechselrecht und Handelsrecht Bd. 9 (1860), S. 268–294.

2. Gesetze, Verordnungen und andere Rechtsquellen

Aktiengesetz. In: BGBl. 1965, S. 1089–1184.

Allerhöchster Erlaß v. 23. März 1849, betreffend die Einsetzung einer dem Ministerium für Handel, Gewerbe und öffentliche Arbeiten untergeordneten „Königlichen Telegraphendirektion". In: Pr. GS 1849, S. 146.

Allerhöchster Präsidial-Erlaß v. 18. Dezember 1867, betreffend die Verwaltung des Post- und Telegraphenwesens des Norddeutschen Bundes v. 1. Januar 1868 an. In: BGBl. NdB 1867, S. 328.

Allgemeine Verfügung und Instruktion v. 12. Dezember 1861, betreffend die Ausführung des Gesetzes v. 24. Juni 1861, über die Einführung des Allgemeinen Deutschen Handelsgesetzbuches. In: Pr. MBl. 1861, S. 328–374.

Allgemeines Deutsches Handelsgesetzbuch (Anlage C zum Gesetz, betreffend die Einführung einer Allgemeinen Deutschen Wechsel-Ordnung, der Nürnberger Wechsel-Novellen und des Allgemeinen Deutschen Handelsgesetzbuches als Bundesgesetzes. In: BGBl. NdB. 1869, S. 601–602.

Allgemeines Landrecht für die preußischen Staaten (1794). In: *Koch, Christian Friedrich* (Hg.), Allgemeines Landrecht für die preußischen Staaten, 4. Aufl. Berlin 1862.

Anweisung für den Funkentelegraphendienst v. 12. August 1909. In: RZBl. 1909, S. 753; RZBl. 1910, S. 689; RZBl. 1911, S. 396; RZBl. 1912, S. 581.

Ausführungsbestimmungen zum Telegraphenwege-Gesetz v. 26. Januar 1900. In: RGBl. 1900, S. 7.

Bedingungen für die Beteiligung an einer Stadt-Fernsprecheinrichtung v. 28. Juni 1892. In: RZBl. 1892, S. 508.

Bekanntmachung, betreffend die Schiffstelegraphie v. 16. Juli 1908. In: RGBl. 1908, S. 476.

Bestimmungen über den Betrieb von Telegraphenanlagen auf fremden Schiffen in deutschen Hoheitsgewässern v. 12. Dezember 1909. In: RGBl. 1909, S. 977; RGBl. 1913, S. 784.

Bundesbeschluss zur Einführung der Preßfreiheit v. 26. Juli 1867. In: BGBl. NdB. 1867, S. 1–23.

Bürgerliches Gesetzbuch v. 01. Januar 1900. In: RGBl. 1896, S. 195 ff.

Code de Commerce (1808). In: *Erhard, Christian Daniel* (Hg.), Napoleons I. Kaiser der Franzosen, Königs von Italien und Protectors des Rheinbundes Handelsgesetzbuch. Nach der Französischen Originalausgabe verdeutscht mit einer Einleitung und einigen erklärenden Anmerkungen auch einem vollständigen Sachregister, Dessau/Leipzig 1808.

Deutsche Bundesakte v. 08.06.1815. In: *Huber, Ernst Rudolf* (Hg.), Dokumente zur deutschen Verfassungsgeschichte Bd. 1, Deutsche Verfassungsdokumente 1803–1850, Stuttgart u. a. 3. Aufl. 1978, S. 84–90.

Edict den erleichterten Besitz und den freien Gebrauch des Grundeigentums so wie die persönlichen Verhältnisse der Land-Bewohner betreffend. In: Pr. GS 1806–1810, S. 170 ff-.

Edict über die Einführung der allgemeinen Gewerbesteuer. In: Pr. GS 1810, S. 79–94.

Gesetz betreffend die Verfassung des Deutschen Reiches (16. April 1871). In: RGBl. 1871, S. 63–85.

Gesetz gegen Wettbewerbsbeschränkungen. In: BGBl. 1957, S. 1081–1102.

Gesetz über das Postwesen des Deutschen Reiches v. 1. Januar 1872. In: RGBl. 1871, S. 347–358.
Gesetz über das Telegraphenwesen des Deutschen Reiches v. 6. April 1892. In: RGBl. 1892, S. 467–470; RGBl. 1908, S. 79.
Gesetz über die polizeilichen Verhältnisse der Gewerbe, in Bezug auf das Edikt v. 2. November 1810, wegen Einführung einer allgemeinen Gewerbesteuer, v. 7. September 1811. In: Pr. GS, 1811, S. 263–280.
Gesetz über Urheberrecht und verwandte Schutzrechte. In: BGBl. 1965, S. 1273–1293.
Gesetz zur Ausführung des internationalen Vertrages zum Schutze der unterseeischen Telegraphenkabel v. 21. November 1887. In: RGBl. 1888, S. 169, 194.
Gesetz zur Beschleunigung der Umsetzung von öffentlich privaten Partnerschaften und zur Verbesserung von Rahmenbedingungen für Öffentlich Private Partnerschaften. In: BGBl. 2005, S. 2676–2681.
Gesetz, die Herstellung eines telegraphischen Netzes für Bayern betreffend v. 06.06.1850. In: Bay. GBl. 1850, S. 178.
Gesetz, die Anlegung und Benutzung elektro-magnetischer Telegraphen betr. (21.09.1855). In: Sächs. GBl. 1855, S. 595–597.
Gesetz, die Beschädigung von Eisenbahnen und Telegraphen, sowie einige damit zusammenhängender Vergehen betreffend von 11. August 1855. In: Sächs. GBl. 1855, S. 177, 298–321.
Gesetz, betreffend die Einführung von Telegraphenfreimarken. In: BGBl. NdB. 1869, S. 377.
Gesetz, betreffend die Feststellung des Haushalts-Etats des Norddeutschen Bundes für das Jahr 1869. In: BGBl. NdB. 1868, Nr. 26, S. 437–452.
Gesetz, betreffend die Redaktion des Strafgesetzbuches für den Norddeutschen Bund als Strafgesetzbuch für das Deutsche Reich. In: RGBl. 1871, S. 127–205.
Gesetz, betreffend die Feststellung eines Nachtrags zum Haushalts-Etat des Deutschen Reichs für das Jahr 1874. In: RGBl 1874, Nr. 12, S. 36–37.
Gesetz, betreffend die Aufnahme einer Anleihe für Zwecke der Post- und Telegraphenverwaltung. In: RGBl. 1877, S. 1 ff.
Gesetz, betreffend die KGaA und die AG v. 18. Juli 1884. In: RGBl. 1884, S. 123.
Gewerbeordnung für das Deutsche Reich (1883). In: RGBl. 1883, S. 177 ff.
Handelsgesetzbuch v. 01. Januar 1900. In: RGBl. 1987, S. 219 ff.
Internationaler Funkentelegraphenvertrag v. 05. Juli 1912. In: RGBl. 1913, S. 373.
Internationaler Telegraphen-Vertrag v. 21. Juli 1868. In: Central-Organ für das deutsche Handels- und Wechselrecht, n. F. Bd. 5 (1869), S. 136–149.
Internationaler Vertrag zum Schutz der unterseeischen Telegraphenkabel v. 13. März 1884. In: RGBl. 1888, S. 151–168.
Joint Stock Companies Act (1856). In: 19 & 20 Vict. c.47.
Limited Liability Act (1855). In: 18 & 19 Vict c 133.
Ordnung für sämtliche Städte der preußischen Monarchie mit dazu gehöriger Instruktion behufs der Geschäftsführung der Stadtverordneten bei ihren ordnungsgemäßen Versammlungen. In: Pr. GS 1806–1810, S. 324 ff.
Pressegesetz des Deutschen Kaiserreiches v. 7. Mai 1874. In: RGBl. 1874, S. 65–74.
Preußische Kabinettordre v. 19. April 1813 betreffend die zwischen verschiedenen Kontrahenten bestehenden Verträge, welche die gesetzlich gegebene Gewerbefreiheit beschränken. In: Pr. GS 1813, S. 6.
Preußische Verordnung, betreffend die Bestrafung der Vergehen gegen die Telegrafenanstalten v. 15. Juni 1849. In: Pr. GS 1849, S. 217–219.
Preußisches Aktiengesetz v. 9. November 1843. In: Pr. GS. 1843, S. 341–436.

Preußisches Gesetz über die Eisenbahnunternehmungen v. 3. November 1838. In: Pr. GS 1838, S. 505 ff.
Preußisches Pressegesetz v. 17. März 1848. In: Pr. GS 1848, S. 69 ff.
Preußisches Reglement über die Besetzung der Stellen der Portepeefähnriche und über die Wahl zum Offizier bei der Infanterie, Cavallerie und Artillerie. In: Scherbening, C. von, Die Reorganisation der preußischen Armee nach dem Tilsiter Frieden, mit Beilagen, Bd. 1, Die Jahre 1806 bis 1808, Berlin 1862, S. 366 ff.
Preußisches Regulativ über die Benutzung der elektro-magnetischen Staats-Telegraphen seitens des Publikums. In: Pr. MBl. 1849, S. 203–205.
Preußisches Strafgesetzbuch v. 14. April 1851. In: Pr. GS 1851, S. 93 ff.
Rundschreiben des preußischen Ministers für Handel und Gewerbe und des Innern v. 27. Oktober 1880. In: Pr. MBl. 1880, S. 305.
Rundschreiben des preußischen Ministers für Handel und Gewerbe und des Innern v. 30. Juni 1882 . In: Pr. MBl. 1882, S. 170.
Strafgesetzbuch. In: BGBl. 1998, S. 3322–3410.
Strafgesetzbuch für das Deutsche Reich . In: RGBl. 1871, S. 127 ff.
Strafgesetzbuch für das Königreich Bayern sammt dem Gesetze v. 10. November 1861 zur Einführung des Strafgesetzbuchs und des Polizeistrafgesetzbuchs. In: Bay. GBl. 1862, S. 321 ff.
Strafgesetzbuches für das Deutsche Reich v. 15. Mai 1871. In: BGBl. NdB. 1870, S. 197–273.
Telegraphenordnung des Norddeutschen Bundes v. 28. Dezember 1867. In: Pr. MBl. 1868, S. 36 ff.
Telegraphenordnung für das Deutsche Reich (1872). In: RGBl. 1872, S. 213–228; RZBl. 1876, S. 101; RZBl. 1877, S. 432.
Telegraphenordnung für das Deutsche Reich (1880). In: RZBl. 1880, S. 560; RZBl. 1886, S. 204; RZBl. 1888, S. 1042; RZBl. 1891, S. 13.
Telegraphenordnung für das Deutsche Reich (1897). In: RZBl. 1897, S. 163; RZBl. 1901, S. 313; RZBl. 1903, S. 730; RZBl. 1904, S. 229; RZBl. 1905, S. 56; RZBl. 1908, S. 230; RZBl. 1909, S. 228.
Telegraphen-Vertrag zwischen dem Norddeutschen Bunde und Luxemburg v. 25. Mai 1868. In: BGBl. NdB. 1868, S. 368–371.
Telegraphenwege-Gesetz v. 18. Dezember 1899. In: RGBl. 1899, S. 705.
Verfassung des Deutschen Reichs (28.03.1849) („Frankfurter Reichverfassung"/„Paulskirchenverfassung"). In: RGBL. Nr. 16 v. 28.04.1849, S. 101–147.
Verfassung des Norddeutschen Bundes v. 16. April 1867 . In: BGBl. NdB. 1867, S. 1–23.
Verfassungskunde für das Königreich Württemberg (25.09.1819). In: *Huber, Ernst Rudolf* (Hg.), Dokumente zur deutschen Verfassungsgeschichte Bd. 1, Deutsche Verfassungsdokumente 1803–1850, Stuttgart u. a. 3. Aufl. 1978, S. 187–218.
Verfassungsurkunde für das Großherzogtum Baden (22.08.1818). In: *Huber, Ernst Rudolf* (Hg.), Dokumente zur deutschen Verfassungsgeschichte Bd. 1, Deutsche Verfassungsdokumente 1803–1850, Stuttgart u. a. 3. Aufl. 1978, S. 172–187.
Verfassungsurkunde für das Königreich Bayern (26.05.1818). In: *Huber, Ernst Rudolf* (Hg.), Dokumente zur deutschen Verfassungsgeschichte Bd. 1, Deutsche Verfassungsdokumente 1803–1850, Stuttgart u. a. 3. Aufl. 1978, S. 155–170.
Verordnung (EG) Nr. 1/2003 des Rates v. 16. Dezember 2002 zur Durchführung der in den Artikeln 81 und 82 des Vertrags niedergelegten Wettbewerbsregeln. In: Amtsbl. der Europäischen Union Nr. L 001 v. 04.01.2003, 0001–0025.
Verordnung der Ministerien des Innern und der Finanzen, die Gesuche um Concessionen zu Anlegung und Benutzung electro-magnetischer Telegraphen betr. (21.09.1855). In: Sächs. GBl. 1855, S. 591–592.

Verordnung über einige Grundlage der künftigen preußischen Verfassung v. 6. April 1848. In: Pr. GS 1848, S. 87.

Verordnung, die Benutzung der großherzoglichen Telegraphenanstalt betreffend v. 6. Oktober 1851. In: Großherzogl. Bad. RBl. Nr. LIX (1851), S. 643 ff.

Vertrag über die Arbeitsweise der Europäischen Union. In: Amtsbl. der EU Nr. C 326 vom 26.10.2012, S. 0001–0390.

Vertrag über die Bildung des deutsch-österreichischen Telegrafenvereins. In: Zeitschrift des Deutsch-österreichischen Telegraphen-Vereins Jg. I. (1854), Kap. VI., S. 2 ff.

Vertrag zwischen dem Norddeutschen Bunde, Bayern, Württemberg, Baden und Hessen, die Fortdauer des Zoll- und Handelsvereins betreffend. In: BGBl. NdB. 1867, S. 81–124.

Wiener Schlussakte v. 15.05.1820. In: *Huber, Ernst Rudolf* (Hg.), Dokumente zur deutschen Verfassungsgeschichte Bd. 1, Deutsche Verfassungsdokumente 1803–1850, Stuttgart u. a. 3. Aufl. 1978, S. 91–99.

3. Gerichtsentscheidungen

Bundesarbeitsgericht, Urteil v. 07.08.1986. In: BAGE 52, 325.

Bundesgerichtshof, Urteil v. 26.10.1959. In: BGHZ 31, 105.

Bundesgerichtshof, Urteil v. 13.10.1977. In: BGHZ 69, 334.

Cour d'appel de Paris, Urteil v. 30.12.1897. In: Droit D'Auteur 1898, S. 37 f.

Cour de cassation de Paris, Urteil v. 23.05.1900. In: Droit D'Auteur 1901, 17 f.

Europäischer Gerichtshof, Urteil v. 23.04.1991, Rs. C-41/90. In: NJW 1991, 2891.

Europäischer Gerichtshof, Urteil v. 16.11.1995, Rs. C-244/94. In: EuZW 1996, 277.

Handelsgericht Paris, Urteil v. 04.09.1885. In: Droit D'Auteur 1898, S. 37 f.

Handelsgericht Köln, Urteil v. 29.08.1862. In: Archiv für Theorie und Praxis des allgemeinen deutschen Handelsrechts Bd. 1 (1863), S. 242–243.

Kammergericht Berlin, Verfügung v. 10.09.1865. In: Archiv für Theorie und Praxis des Allgemeinen deutschen Handelsrechts Bd. 10 (1867), S. 304–309.

Landgericht Berlin, Urteil v. 10.07.1890. In: AöR Bd. 6 (1891), S. 552 ff. (mit Anm. *Leske*).

Landgericht Köln, Urteil v. 29.07.1856. In: Zeitschrift für deutsches Rechts und deutsche Rechtswissenschaft Bd. 19 (1859), S. 456 ff.

Preußisches Oberverwaltungsgericht, Urteil v. 30.09.1890. In: Franz Kilger, Die Entwicklung des Telegraphenrechts im 19. Jahrhundert mit besonderer Berücksichtigung der technischen Entwicklung, Frankfurt a. M. 1993, S. 101.

Queen's Bench Division (Kammer für Zivilsachen), Exchange Telegraph Co v Gregory & Co [1896] 1 QB 147. In: Law Reports Queen's Bench Division 1896, S. 147.

Reichsgericht, Urteil v. 06.03.1883. In: RGSt 8, 92.

Reichsgericht, Urteil v. 27.10.1888. In: RGZ 22, 93.

Reichsgericht, Urteil v. 28.02.1889. In: RGSt 19, 55.

Reichsgericht, Urteil v. 28.02.1889. In: RGSt 19, 55.

Reichsgericht, Urteil v. 25.06.1890. In: RGZ 28, 238.

Reichsgericht, Urteil v. 25.06.1890. In: RGZ 28, 238.

Reichsgericht, Urteil v. 04.02.1897. In: RGZ 38, 155.

Reichsgericht, Urteil v. 11.04.1901. In: RGZ 48, 114.

Reichsgericht, Urteil v. 14.12.1902. In: RGZ 56, 271.

Reichsgericht, Urteil v. 29.05.1902. In: RGZ 51, 369.

Reichsgericht, Urteil v. 27.02.1904. In: RGZ 58, 24.

Reichsgericht, Urteil v. 08.01.1906. In: RGZ 62, 264.

Reichsgericht, Urteil v. 04.07.1922. In: RGZ 105, 101.

Reichsgericht, Urteil v. 13.12.1927. In: RGZ 119, 248.
Stadtgericht Berlin, Verfügungen v. 13./30.06.1865. In: Archiv für Theorie und Praxis des Allgemeinen deutschen Handelsrechts 10 (1867), S. 304–309.

4. *Weitere Quellen*

Handelsregister beim Stadtgericht Berlin: Firmenregistereintrag Nr. 2351 v. 27. November 1849 „Telegraphisches Correspondenzbureau (B. Wolff)". In: Kgl. Pr. Staatsanzeiger Nr. 231 (1865), S. 3991.
Handelsregister beim Stadtgericht Berlin: Firmenregistereintrag Nr. 1682 v. 6. Juli 1865 „Continental Telegraphen Compagnie". In: Kgl. Pr. Staatsanzeiger Nr. 231 (1865), S. 3991.
Mitteilungen der Generalversammlung der Continental Telegraphen Compagnie zur Dividendenausschüttung 1865/66 und 1866/67. In: Kgl. Pr. Staatsanzeiger Nr. 238 (1866), S. 3424; Kgl. Pr. Staatsanzeiger Nr. 80 (1867), S. 1687.
Gesellschaftsvertrag der Continental Telegraphen Compagnie v. 20. Mai 1865 (*jeweils Auszüge*). In: Kgl. Pr. Staatsanzeiger Nr. 238 (1866), S. 3424; *Busch*, F. B. (Hg.), Archiv für Theorie und Praxis des Allgemeinen deutschen Handelsrechts, Bd. 10 (1867), S. 304; *Keyßner*, Hugo, Die Erhaltung der Handelsgesellschaft gegen die Auflösungsgründe des Allgemeinen Deutschen Handelsgesetzbuchs. Eine handelsrechtliche Abhandlung, Berlin 1870, S. 87; *Moser* (Hg.), Justus, Zeitschrift für Kapital und Rente. Systematische Mittheilungen aus den Gebieten der Statistik, Nationalökonomie, Börse, Finanz- und Kreditgesetzgebung 1867, S. 51.

III. Literaturverzeichnis

Ambrosius, Gerold, Der Staat als Unternehmer. Öffentliche Wirtschaft und Kapitalismus seit dem 19. Jahrhundert, Göttingen 1984.
Ders., Staats- und Wirtschaftsordnung. Eine Einführung in Theorie und Geschichte, Stuttgart 2001.
Ders., Regulativer Wettbewerb und koordinative Standardisierung zwischen Staaten. Theoretische Annahmen und historische Beispiele, Wiesbaden 2005.
Ders., Hybride Eigentums- und Verfügungsrechte. Öffentlich-private Kooperationen in systematisch-theoretischer und historisch-empirischer Perspektive, Berlin 2012.
Ders., Öffentlich-Private Partnerschaften in unterschiedlichen ordnungspolitischen Konstellationen – Ein epochaler Vergleich, in: Mühlenkamp, Holger (Hg.), Öffentlich-Private Partnerschaften. Potentiale und Probleme, Baden-Baden 2016, S. 14–34.
Ders./Plumpe, Werner/Tilly, Richard, Wirtschaftsgeschichte als interdisziplinäres Fach, in: Ambrosius, Gerold/Petzina, Dietmar/Plumpe, Werner (Hg.), Moderne Wirtschaftsgeschichte. Eine Einführung für Historiker und Ökonomen, 2. Aufl. München 2006, S. 9–38.
Arrow, Kenneth J., Economic welfare and the allocation of resources for invention, in: The Rate and Rirection of Inventive Activity: Economic and Social Factors. A conference of the Universities-National Bureau Committee for Economic Research and the Committee on Economic Growth of the Social Science Research Council, Princeton 1962, S. 609–625.
Aschoff, Volker, Geschichte der Nachrichtentechnik, Bd. 1, Beiträge zur Geschichte der Nachrichtentechnik von ihren Anfängen bis zum Ende des 18. Jahrhunderts, 2. Aufl. Berlin u. a. 1989.

Augsberg, Ino, Informationsverwaltungsrecht. Zur kognitiven Dimension der rechtlichen Steuerung von Verwaltungsentscheidungen, Tübingen 2004.

Badura, Peter, Das Verwaltungsmonopol, Berlin 1963.

Ders., Die Erfüllung öffentlicher Aufgaben und die Unternehmenszwecke bei der wirtschaftlichen Betätigung der öffentlichen Hand, in: Münch, Ingo von (Hg.), Staatsrecht-Völkerrecht-Europarecht. Festschrift für Hans-Jürgen Schlochauer zum 75. Geburtstag am 28. März 1981, Berlin/New York 1981, S. 3–24.

Bakker, Gerben, Trading Facts: Arrow's Fundamental Paradox and the Emergence of Global News Networks, 1750–1900, In: Working Papers on The Nature of Evidence: How Well Do 'Facts' Travel? No. 17/07, London 2007.

Barnekow, Rolf, Über die Anfänge der elektrischen Telegrafie, in: Beyrer, Klaus/Mathis, Birgit-Susann (Hg.), So weit das Auge reicht. Die Geschichte der optischen Telegraphie, Berlin 1995, S. 231–240.

Barnikel, Hans-Heinrich, Kartelle in Deutschland. Entwicklung, Theoretische Ansätze und rechtliche Regelungen, in: Ders. (Hg.), Theorie und Praxis der Kartelle, Darmstadt 1972, S. 1–64.

Basedow, Jürgen, Kartellrecht als Unternehmensrecht, in: Jung, Peter/Lamprecht, Philipp/Blasek, Katrin/Schmidt-Kessel, Martin (Hg.), Einheit und Vieleit im Unternehmensrecht. Festschrift für Uwe Blaurock zum 70. Geburtstag, Tübingen 2013, S. 1–13.

Basse, Dieter, Wolff's Telegraphisches Bureau 1849 bis 1933. Agenturpublizistik zwischen Politik und Wirtschaft, München u. a. 1991.

Baums, Theodor, Einführung. Entwurf eines allgemeinen Handelsgesetzbuches für Deutschland (1848/49), in: Florstedt, Tim/Redenius-Hövermann, Julia/Segna, Ulrich/Vogel, Hans-Gert (Hg.), Theodor Baums. Beiträge zur Geschichte des Wirtschaftsrechts, Tübingen 2012, S. 33–83.

Ders., Ein Kartellvertrag im Erzstift Trier aus dem Jahre 1717, in: Florstedt, Tim/Redenius-Hövermann, Julia/Segna, Ulrich/Vogel, Hans-Gert (Hg.), Theodor Baums. Beiträge zur Geschichte des Wirtschaftsrechts, Tübingen 2012, S. 187–201.

Ders., Kartellrecht in Preußen. Von der Reformära zur Gründerkrise, in: Florstedt, Tim/Redenius-Hövermann, Julia/Segna, Ulrich/Vogel, Hans-Gert (Hg.), Theodor Baums. Beiträge zur Geschichte des Wirtschaftsrechts, Tübingen 2012, S. 202–226.

Ders., Einführung, in: Gesetz über die Aktiengesellschaften für die königlich preußischen Staaten vom 9. November 1843, in: Florstedt, Tim/Redenius-Hövermann, Julia/Segna, Ulrich/Vogel, Hans-Gert (Hg.), Theodor Baums. Beiträge zur Geschichte des Wirtschaftsrechts, Tübingen 2012, S. 84–113.

Beauchamp, Christopher, Invented by Law. Alexander Graham Bell and the Patent that Changed America, Cambridge 2015.

Berghoff, Hartmut, Wozu Unternehmensgeschichte? Erkenntnisinteressen, Forschungsansätze und Perspektiven des Faches, in: Zeitschrift für Unternehmensgeschichte, 2004, S. 131–148.

Ders., Vom Gütersloher Kleinverlag zum globalen Medien- und Dienstleistungskonzern. Grundzüge der Unternehmensgeschichte des Hauses Bertelsmann 1835 bis 2010, in: Müller, Helen (Hg.), 175 Jahre Bertelsmann – eine Zukunftsgeschichte, München 2010, S. 6–83.

Ders., Moderne Unternehmensgeschichte. Eine themen- und theorieorientierte Einführung, Berlin 2. Aufl. 2016.

Beyrer, Klaus, Die optische Telegraphie als Beginn der modernen Telekommunkation, in: Teuteberg, Hans-Jürgen/Neutsch, Cornelius (Hg.), Vom Flügeltelegraphen zum Internet: Geschichte der modernen Telekommunikation, Stuttgart 1998, S. 14–26.

Ders., Art. „Telegraphie", in: Jaeger, Friedrich (Hg.), Enzyklopädie der Neuzeit, Bd. 13 (Subsistenzwirtschaft – Vasall), Stuttgart u. a. 2011, S. 345–352.

Binder, Jens-Hinrich, Regulierungsinstrumente und Regulierungsstrategien im Kapitalgesellschaftsrecht, Tübingen 2012.

Birkner, Thomas, Das Selbstgespräch der Zeit. Die Geschichte des Journalismus in Deutschland 1605–1912, Köln 2012.

Blaich, Fritz, Kartell- und Monopolpolitik im kaiserlichen Deutschland. Das Problem der Marktmacht im deutschen Reichstag zwischen 1879 und 1914, Düsseldorf 1973.

Blankart, Charles Beat/Knieps, Günter, Netzökonomie, in: Jahrbuch für Neue Politische Ökonomie, 11 (1992), S. 73–88.

Bleidick, Dietmar, Technische Infrastrukturen im Ruhrgebiet, in: Rasch, Manfred/Ders. (Hg.), Technikgeschichte im Ruhrgebiet. Technikgeschichte für das Ruhrgebiet. Festschrift für Wolfhard Weber zum 65. Geburtstag, Essen 2004, S. 335–357.

BMVBS (Hg.), PPP im öffentlichen Hochbau, Bd. 1: Leitfaden, Berlin 2003.

Ders. (Hg.), Bundeseinheitlicher Leitfaden Wirtschaftlichkeitsuntersuchungen bei PPP-Projekten, Berlin 2006.

Ders. (Hg.), Gutachten „PPP und Förderrecht", Berlin 2006.

Boch, Rudolf, Staat und Wirtschaft im 19. Jahrhundert, München 2004.

Böhlhoff, Klaus, Bankhaus Sal. Oppenheimer jr. Cie. KGaA. Geschäftspolitische Strategien eines Privatbankiers im Firmenkundengeschäft, in: Eichhorn, Franz-Josef (Hg.), Die Renaissance der Privatbankiers. Zwischen Tradition und Fortschritt, Wiesbaden 1996, S. 89–102.

Bolza, Hans, Friedrich König und die Erfindung der Druckmaschine, in: Technikgeschichte, Bd. 34 (1967), S. 79–89.

Bonin, Hubert, Histoire de la Société générale. I 1864–1890. La naissance d'une banque moderne, Genf 2006.

Borchardt, Knut, „Schmoller, Gustav von", in: Historische Kommission bei der bayerischen Akademie der Wissenschaften (Hg.), Neue Deutsche Biographie, Bd. 23 (2007), S. 260–262.

Born, Karl Erich, Wirtschafts- und Sozialgeschichte des Deutschen Kaiserreichs (1867/71–1914), Stuttgart 1985.

Botzenhart, Manfred, Wandlungen der ständischen Gesellschaft im Deutschland der preußischen und der rheinbündischen Reformen, in: Von der ständischen Gesellschaft zur Bürgerlichen Gleichheit, Beiheft Nr. 4 zu „Der Staat", 1980, S. 55–75.

Braeuer, Walter, „Bücher, Karl", in: Historische Kommission bei der bayerischen Akademie der Wissenschaften (Hg.), Neue Deutsche Biographie, Bd. 2 (1955), S. 718–719.

Brand, Jürgen, Arbeitsrecht: Gesellschaftliche Selbstregulierung in der Welt der Arbeit des 19. Jahrhunderts, oder: Im Westen nichts Neues, in: Collin, Peter/Bender, Gerd/Ruppert, Stefan/Seckelmann, Margrit/Stolleis, Michael (Hg.), Selbstregulierung im 19. Jahrhundert. zwischen Autonomie und staatlichen Steuerungsansprüchen, Frankfurt a. M. 2011, S. 231–250.

Bräunlein, Jürgen, Die optische Telegrafenlinie Berlin – Koblenz. Von der Pioniertat zum Kulturdenkmal, in: Das Archiv, 2012 (Heft 1), S. 6–11.

Breitkreuz, Tilman, Die Ordnung der Börse: verwaltungsrechtliche Zentralfragen des Wertpapierbörsenwesens, Berlin 2000.

Brohm, Winfried, Strukturen der Wirtschaftsverwaltung. Organisationsformen und Gestaltungsmöglichkeiten im Wirtschaftsverwaltungsrecht, Stuttgart u. a. 1969.

Burhop, Carsten, Die Kreditbanken in der Gründerzeit, Stuttgart 2004.

Buschow, Christopher/Tworek, Heidi, Wettbewerbsvorteile durch Gesetzgebung? Debatten zum Nachrichtenschutz im Wandel der Zeit, in: Der Digitale Wandel. Magazin für Internet und Gesellschaft, 2014, S. 14–16.

Calliess, Christian/Ruffert, Matthias, Kommentar EUV/AEUV. Das Verfassungsrecht der Europäischen Union mit Europäischer Grundrechtecharta, 6. Aufl. München 2016.

Canaris, Claus-Wilhelm/Schilling, Wolfang/Ulmer, Peter, Handelsgesetzbuch. Großkommentar Bd. 1, 4. Aufl. Berlin/New York 1995.
Chapman, Jane, Comparative Media History. An Introduction. 1789 to the Present, Cambridge 2005.
Christensen, Clayton M., The innovator's dilemma. When new technologies cause great firms to fail, Boston 1997.
Ders./Bower, Joseph L., Disruptive Technologies. Catching the Wave, in: Harvard Business Review, 69 (1995), S. 19–45.
Ders./Raynor, Michael E./McDonald, Rory, What Is Disruptive Innovation?, in: Harvard Business Review, 12 (2015), S. 44–53.
Clement, Reiner/Schreiber, Dirk, Internet-Ökonomie. Grundlagen und Fallbeispiele der vernetzten Wirtschaft, 2. Aufl. Berlin/Heidelberg 2016.
Coase, Ronald Harry, The nature of the firm, in: Economica, 4 (1937), S. 386–405.
Ders., The Problem of Social Cost, in: Journal of Law and Economics, 3 (1960), S. 1–44.
Coing, Helmut, Europäisches Privatrecht. Bd. 2. 19. Jahrhundert. Überblick über die Entwicklung des Privatrechts in den ehemals gemeinrechtlichen Ländern, München 1989.
Collin, Peter, Technikverwaltungs(rechts)geschichte: Veröffentlichung zum „Recht in der Industriellen Revolution" aus dem Max-Planck-Institut für europäische Rechtsgeschichte, in: *Heyen,* Erk Volkmar (Hg.), Technikentwicklung zwischen Wirtschaft und Verwaltung in Großbritannien und Deutschland (19./20. Jh.), Baden-Baden 2008, S. 317–338.
Ders., Treffräume von Regulierungsrationaliäten: Überlegungen zu Voraussetzungen und Typisierungen juristisch-ökonomischer Kommunikation, in: Ders. (Hg.), Treffräume juristischer und ökonomischer Regulierungsrationalitäten, Frankfurt a. M. 2014, S. 1–44.
Ders., Privat-staatliche Regelungsstrukturen im frühen Industrie- und Sozialstaat, Berlin/Boston 2016.
Crowley, David/Heyer, Paul, Communication in History. Technology, Culture, Society, 6. Aufl. Old Tappan 2015.
Czajka, Dieter, Pressefreiheit und öffentliche Aufgabe der Presse, Stuttgart u. a. 1968.
Demsetz, Harold, Toward a Theory of Property Rights, in: American Economic Review 57 (1967), S. 347–359.
Dieterich, Peter, Systemgerechtigkeit und Kohärenz: legislative Einheit und Vielheit durch Verfassungs- und Unionsrecht, Berlin 2014.
Dilcher, Gerhard/Lauda, Rudi, Das Unternehmen als Gegenstand und Anknüpfungspunkt rechtlicher Regelungen in Deutschland 1860–1920, in: Horn, Norbert/Kocka, Jürgen (Hg.), Recht und Entwicklung der Großunternehmen im 19. und frühen 20. Jahrhundert, Göttingen 1979, S. 535–576.
Ders./Kern, Bernd-Rüdiger, Die juristische Germanistik des 19. Jahrhunderts und die Fachtradition der deutschen Rechts, in: Zeitschrift der Savigny-Stiftung für Rechtsgeschichte – Germanistische Abteilung Bd. 101 (1984), S. 1–46.
Dillerup, Ralf/Stoi, Roman, Unternehmensführung. Management & Leadership. Strategien, Werkzeuge, Praxis, 5. Aufl. München 2016.
Dölemeyer, Barbara, Kodifikationen und Projekte, I. Die Einführung und Geltung des Code Civil in Deutschland (1804–1814), in: Coing, Helmut (Hg.), Handbuch der Quellen und Literatur der neueren europäischen Privatrechtsgeschichte, Bd. 3, Teilband 2: Gesetzgebung zum allgemeinen Privatrecht und zum Verfahrensrecht, München 1982, S. 1440–1471.
Dörfler, Edith/Pensold, Wolfgang, Die Macht der Nachricht. Die Geschichte der Nachrichtenagenturen in Österreich, Wien 2001.

Dovifat, Emil, Zeitungslehre. Theoretische und rechtliche Grundlagen, Nachricht und Meinung, Sprache und Form, (Bd. 1), 6. Aufl. Berlin/New York 1976 (Bearb.: Jürgen Wilke).

Dreher, Meinrad, Public Private Partnerships und Kartellvergaberecht – Gemischtwirtschaftliche Gesellschaften, In-house-Vergabe, Betreibermodell und Beleihung Privater, in: Neue Zeitschrift für Baurecht und Vergaberecht 2002, S. 245–259.

Ders., Die Privatisierung bei Beschaffung und Betrieb der Bundeswehr. Zugleich ein Beitrag zur Frage der vergaberechtlichen Privilegierung so genannter In-house-Lösungen, in: Neue Zeitschrift für Baurecht und Vergaberecht 2001, S. 360–366.

DuBoff, Richerd B., The Telegraph and the Structure of Markets in the United States, 1845–1890, in: Research in Economic History Vol. 8 (1983), S. 253–277.

Duden, Konrad, Zur Methode der Entwicklung des Gesellschaftsrechts zum „Unternehmensrecht", in: *Fischer,* Robert/*Hefermehr*, Wolfang (Hg.), Gesellschaftsrecht und Unternehmensrecht. Festschrift für Wolfgang Schilling zum 65. Geburtstag am 5.6.1973, Berlin/Bosten 1973, S. 309–332.

Dussel, Konrad, Deutsche Tagespresse im 19. und 20. Jahrhundert, 2. Aufl. Münster 2011.

Duve, Thomas, Rechtsgeschichte – Traditionen und Perspektiven, in: Kritische Vierteljahresschrift für Gesetzgebung und Rechtswissenschaft 2014, S. 96–132.

Eggers, Mark, Public Private Partnership. Eine strukturierende Analyse auf der Grundlage von ökonomischen und politischen Potentialen, Frankfurt a. M. 2004.

Ehrhardt, Marcus, Netzwerkeffekte, Standardisierung und Wettbewerbsstrategie, Wiesbaden 2001.

Eisenberg, Christiane, Englands Weg in die Marktgesellschaft, Göttingen 2011.

Eisenhardt, Ulrich, Deutsche Rechtsgeschichte, 6. Aufl. München 2013.

Emmerich, Volker, Kartellrecht. Ein Studienbuch, 12. Aufl. München 2012.

Epple, Matthias, Die Wurzeln der vertikalen Preisbindung in Deutschland. Eine rechtshistorische Analyse, Baden-Baden 2014.

Eschweiler, Wilhelm, Regulierung der Telekommunikation und die erste Entscheidungspraxis der Regulierungsbehörde für Telekommunikation und Post, in: Kommunikation und Recht 1998, S. 530–536.

Estermann, Alfred, Die deutschen Literatur-Zeitschriften von 1815–1850. Bibliographien, Programme, Autoren., Bd. 1, Zeitschriften mit Erscheinungsbeginn 1645–1814, 2. Aufl. Berlin/Boston 1991.

EU-Kommission (Hg.), Grünbuch der Europäischen Kommission zu öffentlich-privaten Partnerschaften und den gemeinschaftlichen Rechtsvorschriften für öffentliche Aufträge und Konzessionen – COM (2004) 327 endg., Brüssel 2004.

Dies. (Hg.), Guidelines for successful Public-Private Partnerships, Brüssel 2003.

Eumann, Marc Jan, Der Deutsche Presse-Dienst. Nachrichtenagentur in der britischen Zone 1945–1949. Die Geschichte einer Medieninstitution im Nachkriegsdeutschland, Köln 2011.

Ewald, Christian, § 7 Grundzüge der Wettbewerbsökonomie, in: Wiedemann, Gerhard (Hg.), Kartellrecht, 2. Aufl. München 2016.

Faulstich, Werner, Medienwandel im Industrie- und Massenzeitalter (1830–1900), Göttingen 2004.

Fechner, Erich, Das wirtschaftliche Unternehmen in der Rechtswissenschaft, Bonn 1942.

Feldhaus, Franz Maria, Wolff, Bernhard (Begründer von Wolffs Telegraphenbüro), in: Allgemeine Deutsche Biographie (ADB) Bd. 55, Leipzig 1910, S. 661–662.

Ferguson, Niall, Die Geschichte der Rothschilds. Bd. 1, 1798–1848, Stuttgart u. a. 2002.

Fett, Torsten, Historische Entwicklung der KGaA und ihre heutige Bedeutung, in: Schütz, Carsten/Bürgers, Tobias/Riotte, Michael (Hg.), Die Kommanditgesellschaft auf Aktien, München 2004, § 1 Rn. 1–13.

Fezer, Karl-Heinz, Die Haltung der Rechtswissenschaften zu den Kartellen bis 1914, in: Pohl, Hans (Hg.), Kartelle und Kartellgesetzgebung in Praxis und Rechtsprechung vom 19. Jahrhundert bis zur Gegenwart, Stuttgart 1985, S. 51–68.

Field, Alexander James, The magnetic telegraph, price and quantity data, and the new management of capital, in: Journal of Economic History Vol. 52 (1992), S. 401–413.

Fischer, Ellen, Leopold Ullstein (1826–1899), in: Fischer, Heinz-Dietrich (Hg.), Deutsche Presseverleger des 18. und 20. Jahrhunderts, Pullach 1975, S. 163–171.

Fischer, Wolfram, Das Verhältnis von Staat und Wirtschaft in Deutschland am Beginn der Industrialisierung, in: KYKLOS International Review for Social Sciences 13 (1961), S. 337–361.

Ders., Wirtschaft und Gesellschaft im Zeitalter der Industrialisierung. Aufsätze – Studien – Vorträge, Göttingen 1972.

Ders., Der deutsche Zollverein. Fallstudie einer Zollunion, in: Ders., Wirtschaft und Gesellschaft im Zeitalter der Industrialisierung. Aufsätze – Studien – Vorträge, Göttingen 1972, S. 110–128.

Fischer-Frauendienst, Irene, Bismarcks Pressepolitik, Münster 1963.

Flichy, Patrice, Une histoire de la communication moderne. Espace public et vie privée, 2. Aufl. Paris 2004.

Flume, Johannes W., Vermögenstransfer und Haftung: eine Studie zur Nutzbarmachung der Universalsukzession für die Unternehmenspraxis, Berlin 2008.

Flume, Werner, Um ein neues Unternehmensrecht: Vortrag gehalten vor der Berliner Juristischen Gesellschaft am 28. November 1979, Berlin 1980.

Frédérix, Pierre, Un siècle de chasse aux nouvelles. De l'Agence d'information Havas à l'Agence France-Presse (1835–1957), Paris 1959.

Frey, Bruno S., Die ökonomische Theorie der Politik oder die neue politische Ökonomie. Eine Übersicht, in: Zeitschrift für die gesamte Staatswissenschaft 126 (1970), S. 1–23.

Friedrich, Manfred, „Laband, Paul", in: Historische Kommission bei der bayerischen Akademie der Wissenschaften (Hg.), Neue Deutsche Biographie Bd. 13 (1982), S. 362–363.

Ders., „Roesler, Hermann", in: Historische Kommission bei der bayerischen Akademie der Wissenschaften (Hg.), Neue Deutsche Biographie Bd. 21 (2003), S. 742–743.

Ders., „Rönne, Ludwig von", in: Historische Kommission bei der bayerischen Akademie der Wissenschaften (Hg.), Neue Deutsche Biographie Bd. 21 (2003), S. 729.

Frotscher, Werner/Pieroth, Bodo, Verfassungsgeschichte, 8. Aufl. München 2009.

Fuchs, Gero, Die politische Bedeutung des Allgemeinen Deutschen Handelsgesetzbuches im 19. Jahrhundert, in: Bonner Rechtsjournal 01/2013, S. 13–18.

Gall, Lothar, Die Deutsche Bank 1870–1995, München 1995.

Gehlen, Boris, Die deutschen Telekommunikationsmärkte im „langen" 19. Jahrhundert: Marktordnung, Investitionen, Preisbildung, in: Kurth, Matthias/Schmoeckel, Mathias (Hg.), Regulierung im Telekommunikationssektor. Chancen und Risiken im historischen Prozess, Tübingen 2012, S. 27–52.

Gehrke, Roland, Landtag und Öffentlichkeit: provinzialständischer Parlamentarismus in Schlesien 1825–1845, Köln u. a. 2005.

Geister, Hans-Armin, Wettbewerbs- und Industriepolitik der Europäischen Gemeinschaft, Berlin 1981.

Geppert, Dominik, Pressekriege. Öffentlichkeit und Diplomatie in den deutsch-britischen Beziehungen (1896–1912), München 2007.

Gierke, Julius von, Das Handelsunternehmen, in: Zeitschrift für das gesamte Handelsrecht und Wirtschaftsrecht 111 (1948), S. 1–17.

Ders., Handels- und Schiffahrtsrecht, 8. Aufl. Berlin 1958.

Gornig, Gilbert-Hanno, Äußerungsfreiheit und Informationsfreiheit als Menschenrechte. Die Verankerung der Äußerungs-, Informations-, Presse- und Rundfunkfreiheit sowie des Zensurverbots in völkerrechtlichen Übereinkommen und in den Rechtsordnungen der KSZE-Staaten, Berlin 1988.

Gröschner, Rolf, Das Überwachungsrechtsverhältnis. Wirtschaftsüberwachung in gewerbepolizeirechtlicher Tradition und wirtschaftsverwaltungsrechtlichem, Tübingen 1992.

Grossfeld, Bernhard, Die rechtspolitische Beurteilung der Aktiengesellschaft im 19. Jahrhundert, in: Coing, Helmut/Wilhelm, Walter (Hg.), Wissenschaft und Kodifikation des Privatrechts im 19. Jahrhundert, Bd. IV: Eigentum und industrielle Entwicklung, Wettbewerbsordnung und Wettbewerbsrecht, Frankfurt a. M. 1979, S. 236–254.

Ders., Zur Kartellrechtsdiskussion vor dem Ersten Weltkrieg, in: Coing, Helmut/Wilhelm, Walter (Hg.), Wissenschaft und Kodifikation des Privatrechts im 19. Jahrhunderts, Bd. IV: Eigentum und industrielle Entwicklung Wettbewerbsordnung und Wettbewerbsrecht, Frankfurt a. M. 1979, S. 255–296.

Ders., Josef Kohler (1849–1919), in: Grundmann, Stefan von/Kloepfer, Michael/Paulus, Christoph G. et al. (Hg.), Festschrift 200 Jahre Juristische Fakultät der Humboldt-Universität zu Berlin, Berlin 2010, S. 375–404.

Gschwend, Lukas, Gedanken zur Wechselwirkung von Recht und Wirtschaft in Mitteleuropa zwischen 1750 und 1850, in: Ders./Mortanges, René Pahud de (Hg.), Wirtschaftsrechtsgeschichte der Modernisierung in Mitteleuropa. Zur Wechselwirkung zwischen wirtschaftlichen und rechtlichen Entwicklungen im Rahmen der grossen Transformation 1750–1850, Zürich/St. Gallen 2009, S. 3–24.

Hadding, Walther/Kießling, Erik, Anfänge deutschen Aktienrechts: Das Preußische Aktiengesetz vom 9. November 1843, in: Ecker, Jörn (Hg.), Der praktische Nutzen der Rechtsgeschichte. Hans Hattenhauer zum 8. September 2001, Heidelberg 2003, S. 159–190.

Haferkamp, Hans-Peter, Historische Rechtsschule, in: Jaeger, Friedrich (Hg.), Enzyklopädie der Neuzeit. Bd. 5 (Gymnasium-Japanhandel), Stuttgart/Weimar 2007, S. 498–504.

Ders., Der Kölner Telegrafenfall, in: Falk, Ulrich/Luminati, Michele/Schmoeckel, Mathias (Hg.), Fälle aus der Rechtsgeschichte, München 2008, S. 254–265.

Hahn, Hans-Werner, Die Industrielle Revolution in Deutschland, 3. Aufl. München 2011.

Hardach, Gerd, Der Deutsche Industrie- und Handelskammertag 1861–2011. Der Spitzenverband der Industrie- und Handelskammern im Wandel der Zeit, Berlin 2011.

Hattenhauer, Hans, Einführung in die Geschichte des Preußischen Allgemeinen Landrechts, in: Ders. (Hg.), Allgemeines Landrecht für die Preußischen Staaten von 1794. Textausgabe mit einer Einführung von Hans Hattenhauer, Frankfurt a. M./Berlin 1970, S. 11–39.

He, Jiamming, Die Nachrichtenagenturen in Deutschland. Geschichte und Gegenwart, Frankfurt a. M. 1996.

Heintzen, Markus, Beteiligung Privater an der Wahrnehmung öffentlicher Aufgaben und staatliche Verantwortung, in: Veröffentlichungen der Vereinigung der Deutschen Staatsrechtslehrer Bd. 62, Berlin 2003, S. 220–266.

Helbing, Klaus, Die Bethmanns. Aus der Geschichte eines alten Handelshauses zu Frankfurt am Main, Wiesbaden 1948.

Hellmann, Gunther/Wagner, Wolfgang/Baumann, Rainer, Deutsche Außenpolitik: Eine Einführung, 2. Aufl. Wiesbaden 2006.

Hendrickson, Kenneth E. (Hg.), The Encyclopedia of the Industrial Revolution in World History, Bd. 3, Lanham 2014.

Hentsch, Christian-Henner, Die Bergischen Stahlgesetze (1847/54). Der Beginn des modernen Markenschutzes, Köln u. a. 2011.

Hentschel, Volker, Die deutschen Freihändler und der volkswirtschaftliche Kongreß 1858 bis 1885, (Industrielle Welt, Bd. 16), Stuttgart 1975.

Herbarth, Dieter, Die Entwicklung der optischen Telegraphie in Preußen, Köln 1978.

Hermann, Klaus, Die Haltung der Nationalökonomie zu den Kartellen bis 1914, in: Pohl, Hans (Hg), Kartelle und Kartellgesetzgebung in Praxis und Rechtsprechung vom 19. Jahrhundert bis zur Gegenwart, Stuttgart 1985, S. 42–50.

Hesse, Jan-Otmar, Im Netz der Kommunikation. Die Reichs-Post- und Telegraphenverwaltung 1876–1914, München 2002.

Ders., Information und Wissen in der ökonomischen Theorie. Überlegungen zum Zusammenhang von Mediengeschichte und Geschichte der Wirtschaftswissenschaft, in: Adelmann, Ralf/Ders./Keilbach, Judith/Stauff, Markus/Thiele, Matthias (Hg.), Ökonomie des Medialen. Tausch, Wert und Zirkulation in den Medien- und Kulturwissenschaften, Bielefeld 2006, S. 103–125.

Ders., Wirtschaftsgeschichte. Entstehung und Wandel der modernen Wirtschaft, Frankfurt a. M./New York 2013.

Hessler, Markus A., Regulieren oder Nichtregulieren; das ist hier die Frage. Wettbewerbsökonomische Analyse des Telekommunikationsmarktes unter besonderer Beachtung der aktuellen Entwicklung der Zugangsnetze in Deutschland, Norderstedt 2015.

Hildebrand, Klaus, Das vergangene Reich. Deutsche Außenpolitik von Bismarck bis Hitler 1871–1945, München/Oldenburg 2008.

Hofer, Sibylle, Freiheit ohne Grenzen? Privatrechtstheoretische Diskussionen im 19. Jahrhundert, Tübingen 2001.

Hoffmann-Riem, Wolfgang, Innovation und Recht – Recht und Innovation. Recht im Ensemble seiner Kontexte, Tübingen 2016.

Höhne, Hansjoachim, Nachrichtenagenturen im Vergleich, in: Publizistik. Vierteljahreshefte für Kommunikationsforschung 1973, S. 117–125.

Ders., Die Geschichte der Nachricht und ihrer Verbreiter, Baden-Baden 1977.

Ders., Neue Medien geben neue Impulse, Baden-Baden 1984.

Ders., Nachrichtenagenturen unter Bismarcks Regie. Zwei aktenkundige Beispiele, in: Publizistik 1984, S. 104–110.

Ders., Meinungsfreiheit durch viele Quellen. Nachrichtenagenturen in Deutschland, in: Publizistik 1992, S. 50–63.

Hommelhoff, Peter, Geschichtliche Rechtswissenschaft und Recht der Kapitalgesellschaften, in: Eckert, Jörn (Hg.), Der praktische Nutzen der Rechtsgeschichte. Hans Hattenhauer zum 8. September 2001, Heidelberg 2003, S. 227–243.

Hopt, Klaus J., Ideelle und wirtschaftliche Grundlagen der Aktien-, Bank- und Börsenrechtsentwicklung im 19. Jahrhundert, in: Coing, Helmut/Wilhelm, Walter (Hg.), Wissenschaft und Kodifikation im 19. Jahrhundert, Bd. V. Geld und Banken, Frankfurt a. M. 1980, S. 125–168.

Hösch, Edgar, Geschichte der Balkanländer. Von der Frühzeit bis zur Gegenwart, 5. Aufl. München 2008.

Hübner, Rudolf, „Beseler, Georg“, in: Allgemeine Deutsche Biographie Bd. 46 (1902), S. 445–472.

Hugill, Peter J., Global Communications since 1844. Geopolitics and technology, Baltimore 1999.

Isensee, Josef, § 73 Staatsaufgaben, in: *Ders./Kirchhof*, Paul/(Hg.), Handbuch des Staatsrechts der Bundesrepublik Deutschland. Bd. IV. Aufgaben des Staates, 2. Aufl. Heidelberg 2006, S. 117–160.

Jaeger, Hans, Jüdische Unternehmer und die deutschen Eisenbahnen (1835–1933), in: Mosse, Werner E./Pohl, Hans (Hg.), Jüdische Unternehmer in Deutschland im 19. und 20. Jahrhundert, Stuttgart 1992, S. 119–131.

Ders., Gegenwart und Zukunft der historischen Unternehmensforschung, in: Tradition. Zeitschrift für Firmengeschichte und Unternehmerbiographie 17 (1972), S. 106–124.

Jäger, Georg, Geschichte des deutschen Buchhandels im 19. und 20. Jahrhundert, Bd. 1, Das Kaiserreich 1871–1918, Teil 3, Berlin u. a. 2010.

Jähnke, Burkhard, Über die Überprüfung des Revisionsgerichts zur Nachprüfung der tatrichterlichen Beweiswürdigung, in: Ebert, Udo/Roxin, Claus/Rieß, Peter/Wahle, Eberhard/(Hg.), Festschrift für Ernst-Walter Hanack zum 70. Geburtstag am 30. August 1999, Berlin/New York 1999, S. 355–368.

Jensen, Michael/Meckling, William, Theory of the firm. Managerial behavior, agency costs, and ownership structure, in: Journal of Financial Economics 3 (1976), S. 305–360.

Jung, Hans, Allgemeine Betriebswirtschaftslehre, 12. Aufl. Oldenburg 2010.

Kaelble, Hartmut, Berliner Unternehmer während der frühen Industrialisierung: Herkunft, sozialer Status und politischer Einfluß, Berlin 1972.

Katz, Michael L/Shapiro, Carl, Network Externalities, Competition and Compatibility, in: American Economic Review 75 (1985), S. 424–440.

Ders./Shapiro, Carl, Product Compatibility Choice in a Market with Technological Progress, in: Oxford Economic Papers Vol. 38 (1986), S. 146–165.

Ders./Shapiro, Carl, Technology Adoption in the Presence of Network Externalities, in: Journal of Political Economy 94 (1986), S. 822–841.

Kaufhold, Karl Heinrich, Handwerkliche Tradition und industrielle Revolution, in: Ders./Riemann, Friedrich (Hg.), Theorie und Empirie in Wirtschaftspolitik und Wirtschaftsgeschichte. Festschrift für Wilhelm Abel zum 80. Geburtstag, Göttingen 1984, S. 169–188.

Kennedy, Paul Michael, Imperial Cable Communications and Strategy, 1870–1914, in: The English Historical Review, 86 (341) 1971, S. 728–752.

Kiehling, Hartmut, Wirtschafts- und Sozialgeschichte kompakt, München 2009.

Kilger, Franz, Die Entwicklung des Telegraphenrechts im 19. Jahrhundert mit besonderer Berücksichtigung der technischen Entwicklung, Frankfurt a. M. 1993.

Kilian, Meike, Das Gesetz über die privaten Versicherungsunternehmungen von 1901. Eine traditionsbestimmte Synthese aus Versichertenschutz und regulierter Wettbewerbsfreiheit als Ausdruck eines gewandelten staatlichen Aufgabenverständnisses?, Tübingen 2015.

Kirchner, Christian, Ökonomische Theorie des Rechts. Überarbeitete und ergänzte Fassung eines Vortrages gehalten vor der Juristischen Gesellschaft zu Berlin am 16. Oktober 1996, Berlin/New York 1997.

Kirsch, Guy, Neue Politische Ökonomie, 5. Aufl. Stuttgart 2004.

Kleinheyer, Gerd/Schröder, Jan, Deutsche Juristen aus fünf Jahrhunderten. Eine biographische Einführung in die Geschichte der Rechtswissenschaft, 6. Aufl. Heidelberg 2017.

Kleinschmidt, Christian, Technik und Wirtschaft im 19. und 20. Jahrhundert, München 2007.

Kloepfer, Michael, Technik und Recht im wechselseitigen Werden. Kommunikationsrecht in der Technikgeschichte, Berlin 2002.

Knieps, Günter, Netzökonomie. Grundlagen, Strategien, Wettbewerbspolitik, Wiesbaden 2007.

Köbele, Bernd, Fernmeldewesen und Telematik in ihrer rechtlichen Wechselwirkung, Berlin 1991.

Koberg, Peter, Die Entstehung der GmbH in Deutschland und Frankreich unter Berücksichtigung der Entwicklung des deutschen und französischen Gesellschaftsrechts, Köln 1992.

Kocka, Jürgen, Unternehmer in der deutschen Industrialisierung, Göttingen 1975.

Kolb, Anne, Transport und Nachrichtentransfer im Römischen Reich, Berlin 2001.

Köllmann, Wolfgang, „Heydt, August Freiherr von der“, in: Historische Kommission bei der bayerischen Akademie der Wissenschaften (Hg.), Neue Deutsche Biographie 9 (1972), S. 74–76.

Körbs, Michael/Voigt, Immanuel, Blinker. Zwischen Vergessen und Wiederentdeckung. Optische Telegrafie und Signalisten 1880 bis 1918, 2. Aufl. Jena 2017.

Koszyk, Kurt, Geschichte der deutschen Presse. Teil II. Deutsche Presse im 19. Jahrhundert, Berlin 1966.

Ders., Deutsche Pressepolitik im Ersten Weltkrieg, Düsseldorf 1968.

Kotulla, Michael, Deutsche Verfassungsgeschichte, Berlin u. a. 2008.

Ders., Deutsches Verfassungsrecht 1806–1918. Eine Dokumentensammlung nebst Einführung. Bd. 4, Berlin/Heidelberg 2016.

Kraus, Hans-Christof, Kultur, Bildung und Wissenschaft im 19. Jahrhundert, München 2008.

Kroeschell, Karl, Zielsetzung und Arbeitsweise der Wissenschaft vom gemeinen deutschen Privatrecht, in: Coing, Helmut/Wilhelm Walter (Hg.), Wissenschaft und Kodifikation des Privatrechts im 19. Jahrhundert, Bd. 1, Frankfurt a. M. 1974, S. 249–276.

Lammel, Siegbert, Das Verbot der Kartelle durch § 138 BGB – eine verpaßte Gelegenheit?, in: Zeitschrift für Neuere Rechtsgeschichte Bd. 3 (1987), S. 51–73.

Landwehr, Götz, Die Verfassung der Aktiengesellschaft. Rechtsverhältnisse in Preußen vom Anfang des 19. Jahrhunderts bis zum Jahre 1870, in: Zeitschrift der Savigny-Stiftung für Rechtsgeschichte. Germanistische Abteilung Bd. 99 (1982), S. 1–112.

Lefebvre-Teillard, Anne, L'industrialisation et le droit. Le développement des sociétés par actions en france au XIX S., in: Coing, Helmut (Hg.), Studien zur Entwicklung der Industrialisierung auf das Recht, Berlin 1991, S. 51–77.

Lehmann, Matthias, Finanzinstrumente. Vom Wertpapier- und Sachenrecht zum Recht der unkörperlichen Vermögensgegenstände, Tübingen 2009.

Lepore, Jill, The Disruption Machine. What the gospel of innovation gets wrong, in: The New Yorker, 23. Juni 2014, S. https://www.newyorker.com/magazine/2014/06/23/the-disruption-machine (zuletzt abgerufen am 4.12.2018).

Linde, Frank, Ökonomie der Information, 2. Aufl. Göttingen 2008.

Lindenlaub, Dieter, Die Glaubwürdigkeit einer neuen Währung: Die Einführung der Mark in Deutschland 1871–1876, in: Bankhistorisches Archiv Bd. 28 (2002), S. 21–39.

Link, Christoph, Aufgeklärtes Naturrecht und Gesetzgebung – vom Systemgedanken zur Kodifikation, in: Birtsch, Günter/Willoweit, Dietmar (Hg.), Reformabsolutismus und ständische Gesellschaft. Zweihundert Jahre Preußisches Allgemeines Landrecht, Berlin 1998, S. 21–46.

Löhnig, Martin, Die Sätze 29 ff. des Anhangs zum Badischen Landrecht von 1810: Die erste Kodifikation des Aktienrechts in Deutschland, in: Gschwend, Lukas/Mortanges René Pahud de (Hg.), Wirtschaftsrechtsgeschichte der Modernisierung in Mitteleuropa. Zur Wechselwirkung zwischen wirtschaftlichen und rechtlichen Entwicklungen im Rahmen der grossen Transformation, Zürich/St. Gallen 2009, S. 191–205.

Löhr, Alfred, Elektrische Nachrichtentechnik, in: Christiansen, Jörn (Hg.), Bremen wird hell. 100 Jahre Leben und Arbeiten mit Elektrizität, Bremen 1993, S. 301–310.

Lüders, Carsten, „Magnus, Friedrich Martin Freiherr von", in: Historische Kommission bei der bayerischen Akademie der Wissenschaften (Hg.), Neue Deutsche Biographie Bd. 15, Berlin 1987, S. 672–673.

Luhmann, Niklas, Soziale Systeme. Grundriß einer allgemeinen Theorie, Frankfurt a. M. 1984.

Maetschke, Matthias, Ursprünge der Zwangskartellgesetzgebung. Der Entwurf eines Gesetzes über den Absatz von Kalisalzen von 12. Dezember 1909, Baden-Baden 2008.

Ders., Allgemeines Deutsches Handelsgesetzbuch von 1861, in: Schmoeckel, Mathias/Stolte, Stefan (Hg.), Examinatorium Rechtsgeschichte, Köln/München 2008, S. 57–60.

Ders., Recht, Wettbewerb und Industrialisierung. Die rechtlichen Rahmenbedingungen der Industrialisierung in Preußen und Deutschland (1807 bis 1873), in: Ders./Schmoeckel, Matthias/Mayenburg, David von, Das Recht der Industriellen Revolution, Tübingen 2013, S. 17–67.

Ders., Wettbewerbsgefahr für den inländischen Rübenzucker, in: Zeitschrift für Neuere Rechtsgeschichte 38 (2016), S. 220–240.

Ders., „Verdammung der Missethäter zur Bergarbeit". Das Scheitern der Bergwerksstrafe im frühneuzeitlichen Europa, Tübingen 2016.

Mallmann, Luitwin, 100 Jahre Gesamtmetall – Perspektiven aus Tradition 1890–1990, Köln 1990.

Martin, Paul Christoph, Die Entstehung des preußischen Aktiengesetzes von 1843, in: Vierteljahresschrift für Sozial- und Wirtschaftsgeschichte Bd. 56 (1969), S. 499–542.

Meddlies, Dirk, Modernisierung in der preußischen Provinz? Der Regierungsbezirk Stettin im 19. Jahrhundert, Göttingen 2012.

Meier, Johann Christian, Die Entstehung des Börsengesetzes vom 22. Juni 1896, St. Katharinen 1992.

Menges, Franz, „Scherl, August", in: Historische Kommission bei der bayerischen Akademie der Wissenschaften (Hg.), Neue Deutsche Biographie Bd. 22 (2005), S. 698–699.

Merges, Robert P., A Transactional View of Property Rights, in: Kieff, F. Scott/Paredes, Troy A. (Hg.), Perspectives On Commercializing Innovation, Cambridge 2012, S. 47–82.

Mertens, Bernd, Vom Merkantilismus zum Shareholder Value. Aktionärsinteresse, Unternehmensinteresse und Gemeinwohl aus rechtshistorischer Sicht, in: Zwanzger Michael/Eisfeld, Jens/Otto, Martin/Pahlow, Louis (Hg.), Naturrecht und Staat in der Neuzeit. Diethelm Klippel zum 70. Geburtstag, Tübingen 2013, S. 602–622.

Michalczyk, Roman, Europäische Ursprünge der Regulierung von Wettbewerb. Eine rechtshistorische interdisziplinäre Suche nach einer europäischen Regulierungstradition am Beispiel der Entwicklung der Eisenbahn in England, Preußen und den USA, Tübingen 2010.

Mieck, Ilja, Preussische Gewerbepolitik in Berlin 1806–1844. Staatshilfe und Privatinitiative zwischen Merkantilismus und Liberalismus, Berlin 1965.

Minholz, Michael/Stirnberg, Uwe, Der Allgemeine Deutsche Nachrichtendienst (ADN), München u. a. 1995.

Mohnhaupt, Heinz, Historische Konkurrenzen und Beeinflussungen zwischen Privatrecht und öffentlichem Recht, in: Rechtsgeschichte 19 (2011), S. 239–246.

Morsey, Rudolf, Zur Pressepolitik Bismarcks. Die Vorgeschichte des Pressedezernats im Auswärtigen Amt (1870), in: Publizistik 1965, S. 177–181.

Mues, Jochen, Die Börse als Unternehmen: Modell einer privatrechtlichen Börsenorganisation, Baden-Baden 1999.

Müller, Volker, Staatstätigkeit in den Staatstheorien des 19. Jahrhunderts, Wiesbaden 1991.

Nahmer, Noell von der, Bismarcks Reptilienfonds. Aus den Geheimakten Preußens und des Deutschen Reiches, Mainz 1968.

Nalbach, Alex, „Poisoned at the Source"? Telegraphic News Services and Big Business in the Nineteenth Century, in: Business History Review 77/2003, S. 577–610.

Naujoks, Eberhard, Bismarck und das Wolffsche Telegraphenbüro, in: Geschichte in Wissenschaft und Unterricht 14 (1963), S. 605–616.

Ders., Bismarcks Auswärtige Pressepolitik und die Reichsgründung 1856–1871, Wiesbaden 1968.

Neitemeier, Martin, Die Telegraphen-Union, in: Wilke, Jürgen (Hg.), Telegraphenbüros und Nachrichtenagenturen in Deutschland. Untersuchungen zu ihrer Geschichte bis 1949, München u. a. 1991, S. 87–97.

Niedhart, Gottfried, Geschichte Englands im 19. und 20. Jahrhundert, 3. Aufl. München 2004.

Nipperdey, Thomas, Deutsche Geschichte 1800–1866. Bürgerwelt und starker Staat, München 2017.

Nörr, Knut Wolfgang, Die Leiden des Privatrechts, Tübingen 1994.

Ders, Das Unternehmen in der Wirtschafts- und Rechtsordnung 1880 bis 1930. Ein Beitrag zur Morphologie der organisierten Wirtschaft, in: Coing, Helmut/et. al. (Hg.), Staat und Unternehmen aus der Sicht des Rechts. Deutsch-japanisches Symposium in Kyoto vom 1. bis 3. Oktober 1992, Tübingen 1994, S. 15–34.

North, Douglass Cecil, Theorie des institutionellen Wandels. Eine neue Sicht der Wirtschaftsgeschichte, Tübingen 1988.

Ders., Institutions, in: The Journals of Economic Perspectives 1991, S. 97–112.

OECD (Hg.), From Lessons to Principles for the use of Public-Private Partnerships. 32nd Annual meeting of Working Party of Senior Budget Officials 6–7 June, Luxembourg 2011.

Dies. (Hg.), Recommendation of the Council on Principles for Public Governance of Public-Private Partnerships, 2012.

Pahlow, Louis, Unternehmensrechtsgeschichte. Methoden und Perspektiven, in: Zeitschrift für Neuere Rechtsgeschichte 2014, S. 83–101.

Patt, Markus, Der „Misserfolg" des preußischen Eisenbahngesetzes von 1838. Von mangelnder Rechtssicherheit bei der gesetzlichen Zulassung der Eisenbahnaktiengesellschaft, in: Maetschke, Matthias/Mayenburg, David von/Schmoeckel, Mathias (Hg.), Das Recht der Industriellen Revolution, Tübingen 2013, S. 139–160.

Ders., Tarifbestimmung im Eisenbahnsektor. Eine epochenübergreifende Untersuchung der rechtlichen Ausgestaltung der Gütertariffestlegung in Deutschland (1838–1960er), Tübingen 2017.

Paupié, Kurt, Die Frankfurter Zeitung, in: Fischer, Heinz-Dietrich (Hg.), Deutsche Zeitungen des 17. bis 20. Jahrhunderts, Pullach 1972, S. 241–256.

Peters, Hans, Öffentliche und staatliche Aufgaben, in: Dietz, Rolf (Hg.), Festschrift für Hans Carl Nipperdey zum 70. Geburtstag, 21. Januar 1965. Bd. II, München 1965, S. 877–914.

Ders., Aus der Geschichte der Nachrichtentechnik von der Antike bis zur Gegenwart – unter besonderer Berücksichtigung der Entwicklung der optischen Telegraphie in Frankreich und Preußen, in: Henning, Friedrich-Wilhelm (Hg.), Die Telegraphenstation Köln-Flittard. Eine kleine Geschichte der Nachrichtentechnik, Köln 1973, S. 21–60.

Pierenkemper, Toni, Was kann eine moderne Unternehmensgeschichte leisten? Und was sollte sie tunlichst vermeiden?, in: Zeitschrift für Unternehmensgeschichte 1 (1999), S. 15–31.

Ders., Überlegungen zum Verhältnis von Theorie und Empirie in der modernen Unternehmensforschung. Eine Replik auf Dieter Schneider, in: Jahrbücher für die Nationalökonomie und Statistik 2003, S. 497–509.

Pierenkemper, Roger, Kartellbußen aus rechtlicher und ökonomischer Sicht. Der Problemfall der Zementkartelle, Tübingen 2012.

Pirker, Reinhard/Resch, Andreas, Anmerkungen zur Theorie der Firma und Transaktionskostenökonomik im Sinne von Ronald H. Coase und Oliver E. Williamson, in: Miki-Horke, Gertraude/Ders./Resch, Andreas (Hg.), Theorie der Firma: interdisziplinär, Wiesbaden 2011, S. 11–27.

Plumpe, Werner, Unternehmen, in: Ambrosius Gerold/Petzina, Dietmar/Ders. (Hg.), Moderne Wirtschaftsgeschichte. Eine Einführung für Historiker und Ökonomen, München 2006, S. 61–94.

Ders., Der Gründerkrach, die Krise des liberalen Paradigmas und der Aufstieg des Kathedersozialismus, in: Ders./Scholtyseck, Joachim (Hg.), Der Staat und die Ordnung der Wirtschaft, Stuttgart 2012, S. 17–42.

Pohl, Hans, Das deutsche Bankwesen (1806–1848), Frankfurt a.M. 1982.

Ders., Einleitung, in: Ders. (Hg.), Kartelle und Kartellgesetzgebung in Praxis und Rechtsprechung vom 19. Jahrhundert bis zur Gegenwart, Stuttgart 1985, S. 11–14.

Ders., Kartelle und Kartellgesetzgebung in Praxis und Rechtsprechung vom 19. Jahrhundert bis zur Gegenwart, Stuttgart 1995.

Ders., Zwischen Weihrauch und Wissenschaft? Zum Standort der modernen Unternehmensgeschichte. Eine Replik auf Toni Pierenkemper, in: Zeitschrift für Unternehmensgeschichte 2 (1999), S. 150–163.

Pohl, Manfred, Die Entwicklung des deutschen Bankwesens zwischen 1848 und 1870, Frankfurt a.M. 1982.

Pohlhausen, Robert, Zum Recht der allgemeinen Geschäftsbedingung im 19. Jahrhundert, Ebelsbach/M. 1978.

Polanyi, Karl, The Great Transformation. The Political and Economic Origins of Our Time, Boston 1944 (Nachdruck 2001).

Potschka, Georg, Die Kölnische Zeitung, in: Fischer, Heinz-Dietrich (Hg.), Deutsche Zeitungen des 17. bis 20. Jahrhunderts, Pullach 1972, S. 145–158.

Pürer, Heinz/Raabe, Johannes, Presse in Deutschland, Konstanz 2007.

Püttner, Günter, Unternehmensverfassung, Managementtheorie und Effektivität öffentlicher Unternehmen, in: Eichhorn, Peter (Hg.), Unternehmensverfassung in der privaten und öffentlichen Wirtschaft. Festschrift für Prof. Dr. Erich Potthoff zur Vollendung des 75. Lebensjahres, Baden-Baden 1979, S. 21–30.

Räntzsch, Andreas M., Druckmaschinen. Die Geschichte der Bildungs- und Kommunikationsmaschine von 1812 bis 2012, Göppingen 2012.

Read, Donald, The Power of News. The History of Reuters, 2. Aufl. Oxford u. a. 1999.

Reindl, Josef, Der Deutsch-Österreichische Telegraphenverein und die Entwicklung des deutschen Telegraphenwesens 1850–1871. Eine Fallstudie zur administrativ-technischen Kooperation deutscher Staaten vor der Gründung des Deutschen Reiches, Frankfurt a. M. u. a. 1993.

Ders., Partikularstaatliche Politik und technische Dynamik: Die drahtgebundene Telegraphie und der Deutsch-Österreichische Telegraphenverein von 1850, in: Teuteberg, Hans-Jürgen/Neutsch, Cornelius (Hg.), Vom Flügeltelegraphen zum Internet: Geschichte der modernen Telekommunikation, Stuttgart 1998, S. 27–46.

Reske, Christoph, Die Geschichte der Satz- und Reproduktionstechnik sowie der Druckverfahren im 20. Jahrhundert, in: Füssel, Stephan (Hg.), Gutenberg-Jahrbuch, Bd. 75, Wiesbaden 2000, S. 376–404.

Richter, Klaus W., Die Wirkungsgeschichte des deutschen Kartellrechts vor 1914. Eine rechtshistorisch-analytische Untersuchung, Tübingen 2007.

Richter, Rudolf/Furubotn, Eirik G., Neue Institutionenökonomik. Eine Einführung und kritische Würdigung, 3. Aufl. Tübingen 2003.

Ritter, Ernst-Hasso, Der kooperative Staat. Bemerkungen zum Verhältnis von Staat und Wirtschaft, in: Archiv für öffentliches Recht 104 (1979), S. 389–413.

Rittner, Fritz, Neuste Privatrechtsgeschichte und Wirtschaftsrechtsgeschichte, in: Zeitschrift für Neuere Rechtsgeschichte 13 (1991), S. 173–186.

Ders./Dreher, Meinrad, Europäisches und deutsches Wirtschaftsrecht. Eine systematische Darstellung, 3. Aufl. Heidelberg u. a. 2008.

Rüberg, Johannes, Gesetzgebung zwischen Innovation und Tradition: „Neue Märkte" in der Telekommunikation im rechtshistorischen Vergleich, in: Kurth, Matthias/Schmoeckel, Mathias (Hg.), Regulierung im Telekommunikationssektor. Chancen und Risiken im historischen Prozess, Tübingen 2012, S. 53–66.

Ders., Kapazitätsengpässe vs. Netzneutralität. Dienstgüte- und Preisdiversifikation im deutschen Fernmeldewesen des 19. und 20. Jahrhunderts, in: Schorkopf, Frank/Schmoeckel, Mathias/Schulz, Günther/Ritschl, Albrecht (Hg.), Gestaltung der Freiheit. Regulierung von Wirtschaft zwischen historischer Prägung und Normierung, Tübingen 2013, S. 67–101.

Ders., Der Konkurrenzkampf der Netze. Die Entstehung des Telegraphenwegegesetzes von 1899, in: Maetschke, Matthias/Mayenburg, David von/Schmoeckel, Mathias (Hg.), Das Recht der Industriellen Revolution, Tübingen 2013, S. 117–137.

Ders., Die Preisbestimmung in der Telekommunikation. Ein rechtshistorischer Vergleich der Preissetzungsverfahren des deutschen und US-amerikanischen Fernmeldewesens von den Anfängen bis zum Beginn der Liberalisierung des Marktes, Tübingen 2017.

Rückert, Joachim, August Ludwig Reyschers Leben und Rechtstheorie 1802–1880, Berlin 1974.

Ders., Art. „Reyscher, August Ludwig“, in: Cordes, Albrecht/Haferkamp, Hans-Peter/Lück, Heiner/Werkmüller, Dieter/Bertelsmeier-Kierst, Christa (Hg.), Handwörterbuch zur deutschen Rechtsgeschichte Bd. 4 , 2. Aufl. Berlin 2004, S. 965–970.

Rütten, Wilhelm, Der Einfluß des englischen Tarifwesens auf die Entwicklung des deutschen Tarifvertragsrecht, in: Coing, Helmut (Hg.), Studien zur Entwicklung der Industrialisierung auf das Recht, Berlin 1991, S. 129–160.

Schadrowski, Marek, Information als Wirtschaftsgut. Nachrichtenagenturen im 19. Jahrhundert im Spannungsfeld zwischen freiem Markt und staatlicher Regulierung am Beispiel von „Wolffs Telegraphisches Bureau“, in: Maetschke, Matthias/Mayenburg, David von/Schmoeckel, Mathias (Hg.), Das Recht der Industriellen Revolution, Tübingen 2013, S. 247–264.

Schäfer, Carsten/Jahntz, Katharina, Gründungsverfahren und Gründungsmängel, in: Bayer, Walter/Habersack, Mathias (Hg.), Aktienrecht im Wandel. Bd. II Grundsatzfragen des Aktienrechts, Tübingen 2007, S. 217–285.

Schermeier, Martin Josef, Die Bestimmung des wesentlichen Irrtums von den Glossatoren bis zum BGB, Wien u. a. 2000.

Scherner, Karl Otto, Innovation und Recht. Das Beispiel der Einführung der Telegrafie in Deutschland im 19. Jahrhundert, in: Zeitschrift für Neurere Rechtsgeschichte 1994, S. 39–57.

Ders., Die Ausgestaltung des deutschen Telegraphenrechts seit dem 19. Jahrhundert, in: Teuteberg, Hans-Jürgen/Neutsch, Cornelius (Hg.), Vom Flügeltelegraphen zum Internet: Geschichte der modernen Telekommunikation, Stuttgart 1998, S. 132–162.

Schilling, Wolfang, Das Aktienunternehmen, in: Zeitschrift für das gesamte Handels- und Wirtschaftsrecht 144 (1980), S. 136–144.

Schlosser, Hans, Grundzüge der Neueren Privatrechtsgeschichte. Rechtsentwicklungen im europäischen Kontext, 10. Aufl. Heidelberg 2005.

Schmidt, Ernst Hartmut/Beneken, Gerd, Grundkurs Informatik. Grundlagen und Konzepte für die erfolgreiche IT-Praxis – Eine umfassende, praxisorientierte Einführung, Berlin 2015.

Schmidt, Karsten, Das HGB und die Gegenwartsaufgaben des Handelsrechts. Die Handelsrechtskodifkation im Lichte der Praxis. Vortrag gehalten vor der Berliner Juristischen Gesellschaft am 9. Juni 1982, Berlin/New York 1983.

Ders., Handelrecht, 5. Aufl. Köln 1999.

Ders., 150 Jahre Kommanditgesellschaft auf Aktien: Balanceakt eines Sonderlings, in: Bayer, Walter/Habersack, Mathias (Hg.), Aktienrecht im Wandel. Bd. II. Grundsatzfragen des Aktienrechts, Tübingen 2007, S. 1188–1211.

Schmidt-Aßmann, Eberhard, Herausbildung eines modernen Verwaltungsrechts, in: Heun, Werner/Schorkopf, Frank (Hg.), Wendepunkte der Rechtswissenschaft. Aspekte des Rechts in der Moderne, Göttingen 2014, S. 247–272.

Schmoeckel, Mathias, Auf der Suche nach der verlorenen Ordnung: 2000 Jahre Recht in Europa. Ein Überblick, Köln 2005.

Ders., „Gründerkrise" und „Grosse Depression". Zur Notwendigen Revision einer Geschichtsdeutung, in: Zeitschrift der Savigny-Stiftung für Rechtsgeschichte, Germanistische Abteilung 132 (2015), S. 251–322.

Ders., Schleiermacher und Savigny: Von der „intellektuellen Anschauung" zum historischen System (1795–1817), in: Niedersen, Uwe (Hg.), Reformation in Kirche und Staat. Von den Anfängen bis zur Gegemwart, Dresden/Torgau 2017, S. 197–224.

Ders., Einleitung: Die industrielle Revolution als Produkt einer neuen Rechtsordnung, in: Maetschke, Matthias/Mayenburg, David von/Ders. (Hg.), Das Recht der Industriellen Revolution, Tübingen 2013, S. 1–15.

Ders., Rechts- und Ideengeschichte der Regulierung im 19. Jahrhundert am Beispiel der Bahn, in: Collin, Peter/Bender, Gerd/Ruppert, Stefan/Seckelmann, Margrit/Stolleis Michael (Hg.), Regulierte Selbstregulierung im frühen Interventions- und Sozialstaat, Frankfurt a. M. 2012, S. 89–122.

Ders./Maetschke, Mathias, Rechtsgeschichte der Wirtschaft. Seit dem 19. Jahrhundert, 2. Aufl. Tübingen 2016.

Ders./Rückert, Joachim/Zimmermann, Reinhard, Historisch-kritischer Kommentar zum BGB. Bd. I: Allgemeiner Teil §§ 1–240, Tübingen 2003.

Schnee, Heinrich „Bleichröder, Heinrich Gerson von", in: Historische Kommission bei der bayerischen Akademie der Wissenschaften (Hg.), Neue Deutsche Biographie Bd. 2, Berlin 1955, S. 299.

Schneider, Dieter, Unternehmensgeschichte als eine Methode empirischer Forschung in der Wirtschaftswissenschaft, in: Jahrbücher für die Nationalökonomie und Statistik 2002, S. 621–631.

Scholz, Christopher, Geldmarktsteuerung und Krisenprävention. Die staatliche Leitung der Reichsbank nach dem Bankgesetz vom 14. März 1875, Tübingen 2016.

Schönhoven, Klaus, Die deutschen Gewerkschaften, Frankfurt a. M. 1987.

Schubel, Christian, Verbandssouveränität und Binnenorganisation der Handelsgesellschaften, Tübingen 2003.

Schuller, Sandra, Agenturjournalismus, Berlin 2003.

Schumny, Harald/Ohl, Rainer, Handbuch Digitaler Schnittstellen, Braunschweig/Wiesbaden 1994.

Schünemann, Wolfgang B., Existenzgründung und Recht, in: Konrad, Elmar D. (Hg.), Aspekte erfolgreicher Unternehmensgründungen, Münster u. a. 2005, S. 121–136.

Schuppert, Gunner Folke, Wege in die moderne Welt. Globalisierung von Staatslichkeit als Kommunikationsgeschichte, Frankfurt/New York 2015.

Schur, Wolfgang, Leistung und Sorgfalt. Zugleich ein Beitrag zur Lehre von der Pflicht im Bürgerlichen Recht, Tübingen 2001.

Schuster, Helmut, VWL kompakt: Einführung in die Volkswirtschaftslehre, 4. Aufl. Wien 2013.

Schwalbe, Ulrich/Zimmer, Daniel, Kartellrecht und Ökonomie. Moderne ökonomische Ansätze in der europäischen und deutschen Zusammenschlusskontrolle, 2. Aufl. Frankfurt a.M. 2011.

Schwarz, Hans-Peter, Axel Springer. Die Biografie, Berlin 2008.

Schwiesau, Dieter/Ohler, Josef, Nachrichten – klassisch und multimedial. Ein Handbuch für Ausbildung und Praxis, Wiesbaden 2016.

Schwingenstein, Christoph, „Löning, Carl Friedrich", in: Historische Kommission bei der bayerischen Akademie der Wissenschaften (Hg.), Neue Deutsche Biographie Bd. 15 (1987), S. 50–51.

Seidel, Rita, Verkehrsmittel Telegraph. Zur Geschichte der Telegraphie im 19. Jahrhundert bis 1866 unter besonderer Berücksichtigung des Raumes Hannover-Bremen, Hannover 1980.

Seidenzahl, Fritz, 100 Jahre Deutsche Bank – 1870–1970, Frankfurt a. M. 1970.

Servos, Rüdiger, Die Personenhandelsgesellschaften und die stille Gesellschaft in den Kodifikationen und Kodifikationsentwürfen vom ALR bis zum ADHGB, Köln 1984.

Sethe, Rolf, Die personalistische Kapitalgesellschaft mit Börsenzugang, Köln 1995.

Seyfert, Roland, Der Kartellgesetzentwurf im Lichte der sozialen Marktwirtschaft, Tübingen 1962.

Shapiro, Carl/Varian, Hal R., Information Rules: A Strategic Guide to the Network Economy, Boston 1999.

Shmanske, Stephen, News as a Public Good: Cooperative Ownership. Price Commitments, and the Success of the Associated Press, in: Business History Review Vol. 60 (1986), S. 55–79.

Sieferle, Rolf Peter, Die industrielle Transformation im 19. Jahrhundert, in: Gschwend Lukas/Mortanges, René Pahud de (Hg.), Wirtschaftsrechtsgeschichte der Modernisierung in Mitteleuropa. Zur Wechselwirkung zwischen wirtschaftlichen und rechtlichen Entwicklungen im Rahmen der grossen Transformation, Zürich/St. Gallen 2009, S. 243–276.

Siemann, Wolfram, Vom Staatenbund zum Nationalstaat. Deutschland 1806–1871, München 1991.

Silberstein-Loeb, Jonathan, The International Distribution of News. The Associated Press, Press Association, and Reuters, 1848–1947, Cambridge 2014.

Sjurts, Insa, Gabler Lexikon Medienwirtschaft, Wiesbaden 2004.

Smith, Adam, The Wealth of Nations, Volume I-V, London 1947.

Sösemann, Bernd, Publizistik in staatlicher Regie. Die Presse- und Informationspolitik der Bismarck-Ära, in: Kunisch, Joahnnes (Hg.), Bismarck und seine Zeit, Berlin 1992, S. 281–310.

Ders., „Reuter, Paul Julius Baron de", in: Historische Kommission bei der bayerischen Akademie der Wissenschaften (Hg.), Neue Deutsche Biographie Bd. 21, Berlin 2003, S. 471–472.

Specht-Riemenschneider, Louisa, Diktat der Technik – Regulierungskonzepte technischer Vertragsinhaltsgestaltung am Beispiel von Bürgerlichem Recht und Urheberrecht, Baden-Baden 2019.

Dies., Zum Verhältnis von (Urheber-)Recht und Technik. Erfordernis eines Dualismus von techniksensitivem Recht und rechtssensitiven technischen Durchsetzungsbefugnissen, in: Gewerblicher Rechtsschutz und Urheberrecht 2019, S. 253–259.

Dies., Konsequenzen der Ökonomisierung informationeller Selbstbestimmung: Die zivilrechtliche Erfassung des Datenhandels, Köln 2012.

Spindler, Gerald, Die Entwicklung der Satzungsfreiheit und Satzungsstrenge im deutschen Aktienrecht, in: Bayer, Walter/Habersack, Mathias (Hg.), Aktienrecht im Wandel. Bd. II. Grundsatzfragen des Aktienrechts, Tübingen 2007, S. 995–1026.

Stehlin, Volker/Gebhardt, Georg, Public Private Partnership – Ein Modell für Kommunen?, in: Verwaltungsblätter für Baden-Württemberg 2005, S. 90–95.

Steinmann, Horst, Das Großunternehmen im Interessenkonflikt. Ein wirtschaftswissenschaftlicher Diskussionsbeitrag zu Grundfragen einer Reform der Unternehmensordnung in hochentwickelten Industriegesellschaften, Stuttgart 1969.

Stern, Fritz, Gold und Eisen. Bismarck und sein Bankier Bleichröder, Frankfurt a. M./Berlin 2008.

Stöber, Gunda, Pressepolitik als Notwendigkeit. Zum Verhältnis von Staat und Öffentlichkeit im Wilhelminischen Deutschland 1890–1914, Stuttgart 2000.

Stöber, Rudolf, Deutsche Pressegeschichte. Von den Anfängen bis zur Gegenwart, 2. Aufl. Konstanz 2005.

Ders., Vom deutsch-französischen Krieg zum Zweiten Weltkrieg. Kriegsberichterstattung zwischen journalistischen Routinen und politischer Propaganda, in: Medien & Kommunikationswissenschaft 2/2007, S. 204–222.

Stoll, Hans, Tatbestände und Funktionen der Haftung für culpa in contrahendo, in: Ficker, Hans Claudius/König, Detlef/Kreuzer, Karl F./Leser, Hans G./Bieberstein, Wolfgang Marschall Frhr. von/Schlechtriem, Peter (Hg.), Festschrift für Ernst von Caemmerer zum 70. Geburtstag, Tübingen 1978, S. 433–476.

Stolleis, Michael, Der lange Abschied vom 19. Jahrhundert. Die Zäsur von 1914 aus rechtshistorischer Perspektive. Vortrag gehalten vor der Juristischen Gesellschaft zu Berlin am 22. Januar 1997, Berlin u. a. 1997.

Ders., Konstitution und Intervention. Studien zur Geschichte des öffentlichen Rechts im 19. Jahrhundert, Frankfurt a. M. 2001.

Ders., Geschichte des öffentlichen Rechts in Deutschland. Bd. 2. Staatsrechtslehre und Verwaltungswissenschaft 1800–1914, München 2017.

Stolte, Stefan, Gewerbefreiheit, in: Schmoeckel, Mathias/Ders. (Hg.), Examinatorium Rechtsgeschichte, München 2008, S. 90–92.

Storey, Graham, Reuters. The story of a century of news-gathering, 2. Aufl. New York 1969.

Ders., Reuter's Century (1851–1951), London 1981.

Stoskopf, Nicolas/Lucas, Michael, Les Patrons Du Second Empire. Banquiers et Financiers Parisiens, Paris 2002.

Strauch, Dieter, Unternehmensrecht im 19. Jahrhundert, in: Scherner, Karl Otto/Willoweit, Dietmar (Hg.), Vom Gewerbe zum Unternehmen. Studien zum Recht der gewerblichen Wirtschaft im 18. und 19. Jahrhundert, Darmstadt 1982, S. 208–250.

Teichmann, Albert, „Dambach, Otto", in: Historische Kommission bei der Bayerischen Akademie der Wissenschaften (Hg.), Allgemeine Deutsche Biographie Bd. 47 (1903), S. 615–616.

Ders., Artikel „Bähr, Otto", in: Historische Kommission bei der Bayerischen Akademie der Wissenschaften (Hg.), Allgemeine Deutsche Biographie Bd. 47 (1903), S. 747–748.

Thum, Marcel, Netzwerkeffekte, Standardisierung und staatlicher Regulierungsbedarf, Tübingen 1995.

Tilly, Richard, Financial Institutions and industrialization in the Rhineland 1815–1870, Madison/London 1966.

Ders., Vom Zollverein zum Industriestaat. Die wirtschaftlich-soziale Entwicklung Deutschlands 1843 bis 1914, München 1990.

Ders., Geld und Kredit in der Wirtschaftsgeschichte, Stuttgart 2003.

Treue, Wilhelm, Das Privatbankwesen im 19. Jahrhundert, in: Coing, Helmut/Wilhelm, Walter (Hg.), Wissenschaft und Kodifikation im 19. Jahrhundert, Bd. V. Geld und Banken, Frankfurt a. M. 1980, S. 94–127.

Ullmann, Hans-Peter, Der Bund der Industriellen. Organisation, Einfluß und Politik klein- und mittelbetrieblicher Industrieller im Deutschen Kaiserreich 1895–1914, Göttingen 1976.

Vogel, Barbara, Allgemeine Gewerbefreiheit. Die Reformpolitik des preußischen Staatskanzlers Hardenberg (1810–1820), Göttingen 1983.

Voigt, Isabell, Korrespondenzbüros als Hilfsgewerbe der Presse. Entstehung, Aufgaben und Entwicklung, in: Wilke, Jürgen (Hg.), Unter Druck gesetzt. Vier Kapitel deutscher Pressegeschichte, Weimar/Wien 2002, S. 69.

Vormbaum, Thomas, Einführung in die moderne Strafrechtsgeschichte, Berlin u. a. 2011.

Voßkuhle, Andreas, Wie betreibt man offen(e) Rechtswissenschaft?, in: Hoffmann-Riem, Wolfgang (Hg.), Offene Rechtswissenschaft: ausgewählte Schriften von Wolfgang Hoffmann-Riem mit begleitenden Analysen, Tübingen, S. 153–176.

Wadle, Elmar, Gewerbliche Schutzrechte und Unternehmensorganisation in Deutschland. Eine Skizze zur Rechtsgeschichte des 19. Jahrhunderts (1983), in: Ders. (Hg.), Geistiges Eigentum. Bausteine zur Rechtsgeschichte, Bd. 1 (1996), Weinheim u. a., S. 35–61.

Walter, Rolf, Geschichte der Weltwirtschaft. Eine Einführung, Köln u. a. 2006.

Wandel, Eckhard, Banken und Versicherungen im 19. und 20. Jahrhundert, München 1998.

Weber, Max, Agrarverhältnisse im Altertum, in: Weber, Marianne (Hg.), Gesammelte Aufsätze zur Sozial- und Wirtschaftsgeschichte, 2. Aufl. Tübingen 1988, S. 1–288.

Wegenroth, Ulrich, Die Entwicklung der Kartellbewegung bis 1914, in: Pohl, Hans (Hg.), Kartelle und Kartellgesetzgebung in Praxis und Rechtsprechung vom 19. Jahrhundert bis zur Gegenwart, Stuttgart 1985, S. 15–27.

Wehler, Hans-Ulrich, Deutsche Gesellschaftsgeschichte, Bd. 2: Von der Reformära bis zur industriellen und politischen „Deutschen Doppelrevolution" 1815–1845/49, München 2008.

Weise, Bernd, Aktuelle Nachrichtenbilder „nach Photographien" in der deutschen illustrierten Presse der zweiten Hälfte des 19. Jahrhunderts, in: Grivel, Charles (Hg.), Die Eroberung der Bilder. Photographie in Buch und Presse 1816–1914, München 2003, S. 62–101.

Weitert, Christian, Wettbewerbsimplikationen technologischen Wandels. Eine simulationsbasierte Untersuchung der Anpassungsfähigkeit von Unternehmen, Wiesbaden 2014.

Wessel, Horst A., Die Entwicklung des elektrischen Nachrichtenwesens in Deutschland und die rheinische Industrie. Von den Anfängen bis zum Ausbruch des Ersten Weltkrieges, Wiesbaden 1983.

Ders., Die Entwicklung des Nachrichtenverkehrs und seine Bedeutung für Wirtschaft und Gesellschaft – Briefpost und das öffentliche Fernmeldewesen im Deutschen Kaiserreich 1871–1918, in: Pohl, Hans (Hg.), Die Bedeutung der Kommunikation für Wirtschaft und Gesellschaft. Referate der 12. Arbeitstagung der Gesellschaft für Sozial- und Wirtschaftsgeschichte vom 22.–25.4.1987 in Siegen, Stuttgart 1989, S. 284 ff.

Westerbarkey, Joachim, Grundlagen uns Aspekte der Nachrichtentheorie, in: Communications 17 (1992), S. 283–296.

Wettenhall, Roger, The public-private interface: surveying the history, in: Hodge, Graeme/Greve, Carsten (Hg.), The Challenge of Public Private Partnerships – Learning from international Experience, Cheltenham 2005, S. 22–43.

Wiethölter, Rudolf, Interessen und Organisation der Aktiengesellschaft im amerikanischen und deutschen Recht, Karlsruhe 1961.

Wildmann, Lothar, Einführung in die Volkswirtschaftslehre, Mikroökonomie und Wettbewerbspolitik, München/Wien 2007.

Wilhelm, Jan, Kapitalgesellschaftsrecht, Berlin 2009.

Wilke, Jürgen, Deutsche Telegraphenbureaus und Nachrichtenagenturen, in: Teuteberg, Hans-Jürgen/Neutsch, Cornelius (Hg.), Vom Flügeltelegraphen zum Internet: Geschichte der modernen Telekommunikation, Stuttgart 1998, S. 163–178.

Ders., Die Telegraphischen Depeschen des Wolff'schen Telegraphischen Büros (WTB), in: Publizistik. Vierteljahreshefte für Kommunikationsforschung 2004, S. 125–151.

Ders., Grundzüge der Medien- und Kommunikationsgeschichte, 2. Aufl. Köln u. a. 2008.

Ders., Nachrichtenagenturen, in: Bentele, Günter/Brosius, Hans-Bernd/Jarren, Otfried (Hg.), Lexikon Kommunikations- und Medienwissenschaft, 2. Aufl. Wiesbaden 2013, S. 240.

Will, Martin, Selbstverwaltung der Wirtschaft. Recht und Geschichte der Selbstverwaltung in den Industrie- und Handelskammern, Handwerksinnungen, Kreishandwerkerschaften, Handwerkskammern und Landwirtschaftskammern, Tübingen 2010.

Williamson, Oliver Eaton, Markets and Hierarchies: Some Elementary Considerations, in: The American Economic Review 63 (1973), S. 316–325.

Ders., Comparative Economic Organization: The Analysis of Discrete Structural Alternatives, in: Administrative Science Quarterly Bd. 36 (1991), S. 269–296.

Ders., Governance and Competence Perspectives, in: Strategic Management Journal Bd. 20 (1999), S. 1087–1108.

Willoweit, Dietmar, Deutsche Verfassungsgeschichte, 6. Aufl. München 2009.

Wilson, Arthur, The Living Rock. The Story of Metals. Since Earliest Times and Their Impact on Civilization, Oxford 1994.

Wischermann, Clemens, Frühindustrielle Unternehmensgeschichte in institutionalistischer Perspektive, in: Geschichte und Gesellschaft. Zeitschrift für Historische Sozialwissenschaft 1993 (4), S. 453–474.

Wobring, Michael, Die Integration der europäischen Telegraphie in der zweiten Hälfte des 19. Jahrhunderts, in: Henrich-Franke, Christian/Neutsch, Cornelius/Thiemeyer, Guido (Hg.), Internationalismus und Europäische Integration im Vergleich. Fallstudien zu Währungen, Landwirtschaft, Verkehrs- und Nachrichtenwesen, Baden-Baden 2007, S. 83–112.

Wolf, Hans-Jürgen, Geschichte der Druckverfahren. Historische Grundlagen, Portraits, Technologie, Elchingen 1992.

Wolff, Jacques, Structure, fonctionnement et évolution du marché international des nouvelles. Les agences de presse de 1835 à 1934, in: Revue économique Vol. 42 Nr. 3 (1991), S. 575–601.

Wunderlich, Christiane, Telegraphische Nachrichtenbüros in Deutschland bis zum Ersten Weltkrieg, in: Wilke, Jürgen (Hg.), Telegraphenbüros und Nachrichtenagenturen in Deutschland. Untersuchungen zu ihrer Geschichte bis 1949, München u. a. 1991, S. 23–86.

Zabel, Hans-Henning, „Mosse, Rudolf", in: Historische Kommission bei der bayerischen Akademie der Wissenschaften (Hg.), Neue Deutsche Biographie Bd. 18 (1997), S. 213–216.

Zahn, Friedrich, „Brentano, Lujo", in: Historische Kommission bei der bayerischen Akademie der Wissenschaften (Hg.), Neue Deutsche Biographie Bd. 2 (1955), S. 596–597.

Ziegler, Dieter, Eisenbahnen und Staat im Zeitalter der Industrialisierung. Die Eisenbahnpolitik der Deutschen Staaten im Vergleich, Stuttgart 1996.

Zippelius, Reinhold, Kleine deutsche Verfassungsgeschichte, 7. Aufl. München 2006.

Zorn, Wolfgang, Staatliche Wirtschafts- und Sozialpolitik und öffentliche Finanzen 1800–1970, in: Aubin, Hermann/Ders. (Hg.), Handbuch der deutschen Wirtschafts- und Sozialgeschichte. Bd. 2. Das 19. und 20. Jahrhundert, Stuttgart 1976, S. 148–197.

Personenverzeichnis

Im Folgenden finden sich alle in dieser Arbeit im Fließtext genannten Personen, ihre Lebensdaten (soweit bekannt) und ihrem für den Betrachtungszeitraum dieser Arbeit relevanten Amt, ihrer Berufsbezeichnung oder Funktion.

Applegath, August (1788–1871) – Erfinder
Bähr, Otto (1817–1895) – Rechtswissenschaftler
Banse, Friedrich Ferdinand – WTB-Direktor (1891–1911)
Basse, Dieter – Publizist
Bauer, Andreas Friedrich (1783–1860) – Ingenieur
Beer, Israel (1816–1899) – Geburtsname von *Paul Julius Reuter*
Bell, Alexander Graham (1847–1922) – Erfinder
Bensley, Thomas (1750–1835) – Verleger
Berendes, Friedrich Heinrich (1729–1771) – Bankier
Beseler, Georg (1809–1888) – Rechtswissenschaftler
Bismarck, Otto von (1815–1898) – Preußischer Ministerpräsident (1862–1872 und 1873–1890), Bundeskanzler des Norddeutschen Bundes (1867–1871), Reichskanzler des Deutschen Reiches (1871–1890)
Bleichröder, Samuel (1779–1855) – Bankier
Bleichröder, Gerson (1822–1893) – Bankier
Bluntschli, Johann Caspar (1808–1881) – Rechtswissenschaftler
Bonaparte, Napoleon (1769–1821) – Französischer Kaiser (1804–1814)
Brandenburg, Friedrich Wilhelm Graf von (1792–1850) – Preußischer Ministerpräsident (1848–1850)
Brentano, Lujo (1844–1931) – Ökonom
Bucher, Lothar – WTB-Mitarbeiter, ab 1865 Geheimer Legationsrat
Bücher, Karl (1847–1930) – Ökonom
Bullier, Louis – Teilhaber der Agence *Havas*
Bülow, Bernhard Ernst von (1815–1879) – Staatsminister des Äußeren (1873–1879)
Cannstatt, Pawel Schilling von (1786–1837) – Erfinder
Chappe, Abraham (1773–1849) – Bruder von *Claude* und *Ignace Chappe*
Chappe, Ignace (1762–1829) – Bruder von *Abraham* und *Claude Chappe*
Chappe, Claude (1763–1805) – Erfinder, Bruder von *Abraham* und *Ignace Chappe*
Christensen, Clayton M. (geb. 1952) – Ökonom
Church, William (1778–1863) – Erfinder
Coase, Ronald H. (1910–2013) – Ökonom
Cooke, William Fothergill (1806–1879) – Erfinder
Dambach, Otto (1831–1899) – Rechtswissenschaftler
Daum, Gottfried Adolf (1679–1743) – Bankier
Delbrück, Gottlieb Adelbert (1822–1890) – Bankier
Dovifat, Emil (1890–1969) – Publizist
DuMont, Karl Joseph Daniel (1811–1861) – Verleger

Eichmann, Carl Alwin Gustav Guido – Königlicher Untertelegraphier

Erlanger, Baron Emil d' (1832–1911) – Bankier

Estermann, Alfred (1938–2008) – Literaturwissenschaftler

Eulenburg, Botho Graf zu (1831–1912) – Preußischer Innenminister (1878–1881)

Faraday, Michael (1791–1867) – Physiker

Feuerbach, Paul Johann Anselm (1775–1833) – Rechtswissenschaftler

Flume, Werner (1908–2009) – Rechtswissenschaftler

Friedenthal, Karl Rudolf (1827–1890) – Staats- und Landwirtschaftsminister (1874–1879)

Friedrich Wilhelm IV. (1795–1861) – Preußischer König (1840–1861)

Gauß, Carl Friedrich (1777–1855) – Mathematiker, Physiker

Georg V. (1819–1878) – König von Hannover (1851–1866)

Gierke, Julius von (1875–1960) – Rechtswissenschaftler

Goldberg, Julius Martin – Kaufmann

Gray, Elisha (1835–1901) – Erfinder

Hahn, Ludwig Benedict (1844–1925) – Direktor k.k. Telegraphen-Korrespondenz-Bureau

Halske, Johann Georg (1817–1890) – Unternehmer

Hammann – Geheimrat im AA (um 1899)

Hardenberg, Karl August Fürst von (1750–1833) – Preußischer Staatskanzler (1810–1822)

Hargreaves, James (1721–1778) – Ingenieur

Havas, Charles-Louis (1783–1858) – Gründer der Agence *Havas*

Havas, Auguste (1813–1889) – Geschäftsführer der Agence *Havas* (ab 1858)

Heydt, August Freiherr von der (1801–1874) – Preußischer Minister für Handel, Gewerbe und Öffentliche Arbeiten (1848–1962)

Hofmann, Karl von (1827–1910) – Staatsminister des Innern (1879–1880)

Houssaye, Henri (1853–1919) – Direktor Agence *Havas* (1900–1914)

Hughes, David Edward (1831–1900) – Erfinder

Janck, Johann Wilhelm August – Königlicher Telegraphen-Assistent

Jhering, Rudolf von (1818–1892) – Rechtswissenschaftler

Katz, Michael – Ökonom

Kleinwächter, Friedrich von (1838–1927) – Ökonom

Knies, Karl (1821–1898) – Ökonom

Koenig, Johann Friedrich Gottlob (1774–1833) – Buchdrucker

Kohler, Josef (1849–1919) – Rechtswissenschaftler

Komaroff, W. W. – Mitglied des Verwaltungsrats der Russischen Telegraphen-Agentur (um 1899)

Kugelgen, Paul von – Mitglied des Verwaltungsrats der Russischen Telegraphen-Agentur (um 1899)

Laffite, Mathieu (geb. 1808) – Teilhaber der Agence *Havas* (ab 1857)

Lebey, Edouard (1849–1922) – Direktor Agence *Havas* (1879–1900)

Leonhard, Rudolf (1851–1921) – Rechtswissenschaftler

Levin, Adolph – Bankier

Lindau, Paul (1839–1919) – Publizist, ab ca. 1865 WTB-Mitarbeiter

Löning, Edgar (1843–1919) – Rechtswissenschaftler

Ludewig, Julius – Geheimer Postrat (um 1872)

Ludwig I. (1786–1868) – Bayerischer König (1825–1848)

Luhmann, Niklas (1927–1998) – Soziologe

Magnus, Friedrich Martin von (1796–1869) – Bankier

Magnus, Ida Maria (1833–1902) – Ehefrau von *Paul Julius Reuter*

Mantler, Heinrich (1861–1937) – WTB-Direktor (1891–1929)

Maybach, Albert von (1822–1904) – Staatsminister für öffentliche Arbeiten (1878–1890)

Meili, Friedrich (1848–1914) – Rechtswissenschaftler
Meinecke, Rudolf (1917–1905) – Ministerialdirektor im preußischen Finanzministerium (um 1879)
Mélito, André-François Miot de (1762–1841) – franz. Politiker
Meucci, Antonio (1808–1889) – Erfinder
Mevissen, Gustav von (1815–1899) – Bankier
Meyer Wulff, Liepmann (1745–1812) – Bankier
Meyer, Louis – Bankier
Mittermaier, Karl Josef Anton (1787–1867) – Rechtswissenschaftler
Morse, Samuel (1791–1872) – Erfinder
Mosse, Rudolf (1843–1920) – Verleger
Newcomen, Thomas (1663–1729) – Ingenieur
North, Douglass C. (1920–2015) – Ökonom
Oppenfeld, Georg Moritz von (1800–1871) – Bankier
Oppenheim, Salomon (1772–1828) – Bankier
Paetz, Robert – Geschäftsführer Russische Telegraphen-Agentur (um 1899)
Plaut, Moritz – Kommissionär
Reichenheim, Julius – Buchhalter
Reichenheim, Isidor – Buchhalter
Reuter, Paul Julius (1816–1899) – Gründer von Reuter's Telegram Company
Reuter, Herbert (1852–1915) – Geschäftsführer Reuter's Telegram Company (ab 1878)
Reyscher, August Ludwig (1802–1880) – Rechtswissenschaftler
Roesler, Hermann (1834–1894) – Rechtswissenschaftler
Rönne, Ludwig von (1804–1891) – Preußischer Abgeordneter (1859–1963), Rechtswissenschaftler
Rothschild, Mayer Carl von (1820–1886) – Bankier
Salomon, Ferdinand – Mitglied des Aufsichtsrats der Continental Telegraphen Compagnie, Neffe von *Bernhard Wolff*
Savery, Thomas (1650–1715) – Ingenieur
Savigny, Friedrich Carl von (1779–1861) – Rechtswissenschaftler, Preußischer „Minister für die Revision der Gesetzgebung" (1842–1848)
Schelling, Hermann von (1824–1908) – Unterstaatssekretär im Justizministerium (1876–1879)
Scherl, August (1849–1921) – Verleger
Schickler, Johann Jacob (1711–1775) – Bankier
Schickler, David (1755–1818) – Bankier
Schickler, Johann Ernst (1761–1801) – Bankier
Schmidt, Karsten (geb. 1939) – Rechtswissenschaftler
Schmoller, Gustav von (1838–1917) – Ökonom
Shapiro, Carl (geb. 1955) – Ökonom
Siemens, Werner von (1816–1892) – Erfinder, Industrieller
Smith, Adam (1723–1790) – Ökonom
Soemmering, Samuel Thomas von (1755–1830) – Erfinder
Splitgerber, David (1683–1794) – Bankier
Springer, Axel (1912–1985) – Verleger
Stein, Heinrich Friedrich Karl Reichsfreiherr von und zum (1757–1831) – Preußischer Staatsminister (1807–1808)
Steinheil, Carl August von (1801–1870) – Physiker
Sydow – Unterstaatssekretär (um 1879)
Taylor, Richard (1781–1858) – Drucker

Ullstein, Leopold (1826–1899) – Verleger
Volta, Alessandro (1745–1827) – Physiker
Watt, James (1736–1819) – Erfinder
Weber, Max (1864–1920) – Soziologe und Ökonom
Weber, Wilhelm Eduard (1804–1891) – Physiker
Wehrmann, Carl Otto Theodor – Geheimer Oberregierungsrat im preußischen Staatsministerium
Wentzel, Richard (gest. 1898) – Komplementär der Continental Telegraphen Compagnie
Wheatstone, Charles (1802–1875) – Erfinder
Wilhelm I. (1797–1888) – König von Preußen (1861–1888), Präsident des Norddeutschen Bundes (1867–1871), Deutscher Kaiser (1871–1888)
Williamson, Oliver E. (geb. 1932) – Ökonom
Wimmel, Theodor – Komplementär der Continental Telegraphen Compagnie
Wolff, Bernhard (1811–1879) – Vertriebsleiter der National-Zeitung, WTB-Gründer
Zwicker, Hermann – Bankier

Sachregister